贵州特色金融发展战略研究

王作功 孙竞赛 古 跃 陈思月 著

科学出版社

北 京

内 容 简 介

本书以贵州省为研究样本,在收集整理分析全国、贵州省及贵州省所属市州 2010～2015 年经济、金融数据的基础上,深入研究了贵州省金融发展状况和特点,建立了贵州金融指数体系。并系统梳理了普惠金融、绿色金融、科技金融的理论发展脉络和实践经验,结合贵州省实际提出了贵州省发展特色金融的对策。

本书可供区域金融研究和实务工作者、高校金融专业研究生与本科生阅读,也可供金融业从业人员参考。

图书在版编目(CIP)数据

贵州特色金融发展战略研究/王作功等著. —北京:科学出版社,2016.12
ISBN 978-7-03-051205-5

Ⅰ.①贵… Ⅱ.①王… Ⅲ.①地方金融事业–贵州 Ⅳ.①F832.773

中国版本图书馆 CIP 数据核字(2016)第 312610 号

责任编辑:郭勇斌 周 爽/责任校对:杜子昂
责任印制:张 伟/封面设计:蔡美宇

科 学 出 版 社 出版
北京东黄城根北街 16 号
邮政编码:100717
http://www.sciencep.com

北京中石油彩色印刷有限责任公司印刷
科学出版社发行 各地新华书店经销
*
2016 年 12 月第 一 版 开本:720×1000 1/16
2016 年 12 月第一次印刷 印张:19 1/2
字数:393 000
定价:98.00 元
(如有印装质量问题,我社负责调换)

前　言

　　在全球经济动荡、我国经济进入新常态的背景下，贵州经济社会发展在"十二五"时期取得了空前的成就。可以说，"十二五"是贵州经济加速发展、综合实力提升最快的五年，是贵州突破瓶颈制约、基础设施变化最大的五年，是贵州全面深化改革开放、发展活力最足的五年，是贵州坚守"两条底线"、生态建设成效最好的五年，是贵州社会协调发展、人民得到实惠最多的五年。

　　在全球金融市场风波迭起、我国金融形势空前复杂的背景下，贵州金融业发展也在"十二五"时期取得了前所未有的成就。可以说，"十二五"是贵州省金融业规模扩张最快、综合效益最好的五年，是贵州省金融业支持和服务实体经济最为给力的五年，是贵州省金融业创新发展、特色最为突出的五年，是贵州省金融业风险可控、生态最好的五年。

　　从银行业来看，"十二五"期间贵州省银行业总资产连续突破 2 万亿元、2.5 万亿元台阶，年均增幅达到 23.17%，高出全国平均增幅水平 8.69 个百分点；银行业存款余额突破 1.9 万亿元，年均增幅达到 21.44%，高出全国平均增幅水平 8.22 个百分点；银行业贷款余额突破 1.5 万亿元，年均增幅达到 21.14%，高出全国平均增幅水平 8.01 个百分点。

　　从证券业来看，公司债、中期票据、短期融资券等快速增长，全省累计实现直接融资 3100 亿元，是"十一五"期间的 10 倍，是"十二五"规划目标的 6 倍多；2015 年，全省非金融企业直接融资规模达 1249.6 亿元，创历史新高。贵阳银行已成功上市，是西部地区第一家在境内上市的城市商业银行，贵广网络、永吉印务、新天药业和省交勘院已申报 IPO 材料；全省"新三板"挂牌公司达 36 家，贵州股权交易金融资产交易中心挂牌企业达 430 家。

　　从保险业来看，2015 年全省保费收入、保险赔付支出和保险密度分别达到257.8 亿元、107 亿元和 730.4 元。"十二五"期间，全省保费收入年均增幅达到16.13%，比全国平均增幅水平高 5.05 个百分点；保险赔付支出年均增幅达到27.66%，比全国平均增幅水平高 5.48 个百分点；保险密度年均增幅达到 17.85%，比全国平均增幅水平高 7.32 个百分点。特别值得强调的是贵州省首家法人保险公司——华贵人寿正在积极申筹并已经获得中国保险监督管理委员会的批复，这将为贵州省保险业发展增添新动能。

　　在金融创新方面，作为贵州省省会的贵阳市已经走到西部地区乃至全国的前面。贵阳市互联网金融、移动金融、大数据金融等新金融业态好戏连台、精彩纷呈，得到了社会各界的广泛关注和好评，在推动贵州省弯道取直、后发赶超方面起到了"发动机"和"火车头"的作用。英国 *The Economist Intelligence Unit* 在 2015 年中国新兴城市排名中将贵阳市列为第一名，这是对贵阳市发展新金融等新兴业态的高度认可。

为了深入研究"十二五"期间贵州省金融业发展取得的成就和存在的问题，本书构建了贵州金融指数体系。该体系的编制有以下特色：一是全部选用客观数据，不进行主观打分和评判。二是研究样本分为三个层次。第一层次是贵州省与西部地区和全国相比，第二层次是贵阳与具有可比性的昆明、南宁、乌鲁木齐相比，第三层次是除贵阳之外的 8 个市（州）。三是设计了现状指数和增长指数。现状指数用于揭示研究样本金融业发展的绝对水平，增长指数则用于研究样本金融业发展的增长态势。研究结果表明，贵州省金融业与全国和西部地区的差距正在快速缩小。贵阳市的现状指数已经由 2011 年的最后一位升至 2015 年的第二位，超过了南宁、乌鲁木齐，仅次于昆明，且增长指数领先于其他三个城市。

尤其值得关注和研究的是，贵州省在普惠金融、绿色金融和科技金融等特色金融的发展方面已经取得了令人瞩目的骄人成绩。

在普惠金融方面，贵州省作为贫困人口最多、贫困程度最深的省份，不仅在理念上注重始终保障每个市场主体和普通公民的正当金融权利，而且在政策上注重增强金融资源配置与供给的公平性，推进城乡基础金融服务一体化，提升中小微企业、"三农"金融服务的可得性和便利度，提高金融扶贫广度、深度和精准度。为此，开展了农村金融产品和服务方式的创新，全省共有 10 个县（市、区、特区）开展了农村承包土地的经营权、农民住房财产权等抵押贷款试点，还针对贵州省等西部地区扶贫开发特点，研究设计了专项债券，鼓励地方法人金融机构发行支农、支小金融专项债券。

在绿色金融方面，贵州省充分发挥生态资源环境优势，在应用和推广绿色金融工具和金融产品方面进行了一系列探索。截至 2016 年第一季度末，全省银行业金融机构支持节能环保及服务项目共有 786 个，贷款余额达 1320 亿元，有效缓解了节能环保项目的资金需求。贵州省还积极打造区域性碳排放交易市场，争取国家碳税基金用于贵州碳减排、碳汇开发等项目，推动了碳租赁、碳基金、碳债券等碳金融产品创新发展。贵安新区正在申请建设国家绿色金融创新试验区，并制定了《贵安新区绿色金融港开发建设（2015—2017 年）三年行动计划》。

在科技金融方面，在省委、省政府于 2011 年确立的"科技金融"战略指导下，贵州省已经初步建立了科技金融体系，形成了科技与金融协同发展、协同创新的格局。特别是贵阳市在科技金融发展的某些关键领域已经走在全国前列。贵阳市委、市政府出台了《贵阳市科技金融与互联网金融发展规划（2014—2017）》，在贵阳成立了全国首家大数据交易所、众筹交易所、大数据资产评估实验室、大数据金融学院、大数据产业投资基金等机构。贵阳移动金融试点工作得到中国人民银行的高度评价。

回顾"十二五"，贵州省金融业发展规模和质量得到了空前提升，金融业服务实体经济的能力和成效有目共睹，更为喜人的是，贵州省在普惠金融、绿色金融、科技金融等领域已经探索出了成功的发展路径。展望"十三五"，贵州省金融业将迎来更为广阔的发展空间，特色金融发展也将取得更为突出的成就。本书作者作为贵州省金融业发展的亲历者和研究者，将继续密切关注和研究贵州省特色金融发展的实践，争取在这一领域的研究中取得更多有价值的成果。

作　者

2016 年 11 月

目　录

第一章　贵州省宏观经济发展分析·································· 1

　　第一节　“十二五”时期贵州省经济运行综合情况················ 1

　　第二节　第一产业和第二产业发展情况······················ 6

　　第三节　第三产业发展情况分析·························· 16

　　第四节　固定资产投资······························ 22

　　第五节　对外贸易与利用外资·························· 25

　　第六节　财政收支情况····························· 28

　　第七节　物价水平······························· 32

　　第八节　城乡居民收入支出情况························ 34

　　第九节　“十二五”的成就及“十三五”的形势·············· 38

第二章　贵州省金融业发展状况研究························· 42

　　第一节　“十二五”时期贵州省银行业发展状况············· 42

　　第二节　“十二五”时期贵州省证券业发展状况············· 57

　　第三节　“十二五”时期贵州省保险业发展状况············· 68

　　第四节　以贵阳为代表的金融创新取得突破··············· 77

　　第五节　“十二五”贵州省金融业发展总体评价············· 80

第三章　贵州金融指数研究···························· 85

　　第一节　本书研究框架····························· 85

　　第二节　贵州金融指数评价·························· 94

　　第三节　贵阳金融中心指数评价······················ 106

　　第四节　贵州省8个市（州）金融指数评价··············· 116

第四章　贵州省普惠金融发展研究························· 125

　　第一节　普惠金融基本理论·························· 126

　　第二节　普惠金融的国际实践与启示··················· 130

　　第三节　中国普惠金融发展的历程、问题和方向············· 145

　　第四节　贵州省普惠金融发展的现状和问题··············· 157

　　第五节　贵州省普惠金融发展对策···················· 166

第五章　贵州省绿色金融发展研究························· 169

　　第一节　绿色金融基本理论·························· 170

第二节　绿色金融的国际实践与启示 ·············· 175

第三节　中国绿色金融发展的现状、问题与方向 ·········· 183

第四节　贵州省绿色金融发展的现状和问题 ·········· 193

第五节　贵州省绿色金融发展对策 ·············· 200

第六章　贵州省科技金融发展研究 ················202

第一节　科技金融基本理论 ················· 203

第二节　科技金融的国际实践与启示 ············· 206

第三节　中国科技金融发展的现状、问题和方向 ········· 213

第四节　贵州省科技金融发展的现状及面临的问题 ······· 221

第五节　贵州省发展科技金融的对策 ············· 227

第七章　贵州省产业投资基金发展研究 ··············231

第一节　国外产业投资基金发展的现状与经验借鉴 ······· 231

第二节　国内产业投资基金发展的现状及经验借鉴 ······· 235

第三节　代表性相关省（自治区、直辖市）产业投资基金发展现状

及经验借鉴 ·············· 237

第四节　贵州省产业投资基金发展的现状以及面临的问题 ···· 244

第五节　贵州省发展产业投资基金的对策 ·········· 250

第六节　关于促进和规范产业投资基金政策的研究 ······· 252

参考文献 ·····························261

附表 ······························268

附表 1 ·························· 268

附表 2 ·························· 274

附表 3 ·························· 280

后记 ······························302

第一章　贵州省宏观经济发展分析

"十二五"时期，特别是党的十八大以来，面对充满挑战的国际国内环境和艰巨繁重的改革发展任务，贵州省各族人民在省委、省政府领导下，高举"发展、团结、奋斗"旗帜，坚持主基调主战略，抢抓机遇、加快发展，经济建设、政治建设、文化建设、社会建设、生态文明建设都取得了新的成绩，圆满完成了"十二五"规划主要目标任务，实现了在西部地区赶超进位的历史性突破，为"十三五"发展奠定了坚实的基础。

"十三五"时期将是贵州省可以大有作为、必须奋发有为的重要战略机遇期，是实现弯道取直、后发赶超的最关键时期，是脱贫攻坚、同步小康的决战决胜时期。正确认识贫困落后的主要矛盾，准确把握加快发展的根本任务，主动适应速度变化、结构优化、动力转换的经济发展新常态，坚决贯彻中央和省委的决策部署，围绕如期与全国同步全面建成小康社会的宏伟目标，牢固树立和落实创新、协调、绿色、开放、共享五大新发展理念，牢牢守住增长速度、居民收入、贫困人口脱贫、社会安全四条发展底线和山青、天蓝、水清、地洁四条生态底线，认真实施"十三五"规划纲要，努力建设一个经济快速发展、社会协调进步、民族文化繁荣、生态优势突出、民主法制健全、人民幸福安康的多彩贵州。

第一节　"十二五"时期贵州省经济运行综合情况

一、地区生产总值增速位居全国前列，但呈现逐年放缓的趋势

"十二五"时期，贵州省经济呈现较为强劲的增长势头。2011～2015年，全省生产总值分别为5701.84亿元、6852.20亿元、8006.79亿元、9251.01亿元、10 502.56亿元，增幅分别为23.89%、20.18%、16.85%、15.54%、13.53%。2015年的生产总值突破1万亿元，比2010年增长128.21%。2011～2015年贵州省生产总值增速分别位居全国第3位、第2位、第1位、第2位和第2位。生产总值从位居全国第26位赶至第25位（表1-1）。[①]2011～2015年贵州省生产总值增幅与西部地区相比分别高出0.74、5.85、6.40、5.78、8.15个百分点，与全国相比分别高

---

① 资料来源：2011～2015年《中华人民共和国国民经济和社会发展统计公报》《贵州省国民经济和社会发展统计公报》。

出 6.68、10.00、6.67、3.65、7.21 个百分点。

表 1-1 贵州省经济发展情况

年份	2010	2011	2012	2013	2014	2015
贵州省生产总值在全国的位次	26	26	26	26	26	25
贵州省人均生产总值在全国的位次	31	31	31	31	30	29
贵州省生产总值在全国的占比/%	1.15	1.22	1.33	1.41	1.45	1.55
贵州省人均生产总值在全国的占比/%	43.71	46.63	51.30	54.83	56.67	60.45

2011～2015 年贵州省人均生产总值分别为 16 413.88 元、19 667.23 元、22 863.48 元、26 368.17 元、29 756.51 元，增幅分别为 24.26%、19.65%、16.25%、15.33%、12.85%（图 1-1）。2015 年人均生产总值比 2010 年增长 126.82%，人均生产总值排名从 2010 年全国的第 31 位提升至 2015 年的第 29 位。2015 年贵州省人均生产总值相当于全国平均水平的 60.45%，相当于西部地区平均水平的 75.93%，与 2010 年的水平相比，分别提高了 16.27 和 16.75 个百分点（图 1-2）。

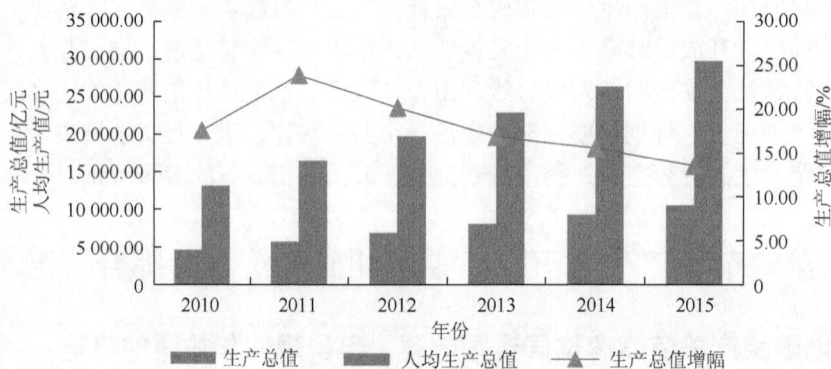

图 1-1　2010～2015 年贵州省经济增长情况

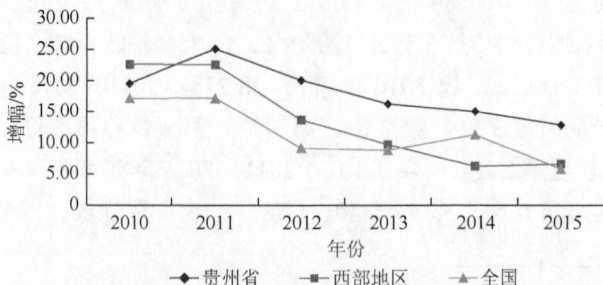

图 1-2　2010～2015 年人均生产总值增幅比较

从整体上看，"十二五"时期贵州省生产总值的年均增长率为 18.00%[①]，人均生产总值的年均增长率为 17.68%；而此期间西部地区生产总值年均增长率为 12.61%，人均生产总值的年均增长率为 12.30%；全国整体生产总值年均增长率为 11.16%，人均生产总值的年均增长率为 10.51%，贵州省的经济增速明显高于西部地区和全国平均水平（图 1-3）。

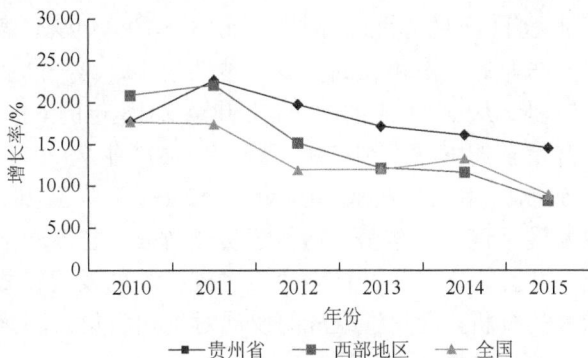

图 1-3　2010～2015 年贵州省经济增长率比较

由于贵州省经济基础薄弱，经济增长的起点低，虽然增长速度较快，但人均生产总值与西部地区和全国平均水平仍有较大差距。同时，由于我国经济正面临着转型的压力，处于经济增长速度的换挡期，全国的多项重要经济指标增幅出现了不同幅度的下降。从图 1-3 也可以看出，"十二五"时期，贵州省的经济增速明显放缓。

二、产业结构进一步优化

在地区生产总值的三大产业构成方面，2015 年第一产业增加值为 1640.62 亿元，比 2010 年增长 162.49%，占地区生产总值的 15.6%，比 2010 年上升 1.9 个百分点，为 2015 年地区生产总值增长贡献 15.62 个百分点，位居全国第 17 位。第二产业增加值为 4146.94 亿元，比 2010 年增长 130.38%，占地区生产总值的 39.5%，比 2010 年上升 0.3 个百分点，为 2015 年地区生产总值增长贡献 39.49 个百分点，位居全国第 25 位。其中工业增加值为 3550.1 亿元，比 2010 年增长 118.58%，占地区生产总值的 33.8%，比 2010 年上升 0.84 个百分点，建筑业增加值为 832.55 亿元，比 2010 年增长 193.99%，占地区生产总值的 7.9%，比 2010 年上升 1.7 个百分点。第三产业增加值为 4715 亿元，比 2010 年增长 116.58%，占地区生产总值的 44.9%，比 2010 年下降 2.2 个百分点，为 2015 年地区生产总值增长贡献 44.89 个百分点，

---

① 本书中年均增长率（增幅）为算术平均值。

位居全国第 25 位。其中金融业占地区生产总值比重为 5.8%，比 2010 年上升 0.8 个百分点，支柱性产业的地位比较稳定。整体来说，第三产业对经济增长的贡献最大。

"十二五"时期，产业结构整体上朝着积极的方向前进。第一产业占地区生产总值的比重从 2011 年的 12.7% 上升至 2015 年的 15.6%，第二产业占地区生产总值的比重从 2011 年的 38.5% 上升至 2015 年的 39.5%，第三产业占地区生产总值的比重从 2011 年的 48.8% 下降至 2015 年的 44.9%。调整幅度整体来说不是很大。三大产业对经济增长的贡献率波动较小，第一产业对经济增长的贡献率保持上升趋势，从 2011 年的 1.1% 上升至 2015 年的 6.0%，而第二产业和第三产业对经济增长的贡献率则有所下降，第二产业从 2011 年的 46.8% 下降至 2015 年的 45.0%，第三产业从 2011 年的 52.1% 下降至 2015 年的 49.0%。贵州省第一产业发展呈现上升态势，得益于贵州省委、省政府把高效山地农业确定为新兴产业，并且确定了第一产业"接二连三"的发展模式。同时，通过对经济增长贡献率的分析，贵州省经济的发展对贵州省第二和第三产业的发展质量提出了更高的要求（图 1-4，图 1-5）。

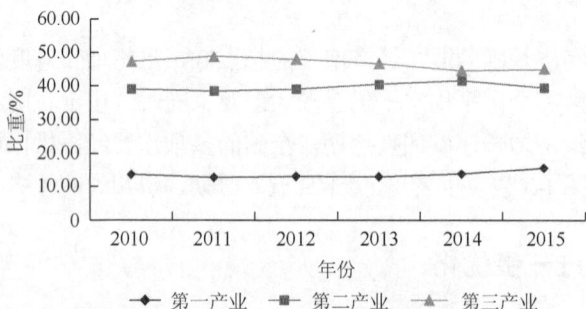

图 1-4　2010～2015 年贵州省三大产业占地区生产总值的比重

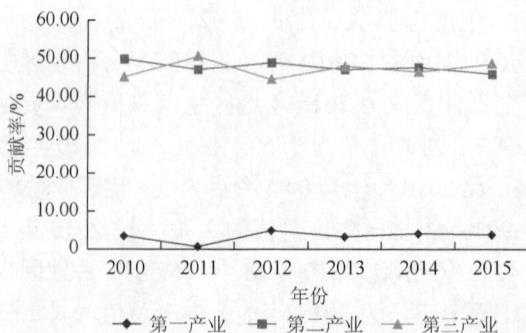

图 1-5　2010～2015 年贵州省三大产业对经济增长的贡献率

三、民营经济保持迅速发展势头

"十二五"时期，贵州省民营经济展现出了迅速发展的良好势头。在省委、省政府的正确领导下，贵州省民营经济的历史使命、战略地位和重要作用日益凸显。

"十二五"初期，贵州省委、省政府召开了第一次全省民营经济发展大会，这次会议明确提出政府要积极创造民营经济的生存和发展环境，力争推动民营经济的发展速度大幅提升、发展质量大幅提高。"民营经济三年倍增计划""3 个 15 万"等一系列扶持微型企业政策的措施，为民营企业迎来了发展契机，截至 2013 年年底，"民营经济三年倍增计划"全面完成。2014 年，贵州省委、省政府召开第二次民营经济发展大会，明确提出要把发展民营经济作为贵州省后发赶超、实现全面小康的关键举措。2015 年，省委、省政府以着力破解制约民营经济发展的准入难、融资难、政策落地难、审批难、盈利难、用工难、创业难等问题为主要任务，结合工业"百千万"工程开展"民营企业服务年"活动，努力营造大众创业、万众创新的浓厚氛围，进一步壮大民营企业市场主体，促进贵州省民营经济规模和发展质量达到新高度。

"十二五"时期，贵州省民营经济增加值从 2011 年的 2105 亿元增长至 2015 年的 5000 亿元，增长了 137.53%，年均增长率为 27.51%，比 GDP 年均增速高 9.51 个百分点（图 1-6）。民营经济对经济增长的贡献率也持续维持在高位，2011 年贵州省民营经济对经济增长的贡献率为 36.83%，到 2015 年则上升至 59.13%（图 1-7）。这些数据充分表明"十二五"时期民营经济的强劲增长势头，越来越多的民营资本被吸引到大数据、大旅游、大健康、智能制造、山地农业等新兴产业的投资浪潮中，民营经济结构不断优化，已经成为推动贵州省转型升级的重要力量。

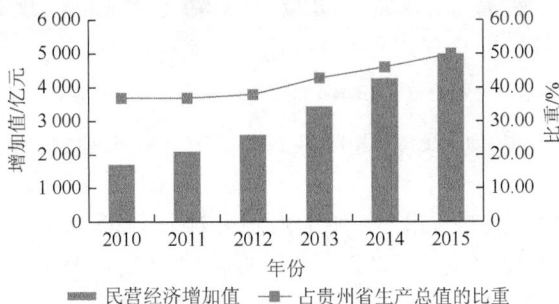

图 1-6　2010～2015 年贵州省民营经济发展情况

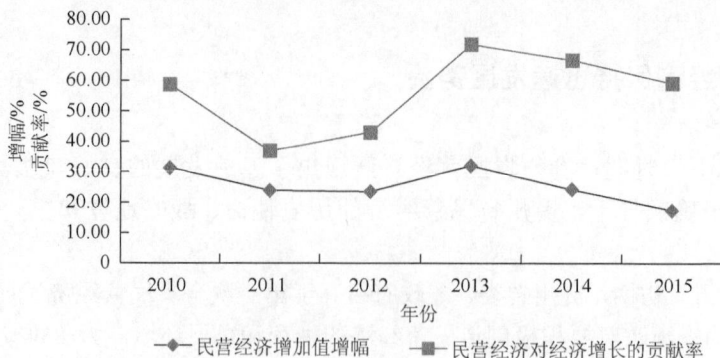

图 1-7　2010～2015 年贵州省民营经济增加值增幅及对经济增长的贡献率

第二节　第一产业和第二产业发展情况

一、第一产业发展情况分析

(一)第一产业持续高速增长

"十二五"时期,贵州省第一产业的总产值和增加值保持了高速增长(图 1-8)。

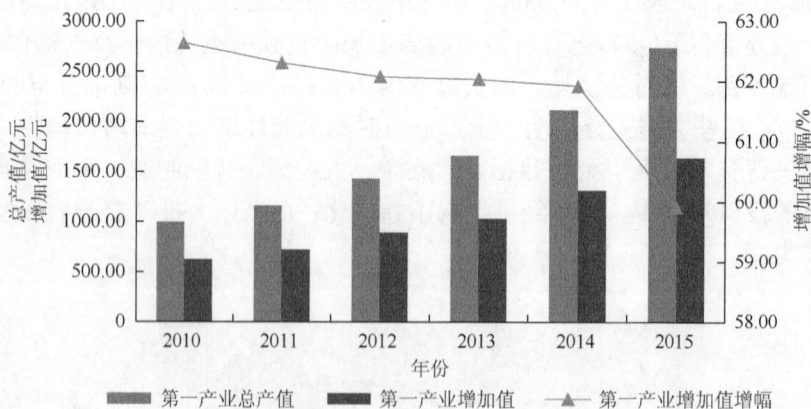

图 1-8　2010～2015 年贵州省第一产业发展状况

2011～2015 年,贵州省第一产业总产值分别为 1165.46 亿元、1436.61 亿元、1663.02 亿元、2118.48 亿元、2738.7 亿元,增幅分别为 16.80%、23.27%、15.76%、27.39%、29.28%,2015 年第一产业总产值比 2010 年增长了 174.47%。

2011～2015 年全省第一产业增加值分别为 726.22 亿元、891.91 亿元、

998.47 亿元、1280.45 亿元、1640.62 亿元,增幅分别为 16.19%、22.82%、11.95%、28.24%、28.13%,2015 年第一产业增加值比 2010 年增长了 162.49%。2011~2015 年,第一产业增加值与西部地区相比分别高出−3.22、10.56、5.51、22.55 和 19.33 个百分点;与全国相比,增幅分别高出−0.87、12.43、6.92、24.76 和 20.70 个百分点。

总体来看,"十二五"期间,除 2011 年贵州省第一产业总产值和增加值的增幅低于西部地区和全国的增幅外,其他年份贵州省第一产业总产值和增加值的增幅均高于西部地区和全国的增幅(图 1-9)。

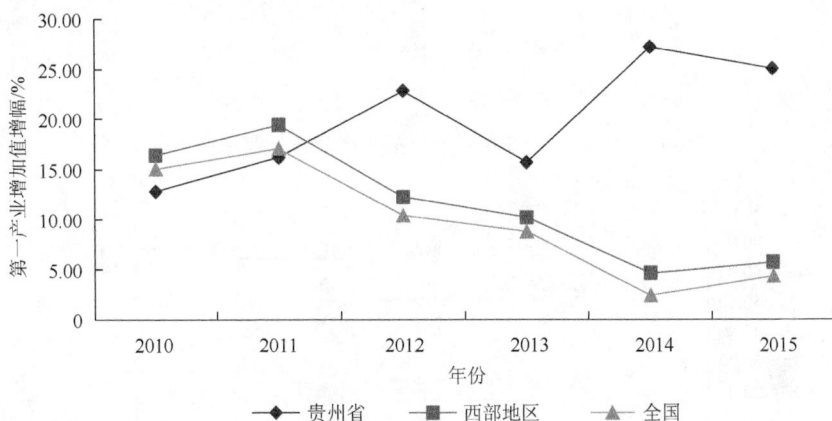

图 1-9 2010~2015 年第一产业增加值增幅比较

(二)第一产业的各行业生产结构基本维持稳定,农林牧渔服务业发展质量提升

2015 年,贵州省第一产业总产值中,农业占 64.72%,林业占 5.03%,畜牧业占 24.29%,渔业占 2.04%,农林牧渔服务业占 3.92%(图 1-10)。与 2010 年相比,分别增长 3.03、0.54、−4.43、0.6 和 0.26 个百分点,农业、林业、渔业和农林牧渔服务业都保持了正增长,而畜牧业却出现了负增长,这与退蓄还草、退蓄还林及近两年生猪市场价格不景气有关。

值得注意的是,2015 年农林牧渔服务业的增加值增长率实现了快速增长,从 2014 年的 44.28% 提升至 67.14%(图 1-11),说明农林牧渔服务业的发展质量有了很大的提升,其他行业的增加值增长率波动幅度较小。农林牧渔服务业的发展不仅能够提升其他行业的发展质量,而且对农民增收、减少农村贫困人口具有重要意义。

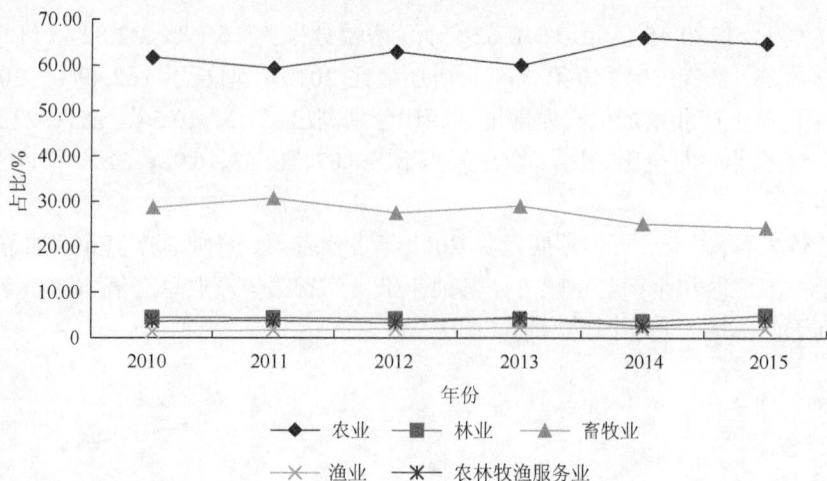

图 1-10　2010～2015 年贵州省第一产业各行业总产值占比

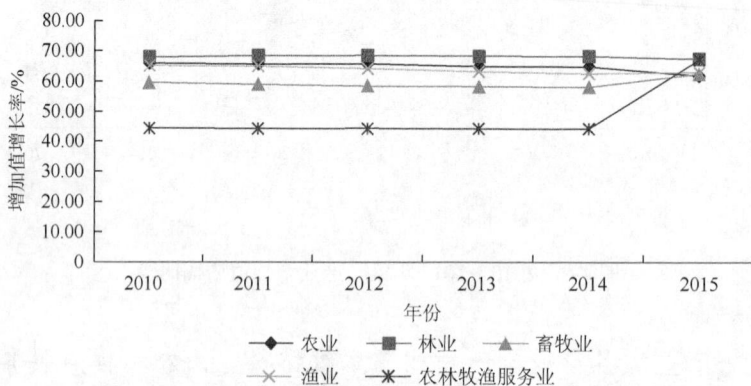

图 1-11　2010～2015 年贵州省第一产业各行业增加值增长率

二、第二产业发展情况分析

（一）工业持续稳定发展

"十二五"时期，贵州省工业保持着稳定发展的态势（图 1-12）。2011～2015年，贵州省工业总产值分别为 5520.68 亿元、6544.02 亿元、8074.60 亿元、9598.67 亿元、11 003.87 亿元，增幅分别为 40.45%、18.54%、23.38%、18.87%、14.64%，2015 年工业总产值比 2010 年增长 161.62%。2011～2015 年贵州省工业增加值分别为 1638.71 亿元、2055.46 亿元、2531.92 亿元、3117.6 亿元、3550.13 亿元，增幅分别为 33.54%、25.43%、23.13%、23.13%、13.87%，2015 年工业增加值比 2010

年增长 189.29%。2015 年工业增加值占地区生产总值的比重为 33.80%，比 2010 年上升 0.84 个百分点。此外，贵州省工业增加值增长率整体上也呈上升趋势，2015 年为 32.26%，比 2010 年上升 3.08 个百分点，说明贵州省的工业呈现出稳步发展的态势。

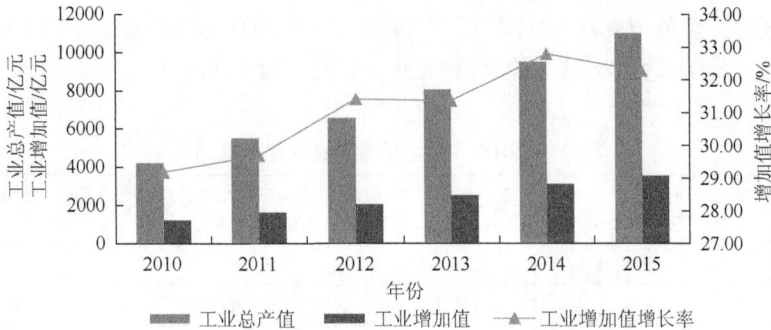

图 1-12　2010～2015 年贵州省工业发展状况

（二）绿色发展成绩显著，对能源的依赖性降低

随着绿色发展理念不断强化，贵州省经济发展对能源的依赖度明显降低。2015 年，贵州省一次能源生产总量达 14 463.88 万吨标准煤，比 2010 年上升了 24.69%，能源消费总量达 9948.48 万吨标准煤，比 2010 年增长 39.72%，2015 年能源生产弹性系数为 0.43，表明经济增长速度远远高于能源生产速度。2015 年能源消费弹性系数为 0.23，表明经济增长速度高于能源消费速度。能源生产弹性系数从 2010 年的 1.43 降至 2015 年的 0.43，说明贵州省经济增长对能源产业的依赖程度明显减弱（表 1-2）。

表 1-2　2010～2015 年贵州省能源生产和消费情况

年份	一次能源生产总量/万吨标准煤	能源消费总量/万吨标准煤	能源生产弹性系数	能源消费弹性系数
2010	11 600.07	7 120.54	1.43	0.63
2011	10 522.31	7 879.10	—	0.73
2012	12 128.52	8 604.19	1.26	0.65
2013	13 487.11	9 298.54	0.37	0.65
2014	13 815.94	9 708.78	0.23	0.41
2015	14 463.88	9 948.48	0.43	0.23

与全国相比，2015 年贵州省万元地区生产总值能耗为 1.2 万吨标准煤/万元，仍然远远高于全国总体水平。贵州省的万元地区生产总值能耗较高，主要是因为贵州省的工业是以重工业为主，尤其是煤炭产业、火力发电、冶金、采矿业比重较高。

"十二五"时期，贵州省万元地区生产总值能耗从 2011 年的 1.49 万吨标准煤/万元降低至 2015 年的 1.20 万吨标准煤/万元，降幅达 19.46%，年均降幅达 3.89%，单位地区生产总值电耗从 2011 年的 1784.56 千瓦时/万元降至 2015 年的 1416.39 千瓦时/万元，降幅达 20.63%，年均降幅达 9.10%（表 1-3）。

表 1-3　2010～2015 年贵州省能源消耗情况

年份	万元地区生产总值能耗/（吨标准煤/万元）	万元地区生产总值能耗变化百分比/%	单位地区生产总值电耗/（千瓦时/万元）	万元工业增加值能耗变化百分比/%
2010	1.96	−4.25	2 297.45	−10.00
2011	1.49	−3.51	1 784.56	−8.02
2012	1.43	−4.06	1 742.36	−8.52
2013	1.37	−3.91	1 666.57	−4.75
2014	1.30	−5.78	1 567.84	−13.39
2015	1.20	−7.46	1 416.39	−10.84

近年来，贵州省大力提倡生态文明，发展绿色经济，努力降低单位能耗。作为贵州省支柱产业的工业十大产业在 2015 年综合能源消费量为 5301.07 万吨标准煤（表 1-4），低于全省的能源消费增速，占当年能源消费总量的 53.29%。

表 1-4　2015 年贵州省工业十大产业能源消费情况

产业名称	综合能源消费量/万吨标准煤	增长率/%
电力产业	1 877.63	−6.1
煤炭产业	832.59	17.7
冶金产业	558.09	−14.6
有色产业	275.76	13.3
化工产业	801.46	−7.6
装备制造业	31.95	4.4
烟酒产业	34.81	−0.4
建材产业	860.86	3.4
民族制药	6.79	7.9
特色食品	21.13	12.0
合计	5 301.07	30.0

（三）重工业持续占主导地位，轻工业占比稳定提升

2015 年，贵州省实现重工业增加值 2175.94 亿元，比 2010 年增长 167.58%，占工业增加值的比重为 61.29%；轻工业实现工业增加值 1374.19 亿元，比 2010 年增长了两倍多，占工业增加值的比重为 38.71%。从 2015 年数据来看，重工业依然占据着贵州省工业的主导地位。

"十二五"时期，贵州省工业增加值中重工业和轻工业的地位发生了明显变化，工业增加值中重工业的比重从 2011 年的 67.31% 下降至 2015 年的 61.29%，下降 6.02 个百分点；而轻工业的比重则从 2011 年的 32.69% 上升至 2015 年的 38.71%，上升 6.02 个百分点（图 1-13）。由于轻工业受经济周期的影响较小，轻工业增加值比重的上升对贵州省应对经济新常态具有积极的影响。

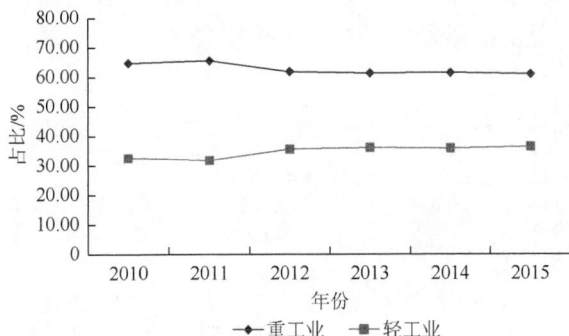

图 1-13　2010～2015 年贵州省重工业、轻工业占比

在增加值增长率方面，"十二五"时期重工业的增长极不稳定。2012 年重工业增加值增长率严重下降，从 2011 年的 34.4% 下降至 2012 年的 10.54%。然后在 2013 年出现大幅反弹，达到 21.80%，上升 11.26 个百分点，2014 年继续小幅上升至 23.60%，但在 2015 年又大幅下降，跌至 12.60%，下降 11 个百分点，这表明重工业的增长受宏观经济环境变化的影响较大，增长极不稳定。"十二五"时期轻工业的增加值增长率整体上呈下降趋势。虽然在 2012 年呈现了小幅回升，由 2011 年的 36.11% 上升至 2012 年的 37.19%，但自 2012 年后呈持续下降趋势，2015 年下降至 15.95%，相较 2012 年下降了 21.24 个百分点（图 1-14）。

（四）民营工业增长较快，但增长稳定性有待提升

2015 年，贵州省民营工业企业实现增加值 1945.27 亿元，比 2010 年增长

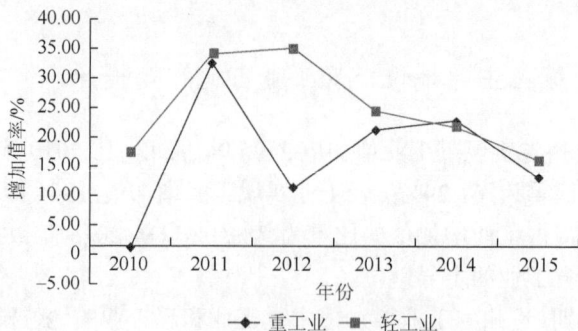

图 1-14　2010～2015 年贵州省重工业和轻工业增加值增长率

166.61%，占全省工业增加值的 54.79%。国有工业企业实现工业增加值 1604.86 亿元，比 2010 年增长 83.75%，占全省工业增加值的 45.21%（图 1-15）。贵州省政府通过大力实施"民营经济三年倍增计划"和"提高民营经济比重五年行动计划"，民营经济发展加快，活力有效激活，实力不断壮大。

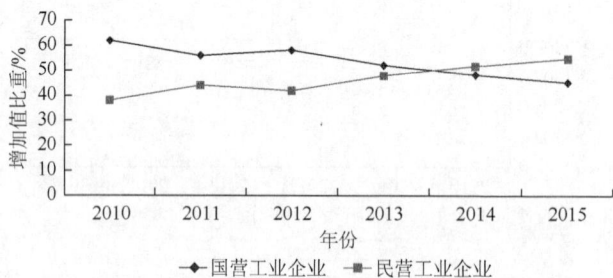

图 1-15　2010～2015 年贵州省国有工业企业和民营工业企业增加值比重

"十二五"时期，贵州省民营工业企业增加值年均增幅达 33.95%，但增幅不是很稳定，由 2011 年的 50.83% 大幅下降至 2012 年的 19.34%，2013 年又回升至40.85%，此后持续下降至 2015 年的 20.52%（图 1-16）。贵州省国有工业企业增加值年均增幅为 14.98%，但增幅也不太稳定，先是由 2011 年的 22.41% 上升至 2012年的 30.22%，但 2013 年又大幅下降至 10.45%，2014 年小幅回升，2015 年又再次下降至 10% 之下。

从两者所占比重来看，2011 年国有企业工业增加值占总工业增加值的比重为55.99%，而民营企业仅占 44.01%，但是"十二五"时期民营企业增加值的增长率远远高于国有企业，截至 2014 年，民营企业工业增加值已经超过了国有工业增加值，民营经济工业增加值高出国有工业增加值 133.8 亿元，2015 年这一优势进一步凸显，高出国有工业增加值 340.41 亿元。

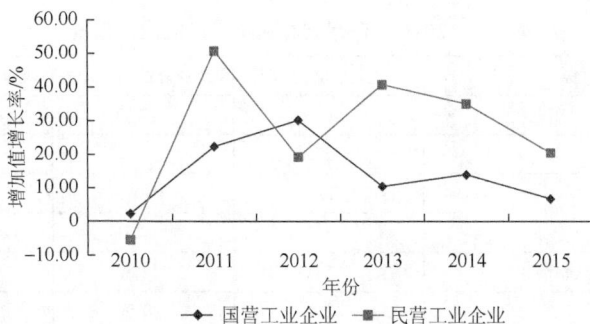

图 1-16　2010～2015 年贵州省国有工业企业和民营工业企业增加值增长率

（五）规模以上工业企业数量增加，企业经营质量得到提升

"十二五"时期，贵州省规模以上工业企业数从 2011 年的 2329 家增长至 2015 年的 4145 家，增加了 1816 家，增幅为 77.97%。亏损率从 2011 年的 25.16% 下降至 2015 年的 19.25%，下降了 5.91 个百分点（表 1-5）。"十二五"时期亏损率整体上呈下降趋势，说明贵州省工业企业的绩效得到了有效提升，工业企业的经营状况得到了有效的改善。

表 1-5　2010～2015 年贵州省规模以上工业企业亏损情况

年份	工业企业数/家	工业企业数增长率/%	亏损企业数/家	亏损企业数增长率/%	亏损率/%
2010	2 963	6.16	796	−15.95	26.86
2011	2 329	−21.4	586	−26.38	25.16
2012	2 752	18.16	684	16.72	24.85
2013	3 590	30.45	759	10.96	21.14
2014	3 895	8.50	739	−2.64	18.97
2015	4 145	6.42	798	7.98	19.25

（六）高新技术产业快速增长

2015 年，贵州省高新技术产业共有企业 215 家，实现工业总产值 889.72 亿元。其中，中成药生产业的总产值达 358.93 亿元，占高新技术产业总产值的 40.34%，其次是电子元件及组件制造业和通信终端设备制造业，总产值分别达到 75.71 亿元和 72.27 亿元，分别占高新技术产业总值的 8.51% 和 8.12%。在增加值的增长速度方面，通信终端设备制造业增长速度最快，增长率达到 1605.7%，其次是光电子器件及其他电子器件制造业，增长率达到 125.6%。工业自动控制系统装置制造业增加值相较上年大幅下降，下降幅度达 108.7%（表 1-6）。

表 1-6　2015 年贵州省高新技术产业发展情况

产业名称	企业单位数/家	工业总产值/亿元	增加值比上年增长率/%
化学药品制剂制造业	4	17.53	5.3
中药饮品加工业	15	8.68	38.4
中成药生产业	83	358.93	6.2
生物药品制造业	5	14.71	8.4
卫生材料及医药用品制造业	5	11.32	29.0
通信系统设备制造业	2	1.96	7.0
通信终端设备制造业	4	72.27	1 605.7
半导体分立器件制造业	3	9.97	15.7
集成电路制造业	4	43.37	29.8
光电子器件及其他电子器件制造业	5	4.89	125.6
电子元件及组件制造业	20	75.71	37.2
视听设备制造业	2	36.32	14.1
工业自动控制系统装置制造业	3	1.94	−108.7
合计	215	889.72	22.5

（七）工业企业整体收入上升，但盈利能力下降

"十二五"时期，无论是从资产总额还是从主营业务收入来看，贵州省工业企业的业绩都有大幅提升，但盈利能力的增长速度却不及资产总额和主营业务收入的增长速度。2011～2015 年贵州省工业企业资产总额分别为 6990.58 亿元、8302.29 亿元、10 339.87 亿元、11 925.30 亿元、12 461.54 亿元，增幅分别为 17.29%、18.76%、24.54%、15.33%、4.50%，平均年增长率为 15.65%，2015 年比 2010 年增长 109.08%；2011～2015 年工业企业实现主营业务收入分别为 5022.11 亿元、5966.52 亿元、7357.43 亿元、8655.87 亿元、9376.19 亿元，增幅分别为 27.92%、18.81%、23.31%、17.65%、8.32%，平均年增长率为 17.34%，2015 年比 2010 年增长 138.82%；2011～2015 年工业企业实现利润总额分别为 456.2 亿元、466.04 亿元、477.33 亿元、539.4 亿元、616.1 亿元，增幅分别为 43.63%、2.16%、2.42%、13.00%、14.22%，平均年增长率为 7.01%，2015 年比 2010 年上升 93.98%；2011～2015 年工业企业资产利润率分别为 6.53%、7.55%、6.16%、5.35%、4.94%，2015 年比 2010 年下降 0.39 个百分点；2011～2015 年工业企业销售利润率分别为 9.08%、10.51%、8.65%、7.26%、6.57%，2015 年比 2010 年下降 1.52 个百分点（图 1-17，图 1-18）。资产利润率和销售利润率的下降，主要是由于全国经济进入"增长速度换挡期、结构调整阵痛期、前期刺激政策消化期"，经济下行压力较大，贵州省工业也就

不可避免地受到冲击。

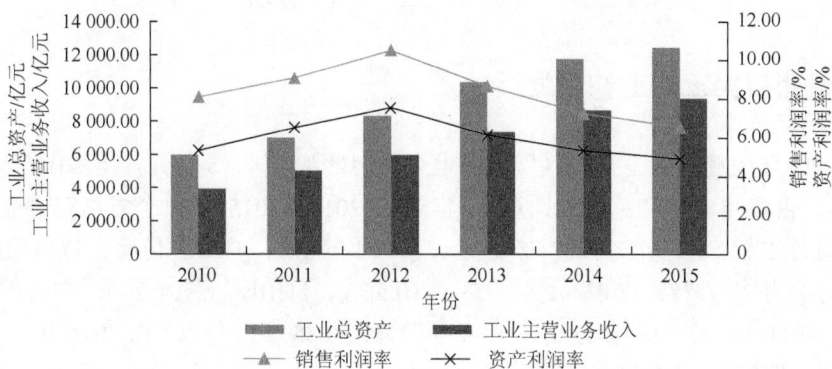

图 1-17 2010～2015 年贵州省规模以上工业企业经济效益

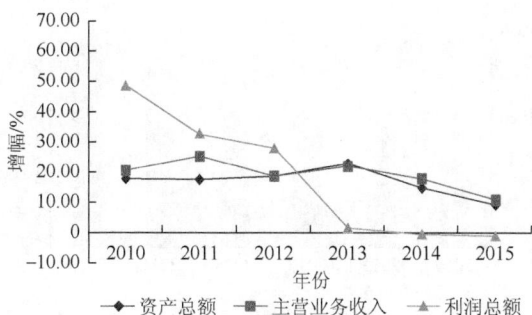

图 1-18 2010～2015 年贵州省规模以上工业企业经济效益增幅

2011～2015 年，贵州省工业企业的销售利润率分别比西部地区高出-0.19、2.27、1.72、0.07、1.20 个百分点，比全国分别高出 1.79、3.85、2.55、0.62、0.81 个百分点。整体来看，贵州省工业企业的销售利润率高于西部地区，也高于全国平均水平（图 1-19）。

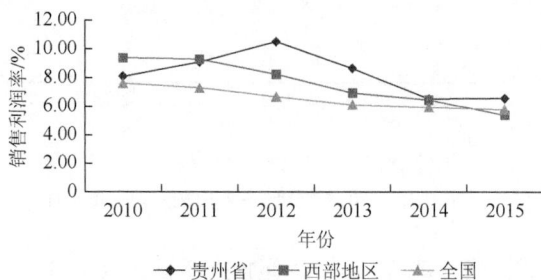

图 1-19 2010～2015 年工业企业销售利润率比较

第三节　第三产业发展情况分析

一、贵州省第三产业快速发展

2015 年贵州省第三产业（即服务业）实现增加值 4715 亿元，比 2010 年增长 81.9%，占贵州省生产总值的比重为 44.9%。2011～2015 年，全省第三产业增加值分别为 2781.29 亿元、3282.75 亿元、3812.15 亿元、4128.5 亿元、4715 亿元，增幅分别为 27.75%、18.03%、13.75%、10.56%、11.10%（图 1-20）。与西部地区相比，2011～2013 年增幅分别高出 6.36、1.44、0.85 个百分点，而 2014 年和 2015 年增幅分别低了 6.35 和 0.27 个百分点；与全国相比，前三年增幅分别高出 8.64、2.66、5.61 个百分点，后两年增幅分别低了 6.42 和 0.25 个百分点（图 1-21）。

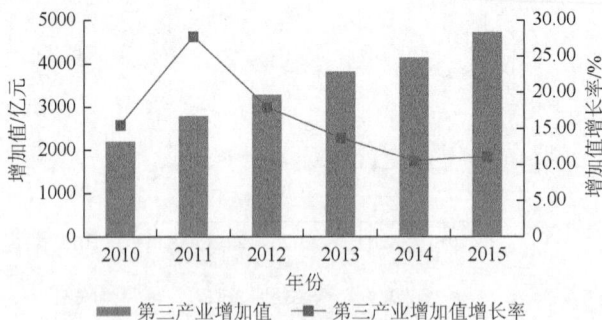

图 1-20　2010～2015 年贵州省第三产业增加值及增加值增长率

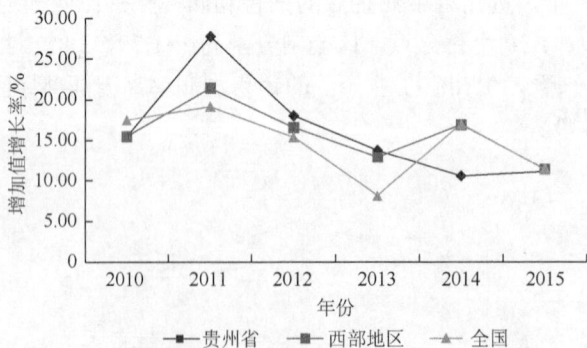

图 1-21　2010～2015 年第三产业增加值增长率比较

"十二五"时期，贵州省第三产业增加值增长了 69.53%，平均年增长率为 16.24%；西部地区增长 63.34%，平均年增长率约为 15.83%；全国增长 68.04%，平均年增长率为 14.19%。整体来说，贵州省第三产业增长速度远高于西部地区和全国。贵州省第三产业增幅在 2011～2014 年逐年下降，但在 2015 年有小幅度的回升，并且与西部地区和全国的第三产业增幅基本持平。第三产业的快速发展不仅能带动经济的增长，还能促进工业增长质量的提升，加快城市化进程，增加更多的就业机会。未来贵州省的第三产业可能需要更多金融业的支撑，特别是大数据金融、科技金融、普惠金融、绿色金融在贵州省的加速发展，必将会推动第三产业乃至整体经济的快速发展。

二、旅游业维持高速增长

贵州省有着独特的旅游资源优势，集自然生态、民族风情、人文景观、红色景点于一体，具有无可比拟的优势。旅游业作为贵州省一大支柱产业，呈现出持续高涨的态势。2015 年，贵州省接待国内外游客 37 630.01 万人次，实现旅游总收入 3512.82 亿元，比 2010 年翻了两番，其中国际旅游外汇收入达 2.01 亿美元，比 2010 年增长 55.21%，国内旅游收入 3500.46 亿元，比 2010 年增长 235.54%（图 1-22）。尤其令人瞩目的是，2015 年贵州省的旅游总收入比云南省要多 231 亿元，但国际旅游方面与云南省相差甚远，2015 年云南省接待海外游客 1075.32 万人次，实现国际旅游外汇收入 28.76 亿美元，而贵州省接待的海外游客仅 94.09 万人次，比云南省少 981.23 万人次，在旅游外汇收入方面落后于云南省 26.75 亿美元，而 2014 年的差距为 22.04 亿美元，国际旅游的差距在逐渐拉大，这说明贵州省旅游在国际市场方面的潜力有待进一步挖掘。

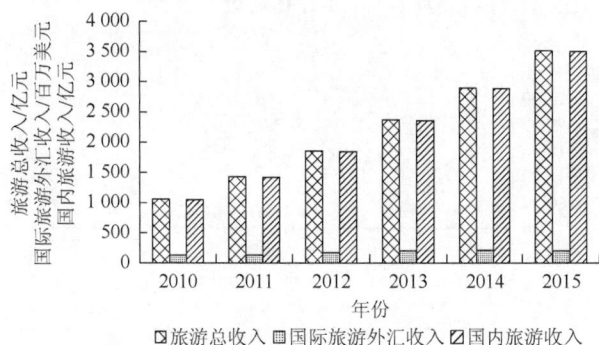

图 1-22　2010～2015 年贵州省旅游收入情况

发展旅游业是贵州省转变经济发展方式的重要途径，作为贵州省旅游业主体的国内旅游服务的作用便显得尤为重要。统计数据显示，贵州省 2011 年实现国内旅游收入 1429.48 亿元，2015 年增长至 3500.46 亿元，增加 2070.98 亿元，增长了 144.88%，平均年增长率为28.05%。西部地区2011年实现国内旅游收入10 635.71亿元，2015年增长至25 525.24亿元，增长了140%，平均年增长约26.59%。全国2011年实现国内旅游收入19 306亿元，2015年增长至34 195亿元，增长了77.12%，平均年增长率约23.13%。贵州省国内旅游收入的增幅大大超过西部地区和全国平均水平（图1-23），并且增幅一直相对比较平稳，说明贵州省旅游业正在快速、高效地发展，前景乐观。

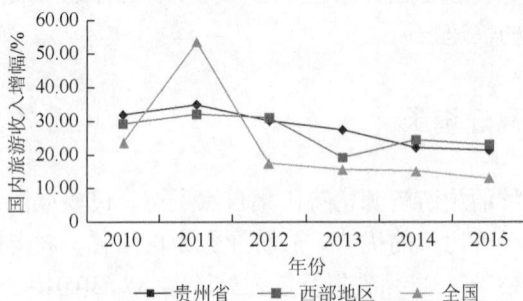

图1-23　2010～2015年国内旅游收入增幅比较

相比国内旅游而言，国际旅游业一直是贵州省旅游业的"软肋"。2011年贵州省实现国际旅游外汇收入1.35亿美元，2015年增长至2.01亿美元，5年中增长48.89%，平均年增长率为8.01%，国际旅游外汇收入增长不稳定。2012年出现了大幅度的增长，2013～2015年逐年下降（图1-24）。2011～2014年西部地区的国际旅游外汇收入增幅也逐年下降，2015年略有回升。贵州省可以利用发展大数据的优势，将大旅游与大数据、大生态相结合，开启旅游发展新模式，设计旅游新项目，打造旅游新形象，使得贵州省国际旅游知名度得到进一步提升。

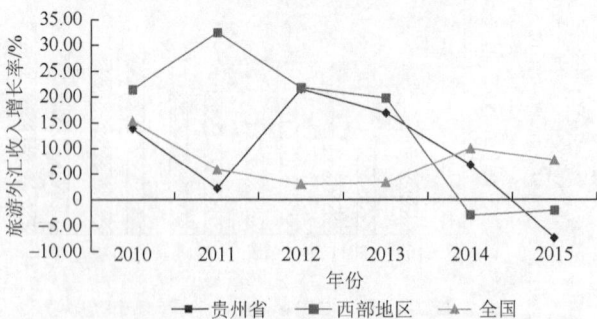

图1-24　2010～2015年国际旅游外汇收入增长率比较

三、房地产行业投资增速下降较快

2015年，贵州省房地产投资2205.09亿元，比2010年增长了将近三倍，商品房销售额为 1571.68 亿元，比 2010 年增长 170.51%。"十二五"时期，贵州省房地产投资增长非常迅速，从 2011 年的 873.48 亿元增长至 2015 年的 2205.09 亿元，几乎增加了 1.5 倍，平均年增长率为 35.67%。商品房销售额也增长得非常快，从 2011 年的 731.91 亿元增长至 2015 年的 1571.68 亿元，增长了 114.74%，平均年增长率为 22.56%（图 1-25）。

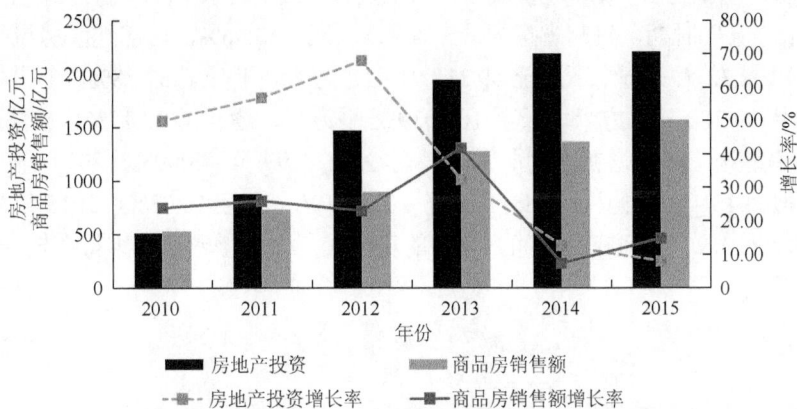

图 1-25 2010～2015 年贵州省房地产投资和销售情况

随着宏观经济增速放缓和经济继续下行压力的进一步加大，房地产开发投资增速继续回落。"十二五"时期，贵州省的房地产投资总额增幅从 2011 年的 56.91% 下降至 2015 年的 7.96%；而同期，西部地区的增幅较低，从 2011 年的 32.92% 下降至 2015 年的 9.92%；全国的房地产投资增幅从 2011 年的 30.25% 下降至 2015 年的 1.29%（图 1-26）。与全国相比，贵州省房地产投资相对保持了较快的增幅。

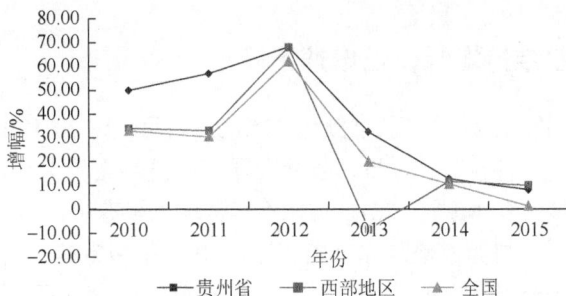

图 1-26 2010～2015 年房地产投资增幅比较

房屋的施工面积和竣工面积反映了未来房地产市场的供给情况。2015 年，贵州省房屋施工面积达 20 877.67 万平方米，比 2010 年上升了 164.09%，竣工面积为 2582.68 万平方米，比 2010 年下降了 51.5%。

"十二五"时期，贵州省房屋施工面积增长了 103.47%，平均年增长率为 21.96%，2015 年贵州省房屋施工面积增幅有所下降。西部地区房屋施工面积从 126 498.3 万平方米增长至 192 733.86 万平方米，增长了 52.36%，平均年增长率为 14.50%，全国房屋施工面积从 1 035 518.9 万平方米下降至 735 693 万平方米，下降了 28.95%。2015 年贵州省房屋施工面积增幅明显高于西部地区和全国平均水平。

"十二五"时期，贵州省房屋竣工面积减少了 13.56%，西部地区房屋竣工面积从 79 102.32 万平方米下降至 49 138.91 万平方米，下降了 37.88%，全国房屋竣工面积从 89 200 万平方米增长至 100 039 万平方米，增长了 12.15%。整体而言，贵州省房屋竣工面积增幅波动非常大，在 2011 年跌至–43.89%，2012 年上升至 17%，但 2013 年又跌至–29.91%，到了 2014 年又上升至 16.03%，2015 年又跌至 –9.17%（图 1-27）。而在此期间，全国的房屋竣工面积增幅虽然维持在较低水平，但较为稳定。

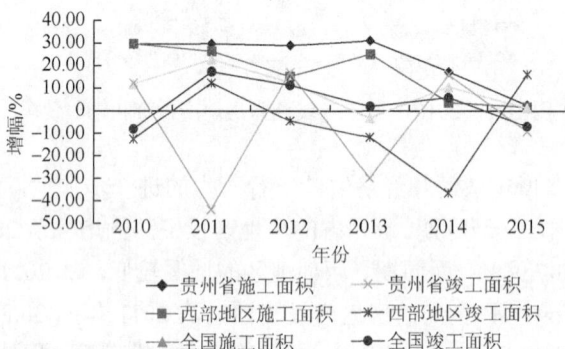

图 1-27 2010～2015 年房屋施工面积和竣工面积比较

四、社会零售业维持增长，但增速下降

2015 年，贵州省社会零售品总额达 3283.02 亿元，比 2010 年增长 126.81%，位居全国第 9 位。"十二五"时期，贵州省社会零售品总额逐步上升，增长了 72.79%，平均年增幅为 14.29%，增幅在 2012～2014 年呈现下降态势，但是在 2015 年又上升了近 3 个百分点。与西部地区和全国相比，2013 年和 2014 年增幅都相对较低，2015 年增幅则高于全国平均水平（图 1-28 和图 1-29）。在经济下行压力持续加大，市场有效需求不足的形势下，贵州省传统消费热点对社会消费品市场的拉动作用持续减弱，消费热点已呈现出向结构转型和升级类的服务性消费领域转变。但是由于新的实物性消费热点尚未形成，短期内难以带动消费品市场快速增长，这对积极培育新的消费增长点提出了更高的要求。

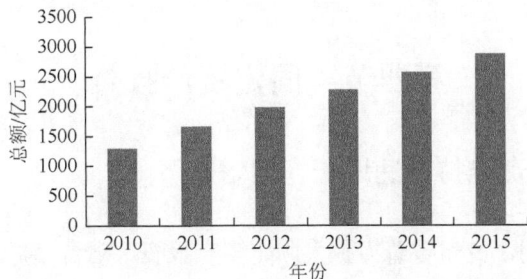

图 1-28　2010～2015 年贵州省社会零售品总额

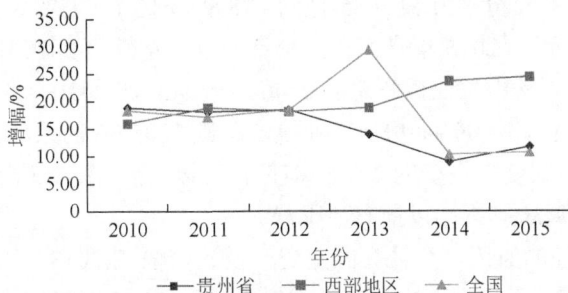

图 1-29　2010～2015 年社会零售品总额增幅比较

从城乡不同区域来看，2015 年贵州省的城镇社会零售品总额为 2691.66 亿元，比 2010 年增长 121.78%，乡村社会零售品总额 591.36 亿元，比 2010 年增长 119.82%，城镇社会零售品总额是乡村的近 4.5 倍。与贵州省 42% 的城市化率相比，城镇居民的购买力远远超过乡村居民的购买力。"十二五"时期，城镇社会零售品总额的增长率与乡村社会零售品总额的增长率相近，而且保持着非常一致的变化趋势。

2015 年贵州省批发和零售业销售总额为 2979.07 亿元，比 2010 年增长约 124.07%，住宿和餐饮业零售总额为 303.95 亿元，比 2010 年增长约 98.44%。在 2011 年和 2012 年，两行业的增幅变化趋势趋于一致，但在 2013 年住宿和餐饮业零售总额增幅却出现了大幅下降，2014 年、2015 年又有所回升（图 1-30）。

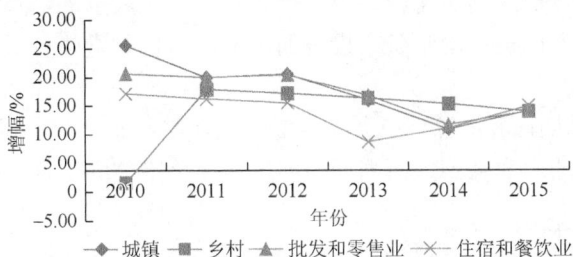

图 1-30　2010～2015 年贵州省社会零售品总额增幅比较

第四节　固定资产投资

一、固定资产投资维持高速增长，但增速下降

"十二五"时期，贵州省着力扩大固定资产投资，出台"扩投资28条"，推广政府与社会资本合作（Public-Private-Partnership，PPP）模式，组织重大项目集中开工和现场观摩，使得固定资产投资保持了较高的增长速度。2011～2015年，贵州省全社会固定资产投资分别为5101.55亿元、7809.95亿元、7373.6亿元、9025.75亿元、10 945.54亿元[①]。2015年贵州省固定资产投资总额比2010年增长近2.5倍，位居全国第22位，其中工业投资总额2746.22亿元，比2010年增长155.57%，占全部固定资产投资的25.09%，房地产业投资总额2205.09亿元，比2010年翻了将近三番，占全部固定资产投资的20.15%。但也可以看到，受宏观经济形势的影响，2015年各项投资增长率都比以前有所下降。

因为统计口径的原因，全社会固定资产投资增幅在2013年下降了5.59个百分点，其余四年增幅分别为60.11%、53.09%、22.41%、21.27%；与西部地区相比，增幅在2013年低于23.97个百分点，其余四年增幅分别高出43.61、29.65、6.04、12.57个百分点；与全国相比，增幅在2013年低于22.09个百分点，其余四年增幅分别高出48.11、32.80、4.95、11.47个百分点。从整体上看，"十二五"时期，贵州省全社会固定资产投资总额翻了两番，平均年增长率为30.26%，工业投资总额则从2011年的1821.24亿元增长至2015年的2746.22亿元，房地产投资总额从2011年的873.48亿元增长至2015年的2205.09亿元，5年间增长了1.52倍，平均年增长约34.14%（图1-31，图1-32）。全社会固定资产长期保持着较高的增长速度，虽然贵州省固定投资增长加快，但仍有许多需要注意的问题。通过统计发现，固定投资增速已经开始放缓，特别是工业方面的投资意愿逐步下降，工业经济增长动力减弱。2015年年底，虽然全省商品房销售情况有所好转，销售面积及销售额有所增加，但去库存的形势仍然严峻，下一步应加大关注力度。通过统计数据也可以发现，快速增长的固定资产投资必将引致大量的融资需求，并且需要金融创新来满足不同类型固定资产投资的需要，这也对贵州省资本市场的发展提出了更高的要求。

"十二五"时期，贵州省全社会固定资产投资增长速度一直高位运行，这表明贵州省经济发展的动力强劲，而同期西部地区和全国的固定资产投资增长速度相

---

① 数据统计口径：2012年及以前为计划总投资50万元及以上固定资产项目投资、房地产开发项目投资和农村农户投资，2013年起为计划总投资500万元及以上固定资产项目投资、房地产开发项目投资和农村农户投资。

对来说在低位徘徊。整体而言，贵州省的工业投资增长速度在"十二五"时期高
于西部地区和全国平均水平。

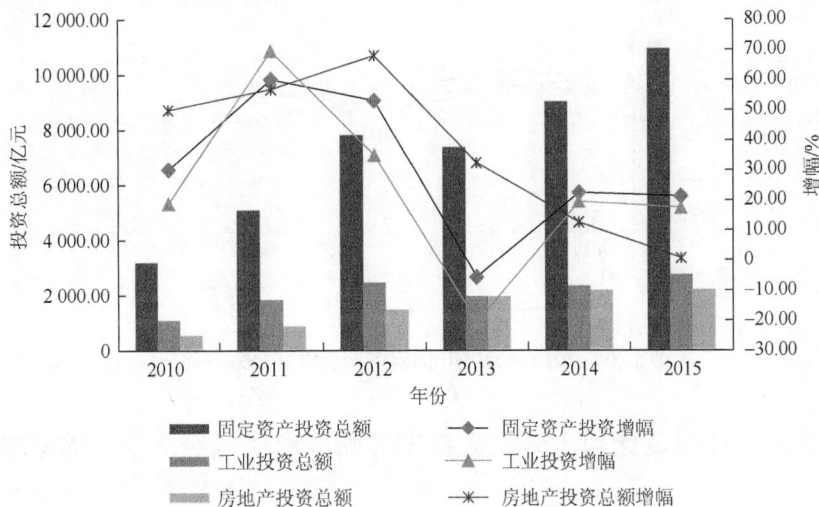

图 1-31　2010～2015 年贵州省固定资产投资

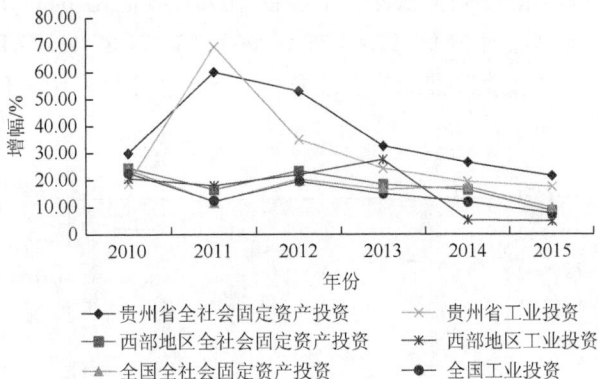

图 1-32　2010～2015 年固定资产投资总额增幅比较

"十二五"时期，贵州省固定资产投资效果系数（投资效果系数＝GDP/固定
资产投资总额）持续下降。2011 年以前，贵州省固定资产投资效果系数高于西部
地区和全国水平，但在 2011～2013 年，贵州省固定资产投资效果系数开始低于西
部地区和全国平均水平，到 2014 年和 2015 年贵州省固定资产投资效果系数又超
越了西部地区和全国的平均水平（图 1-33），这表明贵州省固定资产投资效果有了
明显的起色，今后更加需要积极地推进重大工程和重点项目建设，拓宽渠道来解

决融资难问题，并且积极争取国家更多的资金支持，以达到持续推动贵州省固定资产投资高质量发展的目的。

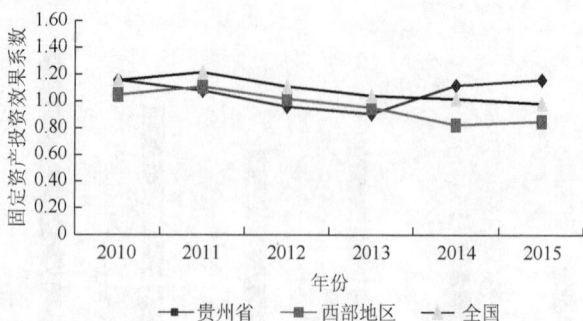

图 1-33　2010～2015 年固定资产投资效果系数比较

二、第三产业投资比重上升，大数据等新兴产业是经济发展的新引擎

"十二五"时期，贵州省全社会固定资产投资总额中，第三产业投资额一直远远高于第一和第二产业。2011～2015 年，贵州省全社会固定资产投资总额中第三产业投资额分别为 2069.85 亿元、2911.16 亿元、6901.96 亿元、6487.07 亿元、7964.89亿元，占全部投资总额的 64.96%、68.75%、66.65%、71.87%、73.10%（图 1-34）。从"十二五"时期的投资产业结构变迁来看，第三产业投资比重有所提升，第一产业和第二产业有所下降。

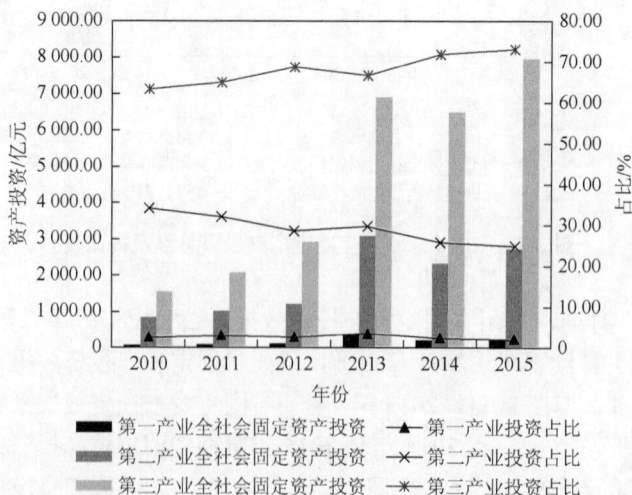

图 1-34　2010～2015 年贵州省固定资产投资结构中的三大产业结构

　　通过数据分析可以发现：贵州省第三产业中的新兴产业固定资产投资正在快速上升，新兴产业正在成为一颗冉冉升起的明星，代表着未来的发展方向，同时也承载着未来的希望。具体表现在以下三个方面：一是以企业为主体、产学研用相结合的技术创新体系正在形成，新一代信息技术等产业快速成长；二是"两化"深度融合取得新进展，重点行业信息化步入集成应用新阶段；三是互联网经济走在全国前列，信息消费迅速扩大，移动互联网、物联网、云计算、大数据等新业态已经成为贵州省经济发展的新引擎。

第五节　对外贸易与利用外资

一、出口增长保持强劲势头

　　作为西部内陆省，贵州省经济开放度不高，相比周边省（自治区、直辖市），贵州省对外贸易行业一直处于弱势地位，但"十二五"时期呈现了快速增长态势。2011～2015 年，贵州省进出口总额分别 48.84 亿美元、66.32 亿美元、82.90 亿美元、108.14 亿美元、122.20 亿美元，增幅分别为 55.22%、35.77%、25.00%、30.45%、13.00%。2015 年贵州省货物贸易进出口总额比 2010 年增长近三倍，位居全国第27 位，其中进口总额 22.72 亿美元，比 2010 年上涨了 85.24%，位居全国第 26 位，出口总额 99.49 亿美元，比 2010 年增长 4 倍多，位居全国第 22 位，净出口总额 76.77 亿美元，比 2010 年翻了十番（图 1-35）。

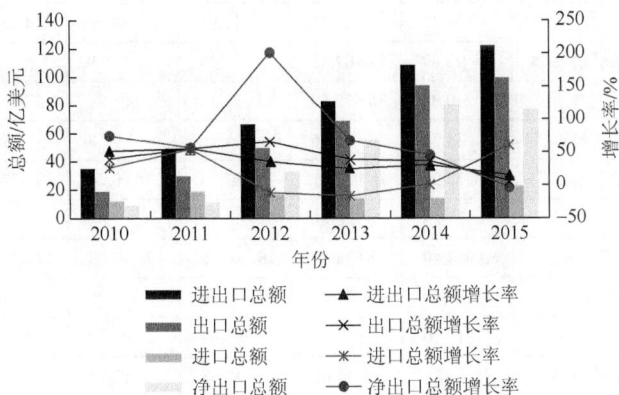

图 1-35　2010～2015 年贵州省进出口情况

　　2011～2015 年贵州省的进出口总额的增幅比西部地区分别高出 12.11、8.14、5.61、9.85、32.36 个百分点，比全国增幅分别高出 32.76、29.58、17.42、27.02、20.00 个百分点。

2015 年，贵州省进出口总额仅相当于西部地区的 4.52% 和全国的 0.31%，出口总额仅相当于西部地区的 5.59% 和全国的 0.43%，进口总额仅相当于西部地区的 2.45% 和全国的 0.13%，净出口总额仅相当于西部地区的 8.99% 和全国的 1.40%（表 1-7），这些数据表明贵州省进出口规模都非常小，对外贸易顺差相对来说较大。

表 1-7　2010～2015 年进出口比较

指标 ＼ 年份	2010	2011	2012	2013	2014	2015
贵州省进出口总额/亿美元	31.47	48.84	66.32	82.90	108.14	122.20
贵州省进出口总额增幅/%	36.38	55.22	35.77	25.00	30.45	13.00
贵州省出口总额/亿美元	19.20	29.85	49.52	68.86	93.97	99.49
贵州省出口总额增幅/%	41.34	55.47	65.89	39.05	36.47	5.87
贵州省进口总额/亿美元	12.27	18.99	16.79	14.04	14.17	22.72
贵州省进口总额增幅/%	29.29	54.82	−11.57	−16.41	0.94	60.33
贵州省净出口总额/亿美元	6.94	10.86	32.73	54.82	79.80	76.77
贵州省净出口总额增幅/%	69.24	56.62	201.31	67.50	45.57	−3.80
西部地区进出口总额/亿美元	1 275.50	1 825.40	2 329.80	2 781.53	3 354.61	2 705.30
西部地区进出口总额增幅/%	39.75	43.11	27.63	19.39	20.60	−19.36
西部地区出口总额/亿美元	712.44	1 067.42	1 453.85	1 782.26	2 185.37	1 779.56
西部地区出口总额增幅/%	37.90	49.83	36.20	22.59	22.62	−18.57
西部地区进口总额/亿美元	563.06	757.98	875.94	999.27	1 169.34	925.75
西部地区进口总额增幅/%	42.16	34.62	15.56	14.08	17.02	−20.83
西部地区净出口总额/亿美元	149.38	309.44	577.91	782.99	1 016.03	853.81
西部地区净出口总额增幅/%	23.89	107.16	86.76	35.49	29.76	−15.97
全国进出口总额/亿美元	29 740.00	36 418.60	38 671.19	41 603.31	43 030.27	40 018.24
全国进出口总额增幅/%	34.72	22.46	6.19	7.58	3.43	−7.00
全国出口总额/亿美元	15 777.50	18 983.81	20 487.14	22 100.24	23 427.47	23 005.78
全国出口总额增幅/%	31.30	20.32	7.92	7.87	6.01	−1.80
全国进口总额/亿美元	13 962.40	17 434.84	18 184.05	19 502.89	19 602.90	17 015.32
全国进口总额增幅/%	38.80	24.87	4.30	7.25	0.51	−13.20
全国净出口总额/亿美元	1 815.10	1 548.98	2 303.09	2 597.35	3 824.57	5 496.25
全国净出口总额增幅/%	−7.24	−14.66	48.68	12.78	47.25	43.71

整体来说，贵州省进出口总额的增幅的波动与西部地区和全国的波动非常一致，但贵州省的增幅相对较高。贵州省应当充分发挥自身优势，合理利用自身丰富的资源，将比较优势转化为竞争优势，提升出口产品的国际竞争力。同时，积极抓住全球产业升级的机遇，吸收国际产业转移，吸引外来投资，推动外贸行业的发展。

二、一般贸易是进出口主体

贵州省地处西南内陆，原材料进口成本较高，不具备加工贸易的比较优势，因此多数采用一般贸易的对外贸易方式。2015 年，贵州省出口总额中一般贸易总额为 87.27 亿美元，占出口总额的比重为 87.72%，加工贸易总额为 6.66 亿美元，占出口总额的比重为 6.69%，其他贸易总额为 5.56 亿美元，占出口总额的比重为 5.59%；进口总额中一般贸易总额为 7.78 亿美元，占进口总额的比重为 34.24%，加工贸易总额为 4.83 亿美元，占进口总额的比重为 21.26%，其他贸易总额为 10.11 亿美元，占进口总额的比重为 44.50%。净出口总额中一般贸易净出口总额为 79.65 亿美元，加工贸易净出口总额为 1.79 亿美元（表 1-8）。

表 1-8　贵州省 2015 年货物贸易类型

项目	总额/亿美元	占比/%
出口	99.49	
一般贸易	87.27	87.72
加工贸易	6.66	6.69
其他贸易	5.56	5.59
进口	22.72	
一般贸易	7.78	34.24
加工贸易	4.83	21.26
其他贸易	10.11	44.50
净出口	76.77	
一般贸易	79.65	103.74
加工贸易	1.79	2.33
其他贸易	−4.66	−6.07

三、实际利用外资保持高速增长，外资项目数持续增加

"十二五"时期，贵州省利用外资规模和外资项目数量均保持了高速增长。2011～2015 年，贵州省实际利用外资分别为 7.17 亿美元、10.98 亿美元、15.74 亿美元、20.65 亿美元、26.27 亿美元，增幅分别为 110.88%、53.14%、43.37%、31.18%、27.22%。2015 年，贵州省利用外资项目 187 个，比 2010 年增加了 145 个，实际利用外资 26.27 亿美元，比 2010 年增长了 6.7 倍，年末外商投资法人企业达 662 家，比 2010 年末增加了 59 家。其中 2015 年登记 71 家，新增数比 2010 年增加 40 家。

外商投资企业投资总额 181.47 亿美元，比 2010 年增长 3.4 倍，注册资本 101.80 亿美元，比 2010 年增长 3 倍（表 1-9）。

表 1-9　2010～2015 年贵州省利用外资情况

指标 ＼ 年份	2010	2011	2012	2013	2014	2015
项目数/个	42	70	53	149	172	187
实际利用外资额/亿美元	3.4	7.17	10.98	15.74	20.65	26.27
年末实有外商投资法人企业/家	603	644	686	740	594	662
本年登记家数/家	31	46	46	77	60	71
投资总额/亿美元	41.31	56.83	76.70	96.99	154.72	181.47
注册资本/亿美元	25.10	32.12	41.97	52.35	77.56	101.80

2011～2015 年贵州省实际利用外资增幅与西部地区相比分别高出了 65.86、52.02、39.97、45.84、17.01 个百分点，与全国相比，分别高出了 102.72、56.88、39.56、29.51、21.58 个百分点（图 1-36）。从整体上看，贵州省实际利用外资的增长速度远远高于西部地区和全国水平，但规模仍然非常小，仅相当于西部地区的 8.17% 和全国的 2.08%。

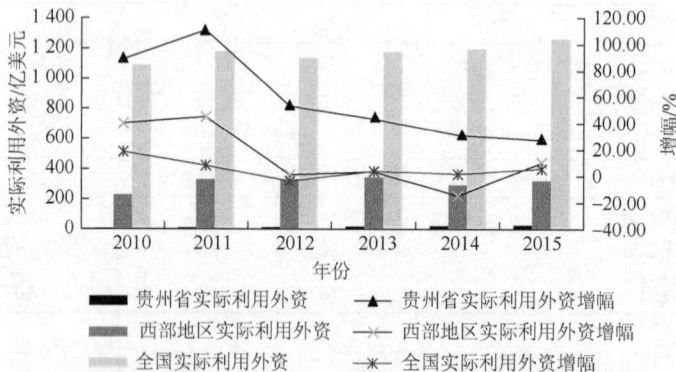

图 1-36　2010～2015 年贵州省实际利用外资情况

第六节　财政收支情况

一、财政收支持续增长，但增速下降

受宏观经济环境的影响，贵州省财政收支的压力相对较大，但主要经济指标增速仍处在合理区间，稳定增长的基本面没有改变（图 1-37，图 1-38）。

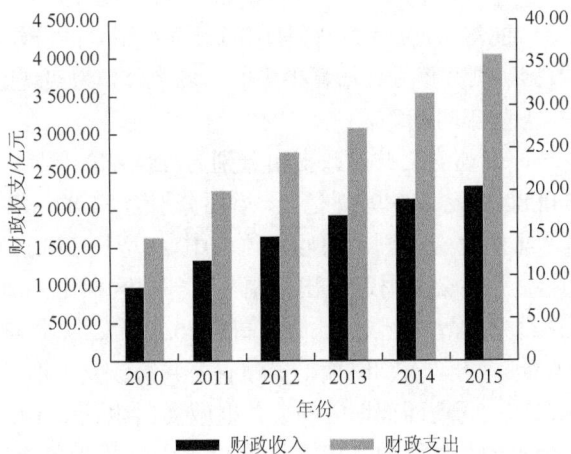

图 1-37 2010～2015 年贵州省财政收入支出情况

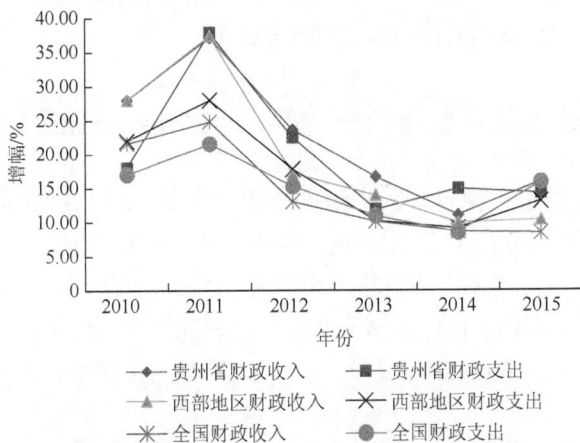

图 1-38 2010～2015 年公共财政收支速度比较

2011～2015 年，贵州省公共财政总收入分别为 1329.99 亿元、1644.48 亿元、1918.23 亿元、2130.90 亿元、2294.25 亿元，增幅分别为 37.17%、23.65%、16.65%、11.09%、7.67%。2015 年公共财政总收入比 2010 年增长 136.63%。

2011～2015 年贵州省公共财政总收入增幅与西部地区相比分别高出−0.24、6.48、2.69、1.11、5.60 个百分点，与全国相比分别高出 12.34、10.62、6.51、2.41、7.55 个百分点。从整体上看，"十二五"时期，贵州省公共财政收入平均年增长率为 23.65%；同期西部地区的公共财政收入平均年增长率为 17.78%，全国的公共财政收入平均年增长率为 13.03%。通过分析数据可知贵州省的财政收入增速高于西部地区和全国，呈现出较为强劲的增长势头。但是贵州省政府应当注意财政收入"质"的提升，特别是注意财政收入结构的调整，将税收的来源逐步向新兴产业转换，逐步淘汰产能落后的产业，将有限的资金运用到经济建设方面，运用到培育高科技、大数据等新兴产业，培育更多的市场主体，为实现财政收入的长期、稳定、高效发展打下坚实的基础。

2011～2015 年，贵州省公共财政支出分别为 2249.40 亿元、2755.68 亿元、3082.66 亿元、3542.80 亿元、4049.17 亿元，增幅分别为 37.87%、22.51%、11.87%、14.93%、14.29%。2015 年公共财政总收入比 2010 年增长 148.19%。

2011～2015 年贵州省公共财政支出增幅与西部地区相比分别高出 9.87、4.72、1.65、5.82、1.16 个百分点，与全国相比分别高出 16.32、7.22、0.92、6.40、−1.60 个百分点。从整体上看，"十二五"时期，贵州省公共财政支出增长了 148.19%，平均年增长率为 19.62%；同期西部地区的公共财政支出增长了 105.10%，平均年增长率为 16.52%；全国的公共财政支出增长了 95.57%，平均年增长率为 14.44%。可见贵州省的财政支出增速高于西部地区和全国。财政收支是与经济增长呈正相关的，即当经济增长时，财政收支自然增加，反之随之减少。所以，从财政收支的角度也可以体现出贵州省经济快速增长的态势。

二、税收收入来源的产业结构——第三产业开始占据主体地位

从 2015 年贵州省税收收入来源产业构成来看，第一产业贡献最小，仅占 0.29%，第二产业贡献了 47.01% 的财政收入，第三产业贡献了 52.70% 的财政收入（图 1-39）。比较全省生产总值的产业构成，第三产业对税收的贡献要超过其在全省生产总值中的占比，体现了第三产业具有极强的税收贡献能力。2014 年，贵州省第三产业税收贡献首超第二产业，并且在 2015 年，继续占据贵州省财政收入

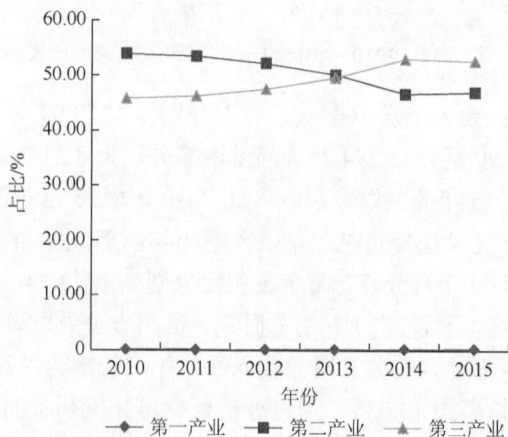

图 1-39　2010～2015 年贵州省税收收入来源的产业结构

的主体地位，保持稳定的态势。众所周知，伴随着我国产业结构的调整，第三产业的地位和作用越来越重要，第三产业的快速发展会对第一和第二产业的发展起到助推、加速的作用，同时拓展经济发展的时间长度和空间广度，使得贵州省经济能够保持较快的增长势头。

再进一步从国税和地税收入考察重点行业对财政收入的贡献。在国税方面，烟酒行业对税收的贡献继续保持最大，其贡献的税收占贵州省国税收入的32.77%，并且近年来还有所上升，其次是煤炭行业和电力行业，但它们的贡献在"十二五"时期逐渐下降，这三个行业贡献的税收已经占国税收入的一半（图1-40）。在地税方面，各行业所占比重都较小，虽然煤炭行业贡献最大，但2015年其贡献的税收也仅占地税收入的2.73%，其次是烟酒和特色食品行业，各占2.53%和1.34%，前三大行业加起来不到7%。2015年特色食品行业在地税占比超过了电力行业，较2014年占比增长了94.20%（图1-41）。综合来看，烟酒行业、煤炭行业和特色食品行业是对贵州省财政收入贡献最高的三个行业。

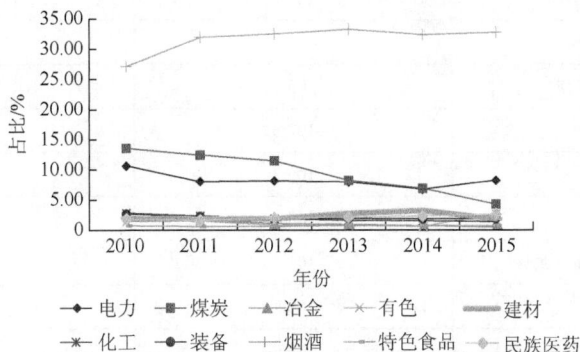

图 1-40　2010～2015年贵州省国税重点行业结构

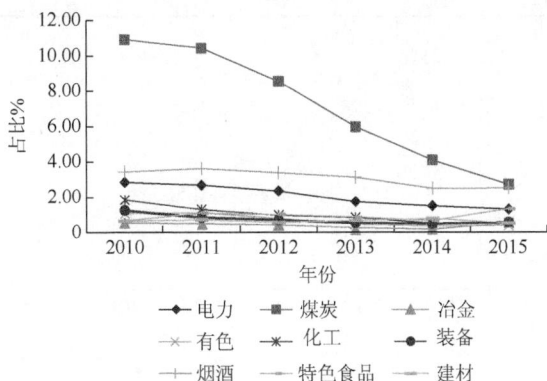

图 1-41　2010～2015年贵州省地税重点行业结构

第七节　物价水平

2015 年, 贵州省消费者物价指数(consumer price index, CPI)为 101.8(表 1-10), 价格上涨幅度整体较小, 上涨水平仍继续超过了全国和西部地区的平均水平, 但趋势总体与西部地区和全国一致, 并且上涨水平接近(图 1-42), 说明贵州省的消费品市场、产品市场、农业生产资料市场、固定资产投资中各类项目的市场保持着较为一致的步伐。贵州省服务项目价格上涨较快。工业生产者出厂价格下降 3.9%(图 1-43), 工业生产者购进价格下降 2.5%, 农业生产资料价格上升 3.1%(图 1-44), 固定资产投资价格下降 1.6%(图 1-45), 新建商品住宅价格下降 2.9%。

表 1-10　2015 年贵州省居民消费价格指数及其他指数

	指标名称	价格指数(上年=100)	比上年涨跌幅度/%
	居民消费价格指数	101.8	1.8
	消费品价格指数	101.4	1.4
	服务项目价格指数	103.0	3.0
按类别分	食品	102.6	2.6
	烟酒	103.2	3.2
	衣着	100.8	0.8
	家庭设备用品及服务	101.3	1.3
	医疗保健和个人用品	100.7	0.7
	交通和通信	100.6	0.6
	娱乐教育文化用品及服务	103.4	3.4
	居住	100.6	0.6

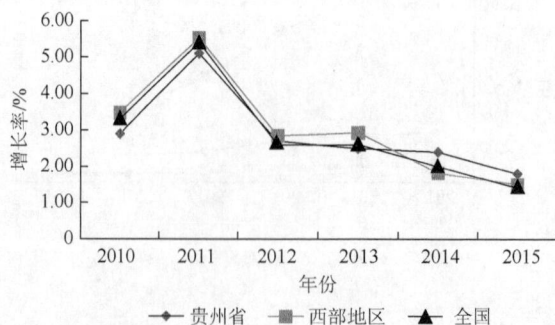

图 1-42　2010～2015 年 CPI 比较

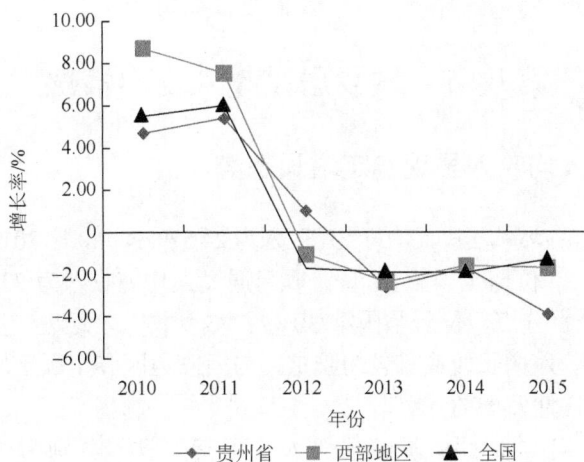

图 1-43　2010～2015 年工业生产者出厂价格指数比较

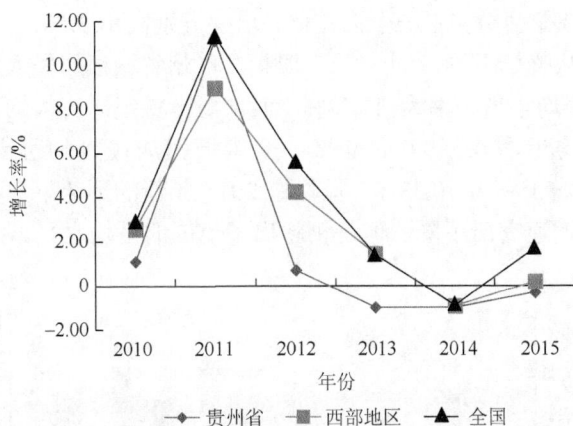

图 1-44　2010～2015 年农业生产资料价格指数比较

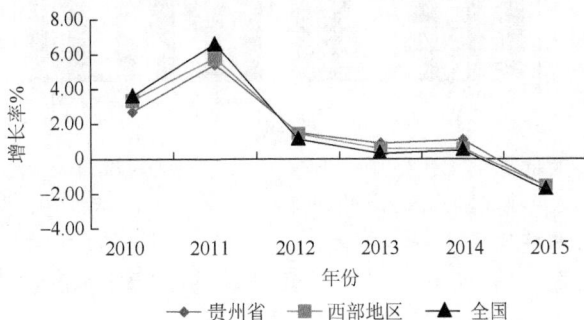

图 1-45　2010～2015 年固定资产投资价格指数比较

第八节　城乡居民收入支出情况

一、城乡居民人均收入呈现稳定增长态势

2015 年，贵州省城镇居民人均可支配收入为 24 579.64 元，比 2010 年增长 73.8 个百分点（图 1-46），位居全国第 28 位，农村居民人均纯收入为 7386 元，比 2010 年增长 112.76 个百分点，位居全国第 30 位，城乡收入差距进一步缩小。贵州省近几年城乡居民收入增长较快且较为稳定，与西部地区和全国平均水平的差距逐步缩小，保持着良性发展的态势。

2011～2015 年，贵州省城镇居民人均可支配收入分别为 16 495.01 元、18 700.51 元、20 667.07 元、22 548.21 元、24 580.00 元，增幅分别为 16.63%、13.37%、10.52%、9.10%、9.01%；与西部地区相比，2011～2015 年增幅分别高出 2.48、0.06、0.25、1.38、−1.73 个百分点；与全国相比，增幅分别高出 2.50、0.74、0.79、2.10、0.86 个百分点。从整体上看，"十二五"时期，贵州省城镇居民人均可支配收入增长了 73.80%，平均年增长率为 11.73%。西部地区城镇居民人均可支配收入增长了 68.02%，平均年增长率为 10.96%。全国城镇居民人均可支配收入增长了 63.24%，平均年增长率为 10.33%。虽然在 2015 年新的形势下，贵州省城镇居民人均可支配收入增速有所下降，但是仍超出了全国的平均水平。

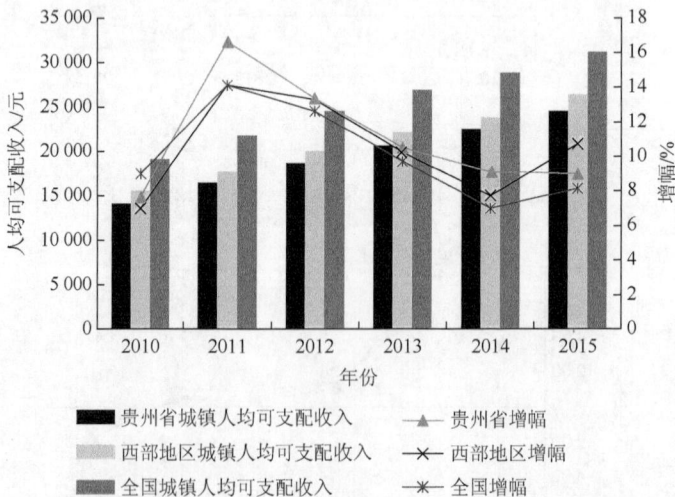

图 1-46　2010～2015 年城镇居民人均可支配收入情况

在农村居民人均纯收入方面，2011～2015 年，贵州省农村居民人均纯收入分别为 4145.35 元、4753.00 元、5434.00 元、6671.22 元、7387.00 元，增幅分别为

19.40%、14.66%、14.33%、22.77%、10.73%；与西部地区相比，2012 年和 2015
年增幅分别低于 0.31 和 1.98 个百分点，其余三年增幅分别高出 0.21、1.00、7.42
个百分点；与全国相比，增幅分别高出 1.52、1.16、1.99、11.57、1.83 个百分点
（图 1-47）。从整体上看，"十二五"时期，贵州省农村居民人均纯收入平均年增长
率为 16.38%，西部地区平均年增长率为 15.11%，全国平均年增长率为 12.76%。
2015 年贵州农村居民人均纯收入增长率虽然有所下降，但仍高于全国平均水平。

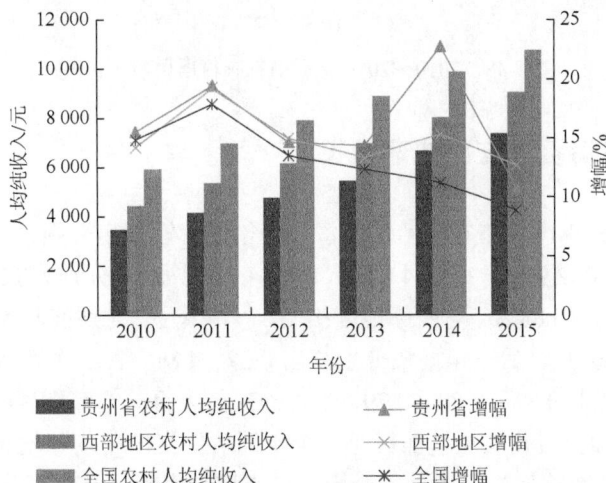

图 1-47 2010～2015 年农村居民人均纯收入情况

二、农村居民家庭工资性收入重新居于主导地位，转移性收入占比有所降低

"十二五"时期，家庭经营收入占总收入的比重从 2011 年的 47.77% 下降至 2015
年的 38.99%，转移性收入的比重从 2011 年的 9.46% 增长至 2015 年的 20.68%，
从图 1-48 可以明显看出，家庭转移性收入在"十二五"时期整体大幅提升，这体
现了贵州省政府一系列"精准扶贫"措施效果显著，通过加大对低收入人群的转
移支付力度，使得农村居民转移性收入明显提高。

2015 年，农村居民总收入中，家庭经营收入占 38.97%，工资性收入占 39.22%，
转移性收入占 20.68%，财产性收入占 1.13%。相对 2014 年而言，2015 年工资性
收入再次成为农村居民收入中最主要的一部分收入。这是政府推进新型城镇化建
设的成果，再者，贵州省工业、服务业及以"大数据"为代表的高科技新兴产业
的快速发展也给农村居民创造了大量的就业机会，使得更多的农民享受到经济快
速发展带来的福利。

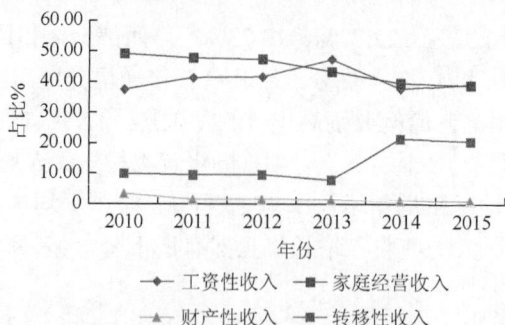

图 1-48　2010～2015 年贵州省农村居民收入结构

三、城乡居民消费性支出快速增长

2011～2015 年，贵州省城镇居民每人全年消费性支出分别为 11 352.90 元、12 585.70 元、13 702.90 元、15 254.64 元、16 914.20 元，增幅分别为 12.87%、10.86%、8.88%、11.32%、10.88%；与西部地区相比，"十二五"时期前两年增幅分别低于 0.34、0.64 个百分点，后三年增幅分别高出 0.29、4.81、2.13 个百分点；与全国相比，增幅分别高出 0.33、0.88、0.79、0.53、3.75 个百分点（图 1-49）。从整体上看，"十二五"时期，贵州省城镇居民每人全年消费性支出平均年增长率为 10.96%，西部地区平均年增长率为 9.71%，全国平均年增长率为 9.71%。贵州省的增速已经超出了西部地区和全国的平均水平。

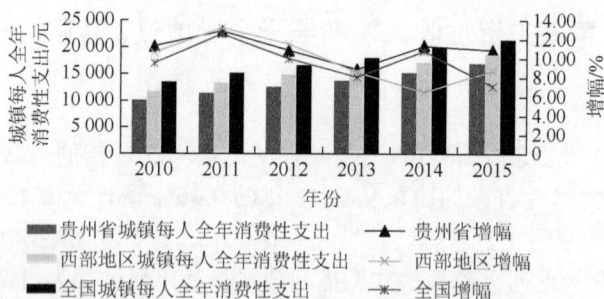

图 1-49　2010～2015 年贵州省城镇居民每人全年消费性支出情况

2011～2015 年，贵州省农村居民每人全年消费性支出分别为 3455.80 元、3901.70 元、4740.20 元、5970.25 元、6644.93 元，增幅分别为 21.15%、12.90%、21.49%、25.95%、11.30%；与西部地区相比，2012 年和 2015 年增幅分别低于 1.94、7.57 个百分点，其余三年增幅分别高出 0.14、8.10、3.35 个百分点；与全国相比，2012 年和 2014 年增幅分别低于 0.25、0.58 个百分点，其余三年增幅分别高出 2.00、

9.35、1.28 个百分点（图 1-50）。从整体上看，在农村居民每人全年消费性支出方面，贵州省平均年增长率为 18.56%，而西部地区平均年增长率为 18.14%，全国平均年增长率为 16.20%。贵州省的增速高于全国和西部地区的平均水平。

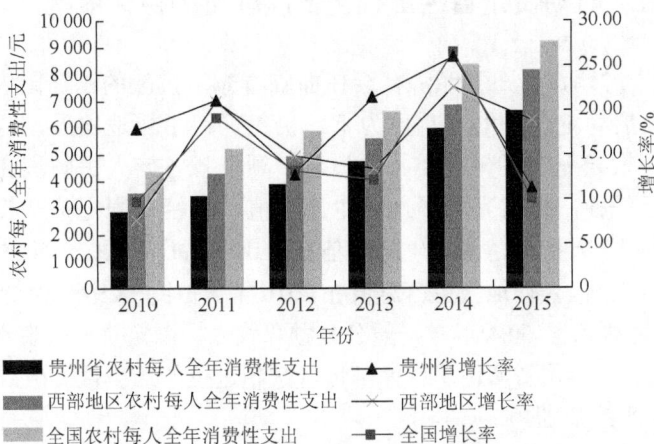

图 1-50　2010～2015 年农村居民每人全年消费性支出情况

四、城乡居民家庭恩格尔系数继续下降

2015 年，贵州省城镇居民家庭恩格尔系数为 34%，农村居民家庭恩格尔系数为 39.8%，都略高于全国的 30.6%。贵州省城乡居民家庭恩格尔系数持续下降，城镇居民家庭恩格尔系数则从 2010 年的 39.9% 下降至 2015 年的 34%，农村居民家庭恩格尔系数从 2010 年的 46.3% 下降至 2015 年的 39.8%（图 1-51）。这说明随着贵州省经济的快速发展，贵州省城乡居民的收入快速增长，人民更加富裕，居民家庭食品消费支出占家庭消费总支出的比重逐步下降，消费水平和生活质量逐步提升。

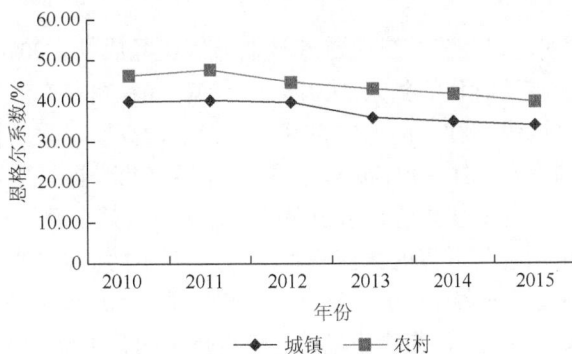

图 1-51　2010～2015 年贵州省城乡居民家庭恩格尔系数

第九节　"十二五"的成就及"十三五"的形势

一、"十二五"时期贵州省经济社会发展取得的巨大成就

"十二五"时期，贵州省经济社会在面临着充满挑战的国际国内环境和艰巨繁重的改革发展稳定任务的双重压力下，仍然保持了快速发展，取得了巨大成就。在党中央领导下，贵州省委、省政府带领全省各族人民圆满完成了"十二五"规划目标任务，提前完成了地区生产总值、全社会固定资产投资、一般公共预算收入等 21 项指标，地区生产总值在全国的占比由 2010 年的 1.15% 提升至 2015 年的 1.55%，人均地区生产总值在 2010 年只占到全国平均水平的 43.71%，到 2015 年已经达到了 60.45%，一般公共预算收入、固定资产投资在全国的排名也都提升了 3 位。贵州省实现了在西部地区赶超进位的历史性突破，为"十三五"发展打下了坚实的基础。

（一）贵州省经济加速发展、综合实力快速提升

"十二五"时期，贵州省经济保持了平稳较快增长，地区生产总值在 2014 年突破 9000 亿元，提前一年完成"十二五"规划（8400 亿元）的目标任务。2015 年贵州省地区生产总值比上年增长 13.53%，继续位居全国前列，年均经济增速为 18%，高于同期全国水平 6.8 个百分点。此外，人均地区生产总值实现赶超进位的历史性突破，值得一提的是，2014 年贵州省人均地区生产总值 26 368 元，实现 4 年翻番，摆脱了人均地区生产总值长期在全国挂末的局面。

（二）贵州省基础设施建设实现了重大突破

"十二五"时期，贵州省基础设施建设取得了优异成绩。2014 年，贵广高铁的通车标志着贵州高铁时代的到来，2015 年，沪昆高铁贵州东段正式开通使贵州快速融入了国家"四纵四横"高速铁路网主骨架中，高铁建设的持续活力将稳步推进贵州融入全国。在 2015 年年底，全省 88 个县（市、区）实现县县通高速公路，成为西部地区第一个县县通高速公路的省，全省高速公路通车里程突破 5100 公里。此外，为了加强与世界的紧密联系，贵州省空中航线网络的编织也在紧锣密鼓地进行，贵州省正朝着"一干十三支"机场布局目标逐步迈进。2014 年，贵州省通航机场实现全省覆盖，民航进出港旅客增速排全国第 1 位，突破 1400 万人次。与此同时，贵州省加大了水运建设力度。2014 年建成乌江渡—龚滩、三板溪库区

航运工程，新增四级航道 431 公里，成为历史上新增高等级航道最多的一年。目前，全省航电枢纽首台机组发电已经实现，乌江构皮滩水利枢纽翻坝运输系统工程已通过交工验收。在水利建设方面，开工和建成黔中、夹岩、马岭河水利枢纽等一批大中型水利工程，新增供水能力 18 亿立方米，新增农田有效灌溉面积 431 万亩^①，有效解决了农村人口的饮水安全问题。

（三）贵州省全面深化改革开放成效显著

"十二五"时期，贵州省以经济体制改革为重点，全面深化政治、文化、社会、生态文明等领域改革，市场主体规模更加壮大，资源配置效率有效提高，现代市场体系更加完善。"十二五"时期各类企业注册资本超过 2.59 万亿元，年均增长 41.2%，国有控股龙头企业加速成长，民营经济比重大幅提升；在外贸进出口方面，贵州省积极参与长江经济带通关一体化改革，主动融入"一带一路"和长江经济带、珠江—西江经济带，加快建设贵阳无水港，推动黔深欧国际海铁联运和中欧班列常态化运营。贵州省进出口总额在"十二五"时期年均增长 31.3%，高于"十一五"时期 13.8 个百分点；在招商引资方面，力度不断加大。以"5 个 100 工程"、贵安新区建设及贵阳综合保税区等"1+7"国家级开放平台为载体，打造承接产业的新窗口，高标准举办了生态文明贵阳国际论坛、酒博会、数博会、茶博会、民博会等国际性重大活动，大大提升了贵州省对外开放活跃度和投资开发吸引力；新兴产业蓬勃发展，积极引领转型升级，2015 年贵州省计算机、通信和其他电子设备制造业增加值比上年增长 102.0%。创新驱动发展新动力加快形成，科技进步贡献率提高到 45%，每万人口有效发明专利增加到 1.5 件。

（四）贵州省生态建设成效显著

在生态建设方面，贵州省严格守住环境保护的底线，强力实施绿色贵州建设三年行动计划，完成营造林 2161 万亩，治理石漠化面积 8270 平方公里，森林覆盖率超过 50%。此外，贵州省还颁布了《贵州省生态文明建设促进条例》，成立了生态环境保护执法机构，积极建设环境污染治理设施，加强工业废弃物和矿产资源综合利用，2015 年贵阳市空气质量排全国前列；在能源使用方面，节能降耗深入推进。贵州省认真贯彻执行国家节能降耗政策，着力提高能源利用效率，积极淘汰落后产能。"十二五"时期贵州省单位地区生产总值能耗下降 19%，累计淘汰落后产能 3080 万吨，污染物排放量大幅降低，2014 年贵州省提前超额完成"十二五"节能目标任务。

---

① 1 亩≈666.67 平方米。

（五）贵州省社会协调发展，人民享受到了更多、更大的实惠

得益于贵州省经济社会的快速发展，居民收入得到较快增长。"城乡居民收入倍增计划"的顺利实施给城乡居民收入带来了明显提升。"十二五"时期，贵州省城镇、农村常住居民人均可支配收入年均名义增速分别为 11.8% 和 14.4%，分别高于"十一五"时期 0.1 和 1.3 个百分点。就业人数不断增加，贵州省先后出台一系列政策以提升就业率，强力推进创业服务。"十二五"时期城镇累计新增就业267.14 万人，是"十一五"时期的 2.8 倍，城镇登记失业率控制在 4.2% 以内。此外，贵州省政府扎实推进"33668"扶贫攻坚行动计划，实施精准扶贫脱贫"1+10"配套文件。"十二五"时期全省农村贫困人口总数从 2011 年的 1149 万人大幅缩减到 2015 年年底的 493 万人，贫困发生率下降到 14%。"十二五"期间，贵州省加强市场价格监测及物价调控，稳步推进价格改革，物价涨幅总体平稳，物价指数年均涨幅控制在 3% 的调控目标以内。"十二五"时期全省教育经费财政投入为2747 亿元，是"十一五"时期的 2.6 倍，稳步推进基本普及十五年教育，实施教育"9+3"计划、中职学校"百校大战"和"四项突破"工程，花溪大学城一期工程、清镇职教城和贵州大学新校区一、二期工程等基本建成。"十二五"时期公共卫生和医疗服务体系全面建立，公共服务和社会保障体系进一步完善。

二、"十三五"时期贵州省经济社会发展面临的新形势

长期来看，和平与发展仍是当代世界发展的主题。随着新一轮科技革命的到来，产业结构进一步调整，发展中国家群体实力持续提升，国际力量对比逐步平衡化；同时，国际金融危机的影响依然存在，全球经济贸易增速长期处于低位，外部环境的不确定因素增多。国内经济发展方式正在加快转变，新的增长方式正在逐步形成，长期向好的经济基本面没有改变，同时也进入以"减速提质"为主要特点的经济新常态，正面临着新的挑战。从整体上来讲，贵州省正处于非常有利的发展环境中，党中央、国务院高度关心、重视贵州省的经济社会发展，给予重大政策支持和资金支持；国家实施大数据和网络强国等战略，为贵州省实现后发赶超创造了良好机遇；国家实施"一带一路"、长江经济带、京津冀协同发展等区域发展战略，为贵州省扩大国际国内开放合作扫除了障碍；国家实施精准扶贫、精准脱贫政策，为贵州省实现消灭贫困的目标提供了政策支撑；此外，国家实施新一轮西部大开发战略，为贵州省完善现代基础设施、构建现代产业体系等提供了宝贵契机和有利条件。

"十二五"时期的持续高速发展有效改善了贵州省的基础条件和发展环境，政

策红利、改革红利、生态和资源红利、劳动力红利等正在集体释放，全省上下"两创"的积极性高涨，这一系列的积极因素为同步全面建成小康社会打下了坚实基础。但是，由于受国内宏观经济形势的传导影响，一些长期积累形成的体制性矛盾、结构性矛盾、发展性矛盾正逐步显现，这些不利因素将会给贵州省维持快速发展带来很大困难和挑战。主要问题如下所述。

经济下行压力较大，企业盈利能力减弱。"十二五"时期，贵州省工业企业资产利润率 5 年内下降了 1.59 个百分点，销售利润率下降了 2.51 个百分点，经济预期不稳，大企业投资意愿不强，企业经营困难，要保持经济持续快速增长、提升经济总量、提高地区生产总值的人均水平、进一步缩小与西部地区和全国平均水平差距的难度增大。

资源开发利用水平较低、产业结构不合理、经济转型步伐缓慢。"十二五"时期，贵州省第一产业、第二产业的地区生产总值占比分别上升 2.9 和 1 个百分点，第三产业占比下降 3.9 个百分点，大多传统产业企业生产技术水平低下、缺乏核心竞争力，大部分新兴企业规模偏小，对全省的经济增长的贡献率不高，去产能问题依旧严峻。

实体经济特别是中小微企业融资难、融资贵问题普遍存在。"十三五"时期贵州省面临的一个重要问题就是解决中小微企业的融资问题，这一问题的有效解决不仅需要政府的积极引导，法律、财政、金融等手段综合运用，多措并举，充分发挥管理指导职能，还需要金融机构和企业等信贷双方共同努力，才能行之有效。

"十二五"时期，贵州省城乡居民收入比平均为 3.68，高于全国平均水平，城乡发展差距大仍是摆在贵州省面前亟须解决的问题。贫困面大、贫困人口多、贫困程度深，脱贫攻坚任务艰巨，贵州省全省 90% 以上的贫困人口比较集中，要实现全部脱贫困难较大。截至 2015 年年末，贵州省的贫困人口高达 493 万，占全国总数的 8.84%，"十三五"时期，贵州省只有高度重视、统筹城乡经济社会的协调发展，努力增加农民收入，完善社会保障制度，切实有效提升农村人口的生活质量，才能实现全面建设小康社会的目标。

政府职能转变不到位，一些干部行政能力和素质不高，不作为、乱作为、慢作为、为政不廉等问题依然存在，提升能力、惩治和预防腐败任务依旧繁重。对这些问题，"十三五"时期贵州省必须高度重视，切实营造公正、廉洁的行政环境。

总体上来看，"十三五"时期，贫困落后是主要矛盾、加快发展是根本任务的基本省情没有变，"赶""转"的双重任务没有变，快于全国、快于西部地区的经济发展态势没有变，既要大有作为，又要奋发有为。贵州省要增强机遇意识和忧患意识，抓住机遇，倍加珍惜团结和谐的好局面，倍加珍惜干事创业的好状态，凝聚全省的人力、物力、财力共同实现科学发展、后发赶超、同步小康的目标。

第二章 贵州省金融业发展状况研究

"十二五"时期，国内外经济和金融形势面临非常复杂困难的环境。从国际上来看，2008 年爆发的金融危机后续影响尚在持续之中，而 2011 年又爆发了欧债危机。同时，以互联网技术、新能源技术和智能制造技术引领的新一轮技术革命和产业革命处于方兴未艾的快速发展之中。从国内来看，我国经济长期依靠资源投入和投资驱动的发展模式面临难以持续的困境。从金融业自身来看，金融业粗放增长、金融结构失衡、金融与实体经济融合发展不紧密的问题还十分突出。在复杂严峻的局面下，贵州省金融业在"十二五"时期保持了快速高效的发展态势，是服务业中增长最快的行业，并呈现了稳健货币政策有效落实、融资总量不断扩大、多层次资本市场稳步发展、金融市场运行平稳、金融生态环境建设持续推进的发展格局。

第一节 "十二五"时期贵州省银行业发展状况

一、我国银行业发展整体概况

我国银行业发展整体上呈现规模快速增长但增幅放缓、利润规模较大但增幅下降较大、资产质量整体可控但不良贷款率明显上升的特点。截至 2015 年年底，我国商业银行总资产余额达到 155.8 万亿元（本外币合计，下同），比 2010 年年底增加 109.92 万亿元，增幅为 239.58%。资产组合中，各项贷款余额为 76.14 万亿元，比 2010 年年底增加 25.24 万亿元，增幅为 49.59%，占资产总额的 48.87%；2015 年，商业银行合计实现净利润 1.59 万亿元；平均资产利润率为 1.10%；平均资本利润率为 14.98%；商业银行净息差为 2.54%。2015 年年底，商业银行（不含外国银行分行，下同）加权平均资本充足率为 13.45%，比 2010 年年底上升 2.05 个百分点；加权平均核心资本充足率为 10.90%，比 2010 年年底上升 0.3 个百分点。从资本结构看，一级资本净额与资本净额的比例为 84.03%，资本质量较高。2015 年年底，商业银行流动性比例为 48.01%，较第三季度末上升了 1.85 个百分点，比 2010 年下降 5.81 个百分点。2015 年年底，商业银行存贷款比例为 67.24%，较第三季度末上升 0.85 个百分点，同比上升 2.15 个百分点。2015 年年底，商业银行不良贷款余额为 12 744 亿元，比 2010 年年底增加 8451 亿元，不良贷款率为 1.67%，比 2010 年年底上升 0.53 个百分点。

二、贵州省银行业整体发展情况

"十二五"时期，贵州省银行业整体发展情况呈现以下特点：银行业机构逐渐增多，存款增速大幅提高，贷款保持稳定增长，信贷结构持续优化，贷款利率水平大幅回落，机构改革稳步推进，跨境人民币业务平稳发展，但银行业经营压力加大。银行业金融机构资产规模在 2015 年突破 2.5 万亿元，达到 25 047.8 亿元，比 2010 年增长 182.9%，存款余额达到 19 537.1 亿元，比 2010 年增长 163.97%，贷款余额突破 1.5 万亿元，比 2010 年增长 161.89%；银行业资产规模、存款余额、贷款余额等主要指标增长幅度明显高于西部地区和全国水平，银行业资产规模、存款规模、贷款规模等占西部地区和全国的比例明显提高；支持重点产业发展力度加大；小微、涉农和社区金融服务迈上新台阶；创新业务得到快速发展；效益和质量同步提升。

"十二五"时期，贵州省金融机构人民币、本外币各项贷款稳定增长，地方金融机构理财业务活跃。利率定价市场化程度加深。银行业机构改革稳步推进。以"互联网+大健康医药"为总体定位的民营银行发起设立相关工作正在进行中。2015 年，中国人民银行（以下简称人民银行）贵阳中心支行结合贵州省扶贫开发的实际，初步建立了扶贫对象精准、金融机构功能定位精准、金融产品和服务精准、扶贫信贷风险补偿与分担精准、运行机制平衡的"四精准一平衡"模式，推动贵州省金融扶贫工作取得初步成效。

三、贵州省银行业组织体系继续完善，机构和人员规模逐步扩大

"十二五"时期，银行业整体运行良好，资产规模快速增加，华夏银行贵阳分行获准筹建。贵阳银行上市首发申请获得通过（现已实现公开上市）。城市商业银行、村镇银行快速增加，银行机构网点进一步向县域及乡镇发展，空间布局日趋合理。截至 2015 年年底，银行业机构网点共计 5062 个，比 2010 年增加了 1049 个，增幅为 26.14%。其中，大型商业银行机构为 1086 个，比 2010 年增加 42 个。股份制商业银行机构数为 95 个，比 2010 年增加 92 个，增长了 30 倍。城市商业银行机构个数为 403 个，比 2010 年增加 224 个，增幅为 125.14%。主要农村金融机构个数为 2309 个，比 2010 年增加 293 个，增幅为 14.53%。新型农村金融机构个数为 139 个，比 2010 年增加 131 个，增长了 16 倍。财务公司数量为 5 家，相比 2010 年增加了 3 家（表 2-1 和图 2-1）。[①]从业人员总数达到 67 981 人，比 2010 年增加 16 986 人，增幅为 33.30%（图 2-2）。

---

① 资料来源：贵州银监局、中国人民银行贵阳中心支行。

表 2-1 2015 年贵州省银行业金融机构情况

机构类别	营业网点			法人机构/个
	机构个数/个	从业人数/人	资产总额/亿元	
大型商业银行	1 086	24 017	7 845.5	0
国家开发银行和政策性银行	69	1 337	3 669.8	0
股份制商业银行	95	2 191	1 853.4	0
城市商业银行	403	8 288	4 202.8	2
主要农村金融机构	2 309	26 963	5 764	85
财务公司	5	86	462.3	3
信托公司	1	322	104.5	1
邮政储蓄银行	954	2 434	886.3	0
外资银行	1	34	2.6	0
新型农村金融机构	139	2 309	256.57	48
合计	5 062	67 981	25 047.8	139

注：营业网点不包括国家开发银行和政策性银行、大型商业银行、股份制银行等金融机构总部数据；大型商业银行包括中国工商银行、中国农业银行、中国银行、中国建设银行和交通银行；小型农村金融机构包括农村商业银行、农村合作银行和农村信用社；新型农村金融机构包括村镇银行、贷款公司、农村基金互助社

资料来源：中国人民银行贵阳中心支行、银监局及各金融机构。如无特别说明，本节数据来源不变

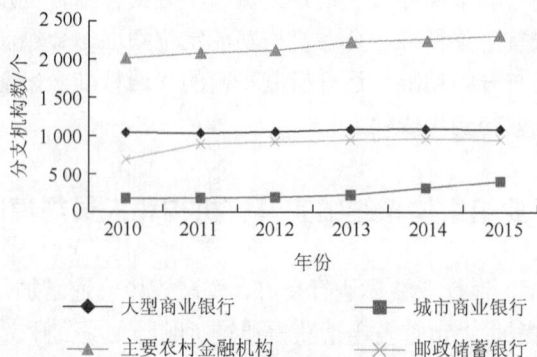

图 2-1 2010～2015 年贵州省各类金融机构分支机构数

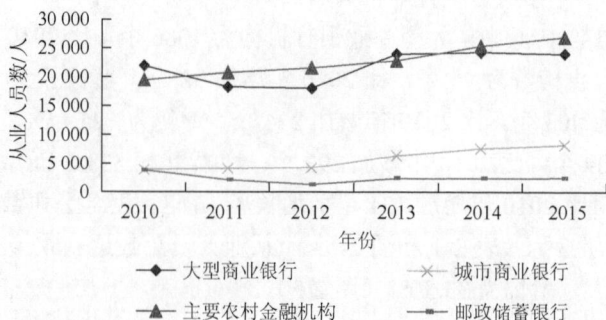

图 2-2 2010～2015 年贵州省各类金融机构从业人员数

　　近年来，贵州省大力实施"引金入黔""金融互联网+"等工程，越来越多的银行业金融机构在黔设立分支机构，同时地方金融机构建设也在继续推进，股份制商业银行发展较快，新型农村金融机构得到空前的发展，农村金融体系得到完善，小微、涉农金融服务迈上新台阶。股份制商业银行、城市商业银行和各种农村金融机构的增长尤其迅速。

四、贵州省银行业资产规模保持高速增长，并突破 25 000 亿元关口

（一）"十二五"时期贵州省银行业资产发展与西部地区及全国的比较

　　"十二五"时期，贵州省银行业资产规模迅速增长，连续跨越了 10 000 亿元、15 000 亿元、20 000 亿元、25 000 亿元四个台阶。2011～2015 年贵州省银行业资产规模分别为 10 830 亿元、13 563 亿元、17 287.8 亿元、20 186.2 亿元、25 047.8 亿元，增幅分别为 22.32%、25.24%、27.46%、16.77%、24.08%，2015 年银行业的总资产比 2010 年增长了 182.9%。

　　横向比较分析，贵州省银行业资产增幅在 2011～2015 年明显高于西部地区和全国水平；从银行业资产规模占比来看，2011～2015 年，贵州省银行业资产占西部地区的比例分别为 5.72%、5.89%、6.46%、6.74%、7.41%，所有年份均保持上升态势，表现出良好的增长势头；2011～2015 年，贵州省银行业资产占全国的比例分别为 1.02%、1.09%、1.23%、1.30%、1.44%，所有年份均保持高速增长（表 2-2，图 2-3）。[①]

表 2-2　2010～2015 年贵州省、西部地区和全国银行业资产总额及增幅等情况比较

指标 ＼ 年份	2010	2011	2012	2013	2014	2015
贵州省银行业资产总额/亿元	8 854.0	10 830.0	13 563.0	17 287.8	20 186.2	25 047.8
贵州省银行业资产总额增幅/%	26.99	22.32	25.24	27.46	16.77	24.08
西部地区银行业资产总额/万亿元	15.50	18.94	23.03	26.78	29.94	33.82
西部地区银行业资产总额增幅/%	23.02	22.19	21.59	16.28	11.80	12.97
全国银行业资产总额/万亿元	88.8	105.8	124.5	140.2	154.7	174.0
全国银行业资产总额增幅/%	19.84	19.14	17.67	12.61	10.34	12.61
贵州省银行业资产在西部地区的占比/%	5.71	5.72	5.89	6.46	6.74	7.41
贵州省银行业资产在全国的占比/%	1.00	1.02	1.09	1.23	1.30	1.44

---

　　① 资料来源：根据 2010～2015 年全国、西部各省（自治区、直辖市）的《金融运行报告》统计得出。

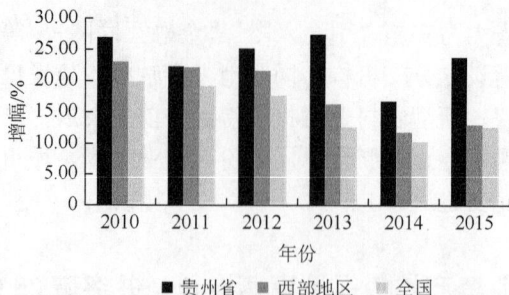

图 2-3 贵州省、西部地区和全国的银行业资产总额增幅的比较

(二)"十二五"时期贵州省人均银行业资产与西部地区及全国的比较

2011~2015 年,贵州省人均银行业资产规模分别为 31 221.89 元、38 928.61 元、49 365.51 元、57 542.67 元、70 831.56 元,增幅分别为 22.68%、24.68%、26.81%、16.56%、23.09%,2014 年贵州省人均银行业资产增幅有所下降,增幅低于 20%,但 2015 年增幅再次提高 20% 以上(表 2-3)。①从增长趋势来看,与西部地区相比,人均银行业资产规模增幅在 5 年内的增幅均明显高于西部地区水平;与全国相比,人均银行业资产增幅从 2011 年起连续 5 年增幅均明显高于全国水平。

2011~2015 年,贵州省人均银行业资产分别相当于西部地区的 59.71%、61.58%、67.54%、72.19%、77.76%,分别相当于全国水平的 39.76%、42.34%、47.91%、50.88%、55.89%。贵州省人均银行业资产与西部地区和全国平均水平的差距不断缩小。

表 2-3   2010~2015 年贵州省、西部地区、全国人均银行业资产比较

指标 \ 年份	2010	2011	2012	2013	2014	2015
贵州省人均银行业资产/元	25 450.27	31 221.89	38 928.61	49 365.51	57 542.67	70 831.56
贵州省人均银行业资产增幅/%	29.11	22.68	24.68	26.81	16.56	23.09
西部地区人均银行业资产/元	42 972.92	52 289.17	63 221.43	73 090.59	79 707.54	91 087.85
西部地区人均银行业资产增幅/%	24.09	21.68	20.91	15.61	9.05	14.28
全国人均银行业资产/元	66 223.68	78 524.51	91 947.06	103 033.69	113 099.68	126 725.93
全国人均银行业资产增幅/%	19.27	18.57	17.09	12.06	9.77	12.05

五、存款增速大幅提高

(一)银行业存款余额情况

受地方债发行、各类资产管理计划等因素影响,人民币存款增速大幅上升。

---

① 资料来源:根据 2010~2015 年全国、西部各省(自治区、直辖市)的《金融运行报告》统计得出。

截至 2015 年年底，贵州省金融机构人民币各项存款余额比 2010 年增长 163.12%。并且与西部地区和全国相比，贵州省存款余额增幅分别高出 63.12 和 77.99 个百分点。存款余额占西部地区的比例从 2010 年的 5.86% 增至 2015 年的 7.72%，占全国的比例从 2010 年的 1.01% 增至 2015 年的 1.43%。

（二）"十二五"时期贵州省银行业存款余额与西部地区及全国的比较

2011～2015 年，贵州省银行业存款余额分别为 8771.3 亿元、10 567.8 亿元、13 297.6 亿元、15 263.3 亿元、19 438.6 亿元，增幅分别为 18.73%、20.48%、25.83%、14.78%、27.36%。与西部地区相比，贵州省银行业存款余额增幅在 2011～2015 年增长幅度都高于西部地区水平。与全国相比，贵州省银行业存款余额增幅同样与同西部地区的比较结果一样，在 2011～2015 年增幅明显高于全国整体水平。2011～2015 年，贵州省银行业存款余额占西部地区的比例分别为 5.97%、6.07%、6.62%、6.92%、7.72%，增长幅度连续 5 年明显上升，表现出良好的增长态势。2011～2015 年，贵州省银行业存款余额占全国的比例分别为 1.06%、1.12%、1.27%、1.37%、1.43%，5 年来贵州省银行业存款余额占全国的比例提升了 0.37 个百分点（表 2-4，图 2-4，图 2-5）。[①]

表 2-4　2010～2015 年贵州省、西部地区和全国银行业存款余额及增幅等情况比较

指标 \ 年份	2010	2011	2012	2013	2014	2015
贵州省银行业存款余额/亿元	7 387.8	8 771.3	10 567.8	13 297.6	15 263.3	19 438.6
贵州省银行业存款余额增幅/%	24.95	18.73	20.48	25.83	14.78	27.36
西部地区银行业存款余额/万亿元	12.6	14.7	17.4	20.1	22.1	25.2
西部地区银行业存款余额增幅/%	22.33	16.67	18.37	15.52	9.95	13.95
全国银行业存款余额/万亿元	73.3	82.7	94.3	104.8	111.3	135.7
全国银行业存款余额增幅/%	19.77	12.82	14.03	11.13	6.20	21.92
贵州省银行业存款余额在西部地区的占比/%	5.86	5.97	6.07	6.62	6.92	7.72
贵州省银行业存款余额在全国的占比/%	1.01	1.06	1.12	1.27	1.37	1.43

① 资料来源：根据 2010～2015 年全国、西部各省（自治区、直辖市）的《金融运行报告》统计得出。

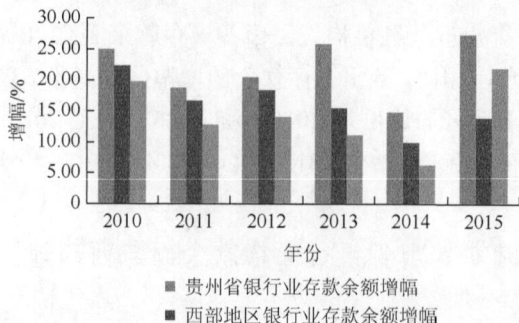

图 2-4 贵州省、西部地区和全国的银行存款余额增幅

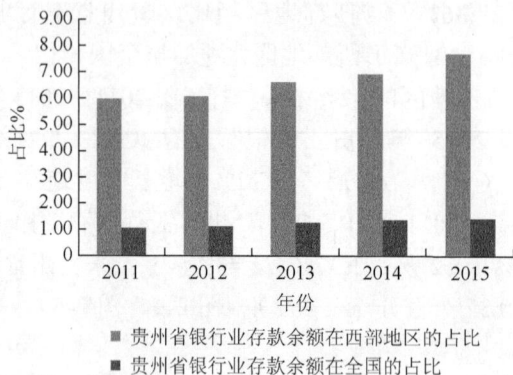

图 2-5 贵州省存款余额在西部地区和全国的占比

（三）"十二五"时期贵州省人均银行业存款余额与西部地区及全国的比较

2011~2015 年，贵州省人均银行业存款余额分别为 25 286.85 元、30 331.77 元、37 971.44 元、43 509.48 元、55 074.77 元，增幅分别为 19.08%、19.95%、25.19%、14.58%、26.58%（表 2-5）。①从增长趋势来看，与西部地区相比，人均银行业存款余额增幅均高于西部地区水平；与全国相比，人均银行业存款增幅连续五年明显高于全国水平。

2011~2015 年，贵州省人均银行业存款余额分别相当于西部地区的 62.31%、63.50%、69.21%、74.09%、81.21%，分别相当于全国水平的 41.20%、43.55%、49.30%、53.46%、55.79%。贵州省人均银行业存款余额与西部地区和全国平均水平的差距日趋缩小。

① 资料来源：根据 2010~2015 年全国、西部各省（自治区、直辖市）的《金融运行报告》统计得出。

表 2-5　2010～2015 年贵州省、西部地区、全国人均银行业存款余额比较

指标 ＼ 年份	2010	2011	2012	2013	2014	2015
贵州省人均银行业存款余额/元	21 235.77	25 286.85	30 331.77	37 971.44	43 509.48	55 074.77
贵州省人均银行业存款余额增幅/%	27.04	19.08	19.95	25.19	14.58	26.58
西部地区人均银行业存款余额/元	34 932.38	40 583.46	47 766.08	54 862.57	58 721.28	67 821.10
西部地区人均银行业存款余额增幅/%	23.40	16.18	17.70	14.86	7.03	15.50
全国人均银行业存款余额/元	54 664.37	61 379.75	69 643.44	77 018.049 2	81 390.97	98 718.19
全国人均银行业存款余额增幅/%	19.20	12.28	13.46	10.59	5.68	21.29

六、贷款余额保持较高增速并突破 15 000 亿元大关

（一）贵州省银行业贷款情况

"十二五"时期，贵州省金融机构人民币、本外币各项贷款保持稳定增长。"定向降准"政策有效落实，再贷款杠杆化运作模式全面推广，再贷款、再贴现业务办理量较快增长。"三农"、小微、扶贫开发和保障性住房开发等民生领域的贷款保持较快增长，公共管理、商务服务、水利环境和交通运输等符合产业结构调整方向的行业贷款余额同比增速高于 25%，"5 个 100 工程"、重大工程、重点项目等重点领域的信贷支持力度继续加大。截至 2015 年年底，贵州省贷款余额比 2010 年增加 9281.2 亿元，增长幅度为 160.81%。贷款投放节奏总体较为平稳。与西部地区和全国贷款余额增幅相比，贵州省增幅分别高出 43.76 和 76.13 个百分点，增速领先优势更加明显。

在"十二五"的最后一年，贵州省扶贫开发工作频出新招、实招，陆续出台"33668"扶贫攻坚行动计划、"1+10"配套文件等。其中，金融扮演着重要角色。数据显示，贵州省辖内金融机构认真贯彻落实省委、省政府扶贫开发战略，以及人民银行贵阳中心支行工作要求，不断加大对贫困地区和贫困对象的信贷支持力度，助推贫困地区经济社会又好又快发展。基础设施和民生领域支持力度大。截至 2015 年年底，全省 71 个贫困县地区交通、水利、能源保障、现代通信网络四大基础设施建设贷款余额 1545.2 亿元，占贫困地区贷款余额的 30.3%。农村居住环境设施建设贷款余额 265.6 亿元，主要用于生态移民、农村危房改造、农村饮水安全、农村环境综合治理等，切实改善村民居住生活环境。实施精准信贷支持

精准扶贫，截至 2015 年年底，建档立卡贫困农户、农民专业合作社、扶贫龙头企业贷款余额 290.8 亿元，有效满足贫困农户发展生产、产业带动的资金需求。融资成本有所降低。人民银行贵阳中心支行要求金融机构按照相关规定，积极灵活运用支农、支小贷款有效降低扶贫信贷资金利率。截至 2015 年年底，全省贫困地区支农、支小贷款余额分别为 179.4 亿元和 17 亿元，加权平均利率分别为 7.31%和 7%。

（二）"十二五"时期贵州省银行业贷款余额与西部地区及全国的比较

2011～2015 年，贵州省的贷款余额分别为 6875.7 亿元、8350.2 亿元、10 157.0 亿元、12 368.3 亿元、15 051.9 亿元，增幅分别为 19.13%、21.45%、21.64%、21.77%、21.70%（表 2-6）。①与西部地区相比，贵州省贷款余额增幅除 2011 年与西部地区基本持平外，2012～2015 年的增长幅度均明显高于西部地区水平，同时，贵州省贷款余额增幅也高于全国水平。2011～2015 年贵州省贷款余额占西部地区的比例分别为 6.55%、6.68%、6.96%、7.45%、7.88%，除 2011 年基本持平外，其余年份均稳中有升，表现出良好的增长态势。2011～2015 年，贵州省贷款余额占全国的比例分别为 1.18%、1.24%、1.39%、1.57%、1.60%，近 5 年来保持了稳步增长（图 2-6，图 2-7）。

表 2-6　2010～2015 年贵州省、西部地区和全国贷款余额及增幅等情况比较

指标　　　　年份	2010	2011	2012	2013	2014	2015
贵州省贷款余额/亿元	5 771.7	6 875.7	8 350.2	10 157.0	12 368.3	15 051.9
贵州省贷款余额增幅/%	23.59	19.13	21.45	21.64	21.77	21.70
西部地区贷款余额/万亿元	8.8	10.5	12.5	14.6	16.6	19.1
西部地区贷款余额增幅/%	22.22	19.32	19.05	16.80	13.70	15.06
全国贷款余额/万亿元	50.9	58.2	67.3	73.1	78.7	94.0
全国贷款余额增幅/%	19.48	14.34	15.60	8.62	7.66	19.44
贵州省贷款余额在西部地区的占比/%	6.56	6.55	6.68	6.96	7.45	7.88
贵州省贷款余额在全国的占比/%	1.13	1.18	1.24	1.39	1.57	1.60

---

① 资料来源：根据 2010～2015 年全国、西部各省（自治区、直辖市）的《金融运行报告》统计得出。

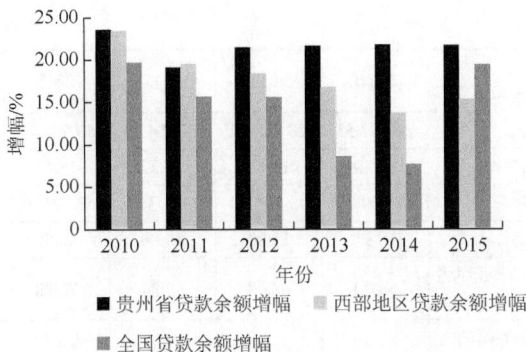

图 2-6　贵州省、西部地区、全国贷款余额增幅情况

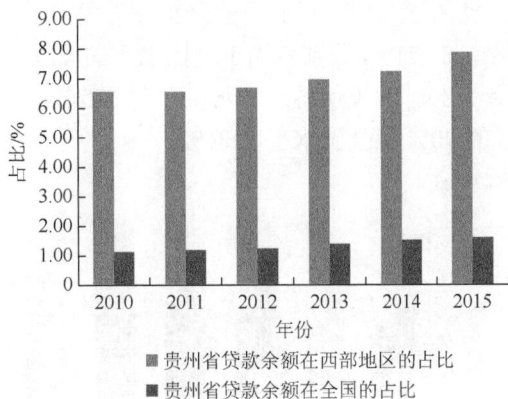

图 2-7　贵州省贷款余额在西部地区和全国的占比

（三）"十二五" 时期贵州省人均银行业贷款余额与西部地区及全国的比较

2011～2015 年, 贵州省人均银行业贷款余额分别为 19 822.01 元、23 966.8 元、29 003.43 元、35 257.01 元、42 646.10 元, 增幅分别为 19.48%、20.91%、21.02%、21.56%、20.96%（表 2-7）。①从增长趋势来看, 人均银行业贷款余额增幅在 2011～2015 年增幅均高于西部地区水平, 也大大高于全国水平。

表 2-7　2010～2015 年贵州省、西部地区、全国人均银行业贷款余额及增幅比较

年份 指标	2010	2011	2012	2013	2014	2015
贵州省人均贷款余额/元	16 590.39	19 822.01	23 966.8	29 003.43	35 257.01	42 646.10
贵州省人均贷款余额增幅/%	26.65	19.48	20.91	21.02	21.56	20.96

① 资料来源：根据 2010～2015 年全国、西部各省（自治区、直辖市）的《金融运行报告》统计得出。

续表

年份 指标	2010	2011	2012	2013	2014	2015
西部地区人均贷款余额/元	24 397.53	28 988.19	34 314.72	39 850.42	44 293.25	51 560.98
西部地区人均贷款余额增幅/%	23.29	18.82	18.37	16.13	11.15	16.41
全国人均贷款余额/元	37 959.30	43 195.90	49 703.11	53 721.56	57 585.79	68 382.53
全国人均贷款余额增幅/%	18.91	13.80	15.06	8.08	7.19	18.75
贵州省人均银行业贷款在西部地区的占比/%	68.00	68.38	69.84	72.78	79.60	82.87
贵州省人均银行业贷款在全国的占比/%	43.71	45.89	48.22	53.99	61.23	62.36

2011～2015 年，贵州省人均银行业贷款余额分别相当于西部地区的 68.38%、69.84%、72.78%、79.6%、82.71%，分别相当于全国水平的 45.89%、48.22%、53.99%、61.23%、62.36%（图 2-8）。如果保持这一势头，到 2020 年，贵州省人均贷款余额有望达到西部地区的 90% 和全国水平的 80%。

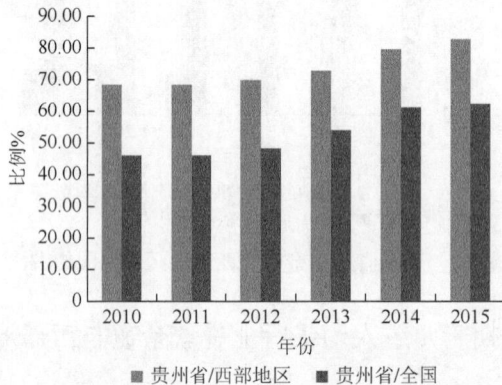

图 2-8　贵州省与西部地区、全国人均银行业贷款余额之比

七、存贷比水平虽略有降低，但仍然保持较高的水平

"十二五"时期，贵州省存贷比不大稳定，但仍保持较高的水平。相比 2010 年，2015 年贵州省银行业存贷比下降了 0.37 个百分点，而西部地区和全国的存贷比则分别上升了 6.18、1.64 个百分点。

2011～2015 年，贵州省存贷比分别为 78.39%、79.02%、76.38%、81.03%、77.75%，分别高于西部地区 6.96、7.18、3.74、5.92、1.73 个百分点，分别高于全国 8.02、7.65、6.63、10.32、6.67 个百分点（表 2-8）。[①]

---

① 资料来源：根据 2010～2015 年全国、西部各省（自治区、直辖市）的《金融运行报告》统计得出。

"十二五"时期，贵州省存贷比一直高于西部地区和全国平均水平，这说明贵州省经济和社会的快速发展为银行贷款提供了更多机会，但需要关注的是，存贷比达到80%以上后，再提升的难度越来越大。

表2-8 2010~2015年贵州省、西部地区及全国存贷比比较

指标 \ 年份	2010	2011	2012	2013	2014	2015
贵州省存贷比/%	78.12	78.39	79.02	76.38	81.03	77.75
西部地区存贷比/%	69.84	71.43	71.84	72.64	75.11	76.02
全国存贷比/%	69.44	70.37	71.37	69.75	70.71	71.08

八、利率定价市场化程度加深

存款利率上限放开后，金融机构定价行为较为理性，逐步呈现分层定价、差异化竞争格局。绝大多数地方法人金融机构存款利率上浮不超过基准利率的1.35倍，部分村镇银行上浮1.5倍。基准利率引导作用进一步发挥，金融机构贷款利率上浮占比整体呈现出上升趋势（表2-9）。

表2-9 2011~2015年贵州省人民币贷款各利率浮动区间占比表

（a）2011年贵州省人民币贷款各利率浮动区间占比表

（单位：%）

月份		1月	2月	3月	4月	5月	6月
合计		100	100	100	100	100	100
下浮		35.7	25.4	20.3	17.0	14.5	12.4
基准		23.9	34.6	33.9	29.0	26.2	32.1
上浮	小计	40.4	40.0	45.8	54.0	59.3	55.5
	(1.0, 1.1]	5.9	7.2	5.5	6.3	9.6	9.7
	(1.1, 1.3]	9.0	10.6	9.4	13.3	12.0	13.4
	(1.3, 1.5]	6.1	6.3	8.2	10.2	8.8	9.4
	(1.5, 2.0]	17.2	14.5	20.9	22.5	26.6	21.2
	2.0以上	2.2	1.4	1.8	1.7	2.3	1.8
月份		7月	8月	9月	10月	11月	12月
合计		100	100	100	100	100	100
下浮		9.2	12.6	8.5	6.8	7.3	7.1
基准		35.8	30.3	26.4	28.4	25.9	21.2
上浮	小计	55.0	57.1	65.1	64.8	66.8	71.7
	(1.0, 1.1]	8.6	9.1	11.2	17.8	16.7	13.9
	(1.1, 1.3]	10.3	12.2	15.5	14.7	12.6	14.6
	(1.3, 1.5]	12.7	13.2	14.6	12.1	15.5	17.1
	(1.5, 2.0]	21.3	20.2	21.6	18.5	19.6	23.5
	2.0以上	2.1	2.4	2.2	1.7	2.4	2.6

（b）2012年贵州省人民币贷款各利率浮动区间占比表

（单位：%）

月份		1月	2月	3月	4月	5月	6月
合计		100	100	100	100	100	100
下浮		7.9	8.6	6.0	7.8	7.0	17.1
基准		44.1	31.1	40.7	41.1	48.1	21.2
上浮	小计	48.0	60.3	53.3	51.2	44.9	61.7
	（1.0，1.1]	19.8	31.0	29.3	14.5	16.5	25.2
	（1.1，1.3]	13.5	10.9	13.6	18.5	13.5	19.6
	（1.3，1.5]	9.3	7.4	7.7	6.5	6.5	7.4
	（1.5，2.0]	5.2	10.4	2.3	10.6	7.9	8.9
	2.0 以上	0.2	0.6	0.4	1.1	0.5	0.6
月份		7月	8月	9月	10月	11月	12月
合计		100	100	100	100	100	100
下浮		14.0	8.1	2.6	4.0	6.3	7.9
基准		26.5	25.1	27.7	28.4	27.2	28.8
上浮水平	小计	59.5	66.9	69.7	67.6	66.5	63.3
	（1.0，1.1]	17.7	22.9	19.2	20.9	15.8	21.5
	（1.1，1.3]	22.0	21.2	26.2	21.6	25.0	21.7
	（1.3，1.5]	7.4	3.6	7.8	7.9	7.4	5.3
	（1.5，2.0]	11.7	12.7	14.8	15.6	16.1	13.1
	2.0 以上	0.7	1.5	1.6	1.6	2.2	1.5

（c）2013年贵州省人民币贷款各利率浮动区间占比表

（单位：%）

月份		1月	2月	3月	4月	5月	6月
合计		100	100	100	100	100	100
下浮		2.7	0.7	2.8	3.1	4.3	3.8
基准		31.4	28.7	32.4	25.5	28.2	31.9
上浮	小计	65.9	70.6	64.8	71.4	67.5	64.3
	（1.0，1.1]	13.2	19.5	13.2	16.0	13.3	10.3
	（1.1，1.3]	18.5	16.8	15.0	16.5	16.0	19.4
	（1.3，1.5]	10.7	10.3	11.7	11.7	11.8	11.4
	（1.5，2.0]	22.1	22.1	23.0	25.6	24.8	22.0
	2.0 以上	1.4	1.9	1.9	1.6	1.6	1.2

续表

月份	7月	8月	9月	10月	11月	12月
合计	100	100	100	100	100	100
下浮	1.8	3.5	3.6	4.4	3.1	3.0
基准	25.9	27.5	25.2	30.2	26.4	28.7
上浮　　小计	72.3	69.0	71.2	65.4	70.5	68.3
上浮　　(1.0，1.1]	12.7	11.4	12.1	9.2	10.9	11.1
上浮　　(1.1，1.3]	18.0	19.5	18.4	16.1	15.7	16.7
上浮　　(1.3，1.5]	14.0	11.9	14.5	13.8	15.6	15.5
上浮　　(1.5，2.0]	25.6	24.7	24.9	24.4	25.8	23.7
上浮　　2.0以上	2.0	1.5	1.3	1.9	2.5	1.3

（d）2014年贵州省人民币贷款各利率浮动区间占比表

（单位：%）

月份	1月	2月	3月	4月	5月	6月
合计	100	100	100	100	100	100
下浮	3.2	3.1	3.8	1.2	1.5	11.0
基准	26.3	40.9	24.9	22.8	25.0	24.7
上浮　　小计	70.6	55.9	71.3	76.0	73.5	64.4
上浮　　(1.0，1.1]	10.8	12.1	11.8	14.0	20.8	12.2
上浮　　(1.1，1.3]	13.8	19.6	13.0	16.6	16.8	16.8
上浮　　(1.3，1.5]	12.3	11.2	13.9	14.5	10.7	12.0
上浮　　(1.5，2.0]	27.0	12.0	26.3	29.2	23.4	20.6
上浮　　2.0以上	1.6	1.0	1.3	1.7	1.8	2.8
月份	7月	8月	9月	10月	11月	12月
合计	100	100	100	100	100	100
下浮	1.3	4.3	2.5	6.8	7.0	4.3
基准	27.1	26.9	24.1	21.6	21.3	16.3
上浮　　小计	71.6	68.8	73.4	71.6	71.7	79.4
上浮　　(1.0，1.1]	15.7	14.0	14.4	11.4	17.5	20.7
上浮　　(1.0，1.3]	17.0	14.1	19.7	15.9	15.2	14.5
上浮　　(1.3，1.5]	12.3	14.9	15.4	14.8	15.1	18.3
上浮　　(1.5，2.0]	24.2	23.4	22.0	26.6	21.8	21.7
上浮　　2.0以上	2.4	2.4	1.9	2.9	2.1	4.2

（e）2015 年贵州省人民币贷款各利率浮动区间占比表

（单位：%）

月份		1 月	2 月	3 月	4 月	5 月	6 月
合计		100	100	100	100	100	100
下浮		3.6	7.6	6.1	6.5	7.3	4.5
基准		8.8	16.8	16.9	12.1	11.2	13.4
上浮	小计	87.6	75.6	77.0	81.4	81.5	82.1
	(1.0，1.1]	14.6	19.5	17.8	23.7	19.0	23.0
	(1.1，1.3]	12.1	17.6	17.1	16.1	17.5	15.3
	(1.3，1.5]	23.5	12.0	9.2	10.7	10.7	10.2
	(1.5，2.0]	14.1	21.9	26.2	23.4	24.5	22.9
	2.0 以上	23.3	4.6	6.7	7.5	9.8	10.7
月份		7 月	8 月	9 月	10 月	11 月	12 月
合计		100	100	100	100	100	100
下浮		3.5	4.8	13.8	26.9	11.7	8.3
基准		14.5	13.5	10.8	10.9	17.1	13.7
上浮	小计	82.0	81.7	75.4	62.2	71.2	78.0
	(1.0，1.1]	16.4	13.8	16.3	10.7	12.3	11.8
	(1.1，1.3]	18.0	19.5	20.6	17.5	14.2	19.1
	(1.3，1.5]	8.9	11.2	7.3	5.6	6.6	9.9
	(1.5，2.0]	25.9	21.4	17.9	14.7	19.8	18.3
	2.0 以上	12.8	15.8	13.3	13.7	18.3	18.9

九、银行业机构改革稳步推进

华夏银行贵阳分行获准筹建。贵阳银行上市首发申请获得通过（现已实现公开上市）。以"互联网+大健康医药"为总体定位的民营银行发起设立相关工作正在进行中。2015 年改制农村商业银行 9 家，组建村镇银行 10 家，国有银行、股份制银行、城市商业银行、农村中小金融机构设立分行 6 家、支行 282 家，小额贷款公司达 289 家。实现行政村基础金融服务全覆盖。

十、跨境人民币结算突破千亿元大关

贵州省跨境人民币实际收付金额在 2015 年达到 359.9 亿元，继续保持涉外结算第一大币种地位。其中，货物贸易出口结算、服务贸易出口结算及跨境信贷融资收入是主要增长点；对新兴产业的支撑作用明显，大数据企业办理跨境人民币结算 12.4 亿元，是上年同期的 54 倍；市场的深度和广度不断拓宽，首次有企业完成跨境双向人民币资金池业务备案。自 2011 年 8 月开办业务以来，累计结算额突破 1000 亿元大关，达 1156.5 亿元。

第二节 "十二五"时期贵州省证券业发展状况

一、我国证券业发展的整体情况

"十二五"时期，我国证券期货市场交易活跃，A 股市场筹资额增长较快。证券业机构加快发展，资产管理规模快速增长。资本市场改革继续推进，信息披露、新股发行等基础性制度不断完善。"新三板"挂牌公司数量快速增长，服务实体经济能力有效提升。

证券业机构加快发展，在东部地区集聚特征明显。截至 2015 年年底，全国各地区共有证券公司 125 家，年底总资产为 6.4 万亿元，净资产为 1.5 万亿元；具有公募牌照的资产管理机构 112 家，其中基金管理公司 101 家，公募基金管理规模 8.4 万亿元；150 家期货公司总资产 932.2 亿元（不含客户权益），净资本 600.4 亿元；已登记私募基金管理机构 2.5 万家，基金认缴规模 5.1 万亿元，资产管理规模快速增长。基金管理公司及其子公司、证券公司、期货公司、私募基金管理机构资产管理业务总规模约 38.2 万亿元。

截至 2015 年年底，沪深交易所上市公司（A、B 股）达到 2827 家，比 2010 年年底增加 764 家，上市公司总市值为 53.13 万亿元，比 2010 年年底增长 100.17%，流通市值为 41.6 万亿元，流通市值占比为 78.3%；上市公司营业收入 29.52 万亿元，比 2010 年增长 60.16%，净利润为 2.5 万亿元，比 2010 年增长 43.18%；交易所股票和基金交易 273.29 万亿元。

二、贵州省证券业发展的整体情况

"十二五"时期，贵州省证券业发展的整体情况是：证券市场平稳运行，多层次资本市场成效明显，直接融资功能进一步发挥，证券、期货、基金经营机构数量稳步增长，经营业绩稳步提高。

三、证券期货基金经营机构业务快速增长

截至 2015 年年底，贵州省有 1 家独立法人证券经营机构，4 家分公司，86 家证

券公司营业部，期货公司营业部 10 家（表 2-10）。①受 2015 年上半年股票市场趋势向上的影响，证券业各项经营指标大幅增长。全年股票交易额实现 11 740 亿元，证券经营机构营业收入实现 14 亿元，净利润 8 亿元。期货成交额 9086 亿元，期货经营机构营业收入 2016 万元，净利润 195 万元。已登记私募基金管理人 52 家，新增 29 家；管理私募基金 45 支，新增 18 支；认缴规模 65 亿元。

表 2-10　2015 年贵州省证券业基本情况表

项目	数量
总部设在辖内的证券公司数/家	1
总部设在辖内的基金公司数/家	0
总部设在辖内的期货公司数/家	0
年底国内上市公司数/家	20
当年国内股票（A 股）筹资/亿元	30
当年发行 H 股筹资/亿元	0
当年国内债券筹资/亿元	875.6
其中：短期融资券筹资额/亿元	99.5
中期筹资额/亿元	114.0

四、直接融资保持较快发展，多层次资本市场建设成效明显

"十二五"时期，贵州省直接融资保持较快发展，金融机构货币市场交易量大幅增长，票据市场融资功能进一步发挥。2015 年，贵州省上市公司融资额达 1608.08 亿元，比 2010 年增加了 744 亿元。2015 年全年非金融企业债务融资工具发行 413.5 亿元，比 2010 年增加了 326.5 亿元。其中，遵义市的企业成功发行 30 亿元 5 年期定向工具，专项用于该市棚户区项目改造。各市（州）风险缓释基金建立进展缓慢，创新型非金融企业债务融资工具仍然较少。

贵州省首次公开募股（initial public offerings，IPO）融资在 2011 年、2013 年、2014 年和 2015 年均为零，但从全国来看，2011 年和 2012 年 IPO 融资额分别为 2825.07 亿元、1034.32 亿元，受 2013 年 A 股新发全面停滞的影响，2013 年没有 IPO 融资，2014 年 IPO 融资额为 790 亿元，2015 年受上半年股票市场趋势向上的影响，IPO 融资额实现了大幅增长，达到 1578.08 亿元，同比增长 99.76%。2011～

---

① 资料来源：人民银行贵阳中心支行、贵州省证监局、贵州省发展改革委员会及各金融机构。

2015 年贵州省上市公司再融资规模分别为 15.7 亿元、20.8 亿元、4.6 亿元、64.5 亿元、30.0 亿元，占全国上市公司再融资的比例分别为 0.71%、0.96%、0.16%、0.92%、0.44%，表现很不稳定。2011～2015 年贵州省债券融资额分别为 70.0 亿元、304.0 亿元、208.1 亿元、495.6 亿元、875.6 亿元，占全国债券融资额的比例分别为 0.32%、0.81%、0.57%、2.08%、4.07%，期间虽有波动，但却在整体上呈现了跳跃式增长的态势（表 2-11，图 2-9～图 2-12）。①

表 2-11　贵州省和全国资本市场融资情况比较

年份	2010	2011	2012	2013	2014	2015
贵州省 IPO 融资额/亿元	20.4	0	2.8	0	0	0
全国 IPO 融资额/亿元	4 882.63	2 825.07	1 034.32	0	790.00	1 578.08
贵州省上市公司再融资额/亿元	54.2	15.7	20.8	4.6	64.5	30.0
贵州省再融资额增幅/%	149.77	−71.03	32.48	−77.88	1 302.17	−53.49
全国上市公司再融资额/亿元	5 155.57	2 218.46	2 156.43	2 803.00	7 032.68	6 751.81
全国再融资额增幅/%	64.93	−56.97	−2.80	29.98	64.95	−3.99
贵州省再融资额在全国的占比/%	1.05	0.71	0.96	0.16	0.92	0.44
贵州省债券融资额/亿元	87.0	70.0	304.0	208.1	495.6	875.6
贵州省债券融资额增幅/%	770.00	−19.54	334.29	−31.55	138.15	76.67
全国企业债券融资额/亿元	15 491.45	21 850.71	37 365.50	36 699.00	23 817.00	21 523.74
全国企业债券融资额增幅/%	−2.35	41.05	71.00	−1.78	−35.10	−9.63
债券融资在全国的占比/%	0.56	0.32	0.81	0.57	2.08	4.07

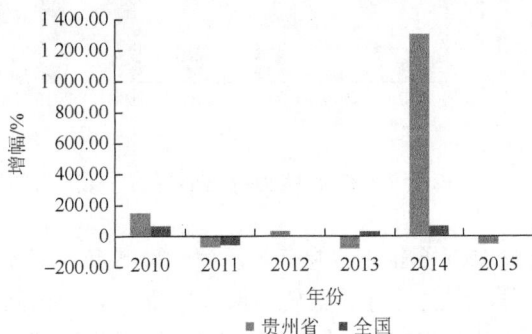

图 2-9　贵州省和全国资本市场再融资增幅比较

---

① 资料来源：根据中国证券监督管理委员会公布统计数据整理、计算得出。

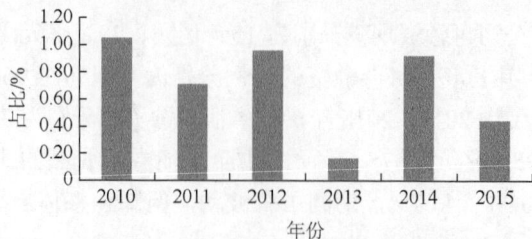

图 2-10　贵州省资本市场再融资额在全国的占比变化

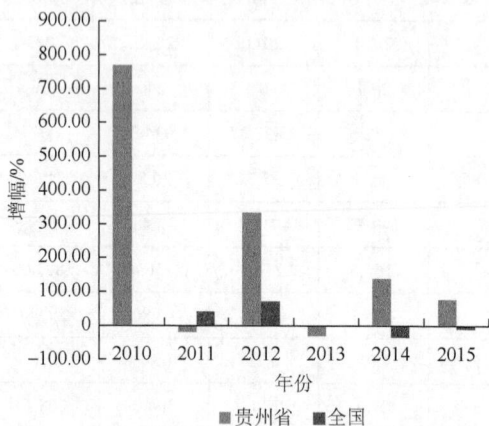

图 2-11　贵州省与全国债融资额增幅比较

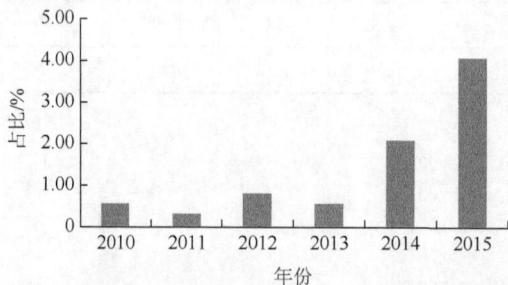

图 2-12　贵州省债券融资额在全国的占比变化

　　贵州省多层次资本市场融资功能有效发挥。2015 年，贵州省 20 家上市公司有 7 家申请通过增发、配股等方式融资，拟募集资金 289 亿元；37 家"新三板"挂牌公司有 11 家通过增发融资，募集资金 6 亿元；区域性股权市场挂牌企业融资 128 亿元；28 家公司制法人通过交易所债券市场融资 300 亿元。贵州省证券经营机构通过资产管理计划、股权质押、发行企业债券等方式为企业实现融资金额 800 亿元。

五、上市公司资产质量有所提高

（一）贵州省上市公司总市值大幅上涨，总股本快速增长

截至 2015 年年底，贵州省上市公司达到 20 家，比 2010 年增加 1 家，其中主板 14 家，中小板 5 家，创业板 1 家。A 股上市公司总市值达到 5279.3 亿元，比 2010 年上涨 72.36%，比全国总市值增幅低了 27.82 个百分点，总股本达到 174.04 亿股，比 2010 年增长 102.14%，比全国上市公司总股本增幅高出 51.47 个百分点。

2011～2015 年，贵州省上市公司总股本分别为 100.00 亿股、109.00 亿股、114.65 亿股、129.55 亿股、174.04 亿股，增幅分别为 16.14%、9.00%、5.18%、13.00%、34.34%，大多数年份增幅都明显高于全国上市公司总股本的增幅，说明贵州省上市公司保持了较好的成长性。2011～2015 年贵州省上市公司总市值分别为 2911.00 亿元、3209.00 亿元、2387.00 亿元、3985.08 亿元、5279.30 亿元，贵州省上市公司总市值占全国上市公司总市值的比重分别为 1.36%、1.39%、1.00%、1.07%、0.99%（表 2-12，图 2-13～图 2-16）。①2015 年受上半年股票市场趋势向上的影响，股票市场非常活跃，贵州省上市公司总市值也实现了大幅上升（图 2-17～图 2-20）。

表 2-12　贵州省、全国上市公司家数、总股本、总市值情况比较

年份 指标	2010	2011	2012	2013	2014	2015
贵州省上市公司总股本/亿股	86.1	100.00	109.00	114.65	129.55	174.04
贵州省总股本增幅/%	26.06	16.14	9.00	5.18	13.00	34.34
全国上市公司总股本/亿股	33 184	36 095.5	38 395	40 569.08	43 610	49 997.26
全国总股本增幅/%	26.84	8.77	6.37	5.66	7.50	14.65
贵州省上市公司总股本占全国比重/%	0.26	0.28	0.28	0.28	0.30	0.35
贵州省上市公司总市值/亿元	3 063.00	2 911.00	3 209.00	2 387.00	3 985.08	5 279.30
贵州省总市值增幅/%	30.45	−4.96	10.24	−25.62	66.95	32.48
全国上市公司总市值/万亿元	26.54	21.47	23.03	23.90	37.25	53.13
全国上市公司总市值增幅/%	8.81	−19.10	7.27	3.78	55.86	42.63
贵州省上市公司总市值占全国比重/%	1.15	1.36	1.39	1.00	1.07	0.99
贵州省上市公司总数/家	20	21	21	21	21	20
全国上市公司总数/家	2 063	2 342	2 494	2 489	2 613	2 827

---

① 资料来源：根据中国证券监督管理委员会公布统计数据整理、计算得出。

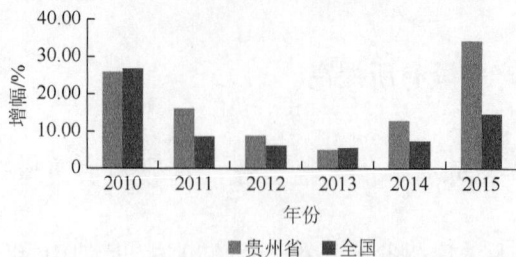

图 2-13　贵州省与全国上市公司总股本增幅比较图

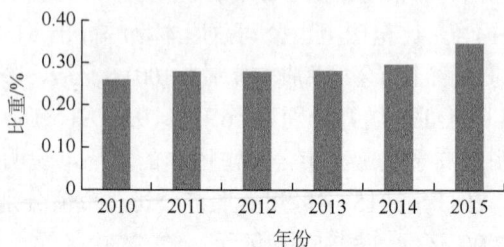

图 2-14　贵州省上市公司总股本占全国的比重变化

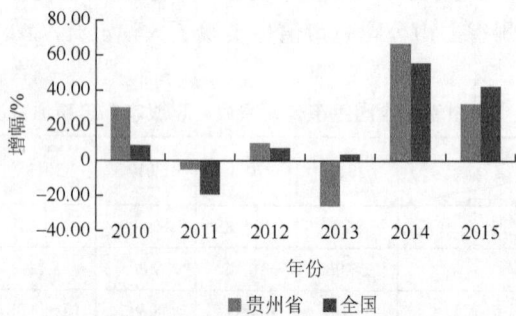

图 2-15　贵州省与全国上市公司总市值增幅比较图

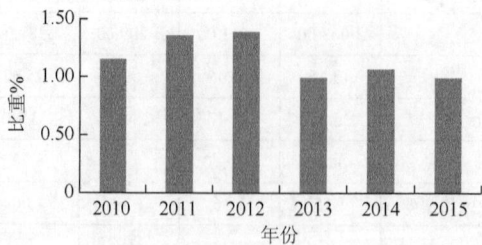

图 2-16　贵州省上市公司总市值占全国比重变化图

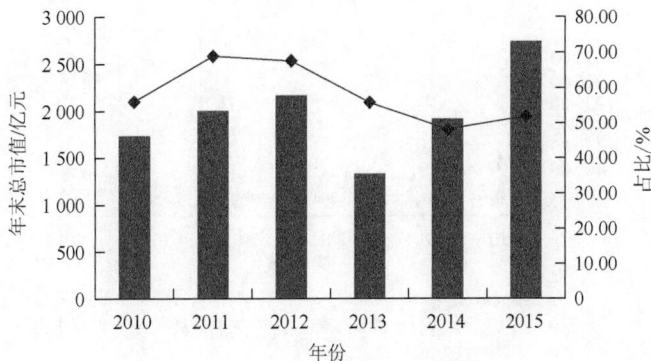

图 2-17　2010～2015 年贵州茅台年底总市值及占贵州省上市公司总市值的比重

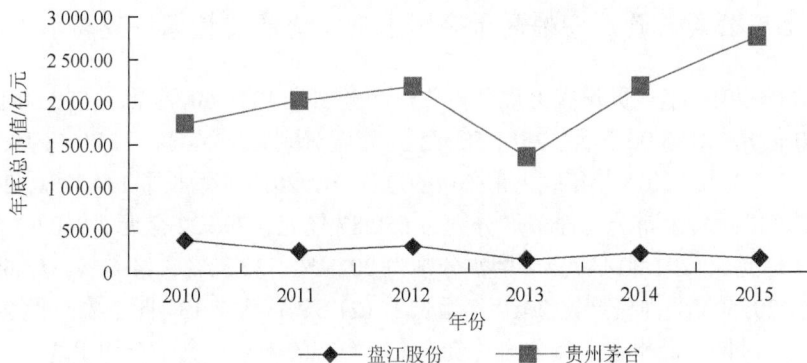

图 2-18　2010～2015 年贵州省各上市公司年底总市值变化情况之一

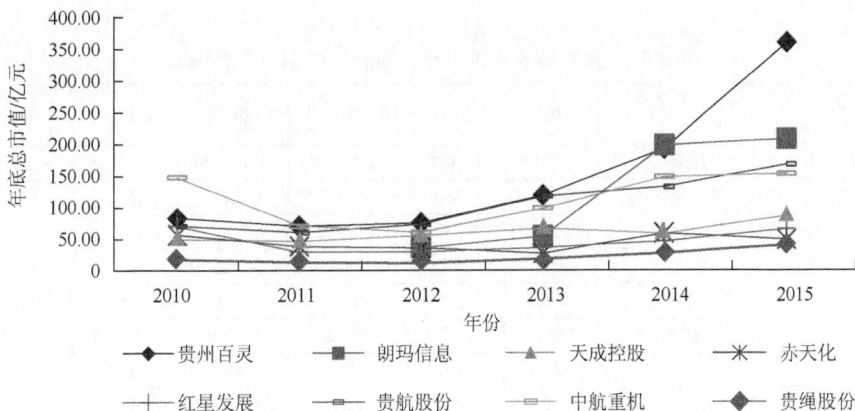

图 2-19　2010～2015 年贵州省各上市公司年底总市值变化情况之二

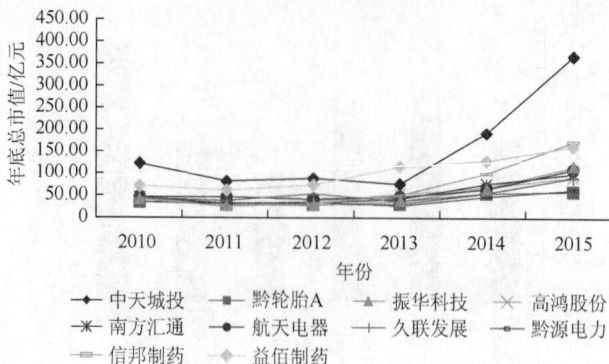

图 2-20 2011~2015 年贵州省各上市公司年底总市值变化情况之三

（二）上市公司总资产增幅高于全国水平，资产质量保持较高水平

2011~2015 年，贵州省上市公司总资产分别为 1348.00 亿元、1588.00 亿元、1902.00 亿元、2183.00 亿元、2551.58 亿元，增幅分别为 23.74%、17.80%、19.77%、14.77%、16.88%，2015 年年底上市公司的总资产比 2010 年增长了 134.32%。2011~2015 年，贵州省上市公司净资产分别为 650.87 亿元、796.22 亿元、910.99 亿元、1026.63 亿元、1201.80 亿元，[①]增幅分别为 20.04%、22.33%、14.41%、12.69%、17.06%，2015 年的净资产比 2010 年增长了 121.65%（表 2-13，图 2-21~图 2-24）。"十二五"时期，贵州省上市公司总资产、净资产的增幅均高于全国平均水平，说明贵州省上市公司表现了更好的成长性，相比上年债务融资水平有所上升，但相对于全国而言仍然具有较大的上升空间。

表 2-13 贵州省及全国上市公司总资产和净资产情况

指标 \ 年份	2010	2011	2012	2013	2014	2015
贵州省上市公司总资产/亿元	1 088.95	1 348.00	1 588.00	1 902.00	2 183.00	2 551.58
贵州省上市公司省总资产增幅/%	29.34	23.79	17.80	19.77	14.77	16.88
全国上市公司总资产/亿元	879 376.78	1 039 534.73	1 199 662.28	1 337 348.62	1 508 866.72	1 742 189.39
全国上市公司总资产增幅/%	20.68	18.21	15.40	11.48	12.83	15.46
贵州省上市公司总资产在全国的占比/%	0.58	0.13	0.13	0.14	0.14	0.15
贵州省上市公司净资产/亿元	542.21	650.87	796.22	910.99	1 026.63	1201.80
贵州省上市公司净资产增幅/%	32.20	20.04	22.33	14.41	12.69	17.06
全国上市公司净资产/亿元	118 400.73	139 824.52	159 283.59	177 834.90	207 007.05	245 130.36
全国上市公司净资产增幅/%	26.21	18.09	13.92	11.65	16.40	18.42
贵州省上市公司净资产在全国的占比/%	0.68	0.47	0.50	0.51	0.50	0.49

① 资料来源：根据中国证券监督管理委员会公布统计数据整理、计算得出。

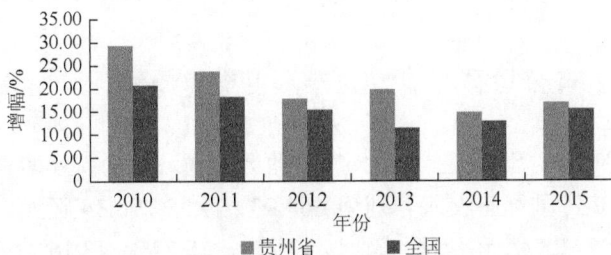

图 2-21　贵州省和全国上市公司总资产增幅比较

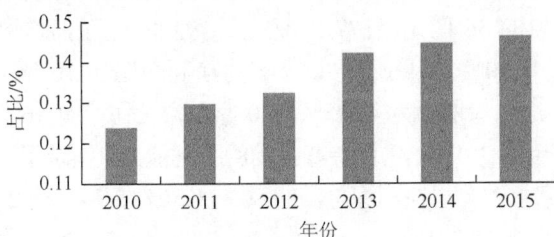

图 2-22　贵州省上市公司总资产在全国的占比变化

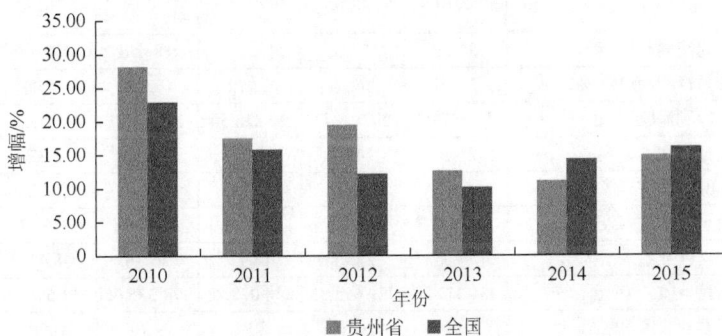

图 2-23　贵州省和全国上市公司净资产增幅比较

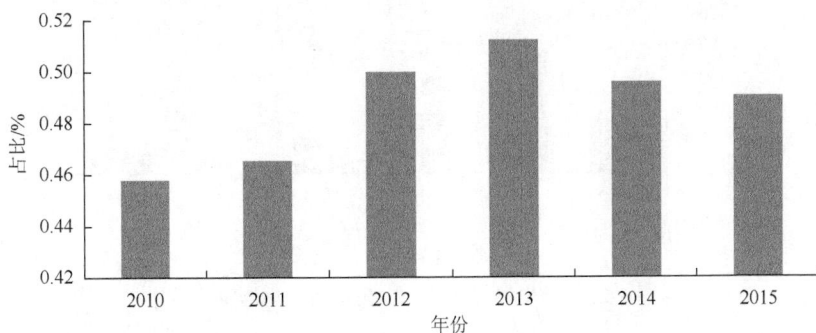

图 2-24　贵州省上市公司净资产在全国的占比变化

（三）贵州省上市公司盈利能力上升，但增速趋缓

"十二五"时期，贵州省上市公司营业收入和盈利能力持续增长。2011～2015年，贵州省上市公司营业收入分别为 669.93 亿元、795.34 亿元、899.98 亿元、976.42 亿元、1027.28 亿元，增幅分别为 32.27%、18.72%、13.16%、8.49%、5.21%，2015 年贵州省上市公司营业收入比 2010 年增长了 126.34%，比全国上市公司营业收入增幅高出 23.52 个百分点。2011～2015 年，贵州上市公司净利润分别为 124.83 亿元、172.17 亿元、184.56 亿元、177.18 亿元、193.05 亿元，增幅分别为 46.36%、37.92%、7.20%、-4.00%、8.96%，2015 年的净利润比 2010 年上升 126.34%，而同期全国上市公司净利润增幅为 43.18%。20 家上市公司里有 16 家盈利能力较为稳定，特别是贵州茅台在 2015 年仍保持着强劲的盈利能力，实现了 155.03 亿元的净利润，占贵州省 20 家上市公司净利润总额的 80.31%（表 2-14，图 2-25～图 2-28）。[①]

表 2-14　贵州省及全国上市公司净利润和营业收入情况比较

指标 ＼ 年份	2010	2011	2012	2013	2014	2015
贵州省上市公司净利润/亿元	85.29	124.83	172.17	184.56	177.18	193.05
贵州省上市公司净利润增幅/%	21.18	46.36	37.92	7.20	-4.00	8.96
全国上市公司净利润/万元	17 457.07	20 018.47	20 228.60	23 168.77	24 759.52	24 995.22
全国上市公司净利润增幅/%	21.18	14.67	1.05	14.53	6.87	0.95
贵州省上市公司净利润在全国的占比/%	0.49	0.62	0.85	0.80	0.72	0.77
贵州省上市公司营业收入/亿元	506.47	669.93	795.34	899.98	976.42	1 027.28
贵州省上市公司营业收入增幅/%	34.05	32.27	18.72	13.16	8.49	5.21
全国上市公司营业收入/亿元	984 311.86	229 615.33	250 078.28	274 335.05	291 579.76	295 202.15
全国上市公司营业收入增幅/%	29.44	24.58	8.91	9.70	6.29	1.24
贵州省上市公司营业收入在全国的占比/%	0.27	0.29	0.32	0.33	0.33	0.35

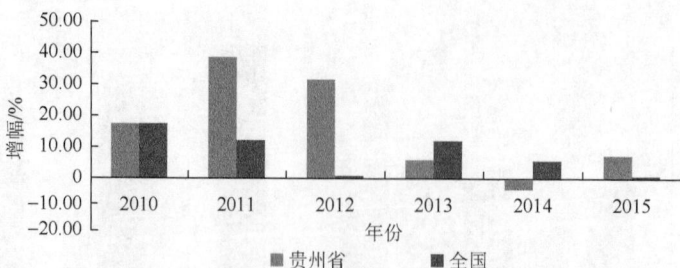

图 2-25　贵州省与全国上市公司净利润增幅比较

① 资料来源：根据中国证券监督管理委员会公布统计数据整理、计算得出。

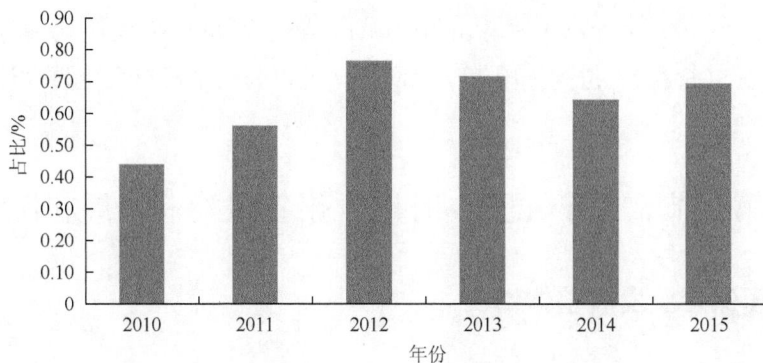

图 2-26 贵州省上市公司净利润在全国的占比变化

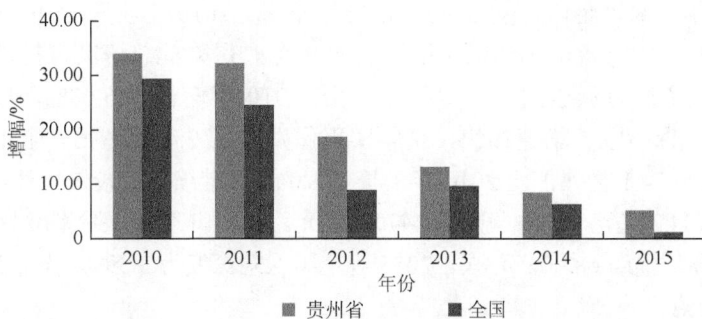

图 2-27 贵州省与全国上市公司营业收入增幅比较

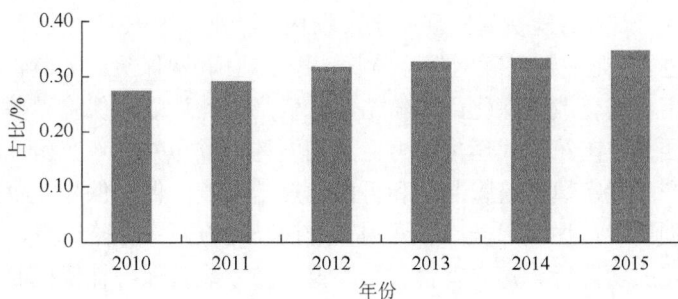

图 2-28 贵州省上市公司营业收入在全国的占比变化

"十二五"时期，贵州省上市公司的营业收入和净利润增幅整体高于同期全国平均水平，这说明贵州省上市公司经营业绩良好，且表现出了高于全国水平的增长趋势。

上市公司经营状况良好，并且治理结构得到改善，对投资者的回报意识增强。在 20 家上市公司中，2015 年共有 15 家公司进行了分红，分红公司家数占比为 75%。其中主板和中小板公司均实现了分红。贵州茅台每 10 股派发现金红利 61.71 元（含税），位列全国第一。同时，上市公司中没有发生重大信息失真的公司。

第三节　"十二五"时期贵州省保险业发展状况

一、我国保险业发展整体情况

"十二五"时期，我国保险业各项业务发展加快，经济补偿和民生保障功能增强，重点领域和关键环节改革深入推进，服务经济社会发展效能持续提升。截至 2015 年年底，全国保险法人公司 182 家，较 2010 年年底增加 36 家；保险公司分支机构 1723 个，较 2010 年增加 429 个。保险业总资产保持平稳增长，2015 年年底资产总额达到 12.4 万亿元，比 2010 年增长 145.63%，净资产达到 1.6 万亿元。保险收入增速加快，全年实现保费收入 2.4 万亿元。全年原保险赔款给付支出 8674.1 亿元，比 2010 年增长 171.04%，继续保持较快增长。其中，财产险赔付 4194.2 亿元，人身险赔付 4479.9 亿元。2015 年全国保险密度为 1766.5 元/人，较 2010 年提高 683.06 元/人。2015 年全国保险深度为 3.59%，较 2010 年提高 0.03 个百分点。

保险制度进一步完善，创新步伐加快。保险业各项改革加快推进，政策红利持续释放。一是费率市场化改革加快。取消万能险最低保证利率限制，分红险预定利率上限放开，人身险费率实现完全市场化。黑龙江等 18 个地区商业车险改革试点稳步推进。二是完善互联网保险监管，出台《互联网保险业务监管暂行办法》。三是资金运用市场化改革深化，股债结合、资产支持计划、保险私募基金等产品加快发展。四是中国第二代偿付能力监管制度体系发布并进入实施过渡期，建立保险公司资产配置审慎性监管制度和再保险登记制度，促进保险业稳健运行。各地区保险业创新步伐加快。云南、四川相继启动地方巨灾保险试点，全国首只巨灾债券在北美成功发行。建立首台（套）重大技术装备保险补偿机制，为装备制造企业提供风险保障 164 亿元。老年人住房反向抵押养老保险试点实质性启动，武汉成功签订全国首单业务。上海航运保险产品注册制改革正式实施。中国保险投资基金组建成立，首批资金投向海外"一带一路"项目。上海保险交易所获批筹建。

二、贵州省保险市场发展整体情况

"十二五"时期，贵州省保险市场呈现以下特点：保险业体系更加完善，保障能力持续增强，保障范围进一步扩大，保险品种持续增多，保险业务保持较快发展，保险机构及从业人员规模稳步增长，保险业务结构不断优化，服务能力进一步增强。

三、保险行业发展提速，业务结构不断优化

经历了"十二五"时期的快速发展，截至 2015 年年底，贵州省保险经营主体升至 27 家，其中财产保险公司 16 家，人身保险公司 11 家；辖内各级分支机构 1102 家，保险从业人员增加 44 353 人，达到 9.7 万人。保险营销员增加 40 687 人，达到 8.05 万人；其中人身保险公司营销员 6.86 万人（表 2-15）。[①]此外，贵州省首家法人保险公司——华贵人寿正在积极申筹并已经获得中国保险监督管理委员会的批复。

表 2-15　贵州省、西部地区和全国保险法人机构和保险分支机构情况

指标 ＼ 年份	2010	2011	2012	2013	2014	2015
贵州省保险公司法人机构数/家	0	0	0	0	0	0
贵州省保险公司法人数增幅/%	0	0	0	0	0	0
西部地区保险公司法人机构数/家	9	9	9	10	10	9
西部地区保险公司法人数增幅/%	0	0	0	11.11	0	−10.00
全国保险公司法人机构数/家	146	140	153	167	178	182
全国保险公司法人数增幅/%	5.80	−4.11	9.29	9.15	6.59	2.25
贵州省保险分支机构数/家	20	22	23	23	25	27
贵州省保险分支机构数增幅/%	5.26	10.00	4.55	0	8.70	8.00
西部地区保险分支机构数/家	321	343	366	373	385	410
西部地区保险分支机构数增幅/%	−2.73	6.85	6.71	1.91	3.22	6.49
全国保险分支机构数/家	1 294	1 470	1 536	1 566	1 585	1 723
全国保险分支机构数增幅/%	7.12	13.60	4.49	1.95	1.21	8.71
贵州省保险分支机构在西部地区的占比/%	6.23	6.41	6.28	6.17	6.50	6.59
贵州省保险分支机构在全国的占比/%	1.55	1.50	1.50	1.47	1.58	1.57

"十二五"时期，贵州省保险业机构数量稳中有升。2011～2015 年保险分支机构分别为 22 家、23 家、23 家、25 家、27 家，增幅分别为 10.00%、4.55%、0、

---

① 资料来源：根据中国保险监督管理委员会公布统计数据整理、计算得出。

8.69%、8.00%，同期西部地区保险分支机构分别为 343 家、366 家、373 家、385 家、410 家，增幅分别为 6.85%、6.71%、1.91%、3.22%、6.49%，同期全国保险分支机构分别为 1470 家、1536 家、1566 家、1585 家、1723 家，增幅分别为 13.60%、4.49%、1.95%、1.21%、8.71%（图 2-29）。与西部地区相比，2011 年、2014 年和2015 年保险分支机构增幅高于西部地区，但 2012 年和 2013 年的增幅略低于西部地区；与全国相比，保险分支机构增幅仅在 2011 年和 2014 年高于全国平均水平，其余年份保险分支机构数量的发展速度均低于全国平均水平。

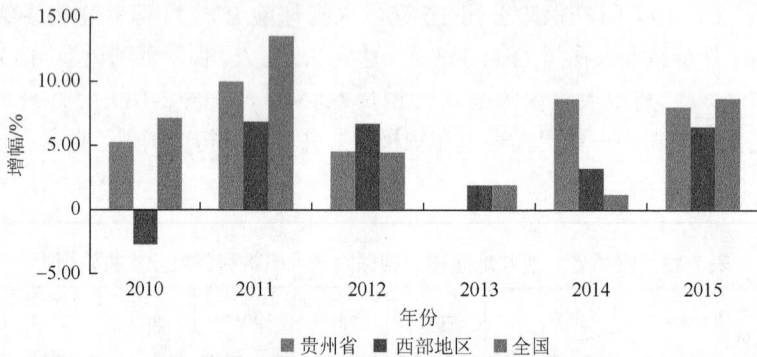

图 2-29　贵州省、西部地区和全国保险分支机构数增幅

2011～2015 年，贵州省保险分支机构数在西部地区的占比分别为 6.41%、6.28%、6.17%、6.50%、6.59%，在全国的占比分别为 1.50%、1.50%、1.47%、1.58%、1.57%（图 2-30）。

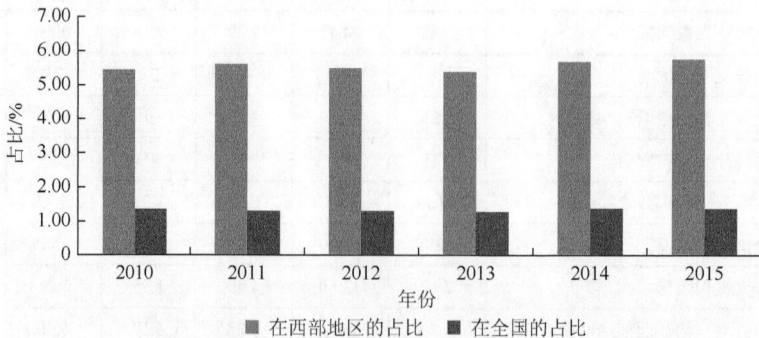

图 2-30　贵州省保险分支机构数在西部地区和全国的占比

四、保费收入继续保持较高水平，财险收入增幅高于全国水平

"十二五"时期，贵州省保费收入保持着增速。相比 2010 年，2015 年贵州省保费收入增幅为 110.23%，主要监管指标表现较好，业务及管理费用率、手续费

用率和综合赔付率均好于全国平均水平。相比 2010 年，2015 年西部地区和全国的保费收入增幅分别为 75.18% 和 67.15%。贵州省保费收入增幅高于西部地区 35.05 个百分点，高于全国 43.08 个百分点。2015 年贵州省保费收入占西部地区比重为 5.65%，占全国的比重为 1.06%。

2011～2015 年，贵州省保费收入分别为 131.81 亿元、150.22 亿元、181.60 亿元、213.06 亿元、257.8 亿元，增幅为 7.49%、13.97%、20.89%、17.32%、21.00%。同期西部地区保费收入分别为 2684.95 亿元、2922.35 亿元、3320.31 亿元、3829.64 亿元、4565.60 亿元，增幅为 3.02%、8.84%、13.62%、15.34%、19.22%，同期全国保费收入分别为 14 339.25 亿元、15 487.93 亿元、17 222.40 亿元、20 235.40 亿元、24 283.00 亿元，增幅为−1.30%、8.01%、11.20%、17.50%、20.00%。其中 2011 年、2012 年、2013 年贵州省保费收入增幅均高于西部地区水平和全国水平，2014 年高于西部地区水平但略低于全国水平，2015 年继续保持优势，领先于同期西部地区水平和全国水平。2011～2015 年保费收入占西部地区比重分别为 4.91%、5.14%、5.47%、5.56%、5.65%，占全国比重分别为 0.92%、0.97%、1.05%、1.05%、1.06%，保费收入保持相对平稳增长（表 2-16，图 2-31，图 2-32）。[①]

表 2-16 贵州省、西部地区和全国保费收入情况

指标 \ 年份	2010	2011	2012	2013	2014	2015
贵州省保费收入/亿元	122.63	131.81	150.22	181.60	213.06	257.80
贵州省保费收入增幅/%	28.77	7.49	13.97	20.89	17.32	21.00
西部地区保费收入/亿元	2 606.20	2 684.95	2 922.35	3 320.31	3 829.64	4 565.60
西部地区保费收入增幅/%	29.59	3.02	8.84	13.62	15.34	19.22
全国保费收入/亿元	14 527.97	14 339.25	15 487.90	17 222.24	20 235.40	24 283.00
全国保费收入增幅/%	30.44	−1.30	8.01	11.20	17.50	20.00
贵州省保费收入占西部地区比重/%	4.71	4.91	5.14	5.47	5.56	5.65
贵州省保费收入占全国比重/%	0.84	0.92	0.97	1.05	1.05	1.06

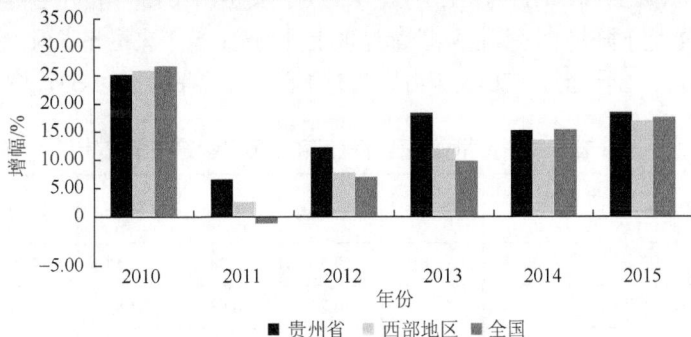

图 2-31 贵州省、西部地区和全国保费收入增幅比较

---

① 资料来源：根据中国保险监督管理委员会公布统计数据整理、计算得出。

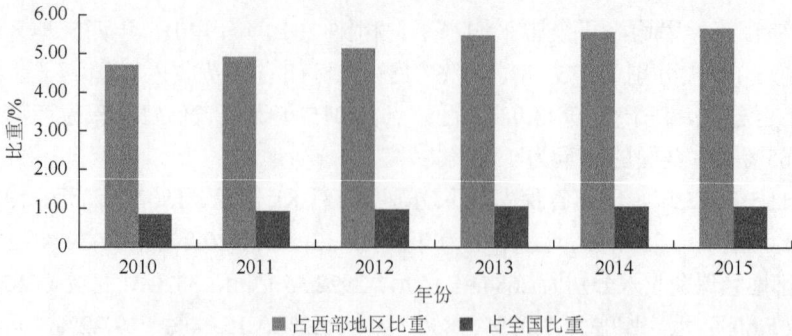

图 2-32　贵州省保费收入占西部地区和全国比重

五、保费赔付快速增长，但增幅趋缓

"十二五"时期，贵州省保费赔付持续增长，增速呈现放缓的趋势。相比 2010 年，2015 年贵州省赔款和给付的增幅为 236.37%，西部地区和全国保险赔付增幅分别为 187.97% 和 171.03%。贵州省保险赔付增幅高于西部地区 48.40 个百分点，高于全国 65.34 个百分点，贵州省赔款和给付占西部地区的比重为 6.30%，比 2010 年高出 0.9 个百分点，占全国的比重为 1.23%，比 2010 年高出 0.24 个百分点。

2011～2015 年，贵州省保险赔款和给付增幅分别为 24.22%、40.03%、30.83%、23.90%、19.29%。同期西部地区保险赔付增幅分别为 22.66%、15.22%、43.12%、19.43%、19.21%，全国保险赔付增幅分别为 22.78%、20.03%、31.73%、16.15%、20.20%，其中 2013 年贵州省保险赔付增幅低于西部地区 12.29 个百分点，低于全国 0.87 个百分点，2011 年、2012 年、2014 年均高于西部地区水平和全国水平，2015 年高于西部地区 0.08 个百分点，略低于全国水平。2011～2015 年贵州省赔款和给付占西部地区比重分别为 5.47%、6.64%、6.07%、6.30%、6.30%，占全国比重分别为 1.01%、1.17%、1.17%、1.24%、1.23%。其中，2013 年贵州省赔款和给付占西部地区比重呈下降趋势，其他年份都呈现上升趋势；5 年来贵州省保险赔付占全国的比重整体上呈上升趋势，2015 年占比略有下降（表 2-17，图 2-33，图 2-34）。①

表 2-17　贵州省、西部地区和全国保险赔付情况

指标　　　年份	2010	2011	2012	2013	2014	2015
贵州省赔款和给付/亿元	31.81	39.52	55.34	72.40	89.70	107.00
贵州省赔款和给付增幅/%	2.61	24.24	40.03	30.83	23.90	19.29
西部地区赔款和给付/亿元	589.47	723.02	833.09	1 192.32	1 423.96	1 697.51

① 资料来源：根据中国保险监督管理委员会公布统计数据整理、计算得出。

续表

指标 ＼ 年份	2010	2011	2012	2013	2014	2015
西部地区赔款和给付增幅/%	8.43	22.66	15.22	43.12	19.43	19.21
全国赔款和给付/亿元	3 200.43	3 929.37	4 716.32	6 213.00	7 216.20	8 674.00
全国赔款和给付增幅/%	2.40	22.78	20.03	31.73	16.15	20.20
贵州省赔款和给付占西部地区比重/%	5.40	5.47	6.64	6.07	6.30	6.30
贵州省赔款和给付占全国比重/%	0.99	1.01	1.17	1.17	1.24	1.23

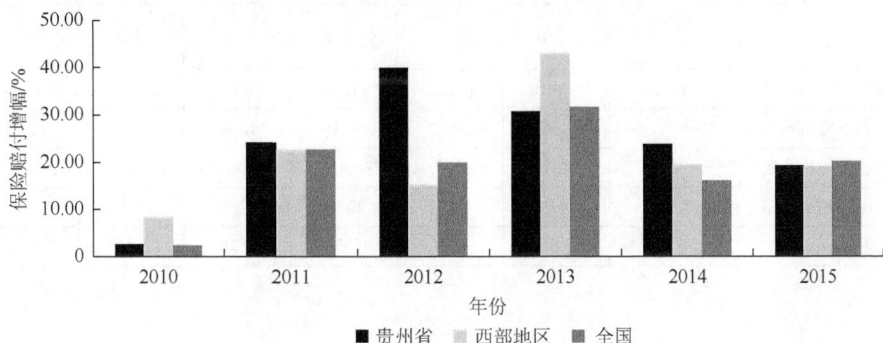

图 2-33　贵州省、西部地区和全国保险赔付增幅比较

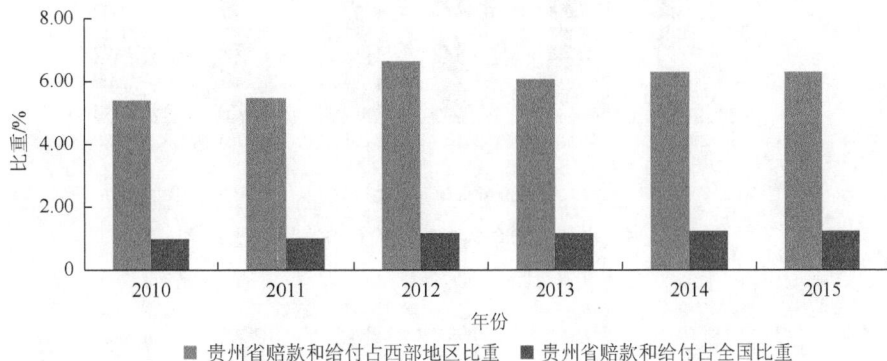

图 2-34　贵州省保险赔款和给付占西部地区和全国的比重

六、贵州省保险资产保持快速增长

"十二五"时期，贵州省保险机构的资产规模保持了快速增长势头，相比 2010 年，2015 年贵州省保险资产总额增幅为 106.36%；全国保险机构总资产总额增幅为 145.63%。贵州省保险资产规模相对全国而言出现了小幅下降，贵州省保险总

资产占全国的比重从 2010 年的 0.36% 降至 2015 年的 0.30%。

"十二五"时期，贵州省保险机构总资产分别为 217.20 亿元、252.60 亿元、300.17 亿元、330.00 亿元、371.66 亿元，增幅分别为 20.60%、16.30%、18.83%、9.94%、12.62%。与全国相比，贵州省保险机构资产规模增幅除在 2011 年和 2013 年分别高出全国水平 2.08 和 6.13 个百分点外，其余年份增幅均低于全国水平。2011～2015 年贵州省保险机构总资产占全国的比重分别为 0.36%、0.34%、0.36%、0.32%、0.30%，所占比重较为稳定（表 2-18，图 2-35，图 2-36）。[①]

表 2-18　贵州省、西部地区和全国保险机构总资产及增幅等情况比较

指标 ＼ 年份	2010	2011	2012	2013	2014	2015
贵州省保险机构总资产/亿元	180.10	217.20	252.60	300.17	330.00	371.66
贵州省保险机构总资产增幅/%	16.49	20.60	16.30	18.83	9.94	12.62
全国保险机构总资产/亿元	50 481.61	59 828.94	73 545.73	82 886.95	101 619.40	124 000.00
全国保险机构总资产增幅/%	24.23	18.52	22.93	12.70	22.60	22.02
贵州省保险机构总资产占全国比重/%	0.36	0.36	0.34	0.36	0.32	0.30

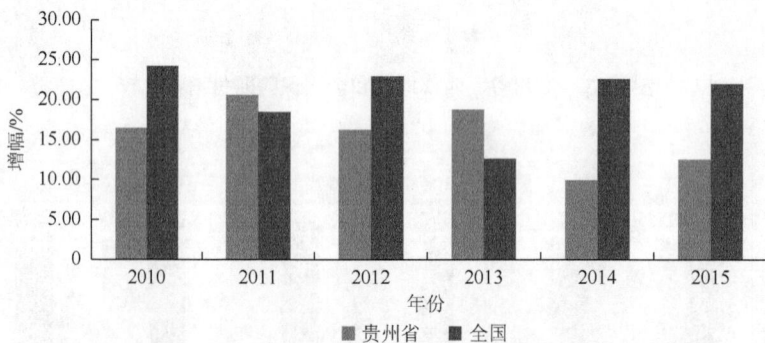

图 2-35　贵州省和全国保险机构总资产增幅比较

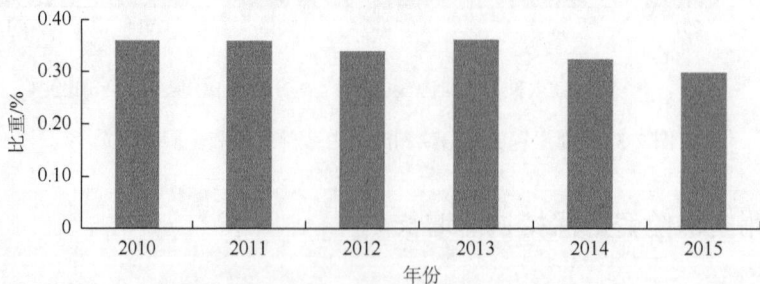

图 2-36　贵州省保险机构总资产占全国比重

---

① 资料来源：根据中国保险监督管理委员会公布统计数据整理、计算得出。

七、保险密度水平较低，但保持快速增长

"十二五"时期，贵州省保险密度保持了快速增长的势头。相比 2010 年，2015年贵州省保险密度增幅为 127.04%，高出西部地区 56.88 个百分点，高于全国 64.00个百分点。但是，贵州省保险密度仍低于西部地区和全国平均水平。

2010～2015 年，贵州省保险密度分别为 379.4 元/人、431.2 元/人、518.6 元/人、607.2 元/人、730.4 元/人。保险密度增幅起伏不定，从 2011 年的 17.94% 下降至 2012年的 13.65%，2013 回升到 20.27%，2014 年再次下滑至 17.08%，2015 年突破新高，上升至 20.29%；同期西部地区保险密度增幅分别为 2.59%、8.23%、11.27%、14.22%、20.59%，全国保险密度增幅分别为 −1.77%、7.48%、10.65%、16.88%、19.41%，波动幅度较平稳，均呈现上升趋势。贵州省保险密度增幅整体来说比全国和西部地区的保险密度增幅要高，但优势逐年减少（表 2-19，图 2-37，图 2-38）。[①]

表 2-19　贵州省、西部地区和全国保险密度及其增幅比较

指标 \ 年份	2010	2011	2012	2013	2014	2015
贵州省保险密度/（元/人）	321.7	379.4	431.2	518.6	607.2	730.4
贵州省保险密度增幅/%	28.22	17.94	13.65	20.27	17.08	20.29
西部地区保险密度/（元/人）	722.56	741.26	802.24	892.64	1 019.6	1 229.57
西部地区保险密度增幅/%	30.72	2.59	8.23	11.27	14.22	20.59
全国保险密度/（元/人）	1 083.44	1 064.26	1 143.83	1 265.7	1 479.39	1 766.5
全国保险密度增幅/%	29.82	−1.77	7.48	10.65	16.88	19.41

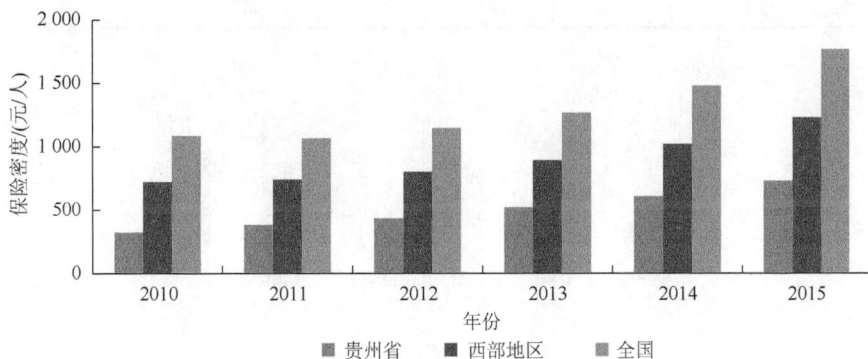

图 2-37　贵州省、西部地区和全国保险密度比较

---

① 资料来源：根据中国保险监督管理委员会公布统计数据整理、计算得出。

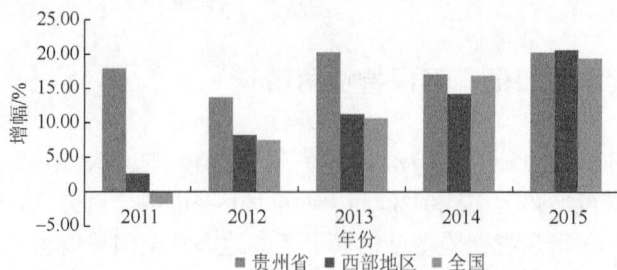

图 2-38　贵州省、西部地区和全国保险密度增幅比较

八、保险深度稳中有升

"十二五"时期，贵州省保险深度相比有所下降。相比 2010 年，2015 年贵州省保险深度下降了 0.24 个百分点，西部地区保险深度下降了 0.06 个百分点，全国保险深度下降了 0.03 个百分点。

2011～2015 年，贵州省保险深度分别为 2.30%、2.20%、2.30%、2.30%、2.46%，整体呈现良好的稳中有升趋势。同期西部地区保险深度分别为 2.68%、2.57%、2.50%、3.10%、3.14%，同期全国保险深度分别为 3.03%、2.98%、3.00%、3.18%、3.59%。与西部地区和全国相比，贵州省保险深度水平较低且差距有拉大趋势（表 2-20，图 2-39）。[①]

表 2-20　贵州省、西部地区、全国保险深度比较

年份 指标	2010	2011	201	2013	2014	2015
贵州省保险深度/%	2.70	2.30	2.20	2.30	2.30	2.46
西部地区保险深度/%	3.20	2.68	2.57	2.50	3.10	3.14
全国保险深度/%	3.62	3.03	2.98	3.00	3.18	3.59

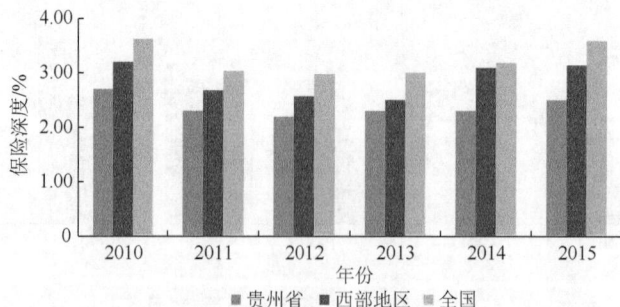

图 2-39　贵州省、西部地区和全国保险深度比较

---

① 资料来源：根据中国保险监督管理委员会公布统计数据整理、计算得出。

第四节　以贵阳为代表的金融创新取得突破

"十二五"时期,贵阳市在贯彻落实习近平同志对贵州省提出的坚守两条底线,在保护生态这样一个底线的要求下加快发展。贵阳市经济的快速发展离不开金融业的重要支撑,这几年贵阳市委、市政府高度重视金融业的发展,特别是在市委、市政府明确提出了发展以金融业为龙头的现代服务业、打造中国西部科技金融创新和互联网金融创新城市的总目标后,金融业在贵阳市的发展中更为突出,金融业对于整个实体经济发展的支撑作用也在不断地增强。2015 年,贵阳市的金融业增加值达到了 310.07 亿元,对整个地区生产总值的贡献度达到了 10.72%,在西部地区城市中排在前列。到 2015 年年底,有法人银行机构 7 家,法人证券公司 1 家,贵阳在主板和创业板上市的企业 13 家。截至 2015 年年底贵阳的金融机构人民币存款余额是 8772 亿元,同比增长 25.46%。金融机构的人民币贷款余额达 7876 多亿元,同比增长 20.04%。在贵阳市金融业整体快速发展的背景下,以贵阳为代表的金融创新分别在大数据金融、互联网金融和移动科技金融领域取得了重大突破。

一、大数据金融产业链条愈加完善

大数据金融作为新金融发展关键环节,日趋成为推动贵阳市经济发展、完善社会治理、提升政府服务和监管能力的主导力量。"十二五"时期,贵阳以发展大数据产业为切入点,抢抓大数据和互联网金融的发展机遇,统筹规划,设计和引进了各类的金融业态。为促进区域性大数据基础设施的整合和数据资源的汇聚应用,发挥国家大数据(贵州)综合试验区示范带动作用,抢占数据资源和应用市场优势发展先机,积极运用核心技术手段,推动形成多元化、多层次、多功能金融服务体系。

"十二五"时期,贵阳市已形成较为完整的大数据金融产业链条,基础软、硬件配套实现了由"零"到"有"的突破,大数据金融"产、学、研"三个方面实现互助式协同发展。

首先,在大数据金融产业方面,贵阳市先后分别成立了全国第一家大数据交易所——贵阳大数据交易所、全国第一家众筹金融交易所——贵阳众筹金融交易所;贵阳大数据金融与投资市已经正式上线;发起中国大数据金融产业创新战略联盟;为防控金融风险,维护地方金融市场稳定,贵阳市正在联合大数据公司,运用区块链等先进技术开发大数据控制金融风险平台。

其次,在高校方面,为凝聚大数据金融行业力量,打通产业链条,形成大数据金融产业发展合力，贵阳市发起了中国大数据金融产业创新战略联盟，并与贵州财经大学合作设立了全球首个大数据金融学院，为大数据金融人才培养和储备、大数据金融理论研究和发展、大数据金融政产学研协同创新奠定了基础。

最后，在科研机构方面，贵阳市已经成立了贵阳大数据征信中心、资产评估中心和大数据资产评估实验室。

二、互联网金融产业不断创新、突破

互联网金融是科技进步的产物，是依托于支付、云计算、社交网络及搜索引擎等互联网工具，实现资金融通、支付和信息中介业务的一种新兴金融。

贵阳市发展互联网金融得到了市委、市政府的高度重视。回顾"十二五"时期，贵阳市委、市政府相继出台了《贵阳市科技金融与互联网金融发展规划》《支持贵阳市互联网发展的若干政策措施》《关于申请入驻贵阳市互联网金融特区企业审核管理办法》等一系列重要指导文件和政策。并且在国内著名的专家学者的支持下，完成了互联网金融的顶层设计，出台了贵阳市科技金融和互联网金融的产业规划。

良好的政策环境和发展思路是发展互联网金融最好的招商引资名片。"十二五"时期，贵阳市积极打造互联网金融的平台，构建金融机构的聚集区。以贵阳市国际金融中心建设为金融业聚集发展的重要平台，引导各类金融机构入驻中心，加快形成核心金融商务圈，促进金融机构之间的强强合作，增强区域金融中心的辐射力和带动力。为促进互联网金融产业加快发展，贵阳市加快建设贵阳互联网金融产业园，打造互联网金融发展的平台，着力吸引和带动互联网金融企业落户贵阳，目前已引进北方的九次方、宜信、360等多家互联网金融企业正式入驻互联网金融产业园，并按照国内的相关专家、学者和金融街一些官员的意见，挂出了贵阳互联网金融特区这样一个牌子。中国电信、中国移动和中国联通三大运营商数据中心落户贵州省，对贵阳市的产业配套和环境也形成了非常有利的外部条件，同时也为贵阳市互联网金融产业利用大数据提供了坚实的支撑。

此外，在资本市场，贵阳市互联网金融也有了重要突破。贵阳市本土的证券（华创证券）加强与互联网金融的融合，开通了证券保证金消费支付项目，成功推出了一个互联网重要的平台——金惠理财平台，在互联网金融领域进行了非常有益的探索。贵州省的股权金融交易中心也在积极地探索通过互联网金融实现资金的融通，与相关互联网企业合作开发网上交易系统，目前已经实现了集网上开户、登记、交易、发行、托管、清算等一体化、全流程的一站式金融服务，也为金融资产交易提供了安全、高效、便捷的网络运行平台。

三、移动金融领域取得了一系列重大成效

移动金融有助于贵阳市经济的转型，移动金融借助于移动支付，打破了金融的时间、空间障碍，可以为社会各界提供无处不在，更加安全便捷的金融服务，这有助于降低交易成本、优化资源配置，促进贵阳市资源发展和经济转型。"十二五"时期，贵阳市积极大胆尝试、小心求证，在移动金融领域取得了一系列成就。

首先，"十二五"时期，贵阳市积极筹办移动电子商务金融科技服务创新试点的申报工作，并在 2015 年 1 月，正式被批复同意贵阳和成都、合肥、宁波、深圳等 5 个城市开展移动电子商务金融科技服务创新试点工作，全面推动移动金融业务发展。贵阳市成为了我国首批移动金融试点城市之一，这具有"里程碑"式的意义。移动金融工作起步早，受理环境完善，金融机构积极性高，创新能力强，能与其他行业深度融合，对创新科技敏感，政府和产业界高度重视，具备得天独厚的优势。

其次，贵阳移动金融试点工作顺利开展，多家市场企业主体积极参与，并取得了一系列业务的创新和扩展。数码视讯旗下福州数码视讯智能卡有限公司凭借自身在支付及金融 IC 卡领域多年积累的经验，与贵阳市政府和多家金融机构广泛开展合作，助力贵阳移动金融试点城市建设，取得了显著的成果。目前，福州数码视讯在贵阳先后参与了贵阳市政府及贵阳银行、贵州银行、中国建设银行贵州省分行、贵州银联等多家金融机构的移动金融项目建设。其中贵阳市政府牵头建设的"智慧贵阳"项目，项目核心系统是贵州通 TSM（可信任服务管理）平台，目前已经上线运行。该项目有效推动了贵州省移动金融业务向前发展，使移动金融服务变得更加便捷、高效的同时，增强了公共管理和社会服务能力。

最后，移动金融示范基地建设初有成效，截至"十二五"末，贵阳市已经初步建立了 3 个示范基地。一是在贵阳银行建立了移动金融示范演示中心，体验区有手机银行、移动智慧银行、云金融服务平台、移动发卡机、手机钱包、手机支付 O2O、电子现金消费、自助闸机等应用场景可供参观体验。二是将高新企业贵州博大智能终端科技发展有限公司打造成移动金融应用研发基地，开展移动金融应用研发。该公司先后研发了自助售货机、自助售水机、出租车刷卡终端和后台系统等。三是在保利云山社区、市政府金华园住宅社区、会展城社区等安装自助售货机、自助售水机、门禁系统和支持非接的 ATM 机等设施，让老百姓在日常生活中亲身感受金融 IC 卡应用和移动金融应用带来的便利和实惠，形成了示范小区。

随着以贵阳市为代表的金融创新不断取得突破，贵阳市在区域金融中心建设

方面一定会取得更快的发展，贵阳市在贵州省的发展中也能够更好发挥"火车头"和"发动机"的作用。

第五节　"十二五"贵州省金融业发展总体评价

"十二五"时期，是贵州省经济社会发展极不平凡的五年。全省全面贯彻习近平同志系列重要讲话精神，认真落实党中央、国务院和省委、省政府各项决策部署，坚持主基调主战略，坚持发展为要、民生为本、企业为基、环境为重，牢牢守住发展和生态两条底线，圆满完成"十二五"规划目标任务，进入后发赶超、加快小康建设的重要阶段。

"十二五"时期的五年也是贵州省金融业突飞猛进的五年。在省委、省政府的正确领导下，坚持规划引领，全面落实《贵州省金融"十二五"金融发展专项规划》，全省金融系统紧紧围绕贵州发展大局，以服务实体经济为根本，持续推动改革、开放、创新，在服务全省经济社会发展中实现了金融业的发展壮大，金融业保持快速增长，同时也是服务业中增长最快的行业。稳健货币政策有效落实，信贷结构持续优化，银行业机构改革稳步推进。证券市场平稳运行，多层次资本市场稳步发展。保险行业发展提速，业务结构不断优化。社会融资规模持续扩大，地方法人机构的金融市场参与度大幅提升。金融生态环境建设工作持续推进，金融基础设施服务能力进一步增强。

一、贵州金融业发展的特点

（一）金融政策环境进一步优化、金融创新积极性高涨

"十二五"时期，贵州省政府相继出台了《省人民政府关于贯彻落实国发 2号文件精神促进金融加快发展的意见》（黔府发〔2012〕16 号）等一系列金融支持实体经济的政策措施；制定了小额贷款公司和融资性担保机构的税收优惠政策；印发了《贵州省社会信用体系建设规划纲要（2014—2020 年）》，建立了省金融生态环境测评指标体系和贵州农村金融信用体系等地方标准。在金融创新方面，以省会贵阳市为代表，出台了《贵阳市科技金融与互联网金融发展规划（2014—2017）》《支持贵阳市互联网发展的若干政策措施》《关于申请入驻贵阳市互联网金融特区企业审核管理办法》等一系列重要指导文件和政策，为贵州省金融创新提供了理想的政策环境，金融创新的积极性得到有效提升，互联网金融、科技金融、移动金融、大数据金融等金融创新不断取得重大突破。

（二）金融机构数持续增长、组织结构更加完善

"十二五"时期，贵州省银行证券保险机构（含分支机构）从 5288 家增加到 5978 家，净增 690 家；"引金入黔"工程成效明显，先后引进兴业银行、光大银行、民生银行、银河证券、生命人寿保险等 20 余家金融机构来贵州省设立分支机构；组建了贵州银行、茅台集团财务公司、盘江集团财务公司等地方法人金融机构，全省已改制农村商业银行 37 家，开业及批筹村镇银行 53 家，小额贷款公司达 387 家、注册资本 133.3 亿元，融资性担保机构达 365 家、注册资本 314.8 亿元；成立了贵阳大数据交易所、贵州股权金融资产交易中心、贵州文化产权交易所、贵州中黔金融资产交易中心、贵州绿地金融资产交易中心、贵阳众筹金融交易所、贵州环境能源交易所等 7 家权益类交易场所；实现了自助机具行政村全覆盖、中央政策性农业保险品种县域全覆盖。一批互联网金融企业快速崛起，新兴金融业态稳步发展。

（三）金融业规模持续扩大、金融业增加值快速增长

"十二五"期末，贵州省银行业资产突破 2 万亿元；2015 年年底全省各项存款余额为 19 438.6 亿元，各项贷款余额为 15051.9 亿元，均为"十二五"期初的 2.6 倍，2015 年增速分居全国第 1 位和第 3 位；保费收入增至 257.8 亿元，年均增速 17.2%，列全国第 4 位，保险深度 2.45%，保险密度 732.64 元/人，引入保险资金 194.2 亿元；全省境内外上市公司总市值达 5245.97 亿元，较 2010 年年底增长了 1.71 倍。2015 年社会融资规模增量达到 4090 亿元，是 2011 年的 2 倍，占全国比重由 2011 年的 1.2% 上升到 3.1%，居西部地区第 3 位。2015 年全省金融业增加值达 607.11 亿元，"十二五"时期年均增长 16.2%，高于地区生产总值年均增速 3.7 个百分点，占地区生产总值的比重由"十一五"初的 5% 提高到"十二五"末的 5.8%。金融业对经济增长贡献率和对现代服务业的贡献率分别由 5%、10.6% 提高到"十二五"末的 9.6%、20.76%，已成为现代服务业的支柱产业。

（四）直接融资能力大幅提升

"十二五"时期，公司债、中期票据、短期融资券等快速增长，全省累计实现直接融资 3100 亿元，是"十一五"期间的 10 倍，是"十二五"规划目标的 6 倍多；2015 年，全省非金融企业直接融资规模达 1249.6 亿元。全省共有 21 家上市公司，其中境外上市公司 1 家；全省"新三板"挂牌公司达 36 家，贵州股交中心

挂牌企业 430 家。此外，贵州省推动成立了 2 家外资融资租赁公司，引入境外低成本资金 3.1 亿美元；推动瓮福、开磷等集团企业成为国家外汇资金集中运营管理试点，降低了资金成本，拓宽了融资渠道，促进了国内外资金优化配置。

（五）跨区域金融交流与合作比较活跃

"十二五"时期，贵州省对外交流与合作明显加强，为金融业的发展引入了更多新鲜的思维与理念，有效推动了贵州金融业的发展。在此期间，贵州省分别成功举办了金融支持贵州又好又快发展座谈会、贵州首届金融博览会、生态文明贵阳国际论坛金融分论坛、中国（贵州）—韩国友好周金融交流活动、香港及长江三角洲金融招商会、政金企对接会等活动；2015 年成功开展全国最大规模引进金融人才活动，集中引进 104 名高端金融人才到贵州省、市、县挂职。

（六）金融服务实体经济的成效比较显著

"十二五"时期，贵州省金融业对于整个实体经济发展的支撑作用也在不断地增强。2015 年全省金融业增加值达 607.11 亿元，"十二五"时期年均增长 16.2%，高于地区生产总值年均增速 3.7 个百分点，占地区生产总值的比重由"十一五"末的 5.03% 提高到"十二五"末的 5.78%。金融业对经济增长贡献率和对现代服务业的贡献率分别由 5%、10.6% 提高到"十二五"末的 9.6%、20.76%，已成为现代服务业支柱产业。

二、贵州省金融业发展存在的问题

（一）人均金融资源占有量远低于全国平均水平

目前，贵州省人均金融资源占有量仍低于全国、低于西部地区。银行业方面，2015 年，贵州省人均银行资产 70 832 元，分别相当于西部地区的 77.86% 和全国的 55.89%；贵州省人均存款余额为 55 075 元，分别相当于西部地区的 81.21% 和全国的 55.79%；贵州省人均贷款余额为 42 676 元，分别相当于西部地区的 94.53% 和全国的 62.36%。证券业方面，2015 年贵州省上市公司股权再融资额人均水平为 85.00 元，相当于全国水平的 13.72%；贵州省人均债券融资额为 2481 元，相当于全国水平的 60.52%。保险业方面，2015 年贵州省保险机构资产人均水平为 1053 元，相当于全国水平的 11.67%；人均保费收入为 731 元，相当于全国水平的 61.69%；人均保险赔付为 303 元，相当于全国水平的 48.04%。从以上数据可以看出，与全国比，贵州金融资源人均占有量水平仍有相当差距。

（二）融资难、融资贵的问题并没有从根本上得到解决

"十二五"时期，贵州省积极拓宽融资渠道，从省外境外引进了大量资金。但相对于需求而言，并且受信贷规模控制、债务约束等因素的影响，融资难现象依然突出。从机构来看，种类不全、层次不全、分布不均，特别是目前贵州省县域金融机构平均仅 10 家，平均存贷比低于全省 10 个百分点，使得县域供给水平相对较低。从中小微企业融资需求来看，存在信息不对称、财务管理不规范、有效担保品缺乏等问题，难以满足银行和资本市场融资条件，导致金融机构对这类客户选择谨慎。全省整体加权平均贷款利率在"十二五"时期呈逐步回落趋势，2015 年已经降至 6.91%，但与企业实际盈利能力相比，融资贵现象依然突出，主要表现为"三高"：资金来源成本高，各家银行普遍上浮存款利率，部分上浮 30%，理财产品成本高于同期存款利率一倍左右；资金中介成本高，小微企业贷款一般需要提供抵押和融资担保，登记、评估和融资担保等中介费用为 5%～8%；资金运用成本高，仅少数优质企业能以基准利率融到资金，很少享受下浮优惠，而中小微企业、"三农"等领域的贷款利率一般会上浮 20%～50%，有的贷款利率甚至翻倍。

（三）地方政府债务率较高，蕴藏了一定的金融风险

贵州省 2014 年年底债务率高达 197%，2015 年年底达到 207.73%，远远高于其他省（自治区、直辖市）。贵州因债务风险偏高，在 2015 年新增债券分配方面就被"特殊处理"了，6000 亿元新增债券中仅分得 56 亿元的额度，额度最少。较高的债务率蕴藏了一定的金融风险，贵州省应当通过上级财政增加转移支付、积极处置存量资产、引入社会资本等方式筹集资金消化存量债务，逐步将债务风险指标调整到警戒线内，降低金融风险。

（四）金融创新力度有待加强

"十二五"时期，贵州省金融改革开放不断深化，但金融创新能力仍有待进一度加强。近年来，贵州金融改革、金融助推全省经济发展成效明显，但贵州省金融创新能力不足，尚不能完全适应全省经济社会发展的需求。主要表现在：机构创新不足，传统金融机构种类不全、新型金融业态发展滞后，金融市场竞争还不充分；业务创新不足，特别是对扶贫开发、小微企业、"三农"等方面的服务和产

品创新缺乏顶层设计，与大数据产业的融合发展水平较低；地方金融监管体制机制不完善，工作力量严重不足，不能适应构建地方金融体系、加快发展金融新业态和履行地方金融监管责任的新常态和新要求。

（五）金融人才短缺的问题依然比较突出

当前，贵州省正处于新型工业化、新型城镇化加速推进的关键时期，融资需求大，发展任务重，迫切需要大量的金融人才作支撑，加快提升贵州省金融人才队伍的规模和质量。但在贵州省金融业快速发展的同时，金融人才数量严重不足，特别是熟悉现代金融业务、具有较强实务能力的实用型、高端型人才十分紧缺。面对贵州省发展的迫切需要，必须加快打造贵州省金融升级版，夯实金融服务保障。所以，贵州省要积极引进熟悉项目投融资、资本运作、企业上市培育、互联网金融、金融监管、外汇管理等现代金融业务，具备较强金融实务能力的优秀人才，为贵州金融业的快速崛起提供智力支持。

总之，回顾"十二五"时期，贵州省金融产业取得了一系列的成就与突破，但是依然面临着"产能过剩""地方政府债务问题""企业部门杠杆率较高"等一系列问题与困难。展望"十三五"，满足实体经济多样性的金融需求将是贵州省金融业面临的最大挑战，所以，贵州省应继续加大体制改革力度，进一步深化金融市场化改革，不断完善金融组织结构，快速推进金融国际化进程，充分发挥金融对资源的配置作用，严格贯彻落实好稳健的货币政策，优化信贷结构和融资结构，扎实推进金融精准扶贫，积极支持供给侧结构性改革，持续提高对贵州省重点领域和薄弱环节的金融服务水平，积极为实体经济发展营造良好的货币金融环境。

第三章　贵州金融指数研究

第一节　本书研究框架

一、贵州金融发展研究意义

Quinn 和 Dennis（1997）提出了金融自由化指数的概念，这是最早研究金融指数的成果，但这个指数主要用于评价政府对资本项目的管制程度。Bandiera 等（1998）以 8 个发展中国家为研究样本，运用主成分分析法评价了金融自由化进程，并构建了评价指标体系、计算了各个样本的金融自由化指数。Laeven（2000）依据 13 个发展中国家的数据构建了金融自由化指数，来研究金融自由化是否能够缓解企业的融资压力。该指数包括 6 个变量，分别反映 6 种改革措施（降低进入壁垒、放松信贷管制、利率自由化、国有银行的私有化、减少外汇储备和加强审慎性金融监管）。

受伦敦金融城的委托，英国咨询公司 Z/Yen Group 统计制作了全球金融中心指数（the global financial centers index，GFCI），该指数对全球范围内主要金融中心的金融竞争力进行评价。Z/Yen Group 公司于 2007 年 3 月发布了第一期 GFCI 报告，报告每年发布两次，截至 2014 年 8 月，已经发布了共计 15 期 GFCI 报告。自报告公布以来，接受评估城市的数量及每期版本中数据信息不断更新和增加，这些变化更多地强调了全球金融服务业专业人士优先考虑的主要因素和关注对象的变化。世界经济论坛（2008）在全球金融发展报告中首次提出了全球金融发展指数，对 52 个国家的金融体系和资本市场进行了评价。该评价体系包括 7 个一级指标，分别为制度环境、经营环境、金融稳定、银行机构金融服务、非银行机构金融服务、金融市场、金融便利性，一级指标下包含 24 个二级指标，120 个三级指标。

李学文和李明贤（2007）提出了地区发展指数用于评价中国 31 个省（自治区、直辖市）金融发展水平，构建了包含 12 个指标的指标体系，利用层次分析法对这 12 个指标赋权进行综合评价，计算得出各地区的金融发展指数，并进行了实证分析。殷克东和孙文娟（2010）以沿海 8 个省（自治区、直辖市）为研究样本，通过主成分分析法、炮值法、灰色关联度分析法和层次分析法分别构建区域金融发展水平的测评模型，得出 2004～2009 年沿海 8 省（自治区、直辖市）金融发展水平排序。

综合开发研究院（中国·深圳）在进行多年区域金融学研究的基础上，编制了"CDI 中国金融中心指数（CFCI）"，旨在为我国金融中心更好、更健康地发展提供一定可借鉴的线索，并于 2009 年 5 月发布了 CFCI 第一期研究报告。截至 2014 年 8 月，已经发布了共计 5 期 CFCI 报告。这些报告科学评价了我国金融中心的发展成绩和不足，动态反映我国金融中心建设最新状况，不断探索我国金融中心建设的科学发展之路，为我国各地金融中心建设提供了重要的理论依据和实践参考。

受金融和经济发展水平所限，国内外关于金融发展指数的研究主要集中在国别之间、国内发达地区之间及国内区域金融中心之间的金融发展水平的比较，缺乏对西部地区金融发展指数的研究，更缺乏对贵州金融发展指数的研究。

作为贵州省人民政府金融工作办公室（以下简称金融办）、在黔主要金融监管部门、金融机构及贵州财经大学联合发起的，以贵州省地方金融问题为主题的创新型研究平台的贵州省金融研究院，广泛整合贵州省乃至国内金融学科的学术力量，动员政府和社会资源，为贵州省政府及当地金融机构提供决策参考。贵州省研究院于 2013 年发布了第一份贵州金融蓝皮书——《贵州省金融发展报告（2013）》。贵州省金融研究院在撰写第二份贵州金融蓝皮书过程中，为了更好地揭示贵州省金融业发展取得的成就与不足，决定开展关于"贵州金融指数"（Guizhou Financial Index，GFI）的研究，之所以没有像 GFCI 或 CFCI 那样用"金融中心指数"，而是使用 GFI，主要基于以下原因。

首先，本部分指数要跟第二份贵州金融蓝皮书报告高度相关，要立足于全省，而不仅仅是贵阳市。

其次，在该报告里面将分析框架按照三个层次展开。第一个层次命名为 GFI，是立足贵州省全省的角度进行分析的，同时选取全国和西部地区与贵州省进行比较研究。第二个层次命名为"贵阳金融中心指数"，是站在作为区域金融中心的贵阳市的角度来进行分析的。就贵州省范围来看，作为省会城市的贵阳市是贵州省的政治中心、经济中心、金融中心和文化中心，故该部分使用了"贵阳金融中心指数"。为了更科学地评价贵阳市金融发展水平，课题组选取了同为西部省会（首府）城市的昆明市、南宁市和乌鲁木齐市与贵阳市进行比较研究，构建了包括贵阳、昆明、南宁、乌鲁木齐等四个省会（首府）城市的金融中心指数。之所为没有选取成都、重庆、西安等其他城市，是因为这些城市与贵阳在很多方面缺乏可比性。第三个层次是以贵州省下属的 8 个市（州）作为研究对象，建立了 8 个市（州）的金融发展指数，以便对 8 个市（州）的金融发展水平进行评价。

再次，根据评价指标体系，课题组收集了 2010～2015 年的数据，对 15 个研究对象从 2010～2015 年的金融发展进行了指数评价。每个研究对象每个年度有 2 个评价指数，一个是金融发展现状指数，用于评价该研究对象金融业发展的相对水平，另一个是金融发展增长指数，用于评价该研究对象金融业综合增长的态势。

最后，课题组研究的指数既有评价整个省级金融发展水平的 GFI，也有评价区域金融中心发展水平的"贵阳金融中心指数",还有 8 个市(州)层面的"金融指数"。这几个层次的指数都概括为统一的 GFI。与此同时,我们还有针对性地选取了三个专栏作为贵州特色的创新金融和特色金融的佐证,这些也是 GFI 不可或缺的重要内容。

二、本书研究路线

基于对金融指数的内涵、研究目标等方面的全方位思考,本书沿用以世界经济论坛(World Economic Forum,WEF)、国际管理发展学院(International Institute for Management Development,IMD)为典型代表所采用的主流研究方法,将该方法运用到本书。研究路线如图 3-1 所示。

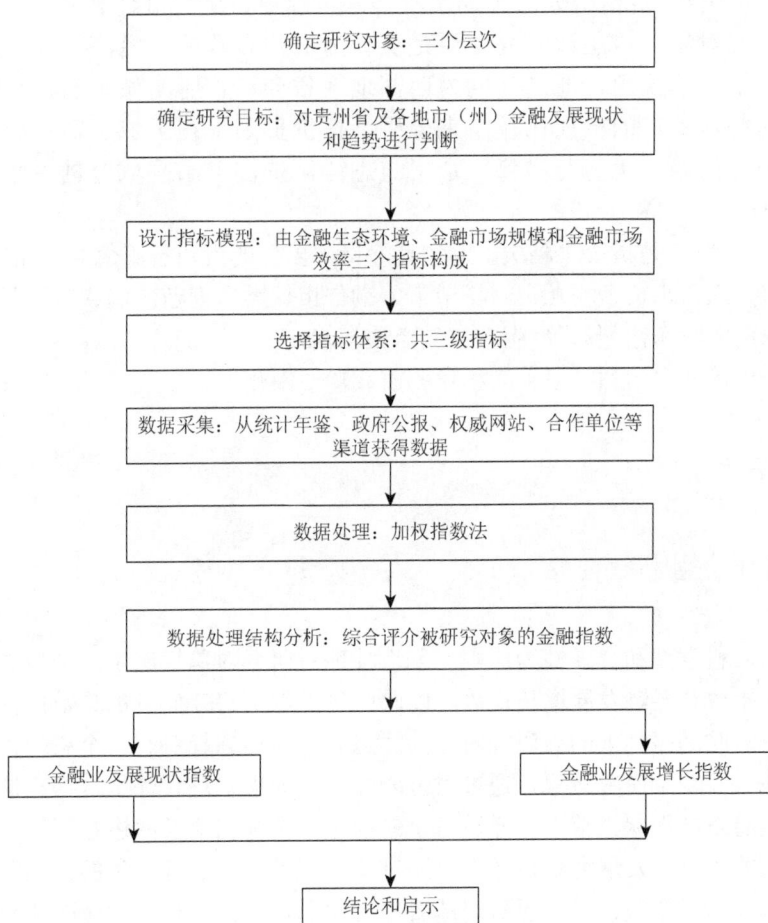

图 3-1　贵州金融指数研究路线图

三、研究对象

针对研究目标和贵州省实际情况，GFI 课题组将研究对象分为三个层次，主要采用了"3+4+8"模式，共计 15 个研究对象。具体情况如下所述。

首先，"3"是指研究的第一层次，以贵州、西部地区和全国为研究对象。西部地区具体包括新疆、甘肃、青海、西藏、宁夏、陕西、四川、重庆、贵州、云南、广西、内蒙古等 12 个省（自治区、直辖市）。该层次研究主要是从贵州的视角通过横向比较，研究贵州金融业与西部地区和全国相比处于什么样的发展状态和态势，取得了哪些成绩，存在哪些问题，明确下一步的工作思路和工作重点。

其次，"4"是指研究的第二层次，以贵阳市、昆明市、南宁市和乌鲁木齐市为研究对象。该层次研究主要是从作为贵州省政治、经济、文化和金融中心的贵阳市的视角，通过与同为西部地区省会（首府）城市的昆明市、南宁市、乌鲁木齐市的横向比较，来分析、评价贵阳市在区域金融中心建设方面的成绩与问题、优势与劣势、水平与态势，提出贵阳区域金融中心建设的对策与建议。

最后，"8"是指第三层次，即包括除贵阳以外的贵州省其他 8 个市（州），即遵义市、六盘水市、安顺市、毕节市、铜仁市、黔东南苗族侗族自治州（以下简称黔东南或黔东南州）、黔南布依族苗族自治州（以下简称黔南或黔南州）、黔西南布依族苗族自治州（以下简称黔西南或黔西南州）。

四、研究方法

（一）贵州金融指数内核

本书以科学性和合理性为原则，创造性地对研究对象提出了两个指数：金融发展现状指数和金融发展增长指数，以此构建了本次 GFI 研究的指数内核。这两个指数可对时间序列上的被研究对象的静态分布和动态趋势有一个更为直观和清晰的把握。对每个研究对象，通过对金融业发展的现状进行评价，得出该研究对象的"金融发展现状指数"；通过对金融业主要指标的增长率进行评价，得出该研究对象的"金融发展增长指数"。通过比较分析每个研究对象的金融业发展的现状指数和增长指数，可以更直观地看出贵州省及各市（州）的金融业静态发展状况和动态发展趋势，从而对贵州省的综合金融竞争力现状有一个更为清晰的认识和了解。这也是本书的创新点所在。

为了有效区别关于指标和指数的概念，特此界定：书中所指"指数"仅指"金融发展现状指数"和"金融发展增长指数"两个重要概念及与其高度关联的概括性概念"贵州金融指数"或者"金融中心指数"。其他涉及的一级、二级、三级指标都是以"指标"命名和"指数"区别开来。而且，研究过程中设计指标体系的时候采用的是"自上而下"的方式进行设计，即先设计贵州金融指数内核——"金融发展现状指数"和"金融发展增长指数"，然后到下面的一级指标、二级指标、三级指标；但是，计算过程中，采用的是"自下而上"的方式进行计算的，即先收集相关三级指标的原数据，然后通过专家打分法得到的权重开始向上计算出三级指标、二级指标、一级指标，最后再计算得到"金融发展现状指数"和"金融发展增长指数"。

（二）指标体系及权重

1. 一级指标体系和二级指标体系

从所选择的 15 个研究对象来看，本书将研究指标构建为金融外部环境、金融市场规模和金融市场效率三个一级指标；在一级指标的基础上，分解为二级指标；二级指标下面再分设了若干三级指标。第一层次指标体系，如图 3-2 所示。

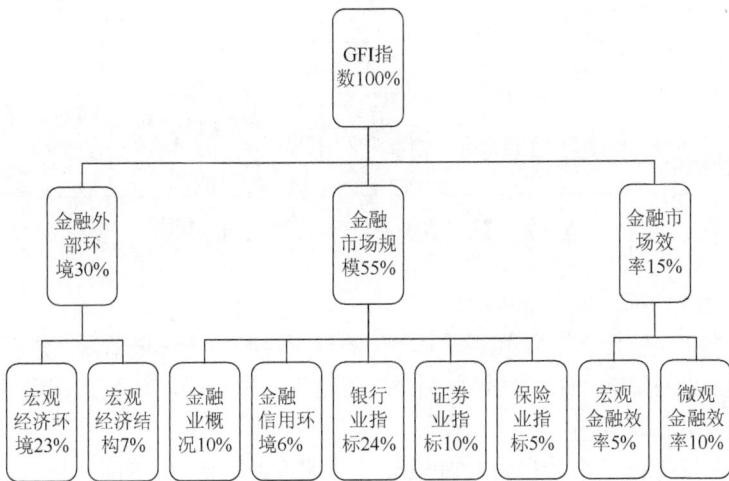

图 3-2　第一层次 GFI 一级、二级指标体系

第二层次指标体系如图 3-3 所示。

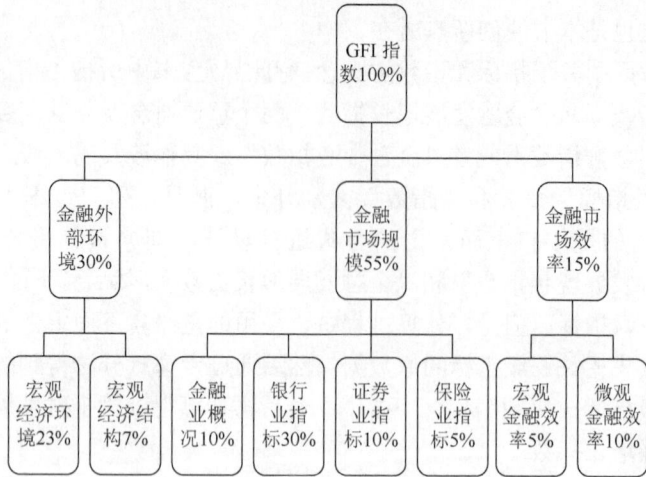

图 3-3　第二层次 GFI 一级、二级指标体系

第三层次指标体系如图 3-4 所示。

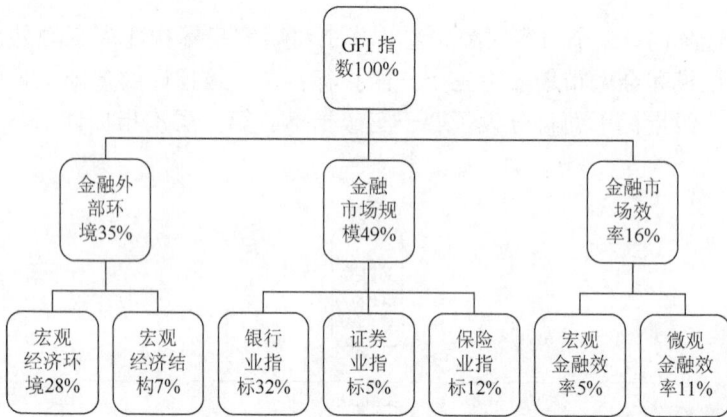

图 3-4　第三层次 GFI 一级、二级指标体系

（1）金融外部环境

金融外部环境指标用来考察研究对象的外部金融生态环境情况，分析整个经济环境对金融业的影响。下面又包括两个二级指标：宏观经济环境和宏观经济结构。

（2）金融市场规模

金融市场规模用来考察研究对象金融市场的规模状况。下面包括金融业概况、银行业指标、证券业指标、保险业指标等四项二级指标。

（3）金融市场效率

金融市场效率用来考察研究对象的金融运行效率。主要包括宏观经济效率和微观金融效率两个二级指标。

2. 三级指标体系

对于三个不同的研究层次，本书构建了不同的三级指标体系并赋予不同的权重，这主要是因为：①不同层次数据信息的公开程度不同；②不同层次不同指标对金融业的影响程度也不同。

（1）第一层次三级指标体系

第一层次三级指标体系及其权重见附表1。

因为贵州省、西部地区、全国的数据统计比较完善，因而三级指标数量最多，达51个。为了体现贵州省、西部地区、全国在总量指标上的可比性，本书运用了总量指标的人均值（常住人口）进行比较。对于比率指标，如不良贷款率等，则直接进行对比。

（2）第二层次三级指标体系

第二层次三级指标体系及其权重见附表2。

第二层次研究对象数据可获得性比第一层次差，所以选取的指标为47个，比第一层次少4个，同时还采用代表性金融机构的数据进行研究，如选取当地代表性法人银行代替了银行业的一些指标，选取了代表性证券公司代替了证券业的指标。本书分别选取贵阳银行、富滇银行、北部湾银行、乌鲁木齐商业银行作为贵阳、昆明、南宁、乌鲁木齐的代表性法人银行，分别选取华创证券、红塔证券和太平洋证券、国海证券、宏源证券作为贵阳、昆明、南宁、乌鲁木齐的代表性法人证券公司。

因为区域金融中心、经济中心对人口的集聚效应也是发挥中心职能、推动四化协调发展的一个重要方面，所以在第二层次三级指标体系中不再突出人均指标，而是突出总量指标和比率指标。

（3）第三层次三级指标体系

第三层次三级指标体系及其权重见附表3。

第三层次研究对象的数据可获取性更差，为了体现研究的科学性、客观性和特点，第三层次三级指标体系的选取与第一、第二层次相比主要有以下特色。①总量指标和人均指标并重。该层次研究的8个对象处于相同层级，社会、经济、金融等各方面在发展特征、发展阶段具有很大的可比性，因而既要比较总量指标，又要比较人均指标。②对有些缺失的数据，通过插值法、平滑移动法等进行了弥补。

（4）指标权重

在给GFI各指标赋权时，结合实际经济运行中不同指标的影响程度，并征求金融监管部门、金融机构、金融研究部门等理论专家和实务界人士的意见，本书将各指标对上级指标的贡献权重由众多专家打分确定。鉴于不同层次的数据可获得性，三个层次的指标设计和权重略有出入，具体见附表3的详细描述。

（三）数据处理及指数计算

1. 数据来源

本书所采用的数据来源于国家层面或者各行政区公布的统计年鉴数据、金融统计年鉴数据，以及金融监管机构和金融机构的统计数据。见附表1、附表2、附表3。

2. 数据处理及指数计算

本书对各项指标进行了无量纲化处理以将数据进行标准化，主要采用"Z-score"技术进行标准化处理。指标分为正向指标和逆向指标两大类，正向指标是指数值越大越好的指标，逆向指标则指数值越小越好的指标，对于逆向指标我们采取倒数的方法将其变为正向指标。为此先定义三个向量 i、j、k，其中 i 表示不同的指标，j 表示不同的地区，k 表示不同的年份。其中 $i=1, 2, 3, \cdots, n$，n=指标个数；在第一个层次里面，$j=1, 2, 3$，分别代表贵州省、西部地区和全国，在第二个层次里面 $j=1, 2, 3, 4$，分别代表贵阳、南宁、昆明和乌鲁木齐，在第三个层次里面 $j=1, 2, \cdots, 8$，分别代表遵义、六盘水、安顺、毕节、铜仁、黔东南州、黔南州和黔西南州；$k=2010, 2011, \cdots, 2015$，分别表示2010年、2011年、$\cdots$、2015年。

（1）GFI现状指数

GFI现状指数标准化：对于正向指标，有

$$y_{ij} = \frac{x_{ij}}{\max(x_{ij})} \times 100,$$

其中，y_{ij} 代表第 j 个地区的第 i 项指标最终的标准化得分，x_{ij} 表示第 j 个地区的第 i 项指标的原始数据，$\max(x_{ij})$ 表示第 i 项指标不同地区 j 的数据的最大值。

对于逆向指标，有

$$y_{ij} = \frac{1/x_{ij}}{\max\left(1/x_{ij}\right)} \times 100,$$

其中，y_{ij} 代表第 j 个地区的第 i 项指标最终的标准化得分，$1/x_{ij}$ 表示第 j 个地区的第 i 项指标的原始数据的倒数值，$\max\left(1/x_{ij}\right)$ 表示第 i 项指标不同地区 j 的数据倒数的最大值。

　　GFI 现状指数计算：

$$(c_j) = (y_{ij}) \times (m_i),$$

其中，$y_{ij} = (y_{1j} \ y_{2j} \cdots y_{(n-1)j} \ y_n)$, $m_i = \begin{pmatrix} m_1 \\ m_2 \\ \vdots \\ m_{n-1} \\ m_n \end{pmatrix}$, c_j 为第 j 个地区的 GFI 现状指数。

　　（2）GFI 增长指数

GFI 增长指数标准化：

对于正向指标，有

$$a_{ijk} = \frac{x_{ij(k+1)}}{x_{ijk}} \times 100 \ ;$$

对于逆向指标，有

$$a_{ijk} = \left(\frac{x_{ijk} - x_{ij(k+1)}}{x_{ijk}} + 1 \right) \times 100 \ 。$$

GFI 增长指数计算：

$$(s_j) = (y_{ij}) \times (m_i),$$

其中，$a_{ij} = (a_{1j} \ a_{2j} \cdots a_{(n-1)j} \ a_n)$, $m_i = \begin{pmatrix} m_1 \\ m_2 \\ \vdots \\ m_{n-1} \\ m_n \end{pmatrix}$, s_j 为第 j 个地区的 GFI 增长指数。

GFI 增长指数采取同地区不同年份的比较，采用环比指标进行计算。

　　3. 特殊数据处理

　　增长指数中，在遇到数据有突变时，我们单位指标采取环比增长不超过 50%的上限来处理突变对指数的污染。

五、指数评价

　　得出每一个层次的金融发展指数后，本书将对研究对象金融指数进行分析和评价，并提出相关政策建议。

第二节　贵州金融指数评价

一、贵州金融指数的总体评价分析

　　贵州金融发展的总体评价可以从两个方面展开：一是与同时期的全国和西部地区的金融发展状况相比较，构建贵州金融现状指数；二是以当年与前一年的金融发展状况相比，构建贵州金融增长指数。

　　1. 贵州金融现状指数与各指标贡献值

　　（1）贵州金融现状指数

　　从第一层次三个研究对象全国、西部地区和贵州省的金融现状指数如表 3-1 所示。贵州金融现状指数稳步提升，说明贵州省的金融环境正在不断改善，金融市场规模逐步发展壮大。对比 2010～2015 年的现状指数看（图 3-5），贵州省从 2010～2015 年分别低于全国 42.13、39.90、36.79、36.38、34.15、33.54 个指数点，分别低于西部地区 15.58、15.16、15.07、13.59、12.16、9.82 个指数点，金融发展现状指数变化的情况说明贵州省正在不断缩小与全国和西部地区的金融发展差距。

表 3-1　贵州省、西部地区和全国的金融现状指数

区域 ＼ 年份	2010	2011	2012	2013	2014	2015
全国	98.73	98.35	99.98	99.89	98.24	98.39
西部地区	72.18	73.61	77.26	77.10	76.25	74.67
贵州省	56.60	58.45	62.19	63.51	64.09	64.85

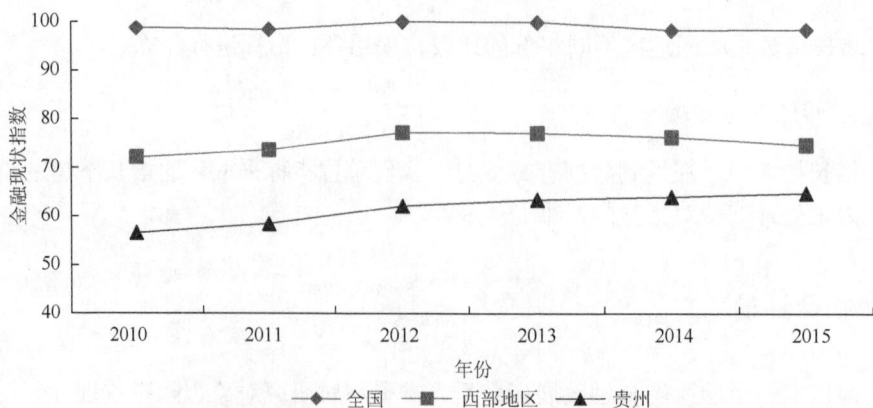

图 3-5　贵州省、西部地区和全国的金融现状指数

"十二五"时期，贵州省每年的现状指数分别为 58.45、62.19、63.51、64.09、64.85，虽然比全国和西部地区的现状指数值都要低，但总体上可以看出呈现明显的上升趋势，2015 年比 2010 年增长了 8.25 个指数点。

（2）贵州金融现状指数的各指标贡献值

贵州金融现状指数是由金融外部环境、金融市场规模和金融市场效率三个方面的标准化得分按权重加总得到的。各指标的贡献值是各指标的标准化得分乘以其所占权重得到的。

如表 3-2 所示，从金融外部环境贡献值水平的角度来看，"十二五"时期，金融外部环境贡献值最高的是全国，5 年均值为 30；其次是西部地区，5 年平均值为 23.15；贵州省第三，5 年平均值为 19.04。说明贵州省的金融外部环境与全国和西部地区都存在较大的差距，贵州省需要不断改善，不断缩小与全国和西部地区的金融外部环境差距。

从金融外部环境贡献值变化的角度来看，"十二五"时期，贵州省的金融外部环境贡献值有些起伏，贵州省从 2011 年的 17.90 上升为 2012 年的 19.04，由于受到人均固定资产投资、第二和第三产业 GDP 占比和城乡居民收入比等数据的影响，贵州省 2013 年金融外部环境指数比 2012 年下降了 0.29 个指数点，此后呈稳步上升趋势，增至 2015 年的 19.98。

表 3-2　贵州省、西部地区和全国金融现状指数的金融外部环境贡献值

年份 区域	2010	2011	2012	2013	2014	2015
全国	30	30	30	30	30	30
西部地区	22.37	22.37	23.49	23.12	23.63	23.92
贵州省	16.56	17.90	19.04	18.75	19.52	19.98

如表 3-3 所示，从金融市场规模贡献值水平的角度来看，"十二五"时期，金融市场规模贡献值最高的是全国，五年平均值为 55.07；其次是西部地区，五年平均值为 40.07；第三是贵州省，五年平均值为 30.52，比全国低了 24.55 个指数点，比西部地区低了 9.55 个指数点。但在人均涉农贷款新增量和存贷比两个指数上贵州省略高于全国和西部地区。

从金融市场规模贡献值变化的角度来看，"十二五"时期，贵州省金融市场规模贡献值整体上呈现上升趋势，从 2010 年 26.85 到 2015 年的 31.93，增长了 5.08 个指数点。而在全国和西部地区的金融市场规模贡献值中，自 2012 后均呈现了下滑趋势，全国由 2012 年的 56.29 下滑至 2015 年的 54.15，下降了 2.14 个指数点，西部地区由 2012 年的 41.69 下滑至 2015 年的 38.21，下降了 3.48 个指数点。

表 3-3　贵州省、西部地区和全国的金融现状指数的金融市场规模贡献值

区域＼年份	2010	2011	2012	2013	2014	2015
全国	54.50	54.48	56.29	55.92	54.51	54.15
西部	37.30	38.42	41.69	41.69	40.34	38.21
贵州	26.85	27.38	30.18	31.65	31.45	31.93

　　如表 3-4 所示，从金融市场效率贡献值水平的角度来看，"十二五"时期，贵州省、西部地区乃至全国的金融市场效率有所波动，全国金融市场效率波动较大，波动值达 0.53 之高，西部地区为 0.44，贵州省为 0.24，贵州省比全国低了 0.29。不过金融市场效率贡献值最高的仍是全国，五年平均值为 13.9；其次是贵州省，五年平均值为 13.06；西部地区贡献值最小，五年平均值为 12.34。说明全国的金融市场具有较高的效率水平，而西部地区和贵州省的金融市场效率相对处于较低的水平，但贵州省的市场效率明显好于西部地区的平均水平。

表 3-4　贵州省、西部地区和全国的金融现状指数的金融市场效率贡献值

区域＼年份	2010	2011	2012	2013	2014	2015
全国	14.23	13.87	13.70	13.97	13.74	14.24
西部地区	12.50	12.48	12.09	12.30	12.28	12.53
贵州省	13.19	13.17	12.97	13.11	13.12	12.95

　　贵州省在金融外部环境、金融市场规模、金融市场效率三个一级指标上的走势都表现出了稳定增长或小幅度下滑后再出现稳定增长的趋势，这说明在上述三个方面贵州省与西部地区、全国的差距都在缩小。

2. 贵州金融增长指数与各指标贡献值

（1）贵州金融增长指数

　　贵州省、西部地区与全国金融增长指数的评价结果如表 3-5 和图 3-6 所示。

　　对比三个研究对象的 5 年的金融增长指数，贵州省的金融增长指数平均值为 113.60，高于全国 5 年 110.57 的平均水平，也高于西部地区 5 年 111.96 的平均水平。贵州金融增长指数在近五年排名均为第一。

　　从 2010～2015 年，贵州省金融增长指数均高于全国、高于西部地区，分别高于全国 5.01、4.02、6.24、0.54、2.25、2.12 个指数点，分别高于西部地区 0.95、0.79、2.43、0.53、1.46、3.01 个指数点。这说明贵州省金融业发展在过去 5 年中

保持了高于全国、高于西部地区的发展速度。

表3-5　贵州省、西部地区和全国的金融发展增长指数

区域＼年份	2010	2011	2012	2013	2014	2015
全国	113.83	109.78	109.55	110.32	112.02	111.18
西部地区	117.89	113.01	113.36	110.33	112.81	110.29
贵州省	118.84	113.80	115.79	110.86	114.27	113.30

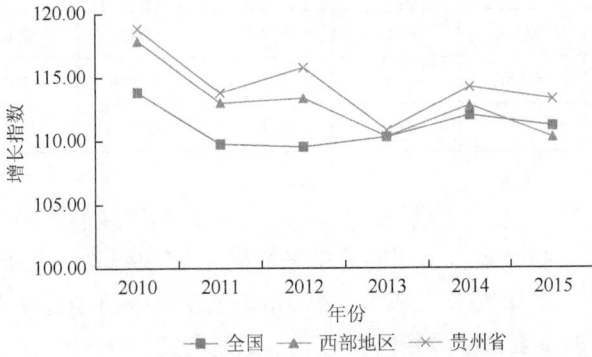

图3-6　贵州省、西部地区和全国的金融发展增长指数

（2）贵州金融增长指数的各指标贡献值

增长指数是由金融市场外部环境、金融市场规模和金融市场效率这三个方面51个指标增长率的标准化得分加总得到的。

"十二五"时期，金融外部环境贡献值最高的是贵州省，五年平均值为35.31；其次是西部地区，五年平均值为34.30；全国第3，五年平均值为33.40（表3-6）。贵州省的金融外部环境贡献值自2010年以来均高于西部地区，除了2013年略低于全国水平外，其他年份也都高于全国。这说明自2010年以来，贵州省金融外部环境（也就是整体的经济发展增长水平和经济结构优化幅度）持续领先西部地区，更是领先全国。这表明贵州省的金融市场环境越来越优化，越来越有利于金融业的高速发展。

表3-6　贵州省、西部地区和全国金融增长指数的金融外部环境贡献值

区域＼年份	2010	2011	2012	2013	2014	2015
全国	34.76	34.94	33.27	33.62	33.06	33.40
西部地区	35.94	35.99	34.63	33.27	34.09	33.51
贵州省	36.24	38.07	36.01	33.57	34.70	35.31

"十二五"时期，金融市场规模贡献值最高的是贵州省，五年平均值为62.92；其次是西部地区，五年平均值为62.01；全国第三，五年平均值为61.57（表3-7）。自2011年以来，贵州省金融业市场规模的贡献值一直高于全国，除了2011年略低于西部地区以外，其余年份也都高于西部地区，这说明自2010年以来，贵州省的金融市场规模综合增幅高于西部地区，更高于全国。

表3-7　贵州省、西部地区和全国金融增长指数的金融市场规模贡献值

区域 ＼ 年份	2010	2011	2012	2013	2014	2015
全国	63.69	60.53	60.64	61.42	62.60	62.68
西部地区	66.00	62.32	63.23	61.84	62.08	60.58
贵州省	66.50	61.29	63.80	63.02	63.53	62.94

"十二五"时期，在金融市场效率贡献值方面，西部地区的五年平均值为15.65，高于贵州省0.27个指数点；全国的五年平均值为15.59，高于贵州省0.21个指数点（表3-8）。自2013年以来，贵州省金融市场效率贡献值一直低于西部地区和全国，说明贵州省的金融市场效率需要进一步改进和提升。

表3-8　贵州省、西部地区和全国金融增长指数的金融市场效率贡献值

区域 ＼ 年份	2010	2011	2012	2013	2014	2015
全国	15.37	14.31	15.64	15.28	16.36	16.36
西部地区	15.96	14.70	15.50	15.22	16.64	16.21
贵州省	16.10	14.44	15.98	14.26	16.03	16.17

二、贵州金融指数的优势指标分析

优势指标，就是在同一层次研究对象中排名第一、对金融指数贡献值最大的指标。劣势指标，就是在同一层次研究对象中排名最后、对金融指数贡献值最小的指标。

跟全国和西部地区相比，2015年的GFI指标体系中具有一定数量的优势指标，这些优势指标值得保持其优势地位，因此本书从现状和增长两个方面分析GFI的优势指标。

1. 现状指数的优势指标

在 2015 年第一层次金融现状指数三级评价指标体系的 51 个指标中，贵州省共有如下 6 个优势指标：储蓄投资转化系数、人均涉农贷款新增量、人均法人银行数、存贷比、不良贷款率和金融业人均工资（表 3-9）。其中储蓄投资转化系数指标为逆向指标，其他指标为正向指标。

在储蓄投资转化系数方面，贵州省领先于全国和西部地区水平，全国为贵州省水平的 70.68%，西部地区为贵州省水平的 85.36%，表明贵州省的储蓄转化为投资的程度最高。

在人均涉农贷款新增量方面，贵州省高出全国和西部地区水平，全国为贵州水平的 62.27%，西部地区为贵州水平的 88.23%，显示了贵州省较高的涉农贷款的支持力度。

在人均法人银行数方面，贵州省高于全国和西部地区水平，全国为贵州水平的 77.64%，西部地区为贵州省水平的 89.38%，表明贵州省在人均法人银行数方面处于领先水平。

在存贷比方面，贵州省略高于全国和西部地区水平，全国为贵州省水平的 91.42%，西部地区为贵州省水平的 86.53%，表明贵州省银行业的贷款利用率最为充分。

在不良贷款率方面，贵州省略高于全国和西部地区水平，全国为贵州省水平的 99.40%，西部地区为贵州省水平的 80.58%，表明贵州省在不良贷款率方面虽处于领先水平，但优势并不明显。

在金融业人均工资方面，贵州省高于全国和西部地区水平，全国为贵州省水平的 92.87%，西部地区为贵州省水平的 69.83%，表明贵州省在金融业人均工资方面摆脱了往年的落后局面，开始走到全国和西部地区的前面。

表 3-9　2015 年贵州省金融现状指数中的优势指标

区域	储蓄投资转化系数	人均涉农贷款新增量	人均法人银行数	存贷比	不良贷款率	金融业人均工资
全国	70.68	62.27	77.64	91.42	99.40	92.87
西部地区	85.36	88.23	89.38	86.53	80.58	69.83
贵州省	100	100	100	100	100	100

2. 增长指数的优势指标

在 2015 年第一层次增长指数的 51 个三级评价指标体系中，贵州省共有 20 个指标是优势指标。根据领先水平，这些优势指标可以分三类，分别为：大幅度领先（比第二名的增幅高出 10% 以上）、明显领先（比第二名增幅高出 5% 到 10%）和略微领先类指标（比第二名增幅高出在 5% 以下）。

2015 年贵州省与西部地区和全国相比，大幅度领先的指标有 5 个，分别为：人均进出口总额、金融业人均工资、人均外币存款余额、人均债券融资额和资本市场融资总额 GDP 占比（表 3-10）。

表 3-10　增长指数大幅度领先指标

区域	人均进出口总额	金融业人均工资	人均外币存款余额	人均债券融资额	资本市场融资总额 GDP 占比
全国	87.20	106.01	136.45	99.24	99.43
西部地区	87.73	102.58	136.97	119.23	115.78
贵州省	107.81	121.52	150.00	150.00	142.42

2015 年贵州省人均进出口总额增幅明显高于全国和西部地区，分别高出 20.61 和 20.08 个百分点；金融业人均工资增幅明显高于全国和西部地区，分别高出 15.51 和 18.94 个百分点；人均外币存款余额增幅明显高于全国和西部地区，分别高出 13.55 和 13.03 个百分点；人均债券融资额增幅明显高于全国和西部地区，分别高出 50.76 和 30.77 个百分点；资本市场融资总额 GDP 占比增幅明显高于全国和西部地区，分别高出 42.99 和 26.64 个百分点。

2015 年贵州省与全国和西部地区相比，明显领先的指标有 7 个，分别为：人均地区生产总值、人均社会消费品零售总额、不良贷款率、人均人民币存款余额、人均资产总额、人均财产险保费收入和储蓄投资转化系数（表 3-11）。其中，人均地区生产总值的增幅高出全国 7.05 个百分点，高出西部地区 6.25 个百分点，人均社会消费品零售总额的增幅高出全国 12.39 个百分点，高出西部地区 8.39 个百分点；不良贷款率增幅高出全国 6.88 个百分点，高出西部地区 20.42 个百分点；人均人民币存款余额增幅高出全国 5.30 个百分点，高出西部地区 11.09 个百分点；人均资产总额增幅高出全国 11.06 个百分点，高出西部地区 8.83 个百分点；人均财产险保费收入增幅高出全国 8.06 个百分点，高出西部地区 6.71 个百分点；储蓄投资转化系数增幅高出全国 10.53 个百分点，高出西部地区 7.88 个百分点。

表 3-11　增长指数明显领先指标

区域	人均地区生产总值	人均社会消费品零售总额	不良贷款率	人均人民币存款余额	人均资产总额	人均财产险保费收入	储蓄投资转化系数
全国	105.80	114.12	66.40	121.29	112.05	110.44	96.23
西部地区	106.60	118.12	52.86	115.50	114.28	111.79	98.88
贵州	112.85	126.51	73.28	126.59	123.11	118.50	106.76

2015 年贵州省与全国和西部地区相比，略微领先的指标有 8 个（表 3-12），分别为：人均固定资产投资总额、城镇化率、城乡居民收入差距率、人均小微企业贷款余额、人均涉农贷款余额、人均人民币贷款余额、人均法人银行个数和人均银行业机构个数。其中，人均固定资产投资总额增幅比全国高出 8.52 个百分点，比西部地区高出 4.43 个百分点；城镇化率增幅比全国高出 2.57 个百分点，比西部地区高出 0.42 个百分点；城乡居民收入差距率增幅比全国高出 43.16 个百分点，和西部地区持平；人均小微企业贷款余额增幅比全国高出 8.75 个百分点，高出西部地区 3.11 个百分点；人均涉农贷款余额增幅比全国高出 11.76 个百分点，高出西部地区 0.66 个百分点；人均人民币贷款余额增幅比全国高出 2.22 个百分点，比西部地区高出 17.96 个百分点；人均法人银行个数增幅比全国高出 1.54 个百分点，比西部地区高出 1.20 个百分点；人均银行业机构个数增幅比全国高出 2.83 个百分点，比西部地区高出 1.08 个百分点。人均证券交易额、人均证券公司营业收入、人均期货成交额幅与全国和西部地区持平。

表 3-12　增长指数略微领先指标

区域	人均固定资产投资总额	城镇化率	城乡居民收入差距率	人均小微企业贷款余额
全国	109.06	102.43	106.84	113.34
西部地区	113.15	104.58	150.00	118.98
贵州省	117.58	105.00	150.00	122.09

区域	人均涉农贷款余额	人均人民币贷款余额	人均法人银行个数	人均银行业机构个数
全国	111.31	118.75	103.93	100.87
西部地区	122.41	103.01	104.27	102.62
贵州省	123.07	120.97	105.47	103.70

三、贵州金融指数的劣势指标分析

与全国和西部地区相比，2015 年的 GFI 具有一定数量的劣势指标，这些劣势指标需要多加关注。本书拟从现状和增长两个方面分析 GFI 的劣势指标。

1. 现状指数的劣势指标

在金融现状指数指标体系中的 51 个指标中，贵州省共有 45 个指标标准化得分低于全国和西部地区，劣势指标占比达到了 88.24%，这些劣势指标可以分为三类：一是大幅落后于全国平均水平的指标（标准化得分低于全国平均水平的 40%），二是明显落后于全国平均水平的指标（标准化得分处于全国平均水平的 40% 到

70% 的区间内），三是略微落后于全国平均水平的指标（标准化得分高于全国平均水平的 70%，但仍小于全国平均水平）。

大幅落后于全国平均水平的指标包括人均公共财政收入、人均进出口总额、人均外币存款余额、人均外币贷款余额、人均股票融资额、人均证券交易额、人均证券公司营业收入、人均期货成交额、人均法人证券公司数、人均上市公司数、人均法人期货公司数、人均期货公司及分支机构数、人均人身险保费收入、人均保险公司法人机构数 14 个指标（表 3-13）。落后指标主要集中在证券和期货市场，14 个落后指标中，证券和期货业占 8 个，超过一半的指标属于证券和期货业，说明贵州省的证券和期货业市场需要不断地提升和完善，以满足贵州省的金融市场发展需求。从落后幅度看，由于贵州省没有法人期货公司和法人保险公司，导致贵州这两个指标为 0，贵州省需要加快这两方面的发展，另外，人均外币存款余额、人均外币贷款余额、人均期货成交额、人均证券公司营业收入这 4 个现状指数指标均未达到全国指标的 10%。

表 3-13　2015 年贵州金融现状指数中大幅落后于全国平均水平的劣势指标

区域	人均公共财政收入	人均进出口总额	人均外币存款余额	人均外币贷款余额	人均股票融资额	人均证券交易额	人均证券公司营业收入
全国	100	100	100	100	100	100	100
西部地区	42.65	27.94	30.50	26.51	84.48	64.61	51.77
贵州省	38.47	12.07	9.41	5.03	13.72	17.89	8.99

区域	人均期货成交额	人均法人证券公司数	人均上市公司数	人均法人期货公司数	人均期货公司及分支机构数	人均人身险保费收入	人均保险公司法人机构数
全国	100	100	100	100	100	100	100
西部地区	66.27	56.27	52.90	39.49	49.51	65.04	18.31
贵州省	6.40	31.16	27.55	0	24.34	29.63	0

明显落后于全国平均水平的指标包括人均地区生产总值、人均社会消费品零售总额、农村居民人均纯收入、人均金融业增加值、人均小微企业贷款余额、人均人民币存款余额、人均人民币贷款余额、人均资产总额、人均债券融资额、人均证券公司及分支机构数、人均财产险保费收入、人均保险公司赔款给付、人均保险公司及分支机构数、金融业增加值 GDP 占比、上市公司总市值 GDP 占比及保险深度 16 个指标（表 3-14）。与全国的平均水平相比，除了人均地区生产总值、农村居民人均纯收入、人均人民币贷款余额、人均债券融资额、人均财产险保费收入、人均保险公司及分支机构数、金融业增加值 GDP 占比、上市公司总市值GDP 占比和保险深度外，其他的指标标准化得分均处于不及格的水平。

表3-14 2015年贵州金融现状指数中明显落后于全国平均水平的劣势指标

区域	人均地区生产总值	人均社会消费品零售总额	农村居民人均纯收入	人均金融业增加值	人均小微企业贷款余额	人均人民币存款余额	人均人民币贷款余额	人均资产总额
全国	100	100	100	100	100	100	100	100
西部地区	79.61	67.81	84.15	60.19	62.10	68.70	65.97	100
贵州省	60.45	42.49	68.58	41.48	56.54	55.79	62.36	71.88

区域	人均债券融资额	人均证券公司及分支机构数	人均财产险保费收入	人均保险公司赔款给付	人均保险公司及分支机构数	金融业增加值GDP占比	上市公司总市值GDP占比	保险深度
全国	100	100	100	100	100	100	100	100
西部地区	62.56	63.75	78.90	72.45	88.09	75.60	51.28	87.50
贵州省	60.52	41.00	65.28	48.04	61.03	68.63	63.44	68.43

略微落后于全国平均水平的指标包括人均公共财政支出、人均固定资产投资总额、城镇居民人均可支配收入、第二和第三产业GDP占比、城镇化率、城乡居民收入比、人均小微企业贷款新增量、人均涉农贷款余额、人均银行业机构个数、贷款加权平均利率、经济储蓄动员力、金融业增加值第三产业占比、存款余额GDP占比、贷款余额GDP占比和资本市场融资总额GDP占比15个指标（表3-15）。

表3-15 2015年贵州金融现状指数中略微落后于全国平均水平的劣势指标

区域	人均公共财政支出	人均固定资产投资总额	城镇居民人均可支配收入	第二和第三产业GDP占比	城镇化率
全国	100	100	100	100	100
西部地区	92.46	92.84	84.68	96.70	86.88
贵州省	87.09	73.99	78.79	92.75	74.88

区域	城乡居民收入比	人均小微企业贷款新增量	人均涉农贷款余额	人均银行业机构个数	贷款加权平均利率
全国	100	100	100	100	100
西部地区	98.95	76.23	86.54	98.96	93.77
贵州省	87.03	86.10	88.55	89.21	76.27

区域	经济储蓄动员力	金融业增加值第三产业占比	存款余额GDP占比	贷款余额GDP占比	资本市场融资总额GDP占比
全国	100	100	100	100	100
西部地区	96.55	89.75	83.76	81.06	82.20
贵州省	86.52	77.15	89.65	98.07	89.95

2. 增长指数的劣势指标

在金融增长指数指标体系的 51 个指标中，贵州省共有 22 个指标低于全国和西部。这些指标可以分为三类：一类是大幅落后于全国平均水平的指标（标准化得分低于全国平均水平的 80%）；二类是明显落后于全国平均水平的指标（标准化得分处于全国平均水平的 80%~90%）；三类是略微落后于全国平均水平的指标（标准化得分高于全国平均水平的 90%，但仍低于全国平均水平）。

大幅落后于全国平均水平的指标有人均外币贷款余额、贷款加权平均利率和人均股票融资额（表 3-16）。2015 贵州省外币贷款余额 69.05 亿元，相比上年减少 0.37 亿元；贷款加权平均利率相比上年下降 0.97 个百分点；上市公司的国内股票融资额只有30 亿元，较上年下降了 34.5 亿元，说明贵州省上市公司股票融资额增长很不稳定。

表 3-16　2015 年贵州省金融增长指数中大幅落后于全国平均水平的劣势指标

区域	人均外币贷款余额	贷款加权平均利率	人均股票融资额
全国	125.67	122.27	150.00
西部地区	96.05	123.28	149.06
贵州省	97.11	87.69	46.23

明显落后于全国平均水平的指标包括人均上市公司数、上市公司总市值 GDP占比、人均期货公司及分支机构数（表 3-17）。2015 年上市公司国创能源由贵州迁往新疆，贵州省上市公司数较上年减少 1 家，相应影响到上市公司总市值 GDP占比的增长幅度。2015 年贵州省期货公司及分支机构数与上年持平，而全国和西部地区与上年相比却实现了一定幅度的上涨。

表 3-17　2015 年贵州省金融增长指数中明显落后于全国平均水平的劣势指标

区域	人均上市公司数	人均期货公司及分支机构数	上市公司总市值 GDP 占比
全国	107.65	120.98	133.70
西部地区	107.83	98.85	140.60
贵州省	94.67	99.40	114.77

略微落后于全国平均水平的指标包括人均公共财政支出、人均金融业增加值、第二和第三产业 GDP 占比、人均人身险保费收入、人均保险公司赔款给付、人均保险公司法人机构数、人均保险公司及分支机构数、经济储蓄动员力、人均法人证券公司数、人均证券公司及分支机构数、金融业增加值 GDP 占比、金融业增加值第三产业占比、存贷比、存款余额 GDP 占比、贷款余额 GDP 占比和保险深度

16 个指标（表 3-18）。近年来得益于贵州省委、省政府把高效山地农业确定为新兴产业，并且确定率第一产业"接二连三"的发展模式，使得贵州省第一产业发展呈现强势劲头，而第二和第三产业 GDP 占比则相应有所下降。此外其余指数 2011～2015 年都处于增长或稳定状态，但增幅仍略微落后于全国平均水平。

表 3-18 2015 年贵州金融增长指数中略微落后于全国平均水平的劣势指标

区域	人均公共财政支出	人均金融业增加值	第二和第三产业GDP 占比	人均人身险保费收入	人均保险公司赔款给付	人均保险公司法人机构数	人均保险公司及分支机构数	经济储蓄动员力
全国	115.32	124.95	100.19	124.37	119.61	101.74	108.17	106.97
西部地区	114.44	117.09	99.05	126.53	120.59	91.04	107.72	107.34
贵州省	110.29	122.75	97.90	122.42	118.57	100.00	107.35	96.66

区域	人均法人证券公司数	人均证券公司及分支机构数	金融业增加值 GDP占比	金融业增加值第三产业占比	存贷比	存款余额GDP 占比	贷款余额GDP 占比	保险深度
全国	103.65	124.73	118.10	112.78	97.88	115.01	112.58	112.84
西部地区	106.78	116.09	101.73	95.74	89.19	143.60	98.78	113.99
贵州省	99.40	115.52	108.77	108.12	95.95	111.91	107.08	106.76

四、研究结论及政策建议

通过对贵州省"十二五"时期的金融指数进行分析研究，可以得出以下结论：①贵州金融现状指数与全国相比差距较大，与西部地区也还有一定的差距，但近年来与西部地区和全国的差距正在逐步缩小，说明贵州金融业（包括金融外部环境）正在逐步趋于完善和优化；②从增长指数来看，贵州省一直高于西部地区和全国，说明贵州省委、省政府关于社会、经济特别是金融业发展的政策和决策是完全正确的，成效是非常显著的，在国内整体经济增速下滑的情况下，仍然展现了巨大的增长动力和增长潜力。

通过对贵州省、西部地区和全国金融发展现状指数和增长指数的总体评价及对各项指标系统分析，本书提出以下政策建议。

首先，从各方面指数看，贵州省的储蓄投资转化系数、存贷比、人均涉农贷款新增量和人均法人银行数在全国处于较为领先的水平；而贵州省的人均社会消费品零售总额、人均进出口总额、金融业人均工资、人均外币存款余额、人均资产总额及人均地区生产总值和人均固定资产投资总额等指标保持着较快的增速。对于这些优势指标，贵州省仍应当保持，并且积极扩大这些优势指标所带来的正外部性，进一步拉动劣势指标的改善和提升，促进贵州省金融业的快速、可持续发展。

其次，贵州省在证券期货行业虽然有了不小的改善，但是与全国和西部地区的平均水平相比仍存在较大差距。证券行业是金融业重要组成部分，健全、透明、高效的资本市场是一个完善的金融系统内核，整个金融系统要想快速运转，内核的驱动力必须强大。所以贵州省应当对证券期货行业的发展给予更多的政策支持和财政支持，积极培育、壮大证券期货行业，从而为贵州省金融业实现弯道加速做出贡献。

最后，加快发展特色金融，加强对金融创新的支持力度，积极探索开展互联网金融云服务，鼓励互联网企业探索构建互联网金融云服务平台，开展多样性、个性化、精准化的金融公共云服务。支持设立发展提供数据存储、云计算、大数据、信息安全维护等技术领域基础服务的机构。贵州省科技金融和互联网金融行业的快速崛起将加快推进贵州省金融和经济的健康可持续发展和社会的全面进步。

第三节　贵阳金融中心指数评价

"十二五"时期，贵阳市把金融工作放在城市发展更加突出的位置，以金融业为现代服务业发展的龙头，促进金融和科技创新的融合，为经济加速发展打造"温床"；各大金融机构支持贵阳市的力度不断加大，实现经济、金融的良性互动。通过对 2015 年贵阳金融指数的测算，得出以下结论：贵阳市金融市场规模进一步扩大，金融市场效率迅速提升，金融机构优化步伐加快。

一、贵阳金融中心指数的总体评价分析

贵阳市金融发展的总体评价可以从两个方面展开：一是通过构建金融中心现状指数，将贵阳与同时期的昆明、南宁和乌鲁木齐的金融发展状况相比较；二是以各指标的环比增长为基础，构建贵阳金融中心增长指数，来比较贵阳与昆明、南宁和乌鲁木齐近年来金融发展的态势。

1. 贵阳金融中心现状指数与各指标贡献值

（1）贵阳金融中心现状指数

通过对第二层次里面的贵阳、昆明、南宁和乌鲁木齐等 4 个研究对象评价，得出了各自的现状指数（表 3-19，图 3-7）。2015 年昆明的现状指数最高，为 87.04；贵阳居第二位，为 76.15；南宁第三，为 73.20，乌鲁木齐处于最低水平，为 72.25。

从 2010～2015 年各个年份的数据来看,贵阳的现状指数分别低于昆明 23.75、23.32、19.96、22.31、14.35、10.89,整体上差距在逐步缩小;2010～2013 年分别低于南宁 7.80、12.36、8.85、3.39;2010～2013 年分别低于乌鲁木齐 4.99、5.98、5.64、3.65,但在 2014 年贵阳现状指数首次超越南宁和乌鲁木齐,高于南宁 2.24,高于乌鲁木齐 5.00,2015 年继续保持优势,分别高于南宁和乌鲁木齐 2.95 和 3.90。2015 年 4 个城市金融现状指数数据表明,贵阳的金融发展水平与昆明的差距进一步缩小,且继续领先于南宁和乌鲁木齐,贵阳的金融发展成效显著。

表3-19　贵阳、昆明、南宁和乌鲁木齐四市金融中心现状指数

年份 城市	2010	2011	2012	2013	2014	2015
贵阳	62.54	60.82	64.65	66.71	71.86	76.15
昆明	86.29	84.14	84.61	89.02	86.21	87.04
南宁	70.34	73.18	73.50	70.10	69.62	73.20
乌鲁木齐	67.53	66.80	70.29	70.36	66.86	72.25

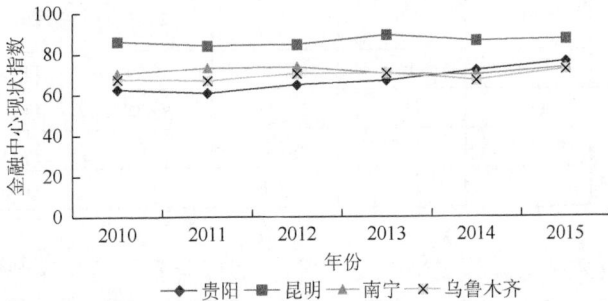

图3-7　贵阳、昆明、南宁和乌鲁木齐的金融中心现状指数

（2）贵阳金融中心现状指数的各指标贡献值

从金融外部环境贡献值水平的角度来看,2015 年贵阳在 4 个城市中仍然处于最低水平（表 3-20）。“十二五”时期,金融外部环境贡献值最高的是昆明,五年平均值为 28.03;其次是乌鲁木齐,五年平均值为 23.01;南宁排名第三,五年平均值为 22.66;贵阳排名最后,五年平均值为 21.00。这表明贵阳的金融外部环境处于相对较低的水平。

从金融外部环境贡献值变化的角度来看,“十二五”时期,四个城市中只有贵阳五年来一直保持较快的增长趋势,而其他三个城市都有些波动起伏。从 2010～2015 年由 18.59 稳步提升到 23.17,上升了 4.58,这表明贵阳的金融外部环境贡献值正在不断稳步上升,呈现一种良性的发展态势。

表3-20 贵阳、昆明、南宁和乌鲁木齐金融中心现状指数的金融外部环境贡献值

城市＼年份	2010	2011	2012	2013	2014	2015
贵阳	18.59	19.74	19.96	20.32	21.82	23.17
昆明	27.86	28.11	27.67	27.93	28.18	28.27
南宁	22.07	22.01	22.66	22.02	22.96	23.65
乌鲁木齐	21.25	22.20	22.73	23.59	22.57	23.96

从金融市场规模贡献值水平的角度来看，2015年贵阳继续超越乌鲁木齐和南宁，排名第二位，且与排名第一位的昆明之间的差距进一步缩小（表3-21）。这说明在金融外部环境处于较弱的水平下，金融业自身的发展不断改进和完善。

从金融市场规模贡献值变化的角度来看，从 2010 年的 33.63 到 2015 年的 40.43，贵阳增长最快，上升了 6.80 个指数点。这表明贵阳的金融市场规模正在逐步稳定提升，发展势头迅猛。

表3-21 贵阳、昆明、南宁和乌鲁木齐金融中心现状指数的金融市场规模贡献值

城市＼年份	2010	2011	2012	2013	2014	2015
贵阳	33.63	30.95	34.64	36.40	39.15	40.43
昆明	46.82	44.82	45.84	49.05	47.19	46.14
南宁	39.37	41.71	41.28	37.85	36.71	37.32
乌鲁木齐	34.17	32.65	34.99	34.71	31.45	36.66

从金融市场效率贡献值水平的角度来看，2015年贵阳位居4个城市中第二位，高于南宁和乌鲁木齐，但略低于昆明。这表明贵阳的金融市场效率相对处于较高的水平（表3-22）。

2010～2015 年，贵阳是唯一呈现稳步增长态势的城市，而其他三个城市均有较大幅度的波动。贵阳从 2010 年的 10.31 提升至 2015 年的 12.54，增加了 2.17，说明贵阳的金融效率不断改善。

表3-22 贵阳、昆明、南宁和乌鲁木齐金融中心现状指数的金融市场效率贡献值

城市＼年份	2010	2011	2012	2013	2014	2015
贵阳	10.31	10.13	10.05	9.99	10.88	12.54
昆明	11.61	11.21	11.11	12.05	10.83	12.63
南宁	8.90	9.46	9.56	10.23	9.96	12.23
乌鲁木齐	12.11	11.94	12.58	12.06	12.84	11.63

2. 贵阳金融中心增长指数与各指标贡献值

（1）贵阳金融中心增长指数

贵阳、昆明、南宁和乌鲁木齐的金融中心增长指数评价结果如表 3-23 和图 3-8 所示。

2015 年，贵阳金融中心增长指数继续位居 4 个城市中的第一位。虽然贵阳 2015 年的金融中心增长指数较上年略有下降，但仍远高于其他三个城市。

从 4 个城市的各个年份数据来看，在 2010 年和 2011 年，南宁增长指数最大，说明这个时间段南宁的发展比较快；2012 年乌鲁木齐的增长指数最大，2013 年昆明的增长指数最大，表面这两个城市的金融分别在 2012 年和 2013 年发展较快；2014～2015 年贵阳的增长指数最大，说明这个时间段贵阳的金融发展最快。对于贵阳来说，2010～2015 年的增长指数分别位列 4 个城市的第四、第三、第二、第二、第一、第一，分别为 112.36、110.40、111.88、108.44、117.36、115.22，贵阳增长水平在 2010 年处于下游水平，2011～2013 年贵阳的增长水平在 4 个城市中处于中游水平，但是在 2014 年增长速度上升至 4 个城市的首位，2015 年继续保持这一领先优势。

表 3-23　贵阳、昆明、南宁和乌鲁木齐四市金融中心增长指数

年份 城市	2010	2011	2012	2013	2014	2015
贵阳	112.36	110.40	111.88	108.44	117.36	115.22
昆明	114.64	108.55	106.64	110.07	107.30	107.94
南宁	122.29	125.57	105.12	100.33	105.49	106.37
乌鲁木齐	115.55	114.22	114.64	108.27	101.95	107.16

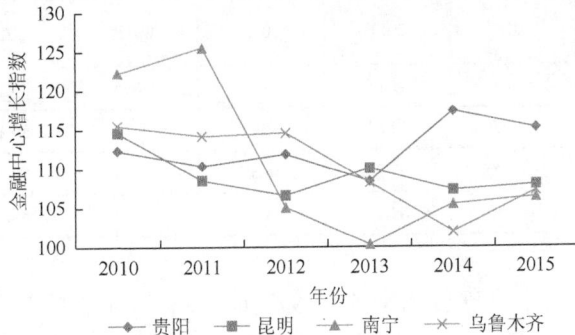

图 3-8　贵阳、昆明、南宁和乌鲁木齐的金融中心增长指数

从各城市的增长指数时间序列来看，2010~2015 年，昆明的增长指数波动幅度最小，贵阳的增长指数波动幅度稍大于昆明，南宁和乌鲁木齐的两个金融中心增长指数波动幅度最大，总体来说，贵阳的金融增长指数表现相对较为稳定。

（2）贵阳金融中心增长指数的各指标贡献值

从金融外部环境贡献值水平的角度来看，2015 年贵阳为 33.55，与昆明持平，但明显高于南宁和乌鲁木齐（表 3-24）。"十二五"时期，金融外部环境贡献值最高的是贵阳，五年平均值为 34.73；其次是乌鲁木齐，五年平均值为 34.20；南宁排名第三，五年平均值为 33.77；昆明排名最后，五年平均值为 33.61。这表明贵阳的宏观经济环境和经济结构越来越优化，越来越有利于金融业的高速发展。

表 3-24　贵阳、昆明、南宁和乌鲁木齐金融中心增长指数的金融外部环境贡献值

城市　　年份	2010	2011	2012	2013	2014	2015
贵阳	34.84	37.53	34.49	34.18	33.91	33.55
昆明	35.10	35.08	33.40	34.18	31.84	33.55
南宁	35.14	34.53	35.25	33.74	33.91	31.44
乌鲁木齐	34.86	36.60	35.95	34.63	32.36	31.44

从金融市场规模贡献值水平的角度来看，2015 年，贵阳继续保持了前几年的领先优势，排名第一位（表 3-25）。"十二五"时期贵阳市的金融市场规模贡献值从59.15 上升为 62.10，增加了 2.95，而其他三个城市近五年来整体上都呈现了下滑的趋势，昆明下降了 2.34，南宁下降了 15.40，乌鲁木齐下降了 3.02。这说明了"十二五"时期贵阳的金融市场规模保持了较快的增长速度，表现优于其他三个城市。

表 3-25　贵阳、昆明、南宁和乌鲁木齐金融中心增长指数的金融市场规模贡献值

城市　　年份	2010	2011	2012	2013	2014	2015
贵阳	62.87	59.15	63.41	59.95	65.18	62.10
昆明	64.25	59.64	60.01	59.14	59.19	57.30
南宁	70.76	73.94	56.30	53.21	58.00	58.54
乌鲁木齐	64.68	63.11	63.23	59.34	53.37	60.09

从金融市场效率贡献值水平的角度来看，2015 年贵阳为 19.55，继续保持领先地位（表 3-26）。"十二五"时期，贵阳一直保持稳定增长态势，而其他三个城市都呈现了较大幅度的波动。这说明贵阳金融市场效率不断改进和

优化，呈现良好的发展态势。

表 3-26 贵阳、昆明、南宁和乌鲁木齐金融中心增长指数的金融市场效率贡献值

年份 城市	2010	2011	2012	2013	2014	2015
贵阳	14.64	13.72	13.98	14.30	18.27	19.55
昆明	15.29	13.83	13.23	17.19	16.28	19.21
南宁	16.40	17.10	13.56	14.67	14.66	15.37
乌鲁木齐	16.00	14.51	15.46	14.30	16.21	15.64

二、贵阳金融中心指数的优势指标分析

与其他三个城市相比，2015 年贵阳金融中心指数具有一定数量的优势指标，这些优势指标值得保持其优势地位，因此本节从现状指数和增长指数两个方面分析贵阳金融中心指数的优势指标。

1. 现状指数的优势指标

2015 年贵阳金融中心现状指数为 76.15，在其评价指标体系（47 个指标）中，贵阳市共有 6 个优势指标，分别是：代表性法人银行平均资产收益率、代表性法人银行流动性比率、代表性法人银行资产总额、法人银行数、金融业增加值 GDP 占比和存款余额 GDP 占比（表 3-27）。

代表性法人银行（贵阳银行）的 5 个指标有 3 个（平均资产收益率、流动性比率、代表性法人银行资产总额）领先，说明贵阳银行经营能力高于其他三个城市的代表性法人银行，并且风险控制水平较高。贵阳的法人银行数是 7 家，与昆明一样，比南宁多 2 家，比乌鲁木齐多 6 家，说明贵阳市银行业结构较为合理。金融业增加值 GDP 占比和存款余额 GDP 占比领先，说明贵阳市在这两个指标方面表现优于其他三个金融中心。

表 3-27 2015 年贵阳金融中心现状指数中的优势指标

城市	代表性法人银行 平均资产收益率	代表性法人银 行流动性比率	代表性法人银 行资产总额	法人银行数	金融业增加值 GDP 占比	存款余额 GDP 占比
贵阳	100.00	100.00	100.00	100.00	100.00	100.00
昆明	43.38	68.27	63.94	100.00	82.34	97.59
南宁	12.40	57.53	46.82	71.43	98.37	78.79
乌鲁木齐	61.40	69.41	43.43	14.29	66.16	85.06

2. 增长指数的优势指标

2015 年贵阳金融中心增长指数为 115.22，在其评价指标体系（47 个指标）中，贵阳共有 23 个指标高于其他三个城市，处于领先的水平。

对于金融外部环境类指标，贵阳 2015 年共有 5 个指标是优势指标（表 3-28）。2015 年贵阳地区生产总值、公共财政收入、固定资产投资总额和社会消费品零售总额均明显高于其他三个城市，表明贵阳市 2015 年这 4 个指标发展势头强劲；2015 年贵阳的城乡居民收入比增幅略高于昆明和南宁，且远高于乌鲁木齐。

表 3-28　2015 年贵阳金融中心增长指数中的优势指标（金融外部环境类）

城市	地区生产总值	公共财政收入	固定资产投资总额	社会消费品零售总额	城乡居民收入比
贵阳	115.77	112.84	120.05	119.31	106.21
昆明	106.92	105.08	111.46	108.17	102.87
南宁	108.66	108.08	116.52	110.50	100.39
乌鲁木齐	106.77	102.68	111.95	107.66	94.55

对于金融市场规模类指标，贵阳 2015 年共有 13 个指标处于优势地位（表 3-29），其中人民币存款余额、代表性法人银行平均净资产收益率、代表性法人银行资产总额、上市公司募集资金、财产险保费收入和证券公司分支机构数 6 个指标的增幅远高于其他三个城市，优势地位非常显著；贵阳 2015 年人民币贷款余额和保险公司分支机构数增幅明显高于乌鲁木齐，稍高于昆明和南宁，也具有明显的优势地位；贵阳 2015 年银行业分支机构数的增幅略高于其他三个城市，有一定的优势地位；2015 年 4 个城市的法人银行数、证券公司法人机构数、期货公司法人机构数和保险法人机构数均与去年持平。

表 3-29　2015 年贵阳金融中心增长指数中的优势指标（金融市场规模类）

城市	贵阳	昆明	南宁	乌鲁木齐
人民币存款余额	125.46	111.99	116.90	112.04
人民币贷款余额	120.04	117.05	116.04	110.11
代表性法人银行平均净资产收益率	100.38	61.64	39.82	94.68
代表性法人银行资产总额	155.74	127.91	132.62	147.77
法人银行数	100.00	100.00	100.00	100.00
银行业分支机构数	103.55	101.82	101.70	103.17
上市公司募集资金	101.00	11.68	27.85	8.64
证券公司法人机构数	100.00	100.00	100.00	100.00

续表

城市	贵阳	昆明	南宁	乌鲁木齐
证券公司分支机构数	140.54	105.45	101.47	106.45
期货公司法人机构数	100.00	100.00	100.00	100.00
财产险保费收入	118.17	110.90	96.16	108.05
保险法人机构数	100.00	100.00	100.00	100.00
保险公司分支机构数	112.50	109.38	108.82	103.45

对于金融市场效率类指标，贵阳市 2015 年共有 5 个指标处于优势地位（表 3-30）。其中贵阳市金融业增加值 GDP 占比和金融业增加值第三产业占比增幅明显高于其他三个城市，优势地位非常显著；贵阳的上市公司募集资金 GDP 占比增幅与乌鲁木齐相当，略高于昆明，但远高于南宁；贵阳的存款余额 GDP 占比和保险密度略高于其他三个城市，优势地位不明显。

表 3-30　2015 年贵阳金融中心增长指数中的优势指标（金融市场效率类）

城市	金融业增加值 GDP 占比	金融业增加值第三产业占比	存款余额 GDP 占比	上市公司募集资金 GDP 占比	保险密度
贵阳	242.47	233.06	109.81	100.00	117.81
昆明	224.17	220.00	104.91	95.29	110.19
南宁	107.65	106.47	107.76	23.83	112.55
乌鲁木齐	97.77	118.78	105.09	100.00	116.25

三、贵阳金融中心指数的劣势指标分析

与其他三个城市相比，2015 年的贵阳金融中心指数具有一定数量的劣势指标，这些劣势指标是贵阳的短板，但具有很大的发展潜力，需要下力气改变。

1. 现状指数的劣势指标

2015 年贵阳金融中心现状指数为 76.15，与昆明、南宁和乌鲁木齐相比，在评价指标体系的 47 个指标中，贵阳共有 13 个指标处于劣势地位（表 3-31）。这些指标包括：金融外部环境类指标中有公共财政支出、社会消费品零售总额和城镇居民人均可支配收入 3 个指标；金融市场规模类指标中有代表性法人银行核心资本充足率、银行业分支机构数、证券交易额、法人证券公司营业收入、期货成交额、人身险保费收入、保险法人机构数和保险公司分支机构数 8 个指标，金融市

场效率指标中有保险深度和经济储蓄动员力 2 个指标。

对于金融外部环境类指标，贵阳市 2015 年社会消费品零售总额差距最为明显，仅为昆明的 51.42%，与南宁差距也较大；公共财政支出和城镇居民人均可支配收入各为昆明的 81.81% 和 80.23%，但与南宁差距较小。

表 3-31　2015 年贵阳金融中心现状指数中的劣势指标（金融外部环境类）

城市	公共财政支出	社会消费品零售总额	城镇居民人均可支配收入
贵阳	81.81	51.42	80.23
昆明	100.00	100.00	100.00
南宁	85.73	86.66	85.72
乌鲁木齐	88.42	55.88	93.08

对于金融市场规模类指标，贵阳 2015 年保险法人机构数为零，差距最为明显；贵阳法人证券公司营业收入、期货成交额两项指标不及领先水平的 1/5，差距很大；人身险保费收入这指标只达到领先水平的一半左右，差距较大；银行业分支机构数、保险公司分支机构数、证券交易额和代表性法人银行核心资本充足率这 4 项指标均处于领先水平的 70%～80%，差距相对较小（表 3-32）。

表 3-32　2015 年贵阳金融中心现状指数中的劣势指标（金融市场规模类）

城市	代表性法人银行核心资本充足率	银行业分支机构数	证券交易额	法人证券公司营业收入	期货成交额	人身险保费收入	保险法人机构数	保险公司分支机构数
贵阳	75.53	70.16	75.05	7.80	12.27	49.22	0	72.97
昆明	100.00	100.00	100.00	15.34	100.00	100.00	100.00	94.59
南宁	90.52	88.06	82.55	16.28	56.01	74.97	100.00	100.00
乌鲁木齐	78.36	70.54	77.85	100.00	15.16	94.49	100.00	81.08

如表 3-33 所示，对于金融市场效率类指标，贵阳 2015 年经济储蓄动员力与昆明有一定的差距，但与南宁和乌鲁木齐差距较小；贵阳 2015 年保险深度仅占到乌鲁木齐的 72.65%，与昆明的差距也较大，但与南宁差距较小。

表 3-33　2015 年贵阳金融中心现状指数中的劣势指标（金融市场效率类）

城市	经济储蓄动员力	保险深度
贵阳	81.02	72.65
昆明	100.00	94.82
南宁	81.71	78.86
乌鲁木齐	83.32	100.00

2. 增长指数的劣势指标

2015 年贵阳金融中心增长指数为 115.22，在其评价指标体系（47 个指标）中，贵阳共有 5 个指标低于其他三个城市，与去年相比减少 3 个（表 3-34）。这些指标包括金融外部环境类指标中的第二和第三产业 GDP 占比指标；金融市场规模类指标中的代表性法人银行核心资本充足率、上市公司数和保险公司赔款给付 3 个指标；金融市场效率类指标中的保险深度指标。

对于金融外部环境类指标，贵阳 2015 年的第二、第三产业 GDP 占比的增长率略低于昆明、南宁和乌鲁木齐，且与上年相比，这一差距进一步缩小。

对于金融市场规模类指标，贵阳 2015 年的代表性法人银行核心资本充足率和上市公司数均与其他三个城市有着较明显的差距；而保险公司赔款给付则与昆明、南宁和乌鲁木齐旗鼓相当。

对于金融市场效率类指标，贵阳 2015 年的保险深度与排名第一位的乌鲁木齐有一定的差距，但与昆明和南宁差距很小。

表 3-34　2015 年贵阳金融中心增长指数中的劣势指标

城市	第二、第三产业 GDP 占比	代表性法人银行核心资本充足率	上市公司数	保险公司赔款给付	保险深度
贵阳	99.82	78.13	92.86	115.42	103.44
昆明	100.38	89.04	104.76	119.74	104.10
南宁	100.47	84.32	109.09	116.02	105.67
乌鲁木齐	100.00	100.73	100.00	115.97	109.52

四、研究结论及政策建议

通过对贵阳 2011～2015 年金融中心指数进行研究分析，得出以下结论：第一，在 2015 年，贵阳金融现状指数增加非常明显，位居 4 个城市中的第二位，同时与昆明的差距也在进一步缩小，说明贵阳的金融业发展态势良好；第二，贵阳金融中心增长指数在 2015 年虽略有放缓，但仍远高于其他三个城市，说明贵阳金融业发展的速度明显快于其他三个城市；第三，贵阳金融中心增长指数波动幅度在 4 个城市中处于较低水平，表明贵阳的金融业增长相对稳定。

通过对贵阳、昆明、南宁和乌鲁木齐 4 个城市金融中心现状指数和增长指数的总体评价及对各项指标系统分析，特提出如下政策建议。

首先，对于贵阳金融中心来讲，法人银行代表贵阳银行为贵阳金融现状指数贡献了较大的得分值，从资产规模、盈利能力和流动性等多个方面展现了较强的优势，并且贵阳银行正在加速推进登录主板的步伐，贵阳银行的成功上市必将会为贵州资本市场及整个金融业的快速发展注入新鲜的血液。所以，贵州省政府应当在政策上给予更多的支持。

其次，对于现状指数，劣势指标主要集中在金融市场规模方面，增长指数中的劣势指标主要集中在保险行业。因为保险业具有强大的增长潜力，所以贵州省应当给予保险业更多的关注，通过制定积极的政策引导保险企业的合理发展，并且积极培育现有的市场主体，进一步壮大保险行业规模，优化行业内部结构，缩小与周边金融中心的差距。

最后，政府应该继续加大对特色金融的支持力度。特别是发展绿色金融、普惠金融、科技金融和互联网金融，增加金融业的创新能力，进而推动贵阳金融和经济的健康可持续发展。

第四节　贵州省 8 个市（州）金融指数评价

一、总体情况

1. 现状指数总体评价

贵州省 8 个市（州）金融现状指数如表 3-35 和图 3-9 所示。

表 3-35　贵州省 8 个市（州）2010～2015 年金融发展现状指数

城市 ＼ 年份	2010	2011	2012	2013	2014	2015
六盘水市	72.77	74.37	69.04	69.05	69.51	65.16
遵义市	82.79	86.91	85.51	86.87	87.21	90.48
安顺市	61.26	60.18	58.75	58.26	62.16	60.70
毕节市	50.31	51.58	48.37	48.65	49.73	50.95
铜仁市	51.54	53.59	52.83	54.79	54.83	55.82
黔西南州	51.50	55.02	51.26	51.10	57.17	57.17
黔东南州	54.39	57.61	58.54	58.41	57.72	56.55
黔南州	59.37	58.41	57.56	57.48	63.26	64.10

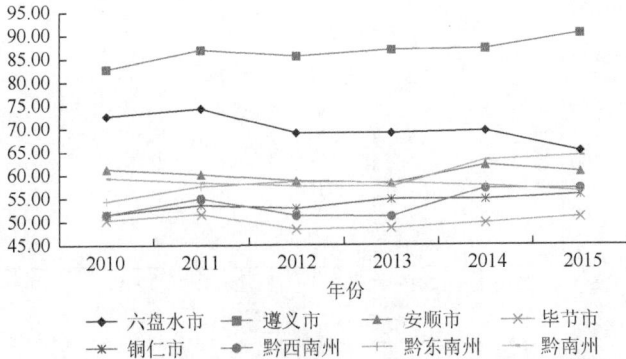

图 3-9 贵州省 8 个市（州）2010～2015 金融发展现状指数

从现状指数来看，"十二五"时期，遵义市持续保持领先地位。2011～2015年遵义市的金融现状指数平均值为 87.40，遥遥领先于其他城市。六盘水市仍然排在第 2 位，平均值为 69.42。而毕节市排在最后一位，平均值为 49.86。

2015 年与 2010 年相比，现状指数排名上升的是黔南州、黔西南州，黔南州从第 4 位上升至第 3 位，黔西南州从第 7 位上升至第 5 位；排名没有变化的是遵义市、六盘水市、毕节市；排名下降的是黔东南州、铜仁市和安顺市，黔东南州从第 5 位下降至第 6 位，铜仁市从第 6 位下降至第 7 位，安顺市从第 3 位下降至第 4 位。

如果各地区各项指标越接近，则现状指数越靠近最高值，因而各地区现状指数相加后的加总值就越大。"十二五"时期，8 个市（州）历年现状指数总和分别为 497.67、481.86、484.61、501.59、500.93，整体呈现波动上升趋势，这说明各地区之间金融业发展水平与最好水平的遵义市相比，差距正在逐步缩小。

2. 增长指数总体评价

贵州省 8 个市（州）金融增长指数如表 3-36 和图 3-10 所示。

表 3-36 贵州省 8 个市（州）2010～2015 年金融增长指数表

城市＼年份	2010	2011	2012	2013	2014	2015
六盘水市	114.03	119.45	110.95	110.62	111.07	101.65
遵义市	117.73	122.16	115.48	116.77	110.77	111.57
安顺市	122.74	114.70	115.19	115.51	115.45	107.54
毕节市	123.12	118.95	111.20	116.89	113.63	112.12
铜仁市	119.85	121.87	118.18	119.45	110.01	112.01
黔西南州	115.46	118.97	113.42	118.30	119.59	108.48
黔东南州	122.25	121.37	120.11	112.96	108.02	105.70
黔南州	121.97	118.02	118.14	119.39	116.15	113.15

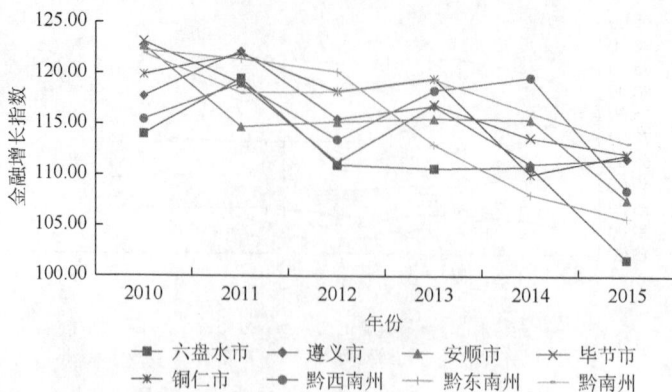

图 3-10　贵州省 8 个市（州）2010～2015 金融增长指数图

总体上看，受国家宏观经济增长速度放缓的影响，贵州 8 个市（州）的增长指数 2010～2015 年呈现下降态势，从 2010 年的平均 119.64 到 2015 年的平均 109.03，下降了 10.61 个指数点。

二、金融现状指数与各指标贡献值分析

1. 现状指数金融外部环境指标分析

金融外部环境共有 17 个指标，总权重为 35%，表 3-37 是金融外部环境对 8 个市（州）现状指数的贡献值及其排名。2015 年金融外部环境对现状指数贡献最大的地区是遵义市，贡献最小的是铜仁市。相比 2010 年，贡献值排名提升最大的地区是黔西南州和黔东南州，黔西南州由第 6 位上升到第 4 位，黔东南州则由第 8 位上升到第 6 位。

表 3-37　8 个市（州）金融外部环境对现状指数贡献值比较

地区	2010 年		2011 年		2012 年		2013 年		2014 年		2015 年	
	贡献值	排名	贡献值	排名	贡献值	排名	贡献值	排名	贡献值	排名	贡献值	排名
六盘水市	28.99	2	29.99	2	30.6	1	30.06	1	29.79	2	26.78	2
遵义市	30.29	1	30.26	1	29.23	2	29.66	2	31.23	1	33.33	1
安顺市	22.44	5	21.93	5	21.82	6	21.92	7	22.52	6	20.76	7
毕节市	24.03	3	24.25	3	23.62	3	23.57	4	23	5	21.64	5
铜仁市	20.54	7	20.73	8	20.89	8	22.3	6	21.06	8	20.02	8
黔西南州	20.8	6	21.02	7	21.08	7	21.17	8	22.41	7	22.10	4
黔东南州	20.47	8	21.56	6	22.41	5	24.92	3	23.67	4	21.45	6
黔南州	22.56	4	22.94	4	22.75	4	23.27	5	24.29	3	23.15	3

2015 年，遵义市的金融外部环境对现状指数的贡献值为 33.33。在 17 个金融外部环境指标中，遵义市有 12 个指标也就是超过一大半的指标排在第 1 位，分别是 GDP 规模、公共财政收入、公共财政支出、固定资产投资、人均固定资产投资、社会消费品零售总额、人均社会消费品零售总额、进出口总额、人均进出口总额、城镇居民人均可支配收入、农村居民人均纯收入、城镇化率，排名第 2 位的指标有两个，分别是人均地区生产总值、第二和第三产业 GDP 占比，进而遵义市在金融外部环境对现状指数的贡献值的排名为第 1 位。

2015 年铜仁市的金融外部环境对现状指数的贡献值为 20.02。在 17 个金融外部环境指标中，铜仁市有 3 个指标排在最后一位，分别是公共财政收入、城镇居民可支配收入和第二和第三产业 GDP 占比，所以铜仁市在金融外部环境对现状指数的贡献值的排名为最后一位。

2. 现状指数金融市场规模指标分析

金融市场规模共有 25 个指标，总权重为 50%。表 3-38 是金融规模对 8 个市（州）现状指数的贡献值及其排名。

从表 3-38 可以看出，2015 年遵义市的金融市场规模指标表现最好，而毕节市表现最弱。相比 2010 年，金融市场规模贡献值排名进步最大的地区是黔南州，由第 4 位上升到第 2 位。

表 3-38　8 个市（州）金融规模对现状指数贡献值比较

地区	2010 年		2011 年		2012 年		2013 年		2014 年		2015 年	
	贡献值	排名	贡献值	排名	贡献值	排名	贡献值	排名	贡献值	排名	贡献值	排名
六盘水市	32.24	2	33.53	2	27.81	2	27.83	2	28.52	2	27.92	4
遵义市	42.24	1	45.72	1	45.28	1	46.06	1	43.75	1	44.28	1
安顺市	28.82	3	26.55	3	26.12	3	25.63	3	26.8	4	28.62	3
毕节市	17.90	8	18.38	8	15.76	8	16.1	8	17.96	8	19.98	8
铜仁市	20.77	7	21.73	7	20.9	7	21.22	6	21.45	7	24.41	6
黔西南州	21.58	6	24.14	6	20.42	7	20.25	7	24.07	5	24.76	5
黔东南州	22.73	5	24.18	5	24.45	4	23.37	4	22.26	6	23.62	7
黔南州	26.3	4	25.28	4	24.35	5	22.77	5	27.1	3	29.36	2

遵义市的金融市场规模对现状指数的贡献值为 44.28，排在第 1 位。在 2015 年的 25 个金融市场规模指标中，遵义市有 17 个指标排名第 1 位，分别是：人民币存款余额、人均人民币存款余额、人民币贷款余额、人均人民币贷款余额、银行业资产总额、人均银行业总资产、法人银行数、证券公司分支机构数、人均证

券交易额、上市公司数、上市公司总市值、人均上市公司总市值、财产险保费收入、人均财产险保费收入、人身险保费收入、人均人身险保费收入和保费赔付；人均上市公司数和人均保险公司赔款给付排名第 2 位，因为大部分指标排名第 1位，所以遵义市的金融市场规模现状指数的贡献值也就最大。

毕节市的金融市场规模对现状指数的贡献值 19.98 排名仍然是第 8 位，导致毕节市金融市场规模对现状指数贡献值最小的主要原因是人均金融资源较低。在2015 年的 25 个金融市场规模指标中，毕节市有 14 个指标排名垫底，分别是：人均人民币存款余额、人均人民币贷款余额、人均银行业资产总额、人均法人银行数、证券交易额、人均证券交易额、上市公司数、人均上市公司数、上市公司总市值、人均上市公司总市值、上市公司募集资金、人均上市公司募集资金、人均人身险保费收入和人均财产险保费收入；排名倒数第二位的指标有 3 个，分别是人均证券公司分支机构数、人身险保费收入和人均保险公司赔款给付。

3. 现状指数金融市场效率指标分析

金融市场效率共有 9 个指标，总权重为 15%，表 3-39 是金融市场效率对 8 个市（州）金融现状指数的贡献值及其排名。

表 3-39 是 8 个市（州）金融市场效率对现状指数贡献值比较。2015 年金融市场效率对现状指数贡献值最大的地区是遵义市，最小的地区是毕节市。相比 2010年，贡献值排名进步最大的地区是遵义市，由第 4 位上升至第 1 位。

表 3-39　8 个市（州）金融市场效率对现状指数贡献值比较

地区	2010 年		2011 年		2012 年		2013 年		2014 年		2015 年	
	贡献值	排名	贡献值	排名	贡献值	排名	贡献值	排名	贡献值	排名	贡献值	排名
六盘水市	11.54	1	10.84	5	10.63	5	11.16	2	11.20	6	10.47	6
遵义市	10.25	4	10.93	4	10.99	3	11.15	3	12.23	3	12.86	1
安顺市	10.01	6	11.70	2	10.82	4	10.71	5	12.85	1	11.33	5
毕节市	8.39	8	8.95	8	8.99	8	8.98	8	8.78	8	9.32	8
铜仁市	10.23	5	11.13	3	11.04	2	11.26	1	12.31	2	11.39	4
黔西南州	9.11	7	9.86	7	9.77	7	9.67	7	10.69	7	10.31	7
黔东南州	11.19	2	11.87	1	11.68	1	11.12	4	11.80	5	11.48	3
黔南州	10.51	3	10.19	6	10.45	6	10.43	6	11.86	4	11.60	2

2015 年遵义市金融市场效率对现状指数的贡献值为 12.86，由 2010 年的第 4位上升为第 1 位。这说明在过去的五年中遵义市的金融市场效率有了很大的提升。在 2015 年金融市场效率的 9 个指标中，遵义市有 4 个指标排名第 1 位，分别是存

款余额 GDP 占比、上市公司总市值 GDP 占比、保险密度和保险深度，有 2 个指标排名第 2 位，分别是经济储蓄动员力和储蓄投资转化系数，其余大部分指标也都居于前列，所以遵义市的金融市场效率对现状指数的贡献值处于最高水平。

2015 年毕节市金融市场效率对现状指数的贡献值 9.32，依然排在末位，这说明毕节市的金融市场效率一直处于落后水平。在 2015 年金融市场效率的 9 个指标中，毕节市有 5 个指标排名最后第一位，分别是：贷款余额 GDP 占比、上市公司GDP 占比、上市公司募集资金 GDP 占比、保险密度和保险深度，有两个指标排名倒数第二位，分别是经济储蓄动员力和存款余额 GDP 占比。所以，总的来讲，毕节市的金融市场效率对现状指数的贡献值处于较低水平。

三、金融增长指数与各指标贡献值分析

1. 增长指数金融外部环境指标分析

表 3-40 是 8 个市（州）金融外部环境对金融贡献值比较。从总体上来看，2015年金融外部环境对增长指数贡献值最大的地区是遵义市，最小的地区是黔东南州。相比 2010 年，贡献值排名进步最大的地区是遵义市，由第 7 位上升至第 1 位。

表 3-40　8 个市（州）金融外部环境对增长指数贡献值比较

地区	2010 年		2011 年		2012 年		2013 年		2014 年		2015 年	
	贡献值	排名	贡献值	排名	贡献值	排名	贡献值	排名	贡献值	排名	贡献值	排名
六盘水市	40.45	8	44.26	2	43.01	3	38.11	8	39.23	5	35.07	7
遵义市	41.11	7	43.41	5	41.97	8	40.07	5	40.78	3	40.47	1
安顺市	42.94	3	41.68	8	42.09	5	38.72	7	40.60	4	35.67	6
毕节市	44.14	1	42.82	6	39.77	7	40.06	6	37.99	7	37.79	2
铜仁市	43.01	2	44.06	4	42.95	4	41.40	3	37.05	8	37.33	4
黔西南州	41.36	5	42.22	7	43.30	2	41.17	4	41.52	1	38.16	3
黔东南州	42.84	4	44.42	1	43.80	1	41.69	2	38.01	6	34.17	8
黔南州	41.17	6	44.14	3	41.98	6	41.78	1	41.30	2	36.86	5

2015 年遵义市金融外部环境对增长指数的贡献值为 40.47 排名第 1 位，在 17个金融外部环境指标中有 7 个指标排名第 1 位，分别是公共财政支出、人均公共财政支出、固定资产投资总额、人均固定资产投资总额、进出口总额、人均进出口总额、城镇化率。排名靠前的指标有 1 个，是第二和第三产业 GDP 占比，因此遵义市金融外部环境对增长指数的贡献值由 2014 年的第 3 位上升到第 1 位。

2015 年黔东南州金融外部环境对增长指数的贡献值为 34.17，排名最后一位，在 17 个金融外部环境指标中有 3 个指标排名最后一位，分别是进出口总额、人均进出口总额、城镇居民人均可支配收入。但是有 2 个指标排名靠后，分别是固定资产投资总额、人均固定资产投资总额。

2. 增长指数金融市场规模指标分析

表 3-41 是 8 个市（州）金融市场规模对增长指数贡献值比较。2015 年金融市场规模对增长指数贡献最大的是黔南州，贡献最小的是六盘水市。相比 2010 年，贡献值排名进步最大的地区是铜仁市，由第 5 位上升到第 2 位。

表 3-41　8 个市（州）金融市场规模对增长指数贡献值比较

地区	2010 年		2011 年		2012 年		2013 年		2014 年		2015 年	
	贡献值	排名	贡献值	排名	贡献值	排名	贡献值	排名	贡献值	排名	贡献值	排名
六盘水市	56.89	8	58.24	7	53.87	8	56.57	7	57.36	5	52.80	8
遵义市	59.62	6	61.67	1	58.09	4	59.77	5	53.71	8	55.68	7
安顺市	63.02	2	56.43	8	56.16	5	60.15	4	58.39	4	58.33	4
毕节市	62.54	3	60.06	5	55.17	6	59.57	6	61.53	2	58.49	3
铜仁市	59.95	5	61.51	2	58.21	3	60.47	2	57.25	6	60.79	2
黔西南州	58.57	7	60.78	4	54.71	7	60.33	3	62.20	1	55.87	6
黔东南州	62.11	4	61.26	3	61.15	1	55.90	8	54.52	7	56.86	5
黔南州	63.30	1	59.65	6	59.39	2	60.86	1	58.86	3	61.00	1

2015 年黔南州金融市场规模对增长指数贡献值为 61，排名第 1 位，在 25 个金融市场规模的指标中黔南州有 6 个指标排名第 1 位，分别是人民币贷款余额、人均人民币贷款余额、上市公司总市值、人均上市公司总市值、上市公司募集资金、人均上市公司募集资金。有 2 个指标排名第 2 位，分别是人民币存款余额、人均人民币存款余额，因此黔西南州金融市场规模对增长指数贡献值排名第 1 位。

2015 年六盘水市金融市场规模对增长指数贡献值 52.80 排名第 8 位，在 25 个金融市场规模的指标中有 8 个指标排名最后一位，分别是人民币存款余额、人均人民币存款余额、人民币贷款余额、人均人民币贷款余额、上市公司总市值、人均上市公司总市值、财产险保费收入、人均财产险保费收入。有 9 个指标排名靠后，分别是不良贷款率、法人银行数、人均法人银行数、证券公司分支机构数、人均上市公司数、人身险保费收入、人均人身险保费收入、保险公司赔款给付、人均保险公司赔款给付。

2015 年铜仁市金融市场规模对增长指数贡献值为 60.79，在 25 个金融市场规模的指标中有 5 个指标排名第 1 位，分别是证券交易额、人均证券交易额、人均上市公司数、保险公司赔款给付、人均保险公司赔款给付。由于排名第 1 位的指标有所增加，所以铜仁市排名上升较快。

3. 增长指数金融市场效率指标分析

表 3-42 是 8 个市（州）金融市场效率队增长指数贡献值比较。2015 年金融市场效率指标对增长指数贡献值最大的地区是毕节市，贡献最小的是安顺市。相比 2010 年，贡献值排名进步最大的地区是黔西南州，由第 8 位上升至第 5 位。

表 3-42　8 个市（州）金融市场效率对增长指数贡献值比较

地区	2010 年		2011 年		2012 年		2013 年		2014 年		2015 年	
	贡献值	排名	贡献值	排名	贡献值	排名	贡献值	排名	贡献值	排名	贡献值	排名
六盘水市	15.51	6	15.79	6	15.80	4	15.45	6	14.49	7	13.78	7
遵义市	16.37	3	15.64	7	14.72	8	15.38	7	16.29	2	15.43	2
安顺市	15.33	7	16.22	3	15.81	3	15.93	4	16.46	1	13.54	8
毕节市	16.80	1	16.41	2	16.12	2	16.04	3	14.11	8	15.84	1
铜仁市	15.84	5	16.47	1	15.79	5	16.26	1	15.71	5	13.90	6
黔西南州	14.50	8	16.20	4	15.66	7	15.76	5	15.87	4	14.45	5
黔东南州	16.04	4	15.94	5	15.67	6	15.06	8	15.48	6	14.67	4
黔南州	16.44	2	14.89	8	16.31	1	16.11	2	15.99	3	15.29	3

2015 年毕节市金融市场效率对增长指数的贡献值 15.84 排名第 1 位，在 9 个金融市场效率的指标中有 1 个指标排名第 1 位，是经济储蓄动员力。有 4 个指标排名第 2 位，分别是储蓄投资转化系数、存款余额 GDP 占比、贷款余额 GDP 占比、上市公司募集资金 GDP 占比，因此毕节市金融市场效率对增长指数的贡献值排名第 1 位。

2015 年安顺市金融市场效率对增长指数的贡献值 13.54 排名最后一位，在 9 个金融市场效率的指标中有 2 个指标排名最后一位，分别是储蓄投资转化系数、存贷比，同时有 4 个指标排名比较靠后，分别是经济储蓄动员力、存款余额 GDP 占比、贷款余额 GDP 占比、上市公司总市值 GDP 占比，因此安顺市金融市场增长指数的贡献值排名最后一位。

四、研究结论与政策建议

通过对贵州省 8 个地市（州）的发展现状和增长态势的综合研究，主要得出以下结论：①整体而言，"十二五"时期，遵义市和六盘水市的金融现状指数一直处于领先地位，毕节市则处于末位，其中黔南州和黔西南州有了较大幅度的提升。②相比 2010 年，除遵义市外，贵州省其他 7 个市（州）之间的金融现状指数加总整体呈现波动上升的趋势，这说明各市（州）金融发展的差距正在逐步缩小。③"十二五"时期，贵州 8 个市（州）增长指数一直保持了较高的水平，但相比 2010 年，各市（州）的增长指数都有不同程度的下降。

根据对 8 个市（州）金融现状指数和增长指数的研究结论，特提出如下政策建议。

（1）从金融现状指数上来看，"十二五"时期，毕节市和铜仁市排名一直相对靠后，表明这两个地区在金融外部环境、金融市场规模和金融市场效率方面与其他市（州）仍存在不小的差距。一方面，省委、省政府应当加大对这些贫困落后地区的政策和资金支持力度；另一方面，落后市（州）也要发挥政策性金融特殊融资机制和地方政府组织的优势，探索政策性金融扶贫制度创新、产品创新、管理创新。展望"十三五"，贵州省已经把发展科技金融、绿色金融和大数据金融等特色金融业提升到了绝对高度，因此落后地区要抓住这个机遇，结合本地区的发展现状，积极营造具有特色的金融发展环境，在金融业发展的带动下，大力推进精准扶贫，打好彻底消除贫困的攻坚战。

（2）从金融现状指数来看，"十二五"时期，遵义市和六盘水市排名一直处于领先地位，这表明这两个地区的金融环境相对良好，金融组织结构较为完善、合理，金融市场发展效率相对较高。对于这些市（州）中金融业发展现状相对较好的地区应当从以下几点推动当地金融业更快速、更优质的发展：首先，地方政府应当进一步完善政策法规，为新兴金融的发展扫除障碍，营造良好的外部发展环境；其次，在金融业在服务"三农"问题上，以及中小企业仍然面临着融资难、融资贵的问题上积极引进民间资本，推动融资模式和融资途径创新，突破经济发展的资金限制；最后，进一步优化金融业组织架构，及时更新、完善金融系统，为"十三五"时期金融业的稳定发展提供重要支撑。

第四章　贵州省普惠金融发展研究

包容式增长（inclusive growth）允许人们参与经济增长并得益于经济增长。包容式增长政策是可持续增长策略中的重要组成部分。例如，一个国家在 10 年内经济快速发展但是贫困率却没有显著下降，就需要重点关注其发展策略的包容性，即个人与企业机会的平等。快速持续地降低贫困要求包容式增长。鉴于普惠金融制度是实现包容式增长的重要抓手，在经济结构转型和 2020 年全面实现小康社会的大背景下，党中央和国务院新一届领导班子加强了对普惠金融的重视。

2013 年 11 月 12 日，中国共产党第十八届中央委员会第三次全体会议通过《中共中央关于全面深化改革若干重大问题的决定》（以下简称《决定》），正式提出"发展普惠金融，鼓励金融创新，丰富金融市场层次和产品"。2015 年《政府工作报告》提出，要大力发展普惠金融，让所有市场主体都能分享金融服务的雨露甘霖。为推进普惠金融发展，提高金融服务的覆盖率、可得性和满意度，增强所有市场主体和广大人民群众对金融服务的获得感。2016 年 1 月 15 日，国务院颁发《推进普惠金融发展规划（2016—2020 年）》，首次从国家层面确立普惠金融的实施战略。这不仅标志着普惠金融在我国已进入一个全新的发展阶段，成为深化金融改革的重要内容，更体现出了有序发展、均衡发展、绿色发展、和谐发展和可持续发展，对于服务实体经济、推动生态文明建设、维护社会公平正义意义重大。

普惠金融是建立在"金融权是基本人权"理念的高度，旨在发展能够为所有人群提供可承受的高质量金融服务的金融体制，以便为每个人的生活和发展提供适当的金融服务，实现每个人的可持续发展和社会的和谐发展。

当前，在经济转型的背景下，发展普惠金融具有重要的经济意义。发展普惠金融，就是通过创新工具将金融资源进行跨主体、跨市场、跨行业转移和重置。资金配置效率提高，金融服务可得性提升，必然会挤出粗放型经济发展模式中存在的各种无效"水分"，促进经济发展方式转变，推动产业结构转型升级，充分体现金融服务实体经济的本质要求。

贵州省地处我国西南部，是全国贫困面最大、贫困程度最深省份，人均 GDP 全国垫底，是全国的扶贫攻坚重点省份，是全国全面小康的难点和瓶颈。实施普惠金融有助于从根本上完成贵州省的扶贫攻坚，实现共同富裕。近年来，随着党和政府支持西部发展力度的不断增大，贵州省经济社会发展取得显著的成绩。贵州省社会经济发展取得的成绩得益于多种因素，其中包括近年来贵州省金融系统大力实施的普惠金融。但是，贵州省发展普惠金融面临许多困难，这些困难既具有全国的普遍性，也具有一定的贵州省地方特殊性。

第一节　普惠金融基本理论

一、普惠金融的概念

普惠金融的概念首先是由一些国际组织和政府机构提出来的。但是，他们对普惠金融概念的界定不尽一致。最早提出普惠金融概念的是联合国。联合国在2005 "国际小额信贷年" 组织有关专家撰写了有关普惠金融制度的蓝皮书，该蓝皮书正式提出普惠金融制度（inclusive financial system）的概念：在政策、立法和规章制度的支持下，每一个发展中国家将会建立这样一个金融体系，即可持续的、能够给人们提供合适的产品和服务的金融体系。2008 年，印度蓝加拉延委员会（Rangarajan Committee）把普惠金融定义为 "一种程序，通过这种程序确保弱势部门和低收入人群等弱势群体以可承受的成本获得需要的金融服务和及时充分的信贷"。2009 年，行动国际（Action International）组织把普惠金融定义为 "这样一种情形：所有达到工作年龄的人都有机会获得一套完整的高品质的金融服务，服务价格可承受、方式便捷而且对客户有尊严"。

二、普惠金融的研究综述

尽管人们对普惠金融概念的理解不尽一致，我们可以从世界上不同国家、不同国际组织的普惠金融政策与行动中完整地体会普惠金融的内涵。首先，普惠金融概念实际上是配合包容式增长概念提出来的。普惠金融的英文是 "inclusive finance"，包容式增长的英文是 "inclusive growth"。包容式增长，是指这样一种经济增长制度，在这种制度下，人们不仅有机会参与经济增长并为经济增长做出贡献，而且有机会分享经济增长带来的利益。"包容" 是一个含义丰富的概念，包含机会的平等和公平及在市场和就业上的保护。所以，包容式增长是一种成功的经济增长战略。总之，包容式增长不仅仅局限于保护经济中的贫困人群、中小企业等市场弱势群体，而且更重要的是给予他们发展的机会，即积极地参与市场经济活动。从这个角度，包容式增长旨在做大经济规模，而非资源的再分配；包容式增长旨在提高经济增长速度的同时追求经济公平和平等并增加生产性就业机会。为了实现包容式增长，必须给贫困的个人及中小微企业参与经济的机会，普惠金融的概念应运而生。只有赋予贫困的个人和中小微企业平等和公平的获得金融资源的能力，他们才能平等地参与市场经济并从市场经济发展中受益。这是普惠金融的基本内涵，也是我们理解普惠金融的基础。

普惠金融的内涵的第二个方面在于其表现形式。为了描述普惠金融的基本表现形式，有必要考察成熟市场经济国家和发展中国家的普惠金融实践。美国并没有提出普惠金融概念，却用一系列的法律构建起普惠金融法律体系，为普惠金融的发展提供制度保障。美国普惠金融法律最重要的是《社区再投资法案》（Community Reinvestment Act，CRA）。该法案禁止银行对中低收入家庭贷款歧视，对银行施加肯定和持续的义务，要求银行满足其注册所在地所有社区的信贷和银行服务需求。美国普惠金融法律体系更重要的部分是其金融机构救助体系，这方面最重要的是其《联邦存款保险法案》（Federal Deposit Insurance Act，FDIA）。根据《联邦存款保险法案》，如果接受联邦存款保险的金融机构陷入流动性危机或者濒临破产，联邦存款保险公司有权接管陷入困境的金融机构并组织其他有条件的金融机构对其进行收购。这样，如果社区银行等对普惠金融做出重要贡献的金融机构陷入危机，金融机构的储户的利益不会受到危机影响，既可以避免系统性金融风险，又可以保护储户的合法权益，对普惠金融的发展起到"安全阀"的作用。

另一个成熟市场经济国家——英国在普惠金融方面的做法包括：①成立普惠金融工作组（Financial Inclusion Task Force）。工作组认定发展普惠金融的三个重点领域，即获得银行服务，获得可支付的信贷，获得免费的面对面货币服务。②设立普惠金融基金，推广普惠金融活动。③给银行和信贷机构施加消除金融排斥的责任。要求银行建立基本的低成本账户（no frills accounts）。对那些不能或者不愿意得到基本银行账户的人群创建邮局卡账户（post office card account）。④加强相关立法，严格监管，保护投资者。通过对金融投资者的保护，平衡普惠金融融资人和投资人之间的利益，确保普惠金融可持续发展。⑤推出社区金融学习计划（community finance learning initiatives，CFLI），旨在改善金融理念。

发展中国家的普惠金融做法最广为人知的是孟加拉国由小额信贷机构发展出来的乡村银行。在此基础上，印度、缅甸、巴西，以及非洲的发展中国家纷纷设立微型金融机构，用以向农村和城市里的金融弱势群体提供小额信贷。在发展小额贷款公司、村镇银行的基础上，有的发展中国家开始对大型商业银行提出提供普惠金融服务的要求，要求大型商业银行承担一定的普惠金融责任。因为发展中国家农村地区地域分散、人口稀少，普惠金融越是向纵深发展，成本越高。所以，为了解决普惠金融的成本问题，包括世界银行在内的国际组织建议发展中国家借助先进的移动互联网和通信技术，克服普惠金融的成本难题和瓶颈。

从以上描述我们可以对普惠金融的内涵作一个简单的概括。我们认为，普惠金融至少包括以下 5 个层面的涵义：第一，普惠金融是和包容式增长相呼应的一个概念。为了实现包容式增长，必须在金融资源配置上实现平等和公平。一个国家的不同地区、不同人群，以及市场上的不同主体应该在金融资源的可获得性上享受公平的待遇。这是普惠金融的基础，也是实现包容式增长与社会和谐的基本保障。第二，普惠金融是一个动态的、积极的概念。普惠金融不是简单的金融资源再分配，而是通过一系列的制度设计，让金融弱势群体有能力通过普惠金融获得发展的权利，获得从事市场经济活动的机会和权利。第三，普惠金融是一个立体的概念。普惠金融的实现，不仅需要金融机构的参与，还需要良好的宏观和微观经济环境的保障，以及金融弱势群体的必要的金融意识和金融知识的配合。第四，普惠金融是一个融合市场机制与政策机制的概念。因为普惠金融关乎一个国家或者地区的经济社会全面发展，所以，普惠金融不仅是一种市场机制，而且是一种治理政策。普惠金融政策目标的实现不仅依赖市场机制的有效运行，也需要政府机构的适当参与。最后，也是最重要的，普惠金融需要有效的法律制度支撑。发展普惠金融不仅需要国家公权力的干预，更需要培育市场主体，建立有效的市场规则。如何建立有效的普惠金融法律制度，明确普惠金融发展中公权力主体和私权利主体之间的权力、义务和责任边界，是普惠金融发展成败的关键。

尽管对于普惠金融的概念尚无统一的定义，中外学者对普惠金融的理论研究却开展得颇为活跃。这些理论研究基本上从两个方面展开，一方面，中小企业及贫困的个人和家庭获得良好的金融服务对经济发展的重要性；另一方面，如何改善中小企业及贫困的个人和家庭获得高质量金融服务的能力。因为第一方面的研究基本上已成定论，所以，当前对普惠金融的研究基本上集中在第二个方面。

Robinson（2001）研究了小额贷款为客户提供的金融服务及客户从小额贷款中获得的回报率。对于小额贷款中的逆向选择、道德风险，以及监测和执法成本，推行连带责任有助于减轻这三者对贷款造成的障碍。但是，连带责任又可能带来"搭便车"等问题。对此，有的研究发现连带责任贷款不适用于同一组中具有不同需求的成员之间（Besley and Coate，1995）。有的研究还发现，对借款人进行事前审查和事后监管对于联合贷款的成功很有必要。而且，只有取得群体自愿的时候，才能降低道德风险。向贫困的个人和家庭提供贷款面临更严重的道德风险。为此，研究发现给借款人提供动态激励很重要，如重复贷款的承诺。此外，逐步贷款的策略可以增加借款人的时间成本和机会成本，从而降低拖欠贷款的激励。

因为普惠金融的对象主要指经济上弱势的中小企业、个人和家庭，所以，国外对普惠金融的研究主要集中在贫困的第三世界国家。以印度为例，印度普惠金融研究首先确定普惠金融与印度经济发展之间的联系，即普惠金融是实现印度经济增长，尤其是包容式增长（inclusive growth）的一个重要路径。然后界定印度发展普惠金融所涵盖的领域，即普惠金融要使弱势群体获得支付得起的银行服务，具体包括银行账户和正式的信用服务。在此基础上，研究如何把印度的银行贷款服务延伸到农村贫困地区。最后，研究集中在技术层面，比如，如何把银行贷款业务延伸到贫困的农村地区。学者们提出的技术方法包括成立农村银行、开设更多的分行、建立更多的 ATM 网点等。为了解决在偏远地区建立银行的成本问题，有的学者提出在印度开发移动银行服务（mobile banking），即借助信息通信技术，以手机为载体，向偏远地区农村客户提供银行服务。

综上所述，国外对普惠金融实现方式的基本研究可以总结为两点。其一，肯定普惠金融对经济发展，尤其是包容式增长的重要性。其二，把普惠金融的模式界定为银行服务，并围绕着小额贷款、村镇银行及大型银行的专门部门如何为中小企业及贫困弱势个人提供小额贷款展开研究。

我国学者对普惠金融的研究基本上遵循与国外学者相同的路径。来自人民银行研究生部的焦谨璞在国内首次使用普惠金融这一概念，他在 2006 年 3 月的亚洲小额信贷论坛上正式提出和使用了建设中国普惠金融体系的概念。

有的学者研究了国际小额信贷的发展历史和现状，认为应该把小额信贷整合到更大的金融体系中。不仅小额信贷机构可以提供小额信贷，商业银行和其他正规金融机构也应该拓展小额信贷服务。有的学者梳理了国际上从小额信贷到微型金融的发展趋势，认为除了传统的小额信贷机构，商业银行和其他正规金融机构进入微型金融行业，标志着普惠金融体系的建立。在此理论基础上，提出以普惠金融的理念发展和完善我国各种农村金融机构，包括村镇银行、贷款公司、农村资金互助社等。总之，我国学者对普惠金融的研究基本上是以如何为农村地区提供优质的信贷服务为中心展开的，这和国外的研究基本上没有区别。

根据以上对普惠金融概念和理论的梳理，我们可以从 5 个维度给普惠金融作一个概括性描述。

第一个维度是普惠金融的基本理念。普惠金融首先体现了一种公平的理念，倡导让每个人都拥有享受金融服务的机会，实现社会的共同富裕。普惠金融主张"人生来就应该被赋予平等地享受金融服务的权力——无论是穷人还是富人"。而基本人权包括生存权和发展权。在现代经济社会，人的生存和发展已和金融服务息息相关。从这个意义上说，金融权也是一种基本人权。

第二个维度是普惠金融的主要任务。普惠金融的主要任务就是为传统金融机构服务不到的小微企业和贫困人群提供机会。金融是现代经济的核心。大到政府、社会，小到企业、个人，要发展就要会使用金融工具。事实上，国家与国家之间、地区与地区之间、企业与企业之间、个人与个人之间的发展的差异，很重要的是对金融资源的掌控、支配和使用的能力。但金融的逐利本性和商业模式让其漠视小微企业和贫困人口等弱势群体的金融服务需求，习惯"嫌贫爱富"和"抓大放小"，在"雪中送炭"和"锦上添花"的选择中往往倾向后者。

第三个维度是普惠金融的商业可持续。普惠金融不应该是慈善金融，它应该具有商业可持续。尽管广泛的包容性是普惠金融最为本质的属性，但是普惠并不等同于扶贫。普惠金融在强调包容性的同时还需要满足商业可持续，这也是普惠金融区别于财政转移支付及公益资助等的重要属性。也就是说，普惠金融机构本身提供的金融服务所产生的收入能够覆盖其运营操作成本和资金成本，以保证其收入大于支出，在不需要外部提供特别资助的条件下实现自我生存和发展。商业可持续是普惠金融体系实现可持续发展的前提，也是保持普惠金融体系运行效率的基本条件。

第四个维度是普惠金融的供给与有效需求。普惠金融不仅仅是金融机构把金融服务覆盖到全社会，普惠金融还需要具有有效需求的市场主体。如果普惠金融的受众缺乏有效需求，普惠金融将成为无源之水、无本之木，从而失去意义。所以，普惠金融的宗旨是要让广大受众愿意借款，可以获得贷款，有能力贷款，有能力支付贷款。因此，培育合格的普惠金融需求主体很重要。只有合格的金融需求主体，才能够形成有效的普惠金融需求。因此，要结合具体的普惠金融项目，对农户、小微企业、城市低收入群体进行必要的生产技能、经营管理知识、专业技术培训等，增加普惠金融市场的有效需求，降低市场风险。要加强对个人创业、农业生产、助学、转型减贫等各方面政策的推广宣传，提高对各类普惠金融产品的认知。

第五个维度是普惠金融的生态环境。金融体系需要相匹配的生态环境，即金融生态环境。普惠金融具有不同于传统金融的运行机理，因而需要相应的普惠金融生态环境。比如，过去我国普惠金融做不好的原因之一就是金融机构在农村获得的存款大量流失转移到城市，中西部存款大量转移到东部，这实际上是对普惠金融的逆向发展，因此是必须解决的问题。根据本报告课题组的考察，当前设在县以下的很多金融网点，尤其是国有商业银行、邮政储蓄等，基本上是"抽水机"，吸取农村存款为城市服务。所以解决农村资金大量流向城市、西部流向东部的资金逆流问题，极具现实意义。十八届三中全会《决定》提出了"保障金融机构农村存款主要用于农业农村"，这是改善我国普惠金融生态环境的一个政策性举措。

第二节　普惠金融的国际实践与启示

一、美国普惠金融

美国作为成熟的市场经济国家，在普惠金融的发展道路上既有成功的经验，也有值得总结的教训。美国在普惠金融发展过程中坚持法治的原则，以立法的形式不断发现普惠金融中的问题，矫正普惠金融中的错误，完善普惠金融的运作机制。也就是说，美国普惠金融的发展过程遵循法制化路径。在美国普惠制金融法律体系中，最核心的包括《社区再投资法案》《公平信用报告法》和《联邦存款保险法案》。

1. 《社区再投资法案》

美国《社区再投资法案》是目前世界上唯一的一个旨在解决金融歧视、金融排斥，改善金融消费者金融服务可获性状况，对银行等金融机构的金融包容义务做出了较为全面规定的法案。

《社区再投资法案》的立法背景源于美国 20 世纪 70 年代的信贷歧视和市场失灵问题。1970 年起，美国金融市场上大型银行及其他存储机构从中低收入社区撤离，转向对市政债券的投资与逐利，从而大规模地引起了"划红线"和"社区不投资"等行为。正是这一时期的信贷歧视和市场失灵问题，迫使美国国会通过了联邦法律《社区再投资法案》，为存款性机构设定了"有持续和责无旁贷的责任"通过"禁止擅自把落后地区圈定为红线区，将资金引入了最需要的地区"，强调对特定区域的整体权益的保护，进而确保银行和储蓄机构能满足其社区所有居民的信贷需求。

《社区再投资法案》的执行机制包括检查与考核两个部分。《社区再投资法案》规定：①受监管机构（指参加联邦存款保险的存款类机构）"有持续和责无旁贷的责任"满足整个社区（主要是中低收入社区和人群）的信贷需求。②联邦监管机构体系（FED）、货币监理署（OCC）、联邦存款保险公司（FDIC）、储蓄机构监管署（OTS）对各自监管的机构在中低收入社区的表现进行考核。考核内容除贷款投放外，还包括其提供的金融服务和相关投资，同时还参考当地其他同业机构表现，考虑当地经济发展状况、有效的信贷需求、失业情况等经营环境，是"客观量化考核+主观定性判断"的综合考核体系。而且，考核结果对外公开。③考核等级作为评估受理受监管机构申请开设分支机构、并购、开设新业务等的重要依据，整个过程公众参与度高，公众能够影响监管当局对机构在这些方面的审批。

也就是说，该法并没有对存款类机构需要完成的 CRA 义务做出具体、明确的量化规定和比例指标，没有说明银行"做到什么程度才够"，而只是明确这些机构有义务满足中低收入社区的信贷需求，为机构履行 CRA 义务提供了最大限度的灵活性。立法者授权监管机构通过检查和考核来判定存款类机构是否合规。

该法案的检查机制包括三个方面：检查主体、检查要素与检查后评级。由监管机构的合规检察官负责《社区再投资法案》的检查与考核，对于大型存款类机构，CRA 检察官通常专职于 CRA 事务；而对于小型存款类机构，CRA 检察官同时还负责其他类型的合规性事务检查。检察官借助对银行考核范围内贷款、服务、投资的整体表现进行绩效评估，从而得出综合的考核结果。考核范围是银行自己划定的一个或多个地域范围，是评估银行满足当地社区信贷需求的重要依据。考核范围必须包括银行分支机构所在地及银行发放大量贷款的周边区域，划定考核范围时不能有非法歧视或任意排除中低收入地域。银行绩效由监管机构根据该银行的具体情况及其在考核范围内的表现进行评估。

检察官在 CRA 考核过程中考虑的因素主要包括：银行提供的产品、企业战略及财务状况；考核范围内的经济状况信息包括住房、商业活动和就业，银行同业的绩效，所在社区获得贷款、服务及投资机会等。每次检查都是独立的，各项评级并非对应精确的存贷比指标或贷款数量。可以看出，这种考核是"客观量化考核+主观定性判断"的综合考核体系。也就是说，如果金融机构所在地的基本面很差，这是金融机构所改变不了的，这种情况下，即使存贷比低也可能获得高的评级。

检查结束后，每个机构会获得一个 CRA 评级，并且评级和调查结果向公众披露。目前，考核结果分为四类：优秀、合格、有待改进、严重违规。对于考核结果，监管当局、政府、非政府组织（non-governmental organization，NGO）、媒体都会参考。

该法案的考核机制主要包括支撑合规检察官执行其检查义务并对检查对象进行考核的数据支持。《社区再投资法案》检查需要很多数据作为考核结果的衡量依据，这些数据主要包括住房抵押贷款、小型企业贷款、社区开发贷款和投资数据等。

（1）《住房抵押贷款披露法》要求披露的数据

根据《住房抵押货款披露法》（Home Mortgage Disclosure Act，HMDA），银行应提供并对公众公开关于贷款申请、贷款拒绝、贷款发放及贷款买卖方面的数据。该数据可用来判定金融机构是否满足当地社区的住房贷款需求，有助于辨别可能带有歧视性的贷款做法。大多数金融机构每年都应提供这些数据，而最小型机构可豁免提供。

（2）小型企业贷款数据

每年大型机构应上报他们向小型企业发放贷款的数据；给企业提供低于 100 万美元贷款的数据；向不同规模企业提供贷款的数据。这些数据被用来判定金融机构是否满足了当地社区小型企业的信贷需求。

（3）社区开发贷款和投资数据

主要包括银行提供的关于社区开发贷款、投资及服务的相关信息；与交易相关的财务信息；贷款、服务和投资满足社区开发所需方面的证明材料。

2.《公平信用报告法》

市场经济是信用经济，信用是市场经济的基石。在市场经济中，潜在的债权人一般在和消费者建立长期业务关系之前，总要寻求了解关于消费者的信息，以便判断其信用。在金融市场，作为资金需求方的金融消费者和作为资金供给方的金融债权人或者其他金融权利人之间达成交易的基础也是信用，而且，金融市场对信用信息的依赖更强。鉴于此，调整金融供给者与金融消费者之间信用关系的法律对于金融市场的有效运行至关重要。美国《公平信用报告法》（Fair Credit Reporting Act，FCRA）就是一部典型的调整市场经济信用关系的法律。

《公平信用报告法》规制消费者信用报告及其他保密信用信息的披露和使用。该法于1971年首次颁布，是美国联邦政府规制信用报告产业的第一次重要举措，其规制信用机构和消费者信用报告使用者的行为，并保护消费者的权利免受信用机构和消费者信用报告使用者的不当影响。也就是说，该法旨在调整消费者、消费者信用发布者及消费者信用使用者三者之间的法律关系，明确三者之间的权利、义务和责任，以便建立健康的市场经济信用体系。

《公平信用报告法》主要包括四个部分的内容。

第一部分是信用报告。信用报告包括以下项目：①个人识别信息。如姓名、地址、职业等。②交易记录。如对金融机构、商店等交易相对方的交易记录。③公共信息。如对税务部门是否欠缴税收，是否有尚未执行的不利法律判决。④信用查询。潜在的授信人可以通过信用查询来判断是否把被授信人列入合格的信用、保险或者其他金融服务对象。⑤争议记录。如果消费者对信用报告所记载的个人信息的准确性或者真实性提出质疑，可以就有争议的地方发出声明，争议和声明也将载入信用报告。

第二部分是信用报告的获得。为了保护消费者的隐私权和获得公平授信的权利，该法对信用报告的获得（access to the credit report）进行了规制。从结构上，关于信用报告的使用包括三个方面：哪些主体有权获得信用报告；在什么条件下才能获得信用报告；获得什么程度的信用报告。比如，涉及隐私权的某些信息不能包括在信用报告里；信用机构必须按照消费者需要的服务向信用需求者提供不同版本的信用报告。

第三部分是信用信息的使用。信用需求方获得关于消费者信用的报告之后，要根据一定的标准对信用信息进行分析，并据此判断消费者的信用，以便确定如何为消费者提供金融服务。信用需求方会根据信用报告提供的信用信息，根据一定的权重标准给消费者的信用打分，分值代表消费者的信用情况。

第四部分是信用报告错误信息的修改。因为信用报告事关消费者的信用，影响其从事市场交易的能力，所以，消费者有权知晓信用机构对自己的信息所作的信用报告，并对其中的错误提出修改要求。

《公平信用报告法》对于金融市场，尤其是普惠金融的发展具有重要意义。美国国会在制定《公平信用报告法》的时候，对该法的重要性及立法目标做了如下陈述，信用报告的准确性和公平性的重要性在于：①银行系统依赖公平和准确的信用报告。因为不准确的信用报告直接损害银行系统的效率；不公平的信用汇报方法损害公众的信心，而公众的信心对银行系统的持续运行至关重要。②必须建立一个精巧的机制来调查和评估消费者的信用。③消费者信用报告机构对于搜集和评估消费者信用及其他信息至关重要。④有必要确保消费者信用报告机构尽心尽责，在搜集和报告消费者信用的时候做到公平、平等，并尊重消费者的隐私权。

美国国会认为，该法的目标就在于通过合理的程序设计，要求消费者信用报告机构以对消费者公平和平等的方式满足市场对消费者信用、个人、保险及其他信息的需求。

3.《联邦存款保险法案》

《联邦存款保险法案》奠定了美国问题商业银行的救助模式。根据该法案成立FDIC，FDIC通过吸收投保银行及储户的存款保险设立存款保险基金。FDIC处置问题商业银行最普遍的方法是用存款保险基金为问题商业银行提供融资，帮助问题商业银行把存款和贷款出售给其他银行，然后把其余的财产清算掉并关闭问题商业银行。从银行客户的角度，因为他们自动成为收购银行的客户，所以这种救助程序对他们来说是无缝的（seamless）。这种救助程序实质上借鉴了破产重整制度中的有序清算程序，FDIC扮演清算接管人（receiver）的角色。

我们以2011年的一个问题银行破产清算案为例演示这种清算模式。2011年12月16日，坐落在凤凰城的美国西部银行（Western National Bank，以下简称"西部银行"）被OCC关闭，OCC同时指定FDIC作为西部银行的接管人。作为接管人，FDIC主要做两件事。其一，为西部银行寻找收购方，收购其存款和贷款资产；其二，把不能出售的资产清算掉并按照法律规定的优先权分配给银行的利益相关人。存款保险基金提供清算贷款，该贷款作为破产清算中的管理费用优先得到清偿。FDIC找到坐落在西雅图的华盛顿联邦银行（Washington Federal Bank）作为收购方。收购程序完成之后，西部银行的各个分行自动成为华盛顿联邦银行的分行，西部银行原来的储户和贷款客户自动成为华盛顿联邦银行的储户和贷款客户。西部银行剩下的资产清算掉之后在其他债权人和股东之间分配。分配顺序如下：管理费用、存款债权、普通无担保债权、次级债权、股权。

这种操作模式实际上借鉴了美国破产法的重整出售模式，即在重整的条件下把有营运价值的资产整体出售，把剩余资产清算拍卖，用拍卖得到的价值在原来的利益关系人之间进行分配。这种操作模式有利于稳定问题银行的资产价值，稳定其债权人和债务人的预期，有利于稳定信贷市场秩序。这种操作模式为美国商业银行体系的稳健运行提供了保障。

2008年金融危机促使美国对其金融法律制度作了全方位的改革，在此基础上形成了《多德-弗兰克法案》。该法案在联邦存款保险法案的基础上制定了有序清算制度，根据有序清算制度，除了商业银行，其他金融机构也适用 FDIC 牵头的救助模式。美国 FDIA 模式下的问题金融机构救助机制对于社区范围内的中小金融机构稳健经营起到了"安全阀"的作用，这种机制也有效地解决了中小金融机构开展普惠金融可能产生的风险问题。

二、孟加拉国普惠金融

孟加拉国普惠金融的实践主要表现为小额贷款，而且小额贷款也是从孟加拉国的普惠金融实践兴起的。农村小额信贷最早于 20 世纪 70 年代在孟加拉国首先推行，是由穆罕默德·尤努斯创建的一种以扶贫为主要目的的金融产品。1983 年，孟加拉国政府允许小额信贷转型注册为乡村银行。从此，孟加拉国普惠金融转入乡村银行模式。

尤努斯创建的乡村银行是孟加拉国普惠金融的典范。该行从 1983 年开始发展至今，一直运行稳健，展现了这种普惠金融模式的成功与活力。以尤努斯乡村银行为代表的孟加拉国乡村银行是福利主义小额贷款的代表，强调项目的社会功能，即帮助贫困者解决基本生存问题并建立持续发展的能力，特点是专为贫困群体，主要是农村贫困妇女提供存款、贷款、保险等综合服务。孟加拉国乡村银行的成功的经验可以总结为以下几个方面。

1. 经营理念的准确

乡村银行普惠模式基于其对贫困的认识，认为贫困并不都是因为贫困人群自身的先天品质造成的，而是由于他们所处的不公正的社会条件、错误的理念及失衡的政策等多种因素促成的。为了推广普惠金融，必须先摆正理念：第一，借贷是人权的一部分，贫困人群也应有这个权利。必须把贷款的权利上升到人权的高度，从法律层面保证弱势群体有获得公平贷款机会的权利。第二，重视贫困人群的能动性和潜力、创造力与灵活性，提高他们的自我发展能力，而不是被动地依靠国际援助和政府的福利救助来生存。普惠金融可以帮助贫困人群发现其创造价值的潜力和能力，从而在政府机构提供必要帮助的前提下自我发展。

2. 运行机制的合理

孟加拉国乡村银行以扶贫性与商业性的有机结合作为制度框架的基础，建立了以市场化为导向的正向激励和内生约束机制。其主要是以自愿为原则，建立贫困人群自己的组织和相应的运行机制，另外以非政府组织为主体，建立依赖于市场化经营的组织体系。尤努斯十分注重银行资金来源的多元化，他认为"只贷不存"的机构是没有可持续能力的。银行最初的资金主要来自联合国发展金融组织、福特基金、挪威援助组织及孟加拉国政府。20 世纪 90 年代以后，乡村银行允许会员持有银行股份。目前，借款人持有乡村银行 96% 的股份，而政府持有股份只占 4%。乡村银行从商业资源中获得了越来越多的可借贷资金，其对低成本资金的依赖也逐渐降低，实现了可持续发展。

3. 小组担保与存款保险相结合的模式

孟加拉国乡村银行采取小组内联保代替担保的形式，摒弃了"没有抵押不能放款"的做法。贷款一般按"二二一"的顺序发放，先贷给小组内的两位成员，观察两周后再贷给另外两名组员，最后贷款给小组组长。其中，每次借款必须以一定数额的储蓄作为所有组员的共同保证，且一般规定借款者每周须向项目存 1 元钱，发放贷款时，农户需把 5% 的贷款部分作为基金扣留等。在放款之后，定期召开小组会议和中心会议，以便及时反馈小组成员的最新信息。此外，孟加拉国乡村银行一般规定 6 个小组为一个中心，即中心是由分散的小组组成的一个集体，每个中心每周举行 1 次会议，一般将收款活动作为会议的中心内容。此外，小组成员还可以在中心会议上交流经验、技术，并获取相关科学和文化常识等，这在一定程度上有助于提高成员的生产经营能力，增强小组的凝聚力和团队精神，有利于组员间的相互监督，同时可以提高借贷工作效率，降低借贷操作成本。此外，其强制存款制度，也是规避成员违约风险的有效措施。可以说，孟加拉国乡村银行的强制存款制度已经和现代银行业的存款保险制度非常接近。

4. 独特的还款方式

孟加拉国乡村银行小额贷款的对象主要是乡村贫困人群甚至赤贫人口，他们的投资风险一般较大，银行待农户投资获利后再回收贷款，风险较高，所以孟加拉国乡村银行采取灵活的还款方式来避免风险。银行要求成员分期等额还款，即实行整借零还制度，贷款期限一般为 1 年，一般是将本金和利息加总后除以 50，并在贷款 1 周后开始回收，借款人若不按期还款则是在发送违约信号。这种还款制度的优势在于能够较早发现违约行为，有利于银行了解还款人的信息，尽早剔除信用不良的成员，降低贷款风险，同时，其他小组成员也可以尽早获得预警，监督该成员。

5. 贷款产品的多样性

孟加拉国乡村银行贷款产品具有多样性，且在产品功能上不断创新。从最早为贫困人群提供生产性贷款，到后来不断挖掘贫困人群贷款需求，开始重视消费性贷款，并且推出了具有人性化的消费性贷款，以及优惠的贷款期限与灵活的利率水平，深受成员的欢迎，如住房贷款、教育基金、养老基金等，为成员提供基本的生活保障，提高其生活水平，并在指导成员投资及子女教育方面做出了巨大的贡献。

三、印度普惠金融

1. 普惠金融发展概况

印度普惠金融的发展可以划分成三个阶段。第一阶段为 1960~1990 年，这一阶段普惠金融的重心在于把信贷传导到被忽视的经济部门，特别关注社会中的弱势部门。第二阶段为 1990~2005 年，这一阶段的重心是加强金融机构的改革，作为金融部门改革的一部分。这一阶段的普惠金融发展主要是在 20 世纪 90 年代早期建立自我救助小组（Self-Help Group，SHG）与银行对接项目（Bank Linkage Programme，BLP）并创设克山信用卡（Kisan Credit Cards，KCCs）为农民提供信贷服务。SHG 项目由国家农业与农村发展银行（NABARD）于 1992 年发起，由储备银行提供政策支持，用来便利贫困人群进行集体决策并提供上门银行服务。第三阶段为 2005 年至今，这一阶段把普惠金融明确作为一种政策目标，其主旨是通过实惠的账户提供安全的储蓄存款工具。

印度政府对普惠金融的认识和发展都较早。但是，过去普惠金融的发展并不令人满意。根据 2003 年的数据，印度有 4590 万（51.4%）农户得不到信贷机会，不论是从金融机构还是从非金融机构渠道获得信贷。超过 73% 的农户没有机会获得正式的信贷资源。2007 年的调查数据显示，印度 60 万居住区里只有 30 万拥有商业银行分支机构。金融服务覆盖调查数据显示只有 40% 的人口拥有支票账户，10% 的人口拥有人寿保险，0.6% 的人口拥有非人寿保险，2% 的人口拥有信用卡，13% 的人口拥有 ATM 和借记卡。对银行地理覆盖面调查显示只有 5.2% 的村庄拥有银行分支机构，占农户总数 82.1% 的小农户基本上被排斥在正规银行系统之外。

印度第十一个五年计划（2007~2012 年）把包容性增长作为其核心目标。包容性增长意味着公平分配资源，经济增长惠及社会每一个部门。包容性增长旨在降低贫困，关注人的发展和健康，为人们提供就业机会并提升人的创造力。印度实现包容性增长的最大挑战在于把印度 6 亿农民纳入主流人群，这是一项艰难的任务。实现包容性增长的最优方式之一就是发展普惠金融。为此，普惠金融的发展成为当下印度实现包容性增长的一个重要战略。

2. 印度发展普惠金融面临的挑战

在印度发展普惠金融面临许多挑战。目前印度许多农村还没有银行分支机构，在这些农村地区建立银行分支机构很难，因为农村地域分散，限制了银行营业的规模效应，使得农村地区建立银行分支机构的交易成本很高。这样，要实现普惠金融的"最后一公里"目标，必须通过技术杠杆把金融需求者与提供者连接起来。当前印度金融监管部门尚未发现理想的普惠金融模式。印度农村建立稳健的普惠金融模式需要所有的利益相关方的全面参与，可是现在这一点尚未实现。

印度的城市普惠金融和农村情况不同。在城市，对金融服务的空间可获得性不是关键问题；但是，城市金融资产和服务的定价很微妙，因为必须保证贫困人群承受得起这些价格。而且城市里的贫困人群，尤其是生活在贫民窟的居民遭受身份认证难题，因为这些人经常流动，从城市的一个地方流动到另一个地方，从一个城市流动到另一个城市。此外，城市贫困人群缺乏金融知识或者金融产品向城市贫困人群推销的力度不够，导致这些人群对金融资产组合的认识有限。有时候这些贫困人群把自己排除在正规金融体制之外，因为他们出于便利的考虑严重依赖非正规金融。当前金融市场提供的服务复杂，要求金融机构向金融消费者提供了广泛的金融产品和服务满足其金融需求。这种选择程度要求消费者具备必要的知识和技能评估这些选项并认定哪些产品和服务能最优地契合其需求和情况。这就迫切需要配套的金融教育，以便消费者能够从多样化的选项里做出信息充分的选择。遗憾的是，印度当前的金融知识水平难以做到。

3. 印度普惠金融的发展策略

2008 年印度成立普惠金融委员会（Committee on Financial Inclusion），该委员会提出 6 个路径解决印度普惠金融发展问题，包括：①向农户提供信贷；②银行在农业相关的事务上提供咨询；③在人口众多的农村开设分支机构；④简化向小额借款人发放贷款的程序；⑤进一步加强 SHG 与 BLP；⑥有效实施业务中介和代理模式。为了配合普惠金融委员会提出的 6 个路径，印度提出下一步发展农村普惠金融的 4 个策略。

第一，发展微型金融机构。在孟加拉格莱珉银行成功经验的基础上，印度出现了大量微型金融机构（microfinance institution，MFI）向社会边缘化部门提供信贷和金融产品。但是，这些微型金融机构的性质发生了变迁。微型金融过去是社区行动，其收益留在社区，但是现在转变成公司制企业。公司制企业用 IPO 等形式吸引私募基金，把自己变成赚钱的机构以便解决资金困难。公司制的微型金融机构以信用评级和金融稳定为包装收取高利率，偏离了普惠金融的目标。这就产生一个重要的问题，即对微型金融机构是否进行监管。一般的看法是，对盈利导向的 MFI 应该监管；而对社区自给自足形式的面向贫困人群的组织应该鼓励。银行应该用微型金融和微型保险的形式提供便利的微型金融产品，如微型储蓄、微型信用和外来工人汇兑。

第二，业务中介与业务代理（business correspondent/business facilitator，BC/BF）模式。BC/BF 模式通过村一级水平的连接点建成广泛的网络，对拓宽和深化金融可获得性提供了重要的机会。BF 主要致力于普及金融意识、开设金融账户并代表银行调动存款和发放信贷。为了使 BC/BF 模式发挥效力，根据当前的运行水平需要采取某些措施。这些措施包括把农村级别的联系点组成的联系网络落实到位，提供基本的基础设施，初级金融覆盖前期成本，把 BC 培育成具有高质量技术和创新性的能力，以便使其顺畅、便捷和有效率地运行，提供长期运营资本，确保可持续性并提供额外的信贷。

第三，邮政代理银行业务。考虑到农村的银行渗透率低，工人对信贷需求高及职业、教育和收入水平参差不齐这些因素，印度邮局可以在农村地区提供银行服务方面起到重要作用。印度拥有世界上最大的邮政网络，共有邮局 15.5 万家，其中农村 13.9 万家，持有 2.2 亿储蓄账户和 1100 万保险单，其覆盖的农村服务范围对普惠金融至关重要。印度政府任命的"利用印度邮政网络建设普惠金融"专家委员会建议采取一些步骤推进邮政普惠金融。比如，邮局可以用轻量级、低成本银行账户向全体印度公民，尤其是被金融排斥的公民提供金融服务。印度邮局可以利用其低成本平台优势向其他战略伙伴提供账户，这些战略伙伴包括 MFI、共同基金、保险公司和电信营运商。

第四，移动通信银行业务。移动通信银行业同移动通信技术以极低的成本提供银行服务界面。ATM 交易的成本是移动银行交易的 5 倍，银行分支机构交易的成本比移动银行几乎高出 15 倍。银行可以通过移动通信银行业务有效地发展普惠金融，因为现在移动电话业务正在农村地区快速渗透。为了在全国范围内快速发展移动银行业，有必要让大型技术公司和通信公司积极参与银行业务。给移动电话公司和商业银行的合资公司发放银行牌照并特别强制命令开展普惠金融业务，通过这种方式可以加速全国范围内开展移动银行业务。在印度，交易安全是一个主要的问题，因为黑客也已经开始攻击移动手机平台。金融监管部门、银行、移动通信服务提供商及手机制造商应该合作找到解决办法，以便消除安全忧虑，促进移动银行业务的大面积推广。

四、赞比亚普惠金融

自 20 世纪 90 年代中期以来，非洲地区多数国家开始探索普惠金融实践。因为在此之前非洲发展中国家奉行高度管制的经济体制，所以推行普惠金融时走向另一个极端，即采用金融自由化路径推行普惠金融。这种自由化的路径是否成功？我们以赞比亚的普惠金融实践作为典型进行分析。

1. 自由化的普惠金融路径及其效果

从 1992 年起，为了改善金融需求者对银行服务的可获得性（access to banking

services），赞比亚首先选择金融自由化路径，并辅以一系列的旨在确立市场经济基础的经济改革措施。赞比亚设想通过金融自由化发展金融市场，引进充分的金融机构提供普惠金融。到 1993 年 3 月，赞比亚解除了大部分外汇经常项目交易管制；到 1994 年 2 月，外汇支付体系的资本项目实现自由化；1995 年，赞比亚中央银行允许商业银行持有外币存款；1996 年，赞比亚允许赞比亚联合铜业公司（Zambia Consolidated Copper Mines，ZCCM）保有其全部外汇收益并直接向市场提供外汇，标志着其外汇市场自由化走完最后一步。

金融自由化带来的重要效应是外资银行大举进入赞比亚金融市场，改变了其银行系统的格局。根据 2006 年的统计，赞比亚前 13 家大型商业银行中有 7 家外资银行。外资银行在总资产、贷款额、存款额及分支机构等数据上都远远超过国内银行。金融自由化不仅改变了赞比亚银行业的结构，而且提升了其银行业的稳健性和盈利水平。根据赞比亚中央银行提供的数据，2005 年年末，赞比亚境内 13 家商业银行汇报的风险加权资产基础上的资本充足率超过 8% 的最低要求水平；不良贷款率水平适度，为 8.9%。而且，银行年资产回报率达到 7.4%，达到很高的利润水平。

经过金融自由化，引进境外金融机构，赞比亚银行业治理水平和利润水平都得到显著提升，但是，银行业整体上稳健水平和利润水平的提升并没有带来相应的普惠金融水平的改善。具体表现在以下几个方面。

第一，银行系统对人群的覆盖率不高，对金融弱势群体的覆盖更低。宏观上，银行资产占 GDP 的比重不高。截至 2005 年年末，赞比亚银行业的总资产只有 179 亿美元，占其 GDP 的 35%。2004 年，广义货币 M2 占 GDP 的比例为 22%，和 1990 年的比例相同。微观上，赞比亚商业银行对人群的覆盖率很低。到 2005 年年末，赞比亚所有商业银行的存款账户总和共 405 888 个（包括本币和外币账户），与赞比亚人口数量 1.05 亿（包括 600 万 18 岁以上的成年人）相比，平均只有 3.8% 的人群或者 6.2% 的 18 岁以上的成年人群拥有银行账户。可见，赞比亚银行账户的人口覆盖率是极低的。而且，就在这有限的银行账户中，64% 的账户余额低于 100 美元，8% 的账户余额为 100～200 美元，余下的 28% 的账户的余额超过 200 美元。从存款价值的角度，10% 的账户持有人拥有赞比亚银行系统 85% 的银行总存款。

第二，银行在农村地区的分支机构数量不足。金融自由化以来，银行分支机构发展并不显著。1990 年，赞比亚共有 120 家银行分支机构；2005 年，银行分支机构的数量只有 152 家。2005 年，平均每家银行分支机构对应的人口数量是 7 万人，在世界各国银行渗透率（bank penetration ratio）中垫底。而且，在银行分支机构发展缓慢的背景下，城市与农村银行分支机构发展不平衡，农村银行分支机构发展更为缓慢。1990 年，赞比亚城市与农村银行分支机构分别占总数的 50%；

2004 年，农村银行分支机构下降到占总数的 43%，城市银行分支机构的占比上升为 57%。

金融机构聚集在城市地区的主要原因是赞比亚农村地区的环境不适合设立经济上可行的商业机构（viable businesses）。银行决定是否在某一地点设立分支机构所使用的主要标准之一是当地的经济活动和业务水平。但是，赞比亚农村地区主要的经济活动是家庭农业（peasant farming），而不是商业农业（commercial farming），这影响了银行在农村设立分支机构的动力。银行考虑的另一个要素是运营成本。赞比亚农村社区缺乏基础设施，偏远地区的电力供应没有保障，有的地区甚至没有电力供应；电信设施落后，阻碍了银行总部与分支机构及分支机构之间的交流，也阻碍了支付系统的顺畅和有效率的运营；道路条件很差，多数道路是砂石路，即使铺平道路距离主要铁路干线也很远。

第三，对家庭和私营部门提供的信用不足。赞比亚的信贷可获取性依然很有限。前文已经提到，赞比亚私人持有的银行账户数量和规模都很低，私营部门获得银行贷款的情况也很差。从 1990～2004 年，银行给私营部门提供的信用占 GDP 的比例从 8.8% 下降到 8.1%，但同一时期银行业持有的政府债券得到提升。私营部门不仅信贷资源匮乏，而且获得信贷的成本也高。2005 年，赞比亚平均贷款年利率达到 48%（通货膨胀率达到 20%）。只有大企业能够以低于平均利率获得贷款。

第四，微型金融机构的作用有待提升。赞比亚的微型金融机构数量很少。根据赞比亚微型金融机构协会提供的数据，MFI 服务的客户数量只有 5 万人，占全国总人口的 0.005%。MFI 不仅数量少，总资产也少，只占银行机构总资产的 2%。造成这种局面的制度性原因在于现行的金融监管制度禁止 MFI 从公众吸收存款。结果，MFI 主要的资金来源于商业银行和捐助组织。因为 MFI 的营运规模小，营运成本高，所以其发放贷款的利率比商业银行高。这样，家庭向 MFI 借款一般用于短期满足家庭需要；企业借款也仅限于满足短期流动性需要。总之，MFI 的制度设计使其距离普惠金融的目标相差甚远。

2. 金融自由化没有实现普惠金融预期目标的原因

金融自由化并没有对赞比亚的银行业发展及其提供普惠金融的能力带来显著的效果。金融自由化之所以没有实现预期目标，其主要原因包括以下几点。

第一，金融自由化改革的步骤不合理。和其他发展中国家一样，赞比亚遵循 20 世纪 90 年代早期国际社会流行的发展路径改革其金融体制，把封闭抑制型金融体制转型成为开放自由的金融体制。但是，因为没有首先建立有效的法律监管框架，然后建立适当的市场激励和自律机制，以便鼓励银行机构采取审慎的风险控制并确保市场纪律，以至于出现了与改革者预期不一致的结果。金融自由化首先导致银行数量的增加，从 1991～1994 年，赞比亚发放了 10 家银行牌照。然后，金融自由化导致银行信贷扩张。在缺乏有效的内部控制、公司治理和信用风险管理等约束下，信贷扩张导致许多银行经营损失甚至资不抵债。1995～2001 年，有 9 家银行破产，给纳税人和存款人造成巨大损失（约占 GDP 的 7%）。

银行破产给银行体系造成系统性负外部性，银行体系坏账横生。到 2005 年年末，银行体系的坏账占贷款总额的 8.9%。许多银行收紧贷款，转而增加投资政府债券。这样，银行业对普惠金融的贡献受到削弱。

第二，宏观经济环境恶化带来的负面影响。赞比亚过去的 30 年经济状况一直下滑，人均 GDP 不断下降，导致贫困人口激增。同时，正规经济部门提供工作的机会很少，加剧了贫困状态。同时，因为赞比亚的小微企业多数不注册、不交税，也没有审计账户，这种局面阻塞了银行向小微企业提供信贷的通道。另外，由于赞比亚政府部门多年来财政纪律不好，导致政府资金依赖国内借款。财政借款利率高加上政府债券资产在银行资本标准计算中的权重为零，诱使银行增加对财政债券的投资，挤压了对民间的贷款。

第三，支付系统基础设施疲弱。普惠金融的发展需要运行良好、有效并可靠的清算和支付系统。设计适当的支付系统有助于提升金融系统的稳定性及银行和金融服务的可获得性。赞比亚的国内支付系统存在一些弱点，阻碍了其普惠金融的发展。

第四，立法、监管和司法体制的缺陷限制了普惠金融的发展。法律体制的缺陷影响了普惠金融的实施。比如，法律程序复杂导致金融机构清收并处置问题贷款的效率低下，对金融贷款的违约方造成弱约束。对银行的违规做法导致的破产问题追究措施不力也助长了银行业的道德风险。监管体制的缺陷主要表现在缺乏信用信息获取机制。赞比亚监管机构目前正在着手组建信用局，记录违约者的负面信息。未来，信用局的信用记录将覆盖中小企业。这样，信用好的企业和个人可以用良好的信用记录补充担保的不足。

3. 世界银行的政策建议

根据世界银行调查报告，赞比亚贫困家庭和小微企业对金融服务的需求不仅限于信贷，而且包括用简单、便捷的工具获得安全、低成本存款服务、有效率的支付和汇兑服务及负担得起的应对各种风险的保险服务。为此，世界银行专家建议，赞比亚应该从法律政策和经济政策层面积极改进，全面推动其普惠金融的发展。

为了扫清银行业实施普惠金融的障碍，突破银行业实施普惠金融的瓶颈，世界银行建议采取一揽子的措施。包括建立并完善信用体制，推动支付体制的现代化转型，加强立法与司法体制改革，改善市场纪律，建立有效的银行破产处置机制，加强银行监管等。为了给发展普惠金融提供良好的宏观经济运行环境，有必要保持宏观经济稳定，降低财政赤字，改善企业经营环境，改善就业环境，提升家庭平均收入水平。

五、普惠金融国际实践的启示

成熟市场经济国家和发展中国家普惠金融实践对我国发展普惠金融有很多重要的启示。有效的普惠金融制度是破解我国当前经济社会发展中面临的众多难题的一把钥匙。因此，从政策目标上，在十八届三中全会，把"发展普惠金融"作为一项重要议题专门提出的基础上，我国应该把普惠金融作为一项基本国策，写进"十三五"经济发展规划。

我国当前面临经济结构转型、发展中小微企业及提升民间消费水平的经济难题。普惠金融是应对这些难题的重要路径之一。普惠金融为低收入家庭和小微企业带来很多益处。普惠金融可便利大量的新经济组织从事经济交易。普惠金融能帮助那些收入水平低、不稳定而且经常是季节性的低收入家庭更好地管理其资源，家庭可以用金融服务获得教育、医疗和其他必要的资源改善其生活质量。低收入家庭受制于很多困难，储蓄、保险、汇兑可以给这些家庭提供可持续的低成本应对困难的策略。企业主可以用信贷或者储蓄进行提升效率的投资，用来投资于生产性资产。正确的金融基础设施有助于通过金融杠杆发现贫困人群资产的价值。金融服务可以通过赋予公民积极参与社区和国家事务的能力来培养独立性并塑造经济公民。

普惠金融还可以减轻贫困并奠定可持续经济增长。稳健有效率的银行机构可以集合储蓄并把储蓄传导到生产用途，帮助企业实现发展潜力并改善其生产效率。而且，包容性金融机构为具有活力且能干的企业家提供了机会，也为促进个人消费及家庭和企业管理风险提供了方便。为此，有必要建立更大规模、更具包容性的银行系统，有必要通过制度设计鼓励更多的金融机构参与普惠金融服务，建立更具包容性的金融体制。

在普惠金融的具体制度设计上，我国应该认真借鉴美国等成熟市场经济国家的经验，以立法的形式引导金融机构、金融消费者、金融监管机构等普惠金融主体在法治的框架下推动普惠金融的发展。我国普惠金融法制建设的基本框架应该包括以下几个部分。

第一，结合我国社会经济状况，建立区域普惠金融的概念。我国区域性经济发展不平衡，总体上呈现出东部发达，中部其次，西部落后的局面。为了提升西部经济发展水平，有必要改善西部地区金融状况，提升西部地区的金融获取性水平。为此，本书提出区域普惠金融概念，通过改善区域金融歧视，改善西部地区金融制度环境，发展西部地区经济，改善西部地区民生，为实现我国经济社会协调发展提供制度支持。

第二，通过制定普惠金融法律法规，实现普惠金融法治化，提升普惠金融的实施效率。针对我国城乡金融二元结构问题，中央政府自 2005 年起陆续出台了一系列政策文件，金融监管机构也实施了一些普惠金融政策。但是，因为这些政策文件没有制度化和法律化，其实施效果并不明显。所以，有必要借鉴美国的立法经验，从区域性普惠金融层面，制定基本的普惠金融法律；以贵州省为例，制定贵州省普惠金融条例；可能的情况下，通过在贵州省设立普惠金融改革试验区的形式，模仿上海自贸区的模式，做普惠金融立法试验。

第三，普惠金融法律法规的基本立法原则。普惠金融立法首先应该明确立法的政策目标，即实现全国性及地区性金融包容性发展；在此基础上，把金融普惠纳入金融监管目标体系；在普惠金融监管立法上，合理配置市场与监管之间的关系，合理配置监管权限，确保政策干预的合理性、有效性；优化监管方法，激励相容、成本效益并重。

第四，建立有效的普惠金融实施的激励与约束机制。为了避免一刀切式的普惠金融监管，可以借鉴 CRA 的激励措施，把金融机构实施普惠金融的义务与其经营收益结合起来，达到激励相容的效果。根据金融机构实施普惠金融的数量与质量，对其实施税收、财政补贴及开设分支机构等方面的优惠，把普惠金融监管与市场激励有机地结合起来。对于普惠金融实施效果的考核，要构建科学全面的指标体系，不仅要考察其贷款发放情况，还必须考察其提供的金融服务，如开设的分支机构数量、开户服务、支付服务等，而且把这些金融服务与当地的社会经济状况结合起来评估。

第五，建立完善的普惠金融信用法律体系和普惠金融风险监管体系。信用是市场经济的基石，普惠金融所面对的市场主体信息不完备给金融机构参与普惠金融建设带来很大的信用风险和市场风险。为了建立稳健的、可持续的普惠金融制度，我国有必要结合区域发展的具体情况，在区域的层面建立有效的区域信用法律体系。同理，为了化解实施普惠金融中可能出现的金融风险，我国有必要建立区域性普惠金融风险监管体系。

发展中国家的普惠金融实践既有成功的经验，也有失败的经验，这些实践为我国实施普惠金融提供了借鉴。孟加拉乡村银行的经验启示我们，我国有必要挖掘农村现有的民间信用体制，利用熟人社会的信用担保制度，缓解农村金融中的担保不足问题。印度和赞比亚的普惠金融实践则启示我们，建立普惠金融决不能在市场与政府之间各执一端。在我国这样一个处于经济转型的发展中大国实施普惠金融，必须准确把握政府与市场的职能和角色。既要发挥政府在协调各种市场资源中的作用，又要鼓励市场主体积极参与普惠金融。为此，有必要建立全面的普惠金融政策体系。也就是说，我国发展普惠金融不仅需要建立有效的金融市场法律体系，还需要配套的政策支持，如政策性担保贴息制度、税收优惠制度、区域产业优惠制度等。此外，我国既有的开发性金融机构，如国家开发银行、农业发展银行等，也可以在发展普惠金融战略中有所作为。

第三节　中国普惠金融发展的历程、问题和方向

一、中国普惠金融发展历程

在 20 世纪 70 年代末的改革开放之前，我国就出现了农村信用社等形式的初级萌芽，这可以作为我国普惠金融发展的雏形。但真正具有当代意义的普惠金融发展，还是自 90 年代初以来的事。尤其是近些年，普惠金融在不断扩大规模的中国市场上大量涌现，探索多样，成果显著。

2005 年"普惠金融"概念被引进我国，中国人民银行推动在山西、陕西、内蒙古、四川和贵州 5 省（自治区）的 5 个县进行商业性小额贷款公司试点。2013年 11 月 17 日，"普惠金融"首次出现在十八届三中全会做出的《决定》中，"发展普惠金融。鼓励金融创新，丰富金融市场层次和产品"。得益于国家政策的指引和政府有力措施的支持，我国普惠金融发展迅速，截至 2015 年年末，我国仅小额信贷公司就已达 8910 家，实现贷款余额 9412 亿元。

通过借鉴发达国家普惠金融的发展经验及普惠金融学术研究成果，可以把我国普惠金融的实践历程划分为三个阶段：①小额信贷阶段；②普惠金融综合发展阶段；③互联网背景下普惠金融创新发展阶段。它们前后之间相互渗透，不断演进，在这几个发展阶段里，普惠金融体系是服务边际不断扩延、服务对象不断增加的过程，福利主义理念逐渐被制度主义理念替代。在科技的推动下，互联网金融创新不断突破，"互联网+"的发展理念也推动着普惠金融产品创新设计和快速发展，互联网金融也成为综合性普惠金融体系不可或缺的重要元素。

1. 小额信贷阶段（1979~2005 年）

我国普惠金融发展的初始阶段主要是以开展小额贷款、微型金融服务等一系列金融活动不断向前推进的，可以根据小额贷款的目的将此阶段细分为公益性小额信贷阶段和发展性微型金融阶段。

我国在改革开放初期就已经对农村金融体制改革进行了探索，目的是为了使其有效地服务农业。国务院在 1979 年下发的《关于恢复中国农业银行的通知》吹响了我国农村金融改革的号角，其中对中国农业银行的重要职能进行了明确规定，即运营支农资金和管理农村信用社（以下简称农信社）。此后，农信社开始管理体

制改革，挑起了支持农业发展的重担。在此期间，我国还出现了一些农村合作基金会，进行支农资金的运营管理。根据有关数据显示，截至 1998 年年底，全国的农村合作基金会总数接近三万家，其中乡（镇）农村合作基金会占比高达 74.8%。为了更好地推进农业的发展，我国政府还批准成立了中国农业发展银行。1996 年，农信社与中国农业银行正式脱离隶属关系，进入独立发展阶段。但是普惠金融的发展在 1998 年遭受到了挫折，这一年政府收紧了对于民间融资的管制，农村合作基金会被取缔，民间金融组织的信贷活动受到了打压。

在我国，具有公益性质的小额信贷开始于 20 世纪 90 年代初期。中国社会科学院农村发展研究所通过借鉴孟加拉国发展乡村银行的经验，在 1993 年率先建立起我国境内第一家小额信贷机构"扶贫经济合作社"，针对农村贫困人口的小额信贷活动由此拉开了序幕。小额信贷在初始阶段以扶贫为主要目的，明显具有公益性质，正如中国社会科学院杜晓山教授在与他的同事所创建的扶贫经济合作社的宗旨中所指出的："通过提供小额信贷服务改善贫困农户，特别是贫困妇女的经济状况和社会地位。"所以，普惠金融的这一发展阶段可以称为公益性小额信贷阶段。在此期间，国际机构也积极参与了一些地区的公益性信贷机构的建设。NGO 开展的公益性小额信贷实践和国际组织在中国建立的公益性小额信贷机构的主要资金都来源于个人或国际机构的捐助及软贷款。所以，公益性小额信贷是我国小额信贷的探路者，是扶贫模式的重大创新，有效改善了农村地区的贫困状况，为普惠金融的发展打下了坚实的基础。

我国农村金融的发展状况在 21 世纪初出现了转折点，普惠金融在我国的发展开始进入到小微金融阶段。早在 1999 年，农信社开始在局部地区改制为地方的商业银行。进入 21 世纪，"三农"问题开始引起全国农村工作会议的重视，国务院在 2003 年下发了《深化农村信用社改革试点实施方案》，这标志着我国农信社产权制度和管理体制的改革试点开始进入实质性阶段。在农村小额信贷方面，1999～2002 年，人民银行先后出台指导意见，提出了"一次核定、随用随贷、余额控制、周围使用"等一系列管理办法，开展"基于农户信誉的无抵押、无担保贷款""建立完善的农户贷款档案"，这些举措全面推动着农户小额信贷活动的进行。在此期间，针对城市下岗职工的小微型金融产品和服务也不断发展。2002 年人民银行联合多部委共同印发了《下岗失业人员小额担保贷款管理办法》，对城市下岗职工获得微型金融担保贷款进行了详细的规定。在发展小微型金融服务阶段，小额信贷需求的目的开始转变为提高居民生活质量，改善城市失业问题；从提供金融产品和服务的主体来看，正规金融机构开始逐步加入小微型金融服务行列。

2. 普惠金融综合发展阶段（2005～2010 年）

联合国将 2005 年指定为"国际小额信贷年"，并提出了"构建普惠金融体系"

的主张，"普惠金融"开始进入人们的视野。同年，中央"一号文件"明确提出"有条件的地方，可以探索建立更加贴近农民和农村需要、由自然人或企业发起的小额信贷组织"，这标志着我国的小额信贷进入普惠金融综合性发展阶段。

2006 年 12 月 20 日，中国银行业监督管理委员会（以下简称银监会）发布《关于调整放宽农村地区银行业金融机构准入政策，更好支持社会主义新农村建设的若干意见》，提出农村金融市场开放的试点方案。其基本原则是："按照商业可持续原则，适度调整和放宽农村地区银行业金融机构准入政策，降低准入门槛，强化监管约束，加大政策支持，促进农村地区形成投资多元、种类多样、覆盖全面、治理灵活、服务高效的银行业金融服务体系，以更好地改进和加强农村金融服务，支持社会主义新农村建设。"该基本原则分别在农村金融机构设立、农村金融机构注册资本金、农村金融机构股权多元化和治理结构灵活化、鼓励农村金融机构加强农村融资服务的激励机制和农村金融领域金融创新五方面实现了重要突破。

在综合性普惠金融阶段，综合普惠金融已由提供慈善性小额信贷或发展性小额信贷的阶段转入提供综合金融服务阶段，这些综合性金融服务主要包括支付、转账、保险等。与此同时，从金融工具创新的角度来看，网络化、移动化、高科技化正逐渐成为普惠金融服务发展的新趋势。支付宝正是在这阶段出现并且获得投资群体认可的，2007 年 9 月成立的"拍拍贷"也是我国境内第一家 P2P（peer to peer）网络借贷平台，宜信网贷平台也于同年 10 月上线。2009 年 3 月，红岭创投成立并且发展迅猛。从资金的提供者角度来看，小额信贷组织机构的不断设立为民间资本进入金融市场创造了有利条件，村镇银行也如雨后春笋般迅速崛起。从资金需求者角度来看，小微企业的资金需求引起社会的广泛关注，银行逐步将小微企业纳入金融服务体系。

3. 互联网背景下普惠金融创新发展阶段（2010 年之后）

随着互联网的历史性突破与迅速普及，普惠金融在中国呈现出爆炸式发展。在互联网和移动互联网产业快速发展的大背景下，金融创新服务的缺口巨大，为我国金融业迎来了重大机遇与挑战。以网上银行为例，统计数据显示网银注册用户在 2012 年已经达到 4.89 亿，占我国总人口的 36%；网上银行交易额突破 900 万亿元，相当于 2011 年我国 GDP 的 19 倍。可以说，中国传统金融领域正遭受着互联网革命的巨大冲击。

在网络支付、借贷平台和网络资产管理平台等金融创新的影响下，我国互联网金融正呈现出包括以第三方支付、移动支付代替传统支付和以众筹融资代替传统的证券业务在内的新趋势。以网络支付为例，统计数据显示，截至 2015 年年底，中国网络上支付的网民规模达到 4.16 亿人，较 2014 年年底增加了 1.12 亿人，增长率达到 36.8%；值得注意的是，2015 年手机网上支付增长尤为迅速，用户规模达到 3.58 亿，增长率为 64.5%。在此期间，余额宝的发展受到人们的广泛关注。2013 年 6 月 5 日，支付宝宣布推出名为"余额宝"的余额增值服务，用户存放在支付宝的钱，在支付宝网站内即可直接购买货币基金等理财产品，同时也能随时用于网购、转账等。自成立以来，仅仅用了半年多的时间，余额宝就将基金业元老——华夏基金从行业第一的宝座上拉了下来。此外，根据万德数据，截至 2014 年 1 月 15 日，余额宝规模已超过 2500 亿元，客户数超过 4.9 亿户，成为国内最大的基金管理公司。一时间，各种年化收益率超过 6% 的互联网基金产品大量推出，受到投资者的热捧。在 P2P 网贷方面，2010 年开始，网贷平台被许多创业人士看中，一批类似拍拍贷的 P2P 网贷公司如雨后春笋般发展起来。2011 年，上海陆家嘴国际金融资产交易市场股份有限公司的成立在一定程度上打消了很多创业者和投资者顾虑，吸引了大量的企业进入 P2P 网贷行业，P2P 网贷平台快速发展。并且有一批网贷平台也获得了国际资本市场的认可，获得大量发展资金。从 2011～2015 年我国的 P2P 网贷平台分别为 50 家、240 家、800 家、1575 家和 2725 家，由此可见 P2P 网贷行业呈现出了爆炸式的发展态势。新兴金融业态的蓬勃发展也推动着传统金融业态和金融机构将更多的资源投入互联网金融创新。创新性互联网金融使更多的社会群体平等地享受到便利、快捷的金融服务。

中国人民银行也积极参与国际组织有关普惠金融的各种活动，推动着普惠金融的发展。2011 年 9 月，中国人民银行加入普惠金融联盟；2013 年 6 月起中国人民银行代表与俄罗斯、美国相关部门代表共同担任二十国集团全球普惠金融合作伙伴第四工作组；2015 年 3 月 15 日，中国人民银行副行长潘功胜在参加"普惠金融助力实体经济转型发展"沙龙时表示，发展普惠金融是中国今后一段时期金融发展工作重点内容之一。他认为，普惠金融需要建立一个能够给全社会各个阶层群体提供服务的金融体系，为弱势群体提供平等享受现代金融服务的机会；2016 年 7 月 18～19 日，二十国集团（G20）框架下普惠金融全球合作伙伴（Global Partnership of Financial Inclusion，GPFI）2016 年论坛在成都召开，论坛围绕数字普惠金融的基础设施建设、法律与监管框架、创新与风险管理、支持农业发展与中小微企业等议题展开了深入讨论，提出了许多有建设性的工作建议（吕晶晶，2014）。

二、中国普惠金融发展的成绩

1. 国家开发银行

国家开发银行（以下简称国开行）多年来以"使人人都有平等的融资机会"为宗旨，从群众最关心和最现实的切身利益出发，努力构建普惠金资体系，不断完善普惠金融发展的模式和方法。多年来，国开行在普惠金融领域不断开拓进取，取得了优异的成绩，逐步成为推动社会公平的重要金融力量。国开行在普惠金融领域发展上取得的成果可以概括为以下4个方面。

（1）改善企业信用环境，探索支持中小微企业发展的有效模式，促进就业公平

多年来，国开行一直努力改善中小微企业的发展环境，不断为中小企业提供帮助和支持，实现了贷款总额屡创新高、贷款领域不断拓宽的骄人成绩，为我国中小企业的快速发展做出了重要贡献。截至2015年6月末，国开行中小企业贷款余额达到2.66万亿元，其中，小微企业贷款余额1.10万亿元，覆盖制造业、农林牧渔业、批发零售业等近20个行业，惠及中小企业、微型企业、个体经营户、农户、创业青年、城市下岗职工等多类社会群体，对缓解就业、创业难问题和改善小微企业的信用环境起到了重要作用。

（2）支持教育事业发展，破解助学贷款难题，促进教育公平

我国从2000年起在全国推行助学贷款政策，通过招标方式确定承办金融机构。但由于机制不完善，业务进度十分缓慢，2004年高校助学贷款业务甚至在一些地方出现了流标现象。在这种情况下，国开行锐意进取、积极创新，提出以省教贷中心和高校资助中心为平台，以风险补偿金奖励返还为激励约束机制的助学贷款新模式，有效解决了银行办理助学贷款的难题。截至2015年年底，国开行已累计发放助学贷款850多亿元，累计支持学生达到1500万人次，惠及千万经济困难的家庭，帮助寒门学子实现了"大学梦""中国梦"。

（3）支持保障房建设，大力支持中低收入家庭住房建设，促进居住公平

2004年，辽宁省将棚户区改造工作作为帮助辽宁老工业基地改造的"一号工程"。该工程需要改造的面积达到2000万平方米，涉及人口达200多万人，资金缺口高达187亿元，棚户区居民无力承担，政府财政资金也难以完全支撑，商业资金难以参与。在这种情形下，国开行积极探索"政府主导、市场运作、社会参与"的新模式，发放首笔贷款30亿元，使得辽宁省11个城市120万棚户区居民提前从残旧破损的棚户区迁入了高大敞亮的新楼房，开创了金融支持保障房建设的先河。随后国开行趁热打铁将辽宁棚改的经验推广至全国各地，主动提供融资帮助各地解决贫困人口集中成片居住难题。2011年国务院提出"十二五"期间在全国建设3600万套保障性住房，国开行积极响应，连续两年新增保障性住房贷款余额超千亿元，市场份额占比超过50%。2014年国务院第14次常务会议特别提出，要"发挥好开发银行对棚户区改造的信贷支持作用"。截至2015年年底，国开行发放棚改贷款7509亿元，棚改贷款余额达1.31万亿元，是支持我国棚户区改造的主力银行。

（4）实现造血式扶贫开发，加大开发式扶贫工作力度，促进生存公平和发展公平

多年的积极探索，国开行在普惠金融领域不断开拓创新，积累了丰富经验。

在国家财政扶贫资金发放额度有限、扶贫开发任务艰巨的情况下，国开行提出将融资与融智配套实施，推动各地编制系统性融资规划和扶贫开发规划，创新财政扶贫资金的使用方式，建立了"政府主导、机制建设、统一借款、扶贫贴息、社会共建、农户受益"的批发式融资机制，实现了由输血式扶贫济困向造血式扶贫开发的转变。截至 2015 年年底，国开行发放脱贫攻坚贷款 2122 亿元，覆盖 727 个连片特困地区县和国家级贫困县，使贫困地区的交通、住房、教育、医疗卫生、农林水等领域得到较大改善和发展。

2. 中国邮政储蓄银行

中国邮政储蓄银行（以下简称邮储银行）在成立之初就被赋予了普惠金融的责任和使命。2007 年成立以来，邮储银行积极填补金融服务空白、扶持弱势群体发展，逐步建成了网点最多、覆盖面最广、离"三农"和社区最近的大型零售商业银行，为城乡居民提供了全方位、多层次的金融服务，有效缓解了农村地区金融服务不足的问题，成为普惠金融服务的中流砥柱。截至 2015 年年底，邮储银行累计发放小微企业贷款余额近 6000 亿元，累计投放个人小额贷款一万多亿元，笔均金额 6 万多元，惠及 900 万农户，服务小微企业超 1200 万户，真正践行了普惠金融理念。

3. 全国农信系统

农信社改革取得重要成果，可持续发展能力增强，农村金融服务水平提升，产权制度改革稳步推进。2015 年，全国农信社实现利润 2233 亿元；截至 2015 年年末，不良贷款比例为 4.3%，资本充足率为 11.6%；涉农贷款余额和农户贷款余额分别为 7.8 万亿元和 3.7 万亿元，比上年末分别增长 9.8% 和 8.8%。全国共组建以县（市）为单位的统一法人农信社 1299 家，农村商业银行 859 家，农村合作银行 71 家。

据中国银行业协会统计，截至 2016 年第一季度末，全国 1400 多家村镇银行涉农贷款户均 46 万元，同比减少 7 万元，涉农贷款占村镇银行贷款比重为 93%，表明村镇银行业务与目标客户逐步向农村下沉。其中，省级农信社涉农贷款覆盖面不断提升。例如，海南省农信社目前发放农户小额贷款超过 60 万户，覆盖率超过 50%；湖南省农信社为全省 89 万户贫困户授信，占全省贫困户的 73%。

4. 民生银行

民生银行是中国第一家真正意义上的民营银行。自 1996 年成立以来，逐步形成了"做小微企业银行"的差异化战略定位，致力于打造小微金融服务的"百达翡丽"，在深入推进小微转型升级过程中，逐步从仅为小微客户提供小额信贷，过渡到全面为小微客户提供各类金融服务。2009 年 2 月，民生银行在国内首创"小微金融"战略概念。经过半年准备，民生银行"你有梦想，我有行动"暨"商贷通"产品推介会首发式在上海举行。2009 年年底，"商贷通"贷款余额就达到了 448.09 亿元，占个人贷款余额的比例达 27.3%，客户累计达 3 万余户。2010 年，民生银行推出"4008695568"小微金融服务专线，提供贷款咨询、受理预约、账户查询等多项服务。2011 年，民生银行正式推出小微金融 2.0 升级版。随着小微金融战略的持续深化，民生银行的小微客户结构持续优化。数据显示，2012 年年末民生银行小微客户总数达到 99.23 万户，2013 年年末达 190.49 万户。2014 年，民生银行又力推单户融资需求 50 万元以下的微型贷款产品，微贷规模超过 150 亿元，惠及了 20 多万户微型企业。为满足小微企业对服务便利性的要求，民生银行打造了小微企业专属的网上银行、手机银行、"乐收银"结算机具，还在部分营业网点设置了服务专区、在客户聚集的商圈设立了服务站点。为帮助广大小微企业抱团取暖、共同发展，民生银行牵头设立城市商业合作社，搭建了多样化的合作平台，目前已设立了 4000 多家商业合作社。为支持小微企业持续稳健经营，民生银行还创新续贷方式，降低小微企业的续贷成本，并对暂时出现经营困难的小微企业提供了授信重整等服务。截至 2015 年年底，民生银行小微客户数达 449.82 万户，较上年增长 54.48%，全年累计投放小微贷款 4930.62 亿元，期末小微贷款余额 3712.24 亿元。

5. 阿里金融

在互联网和 IT 技术革命的刺激下，更具生命力的普惠金融服务在最近几年真正出现，这其中最典型的代表就是阿里巴巴集团。依托着中国最大的电子商务平台，借助于电子商务的客户群体和信用记录，阿里巴巴将支付宝、余额宝、小额信贷融于一身，以令人吃惊的速度创造了互联网金融的发展奇迹，不仅刺激了更多互联网企业介入金融服务，更令传统金融巨头深感压力。由支付宝到支付宝钱包，阿里巴巴完成了由线上支付到线下支付的延伸。支付宝和支付宝钱包与传统的支付方式相比，不需要额外的硬件终端设备，使得用户在无须支付任何费用的情况下享受到了互联网移动支付及其他金融服务，体现了普惠金融的本质要求。在小额信贷领域，阿里小额信贷是一种基于信用的贷款工具。截至 2014 年 2 月，阿里金融服务的小微企业已经超过 70 万家。在投资理财领域，2013 年 6 月 13 日，余额宝上线。通过余额宝，用户可以以任何数量的金额进行投资，而且随时支取余额宝里的资金进行支付、汇款等，降低了投资的门槛。截至 2015 年年底，余额宝规模增至 6207 亿元，全年为用户创造收益 231 亿元。2015 年余额宝用户中，农村地区的用户规模同比 2014 年激增了 65%，数量占到整体的 15.1%，相当于每 7 个余额宝用户中就有一个来自农村，这使得中低收入人群也能分享丰富的金融收益，极大了实现了普惠金融的宗旨。

6. 拉卡拉

拉卡拉是中国最大的线下支付普惠金融提供者。在助力各种线下支付顺利完成的同时，拉卡拉提供的便捷服务越来越好，成为普惠金融新的重要尝试。

2009 年 7 月，拉卡拉使得支付点刷卡走进消费者视野，成为淘宝网、携程网、盛大游戏等数百家著名电子商务企业必备的支付方式。2010 年 4 月，拉卡拉正式发布迷你拉卡拉家用刷卡机，从此走进消费者家庭。2011 年，拉卡拉全面进入商户收单服务市场，创新性地推出了针对小、中、大商户的多种 POS 产品和服务，尤其是针对小微商户的"收款宝""生意通"等产品，极大地满足了商户需求，广受好评。2012 年 5 月 29 日，拉卡拉推出"拉卡拉手机刷卡器"，标志着拉卡拉全面进入移动支付领域。仅推出半年的时间，销量已突破 200 万台，客户端下载量突破 500 万次，掀起了移动支付的第一个高潮。截至 2015 年年底，拉卡拉资产总额为 43.59 亿元，营业收入 15.88 亿元，净利润达 1.26 亿元。

7. 宜信

宜信公司创建于 2006 年，是一家集财富管理、信用风险评估与管理、信用数据整合服务、小额贷款行业投资、小微贷款咨询服务与交易促成、公益理财助农平台等业务于一体的综合性现代服务业企业，也是全球最大的 P2P 小额信贷平台。

2009 年，宜信推出公益理财产品——宜信公益助农平台"宜农贷"，通过这一平台，爱心人士可以直接一对一将富余资金借给中西部地区需要资产支持的农村贷款方。2011 年 8 月成立"信翼小微企业服务平台"，致力于帮助小微企业进行能力提升，促进小微企业长远可持续发展。2012 年，宜信针对城市白领一族推出互联网借贷咨询服务平台——宜人贷，满足习惯使用互联网、移动互联网等新技术手段的城市白领，让他们通过互联网就能够轻松方便地获得资金的帮助。2012 年 12 月 21 日成立的"小微企业信贷服务中心"从小微企业主的实际经营情况出发，不以营业执照、纳税记录、银行流水等作为硬指标，而是用基于现金流的微贷分析技术，结合小微企业主所在的行业、地域、季节、用款计划等要素，为他们提供资金解决方案。面向小型农业客户群，宜信普惠的商业类小额信贷咨询服务业务"农商贷"网点已经遍布 64 个县级营业部，服务客户 3.7 万人次，解决资金 15.12 亿元；针对有一定规模的农业大户，2013 年，宜信普惠旗下的融资租赁，率先推出以农机具等作为租赁物的小微租赁业务，解决了农业大户的融资难问题，截至目前，农机租赁业务已经覆盖了 22 个省，合作伙伴超过 300 家。2015 年 7 月，宜信租赁在国内首开"活体租赁"先河，为不同客群、不同需求的农户，提供了更适合其发展的普惠金融服务。

三、中国普惠金融发展中存在的问题

1. 普惠程度不够高

在政府放松管制、新技术不断涌现、金融机构积极创新等多重因素的影响下，中国的普惠金融快速发展，普惠金融的理念也随着其业务的不断展开而流传开来，成为金融领域的新宠儿，众多专家和学者均积极参与普惠金融的理论研究和实践检验。

但是，农村金融依然存在着基础薄弱、网点少、成本高，以及中小企业融资难、融资贵等问题。而且，由于新技术革命冲击，导致部分金融创新业务需要进一步规范，同时金融消费者合法权益的保护力度也需要进一步加强。如果对这几年中国的普惠金融发展过程进行深入的研究，可以发现，中国普惠金融体系在提升金融服务的可获得性和覆盖率方面，还有着较大的上升空间，金融体系的普惠程度仍需要进一步加强。

2. 普惠金融产品与服务创新能力不足

中国的普惠金融从业机构结合自身特点对传统的普惠金融理念进行了探索和拓宽，开发了具有中国特色的普惠金融产品并开创了符合我国国情的发展模式。当前的普惠金融不仅包括小额信贷，还包括支付、汇款、保险、典当等各类金融服务。特别是大数据技术在金融领域的应用，中国综合性普惠金融服务呈现了网络化、移动化的趋势，同时第三方支付、网络保险、网络 P2P 信贷、移动支付等新兴普惠金融业态蓬勃发展。

我们同时也要注意到，以传统大型商业银行为主导的金融机构依然存在着经营模式单一的弊端，我国金融机构的国际竞争力和创新能力依然有待加强。中国普惠金融发展仍处于初期阶段，市场发展潜力有待进一步挖掘，市场竞争力仍有待进一步提升，普惠金融机构的创新能力和盈利模式亟须实现新的突破。

3. 普惠金融服务的发展对风险管理和监管带来新挑战

普惠金融作为面向新大众群体的一种新的金融服务，与传统的金融服务相比具有截然不同的风险特征。

普惠金融的发展对于市场风险、信用风险、流动风险和操作风险等全面风险管理的手段和方式都提出了新的要求。普惠金融的发展需要与风险管理技术相融合，普惠金融的新模式要想得到快速的发展，所有的创新都需要以"利国利民、合法合规"为基本原则，一方面需要通过适度的监管加强外部监督，另一方面需要通过行业自律加强内部规范，既要鼓励创新，也要防范风险。

4. 金融基础设施供给亟须增加

大数据技术的快速发展使得普惠金融面临着许多新的挑战和机遇。一方面，大数据时代让信息更加开放，客户信息安全面临新的挑战；另一方面，各类金融机构不断采用新的技术来提升服务质量、降低享受金融服务的门槛，居民和小企业的金融诉求得到了进一步的关注。在缺乏制度环境保障的新兴经济体中，大数据金融有可能引发投资者保护不到位或市场风险不可控。因此，在金融基础设施建设和金融监管创新方面，我们要主动去面对新技术所带来的挑战和机遇。在全球大数据金融模式都尚未定型之时，如何提供更加合适的金融基础设施，如何更加高效地进行监管，都是有待进一步研究和探讨的问题

四、中国普惠金融的发展方向

基于国际经验、中国实践和趋势分析，中国相关金融决策和监督部门需从以下方面入手，推进中国普惠金融的发展。

1. 深化普惠金融体制改革、优化普惠金融生态环境

以普惠金融为方向，发挥政策性、商业性和合作性金融的作用，进一步深化农村中小金融机构改革，加快小额保险、小额期货发展，构建多层次、多样化、适度竞争的普惠金融服务体系。要充分发挥政府主导作用，完善区域信用评价体系，加快农村产权交易市场建设，努力推进社会信用建设，优化普惠金融生态环境。

2. 建立良性互动的运行机制

在财政资金与金融资金的良性互动机制建立过程中，既要发挥财政资金的扶持作用，又要发挥金融资金的主力军作用。在开发性金融与商业性金融的良性互动机制建立过程中，既要发挥开发性金融的引领带动作用，又要发挥商业性金融的支柱作用。在国有控股大型金融机构与民营中小金融机构良性互动机制的建立过程中，既要发挥国有大型金融机构的骨干作用，又要发挥民营中小金融机构的补充作用。

3. 降低市场准入标准、支持创新型机构

在普惠金融体系中，应特别重视服务高成长人群的创新型互联网金融企业的

作用。这类机构一般长期服务于广大小微企业主、经济活跃的农户和城市创业人群，也便于同相近区域内的中小企业建立长期的银企关系，在高度依赖"软信息"（即关于企业家的经营能力、个人品质、企业所在市场的环境因素等难以传递和检验的信息）的小微企业融资方面具备比较优势。

因此，监管部门应支持设立此类金融服务机构，弥补大银行在"软信息"搜集等方面的不足，进一步扩大金融服务覆盖面。重点是社区银行、村镇银行、各类小额信贷机构、小微金融投资机构和较为成熟的创新型互联网金融企业。对于它们的准入审核和政策许可，应该更具针对性和可行性。

4. 鼓励普惠金融业务创新

中国普惠金融事业处于起步阶段，需要百花齐放的创新，同时，还需要有效平衡创新与风险的关系。

政府在创新与风险的天平中，在系统可接受的范围内，应当鼓励探索创新金融模式，进一步提升普惠金融的创新能力和有效性，在理念、模式和技术方面进行创新。同时，要发挥普惠金融创新推动者和引导者的作用，协调包括政府部门和相关市场参与者在内的有关各方，为普惠金融服务创新、技术创新、产品创新和市场创新提供有效保障，并进行相应的法律法规修订和政策调整。比如，对普惠金融产品创新的科研投入实行税收减免政策，减轻普惠金融机构的财务负担；对于从事普惠金融机构的经营场所用地优先考虑，可考虑设立普惠金融示警区，减轻普惠金融机构的经营压力；考虑建立政府财政支持的专项基金，为普惠金融机构提供财政支持，鼓励创办支持普惠金融机构的私募股权投资基金，并建立普惠金融股权转让的资本市场；出台针对普惠金融机构的保险制度；支持设立普惠金融机构的全国性和地区性行业组织。

5. 加强全社会共享的信用体系建设

在互联网和普惠金融的发展过程中，信用体系建设方面仍面临诸多挑战。很多普惠金融机构难以分享人民银行征信系统的信息资源，难以及时获得金融服务所需要的信用信息，违约记录难以计入征信系统。

下一阶段，加强中国信用体系建设的重点应包括：加强金融监管部门对金融机构的信息资源支持，加强金融监管部门与其他公共服务部门的合作，加强金融机构与信用信息企业的跨行业合作。

6. 明确监管职责，提供政策引导和服务支持

政府对普惠金融行业发展的最重要支持是通过政策引导，确立明确的准入要求、行业标准和监管规则，培育公平竞争的市场环境，鼓励各类金融机构依法平

等获取生产要素、公平参与市场竞争，以全球化的视野大胆探索创新，从不同层面及时有效地满足各种需求。

此外，提供高质量的金融基础设施是政府的重要目标之一，相对于支付清算系统等硬件设施的快速升级，中小企业征信记录、个人征信记录、系统性风险防范机构、金融生态建设等软件设施的建设仍不尽如人意，今后政府应加大对这些"公共服务"的建设力度，为普惠金融的发展提供一个健康的商业生态环境。比如，可以考虑建立普惠金融机构的全国联网系统。

通过"宽严相济"的差异化监管，适度调整注册资本、存款准备金率等监管政策，探索将土地经营承包权和集体宅基地使用权纳入抵质押范畴，适当放宽担保要求和担保品范围，引导各类金融机构主动提供普惠金融服务。

7. 加强普惠金融消费者保护

普惠金融在社会发展中的主要定位之一，就是不断满足各类金融消费者的需求、增进消费者福利。一方面，要不断完善金融消费权益保护机制。在普惠金融实践中，服务对象往往是社会的相对弱势群体，应重点保护这些群体的金融消费权益。另一方面，应有针对性地开展金融知识普及活动，例如，鼓励普惠金融机构与科研院所形成战略合作，支持相关高校开办普惠金融专门课程，鼓励支持普惠金融机构进行国际交流，组织媒体对于先进的普惠金融探索进行集中报道，形成示范效应，等等，不断提高金融消费者金融素养。

8. 促进互联网金融与传统金融的有机融合

在发展普惠金融的进程中，尤其应注重将互联网金融与传统金融的发展有机整合起来。中国金融体系存在一些不足，需要通过金融改革和金融创新实现突破。

从技术角度看，互联网金融利用新的技术条件完善了传统金融体系的功能，展示出与旧有模式不同的高效率。传统金融机构可以借鉴并应用互联网金融的技术路线和组织模式，实现自身发展的转型升级。互联网金融机构与传统金融机构亦可开展合作，例如，对商业银行、非银行金融机构、支付企业、互联网企业数据的有效整合可以为社会信用体系建设与财富管理模式创新奠定基础，有助于建立一个贴近各类客户需求、灵活多样的金融服务体系。

9. 开展普惠金融试点

普惠金融涉及的部门、领域众多，长远利益和短期利益、公共利益和商业利益的协调机制构建面临复杂的矛盾。如何既要实现普惠金融的商业可持续，又要兼顾社会公平和长远价值，是一个需要认真探索的课题。因此，在欠发达地区设立普惠金融综合改革试验区，在积累经验的基础上向全国推广是一种行之有效的途径。

第四节　贵州省普惠金融发展的现状和问题

一、贵州省普惠金融发展的现状

1. 实施普惠金融的主体

贵州省实施普惠金融的主体包括金融监管机构和金融机构。近年来，贵州省金融监管机构和金融机构对普惠金融的认识越来越深刻，对普惠金融的投入越来越多，实施普惠金融的力度越来越大。参与普惠金融的主要金融监管机构包括银监局、证监局和保监局。参与普惠金融的主要金融机构基本上是银行业金融机构，包括国开行贵州分行、中国邮政储蓄银行贵州分行、贵州信合、农商行、村镇银行、小贷公司等。

（1）省银监局

贵州省银监局发挥政策引领作用，出台多项政策措施，引导银行业金融机构进一步做好支持"三农"、小微企业发展工作。一是制定出台《关于进一步做好"三农"金融服务工作的指导意见》《关于进一步深化小微企业金融服务工作的指导意见》，其基本涵盖了党中央国务院、银监会和省委省政府出台的支持"三农"、小微企业发展的相关政策，强调发挥体制机制创新的关键作用，强调围绕贵州省的特色政策、特色产业及小微企业特点做文章。二是制定出台《关于贵州省银行业加大金融支持现代高效农业力度的指导意见》《关于银行业支持"四在农家·美丽乡村"建设工作的指导意见》《贵州银行业支持科技型中小企业发展的指导意见》等，引导银行业金融机构加大对现代高效农业、"四在农家·美丽乡村"建设、科技型企业等重点领域、重点环节的支持力度，促进产业转型升级，推动实现后发赶超。

为响应贵州省委、省政府战略部署，顺应金融创新发展潮流，引导各金融机构在符合国家政策、监管法规和成本可算、风险可控的前提下进一步创新金融产品、完善金融服务。2016 年 5 月 19 日，贵州省银监局组织举办了银行业发展大数据，支持脱贫攻坚和小微企业观摩会。一直以来，贵州省银监局坚持"立足改善民生，聚焦薄弱领域，深化金融创新，推进普惠建设"的指导思想，以扩大服务覆盖面为抓手，强化正向激励，督促单列信贷计划，落实尽职免责制度，不断提高银行主动服务小微企业的积极性。通过检查、走访、调研、约见谈话、通报等方式，加大督导力度，确保各项小微金融服务工作落到实处，不断提高贷款可获得性。截至 2016 年 3 月末，贵州小微企业贷款余额 3620 亿元，较年初增加 197

亿元，同比增长 12%；申贷获得率 95.59%，高于去年同期 1.29% 个百分点；贷款户数 30.79 万户，与去年同期基本持平。

（2）人民银行贵阳中心支行

人民银行贵阳中心支行承担防范金融风险，维护金融稳定的职能，从这个角度切入，在普惠金融方面做了很多工作。2014 年 4 月 15 日成立中国人民银行贵阳中心支行金融生态县测评工作领导小组，下设办公室（以下简称生态办）于征信管理处。生态办组织编写了《贵州省金融生态县测评指标体系》（征求意见稿）和《金融生态县测评指标项目说明》（征求意见稿），并专门制定《贵州省金融生态县指标体系实测方案》，于 2014 年 5 月 19～23 日在黄平、麻江、瓮安三个县和六枝特区开展贵州省金融生态县测评试点实测工作。生态县测评指标里就包括普惠金融实施力度的测评指标。2016 年第一季度，人民银行贵阳中心支行完成了对全省 9 个市（州）和 74 个县（市）2015 年金融生态环境测评工作，并联合省金融办向各地方政府、相关职能部门和金融机构发布了测评结果。2015 年的测评结果显示，9 个市（州）综合测评分数在 70 分以上的有 7 个，占比 77.78%，其中，安顺市、黔西南州和黔东南州综合测评位列前三；74 个县（市）综合测评分数在 70 分以上的有 59 个，占比 79.73%。全省金融生态测评工作的持续推进，将有利于促进各地方政府有针对性地加强和完善辖内金融生态环境建设，为实现贵州省打造金融生态最优省的发展目标奠定基础。2015 年 7 月 20 日和 22 日，人民银行贵阳中心支行组织召开小微企业和农村信用体系建设工作推进会，进一步落实好人民银行总行关于小微企业和农村信用体系建设的工作要求，积极争创总行试验区。

（3）省证监局

贵州省资本市场相对落后，金融市场间接融资比重过大，直接融资比重过小，针对中小微企业的直接融资更少。贵州省证监局正在积极宣传、大力倡导利用好全国中小企业股份转让系统（即"新三板市场"）推动贵州省中小微企业成长。2015 年 10 月 16 日，贵州省证监局和省政府金融办在贵阳市联合举办"贵州新三板挂牌企业规范发展专题培训会"，邀请证监会、全国股转系统、国信证券、北京国枫律师事务所的专家，为贵州省企业通过挂牌"新三板"实现直接融资释疑解惑，搭建桥梁。截至 2015 年年底，贵州省在"新三板市场"中挂牌的企业已有 29 家，在数量上已经超过贵州省在沪深两市主板、创业板上市公司家数，但还有相当大的潜力可供挖掘，"新三板"将成为助推贵州省优质中小企业做大做强的有利平台。

（4）省保监局

近年来，贵州省保险业以贷款保证保险业务为抓手，积极探索创新模式，努力缓解小微企业融资难、融资贵问题，支持实体经济发展，取得了比较明显的成效。一是业务增速快。截至 2015 年 10 月末，全省贷款保证保险累计签单 9869 笔，实现保费收入 4.66 亿元，推动保证保险业务同比增长 148%，增速排名全国第 2 位，帮助小微企业、个体工商户和居民个人累计获得贷款资金 57 亿元。二是业务模式新。目前市场主要存在政府参与企业风险审核，银保双方按 2∶8 比例分担风险的"政银保"模式；保险、担保、贷款企业三方共同分担贷款损失的模式和服务涉农企业的"政府+保险+银行+涉农企业"四位一体模式及个人小额消费贷款等运行模式。三是融资成本低。目前小微企业通过购买保证保险进行一年期银行贷款，最高贷款金额可达 300 万元，合计年化成本最高不超过 12%，远低于一些小贷公司、民间资本 30%～60% 的融资成本。四是银行风险小。与一般担保机构比较，保险公司资本实力雄厚、风险准备和分散机制健全、监管规范有效，具有更高的风险承受能力，截至 2015 年 10 月底，保险公司已向放贷金融机构支付赔款 1.4 亿元。五是放贷效率高。小微企业平均 1 个月左右获得贷款，最快只需 2 周。一些简易的个人贷款业务，客户通过手机 APP 上传申请，最快可当天获得贷款。

（5）国开行贵州省分行

国开行贵州省分行把开发性金融的普遍原理和贵州省情紧密结合，按照金融普惠的指导思想，结合贵州省经济社会发展实际，紧紧围绕省委、省政府确定的主基调、主战略，在经济新常态下进一步发挥开发性金融优势和作用，积极协调各方资源，持续精准发力，加大资金投放力度，为贵州加快脱贫攻坚、实现经济稳定增长提供有力支持。截至 2016 年 6 月末，累计提供融资总量 603 元，其中发放省内人民币贷款 215 亿元，实现省内人民币贷款余额新增 93 亿元，重点支持了棚改、公路、铁路、水利、能源等重大项目建设及民生事业发展。

以支持棚户区改造为着力点，大力支持新型城镇化建设。该行把省内贷款的 50% 投向棚户区改造和城市基础设施配套工程建设，切实保障和改善民生。截至 2016 年 6 月末，累计向贵州省棚改项目授信 1174 亿元，累计发放 615 亿元，棚户区贷款余额 555 亿元，覆盖九个市（州）及贵安新区，惠及 36.2 万户中低收入群众。

以支持农业产业化为突破点，积极助力贵州省打赢脱贫攻坚战。践行金融普惠理念，通过"开行小额农贷"支持贵州省山地特色优势产业发展，已累计授信 45 亿元，发放贷款 19.7 亿元，覆盖 22 个县，带动近 30 万户贫困山区农民走上致富路。在对口扶贫的务川、正安、道真三县贷款余额达 47.3 亿元。截至 2016 年 6 月末，该行已对贵州省全部 71 个扶贫开发重点县实现贷款业务"全覆盖"，累计发放贷款 1518 亿元，贷款余额 1042 亿元。

2016 年 6 月，国开行党委书记、董事长胡怀邦亲自来贵州，见证国开行与贵州省人民政府签署《"十三五"全面深化开发性金融合作备忘录》。下一步，贵州分行将贯彻落实备忘录精神，继续围绕贵州"十三五"脱贫攻坚重点领域和重大项目，进一步加大融资融智力度，认真做好金融扶贫这篇大文章，为贵州脱贫攻坚、城乡统筹、山地特色旅游、产业发展等提供更大支持，助力贵州早日实现同步小康目标。

（6）邮储银行贵州省分行

多年砥砺深耕，邮储银行贵州省分行各项业务从无到有，由弱到强，9 家市（州）分行、935 个网点，触角延伸至乡镇，成功搭建了涵盖零售、公司、金融市场、资产管理等业务的全功能商业银行业务格局。该行以只争朝夕的紧迫感，坚持"普之城乡、惠之于民"的金融理念，以央企责任引领普惠金融业务发展，紧紧围绕贵州省主基调、主战略，服务实体经济，加快金融创新，充分展示了国有大型零售商业银行在经济发展中的推动和纽带作用。截至 2015 年年底，该行各项贷款余额达 262 亿元，较年初增长 94 亿元，增幅达 55.6%。截至 2015 年年底，该行向全省农村地区投放贷款 150 多亿元，笔均 12 万元，惠及 10 余万农户、个体户。

邮储银行贵州省分行始终坚守"差异化、特色化、品牌化"经营定位，充分发挥覆盖城乡的网络优势，助力普惠金融，打通农村金融服务"最后一公里"。在贵州扶贫攻坚主战场，通过积极创建小额贷款和小微企业特色支行，提升"三农"服务能力，创建 6 家国家级农业示范特色支行，贷款主要投向新型农业经营主体，仅新型农业经营主体贷款余额就达 12.03 亿元，4 家总行级特色支行贷款余额达 3.42 亿元。

结合贵州省烟、酒、茶、乡村旅游、中药材等"五张名片"特色优势产业，该行创新开发"三农"金融服务产品，指导新产品项目落地，优化业务流程。通过引入财政性保证金、保险公司、涉农担保公司等增信措施，解决小额贷款抵质押不足的难题。2015 年，邮储银行贵州省分行积极推广"贵园信贷通"，共发放贷款 3600 万元，支持贵州省产业园区中小企业发展。按照同期银行贷款基准（基础）利率，"贵园信贷通"的贷款利率上浮上限不超过 30%，企业不但可以进行无抵押融资，而且其利息也比银行贷款相对较低。

（7）贵州省农信社

贵州省农信社目前是贵州最大的地方法人金融机构，是贵州省银行业的龙头老大，是贵州省名副其实的普惠金融主力军。贵州省农信社攻坚克难，开拓进取，致力做精"三农"金融，2015 年新创信用组 9606 个、信用村 718 个、信用乡镇 757 个、信用县 6 个、农村金融信用市 1 个（安顺）；不断做大小微金融，共发放小微企业贷款 2089 亿元，占各项贷款的 70.36%，贷款户数达 23.28 万户；持续做实民生金融，举办"金融夜校"3.5 万场（次），培训人数达 200 余万人次，实现行政村全覆盖；积极做优产业金融，大力支持地方茶产业、中药苗药产业、烤烟等特色产业发展，重点帮扶"生态旅游村""农家乐"等旅游相关产业壮大，共在五大新兴产业领域投放贷款 6.80 亿元。截至 2015 年年末，全省农信社资产总额是 2003 年末的 20 倍、存款余额是 2003 年末的 24 倍、贷款余额是 2003 年末的 20 倍，存贷市场份额及增速连续 8 年位居全省银行业金融机构首位。贵州省农信社被誉为"服务'三农'最靠得住的银行""助力地方贡献最大的银行""普惠金融最给力的银行"，发展成效得到了省委、省政府及社会各界的高度赞誉。

（8）贵州省农商行、村镇银行和小额贷款公司等

"十二五"时期，贵州省普惠金融取得实效，村镇银行由 12 家增加到 53 家，小额贷款公司由 153 家增加到 409 家，融资性担保机构由 270 家增加到 368 家，实施金融服务"村村通"工程，在全国率先实现自助机具行政村全覆盖，大幅提升了小微、"三农"金融的可获得性。贵州省农商行、村镇银行和小额贷款公司都是贵州省积极践行普惠金融的市场主体，它们的服务对象主要包括小微企业、社区和农户。以毕节农商行为例，该行在毕节市 35 个村镇布设网点 37 个，实现了网点全覆盖。

为了更好地引导村镇银行发展，鹿城农商行在贵阳同步设立鹿城农商行贵州富民村镇银行管理部，并获省委、省政府按驻地省级金融机构管理。该部按照"引好方向，带好队伍，管好风险，做好服务"的原则，为村镇银行提供强有力的人才、资金、业务、技术和科技支撑，引导村镇银行完善公司治理，坚持支持"三农"、小微定位，推进普惠金融服务，强化风险防控，实现村镇银行各项业务快速健康发展。截至 2016 年 2 月末，该行存贷款规模达 50 余亿元，惠及 24 929 户个体工商户和农户，其中涉农贷款余额达 32 亿元，占贷款的 78.76%；浙江温州鹿城农商行向贵州各富民村镇银行拆借资金余额为 21.4 亿元，"东资西输"工程成效明显。浙江温州鹿城农商行目前正在筹建普定、紫云、六枝、独山、长顺、册亨、望谟 7 家村镇银行。全部开业后，富民村镇银行网点将分布贵州省 6 个市（州）、20 个县（市、区），覆盖贵州省近四分之一县域。

贵州鼎鑫经济担保公司于 2005 年 8 月正式挂牌成立，首期注册资金 500 万元，是贵州省第一家从事无抵押装修担保贷款业务的金融公司，并在 2011 年 8 月正式更名为"鼎盛鑫融资担保有限公司"（以下简称鼎盛鑫）。到 2015 年，公司在全国和省内开设 16 家分支机构，累计担保贷款余额超过 80 亿元人民币，服务超过 8000 位客户。一直以来，鼎盛鑫专一、专注、专业在家庭与小微企业发展市场这个领域探索和发展，在长期的产品调研和风险控制体系建设的基础上，独创了中国首个无抵押装修担保贷款产品——"改巢唤贷"和"责无旁贷"两款核心产品，在全国首创普通百姓家庭和小微企业无抵押装修信用担保的"贵州模式"，在全国融资性担保业占有了一席之地。

"乾贷网"是贵州中小乾信金融信息服务有限公司（原"贵州黔贷通金融信息服务有限公司"）建立的互联网金融服务平台，成立于 2013 年，隶属于贵州省中

小企业服务中心。2014 年 3 月，公司正式在上海股交中心 Q 板挂牌。截至 2015 年 11 月，乾贷网通过个人理财用户向贵州中小企业提供借款资金的交易额已累计突破 10 亿元，完美地完成了助力本土中小企业发展、为个人理财用户提供安全产品的模式创新。

2. 实施普惠金融的信用环境

向金融弱势群体提供金融服务，交易成本高，风险大。因此，实施普惠金融要克服的主要难题是如何降低普惠金融实施者的交易成本，降低其风险。在我国开展普惠金融的制度性难题是担保不足，缺乏可担保和抵押的财产。在我国当前的经济和法律制度背景下开展普惠金融，必须营造良好的信用环境，以便克服因为担保不足所造成的交易成本和信用风险。所以，信用环境是我国实施普惠金融所必需的基础设施。

贵州省在普惠金融信用环境建设方面取得了很好的成绩。贵州省农信社以农户小额信用贷款为抓手，在全省广泛开展"信用农户、信用村组、信用乡镇"为主要内容的农村信用工程创建活动，并主动把农村信用工程创建活动融入诚信农民建设中，既破解了农民"贷款难"瓶颈，又推动了诚信农民建设，改善了农村信用环境。2015 年贵州省农信社与省扶贫办、人民银行贵阳中心支行联合推出"特惠贷"精准扶贫农户小额信用贷款产品，进一步加大对贫困农户信贷投放力度，为贵州省实施精准扶贫注入了新的活力。截至 2015 年 9 月末，在全省扶贫建档立卡的 205 万贫困农户中，农信社已对 145 万农户建立了档案，建档率达 69.79%，评定信用农村 140.66 万户，授信金额 493.53 亿元。其中，对 48.93 万建档立卡贫困户提供了贷款支持，精准扶贫贷款余额 158.45 亿元，带动和帮助了贫困农户创业、就业和脱贫致富。

此外，人民银行贵阳中心支行、邮储银行贵州省分行、地方农商行和村镇银行也在普惠金融信用建设上实施了有效的探索。比如，贵州省毕节市大方富民村镇银行借助县工商局微企办的平台，和微企办注册的 18 多家小微企业建立联系，实现银、政、企的对接。同时，该县还成立了小微企业协会，实行行业自治管理模式。通过这种做法，增加了小微企业的信息透明性，提升了小微企业的信用，改善了普惠金融的信用环境。

3. 实施普惠金融的主要手段和创新

普惠金融旨在扩大金融服务的覆盖面，延展金融服务的广度和深度。随着金融服务的覆盖面的扩大，金融服务的广度和深度的不断延伸，交易成本越高，风险越大，难度越大。因此，如何丰富普惠金融的手段，不断创新普惠金融的模式是普惠金融发展成功的关键。

到目前为止，普惠金融的主要手段仍然是关注银行网点的铺设。比如，在农村安装传统的金融服务工具，如农信银自助服务终端、POS 机、ATM 机，让农民在家门口就能享受到快捷、便利、安全的金融服务，也是普惠金融的主要实施模式。银行应扩大在社区的营业网点，延伸普惠金融。

此外，贵州省在实施普惠金融方面应针对普惠金融的受众，实施灵活多样的普惠金融手段，创新普惠金融模式。

（1）农民工银行卡

早在 2005 年，贵州省就率先在全国进行农民工银行卡特色服务试点，即农民工在打工地利用"银联"卡存入现金后，回家在就近的农信社网点柜台提取现金。截至 2014 年年底，贵州省农民工银行卡特色服务交易笔数达 87 万笔，交易金额11.8 亿元，位居全国第 6 位。

（2）"银行卡助农服务村村通"工程

2011 年年底，人民银行贵阳中心支行组织协调银联贵州分公司与贵州省供销合作社进行全面合作，在贵州省正式启动"银行卡助农服务村村通"工程。该工程以贵州省供销合作社村级综合服务站作为合作商户，通过银联银行卡服务网络，由收单金融机构在服务点布放 POS 机具，为当地农民群众提供安全、高效、便捷的现代银行卡支付服务，实现农民不出村刷卡取现购物消费。

2014 年 4 月，遵义市率先在全省实现了助农取款服务村村通，全市 14 个县（市、区）1671 个行政村布放机具 2162 台，行政村覆盖率达 100%，惠及农村人口 447 万人，真正为老百姓打通了农村金融服务"最后一公里"。

贵州省供销合作社已在全省村级综合服务站覆盖率已超过 80%。截至 2014年 12 月 10 日，全省农村地区布放 POS 机 49 190 台，提前并超额完成 2014 年年底自助机具覆盖行政村率 80% 的目标，覆盖率居全国第 1 位。贵州推行基础金融服务"村村通"，有效地推动了金融服务网点向乡镇和行政村的延伸。

（3）小微企业普惠金融创新

贵州信合基金会主动把服务小微企业作为重要发展战略之一，建立小微企业金融服务中心，探索出服务小微企业新模式、新途径，积极支持妇女、大学生创业，有效破解小微企业融资难问题，并带动了就业。大方县工商局建立小微企业办公室（简称微企办），集中小微企业的信息，并主持发起建立小微企业协会，建立银行与小微企业的联系平台。

（4）农民工创业贷款

普惠不仅是简单的方便存、取款，更主要的是帮助创业需求者贷款，提升其参与经济生活和创造财富的能力。贵州省外出打工人口较多，农民工群体是一个重要的普惠金融受众群体。农民工外出打工，学到了操作和管理技术，建立了市场意识，某些有创业能力的农民工需要创业资金。为此，以贵州农信社为首的金融机构推出为农民工量身打造的"外出创业贷款""返乡创业贷款""困难帮扶贷款"等信贷品种，逐步创建了"服务点＋党支部＋联络员＋农民工"的服务模式，为农民工提供贴身服务，走出了一条金融支农的新路子，在贵州籍农民工较多的广东、福建等地设立 13 个农民工金融服务中心，有序引导支持外出农民工返乡创业，取得了良好社会效益和经济效益。截至 2015 年 6 月末，贵州农信社引导 3.69 万户农民工返乡创业，发放农民工返乡创业贷款 17 亿元，带动 39 万贫困人口就业。

（5）互助资金模式

贵州省的思南、平坝、纳雍、长顺四县实施互助资金模式。互助资金是以中央财政拨付扶贫资金注入启动、农户会员入股，实行村管村用、自主管理、接受监督，向有能力的低收入农户投放借款以增强农户自我发展能力的有偿使用的准信贷机构。财政按每村 15 万元的标准注资，农户以户为单位每股 100 元为标准入股，最多 10 股；借款对象为诚实守信、具有劳动能力的极贫农户，借款限额 5000元；借款期限一年，按 7% 收取资金管理费（准利率），其中该管理费的 30% 用于业务经费，70% 用于会员分红。

（6）小贷公司融资创新

贵州金融资产交易中心通过发行小贷资产收益权凭证解决小贷公司融资难问题。例如，2014 年 7 月 14 日，该中心挂牌发行银杏 5 号-中达小贷资产 1 号收益权凭证，预期募集 3000 万元。银杏 5 号-中达小贷资产 1 号收益权凭证由上市公司提供无限连带责任担保、企业提供应收账款质押担保，具有多重保障措施。

二、贵州省普惠金融发展中面临的问题

1. 普惠金融对农业产业化和小微企业技术创新的支持不足

农村经济的发展方向是农业现代化、规模化和产业化经营。只有通过现代化、规模化和产业化经营，才能提升农村经济的内涵，提高农村经济的利润水平，从根本上实现农村与城镇的共同富裕，改变城乡二元化经济结构和消费结构。为此，普惠金融应该支持农村新型经营主体，为农业现代化、规模化和产业化提供金融支持。但是，贵州省当前农村新型经营主体仍然面临融资难问题，普惠金融对农业产业升级、产业现代化和规模化的支持不足。贵州省小微企业基本上技术设备落后，创新不足。普惠金融在小微企业技术创新方面的服务不足，严重制约了贵州省小微企业的发展。

2. 金融资源结构不合理，村镇层级普惠金融供给不足

目前，贵州省金融资源分布很不均衡，地域上呈现金融资源向城市集中，如

2015 年贵阳市的贷款余额达 7875.58 亿元，而排名第 2 位的遵义市仅为 1925.48
亿元，贵阳市的贷款余额几乎占全省的一半，而其经济总量仅为全省的 1/4；城乡
之间也存在很大差距，导致城乡之间储蓄贷款结构不平衡。根据调研，很多村镇
层级金融机构储蓄不足，贷款资源不足，导致普惠金融供给不足。造成这种情况
的主要原因是储蓄在地方金融机构之间不平衡，有的金融机构吸储能力强，但是
在本地放贷少，导致农村资金被吸走。

3. 部分经营网点成本高，亏损严重

贵州省基础金融服务薄弱地区多数属于少数民族地区，地理位置偏远、人口
稀少、经济总量较低，普惠金融业务拓展受到严重制约，加之设立网点的固定资
产、人员、运维成本高，保本点难以达到，亏损情况比较严重。地广人稀的贵州
省山村，低端客户占大多数，有的业务金额只有百把元甚至几十元，金融成本高，
偏远乡村网点难盈利，还可能亏本。

4. 普惠金融信用不足，风险仍然较高

普惠金融以服务"三农"、服务小微企业为使命，由于涉农及小企业贷款小额
分散、缺乏有效抵押、担保，加之我国目前农业保险和农村信贷担保体系的缺乏，
使贵州省普惠金融承担较高的业务发展风险，发展普惠金融的能力也随之受限。

从实践看，以前发放的扶贫贴息贷款，不良率较高，有的达到 80%，主要在
于缺乏信用意识，特别是贫困地区，吃救济的思想仍然根深蒂固，总认为银行的
钱是国家的，形成拖欠的思想，导致各个金融机构对农村市场积极性不高，还需
要适宜的引导。

5. 普惠金融政策与法规不完善

普惠金融实施风险高，普惠金融基础设施建设具有公共产品的性质，普惠金
融的实施与扶贫、就业、经济增长等宏观经济目标息息相关。因此，普惠金融需
要政府政策的支持。但是到目前为止，贵州省普惠金融政府政策支持有待提高。
同时，贵州省普惠金融缺乏明确、清晰的法律指引，导致金融机构实施普惠金融
的硬约束不足，金融机构之间在储蓄、贷款资源分配上不合理。

6. 普惠金融的扶持政策不足

中央财政加大税收和补贴支持力度，对调动金融机构积极性起到了积极作用。
中央财政出台的关于小家金融机构税收减免、贷款损失专项准备金税前计提和定
向费用补贴政策等一系列优惠政策，减轻了金融机构参与金融服务空白点填补工
作的后顾之忧。但从贵州省实践看，部分金融服务空白点没有纳入中央财政定向

费用补贴乡镇，仍然发生亏损。并且，在扶持政策方面缺乏全面整体的设计，导致政策效果经常不明显。

7. 互联网金融发展较慢，规模较小

互联网金融的发展为普惠金融提供了极为广阔的发展平台。从中国首家、最大的 P2P 网贷行业门户网站"网贷之家"提供的资料来看，截至 2015 年年底，贵州共有 30 家 P2P 网贷公司，而广东达 581 家，浙江 260 家，北京 386 家，上海 277 家，邻省湖南有 71 家，重庆 59 家，四川 86 家，均多于贵州。贵州省首家互联网金融公司乾贷通在 2015 年 11 月的累计交易额刚刚突破 10 亿元，而据"网贷之家"数据显示，2015 年 12 月 31 日，红岭创投的交易额达 18 427 万元，温州贷达 1172 万元，合拍在线达 1736 万元，贵州省的招商贷仅为 721 万元。目前国内领先的互联网金融公司"人人贷"官网的 2015 年年报显示，2015 年网站成交笔数为 11.5 万笔，成交金额为 75 亿元，同比增长 102%。无论是从公司数量还是成交额，贵州省的 P2P 网贷公司均远远落后于其他省（自治区、直辖市）。

8. 金融服务理念有待加强

金融机构习惯运用传统的金融工具，针对贫困农民的金融产品不足，使用的科技手段缺乏，贫困农民只能享受最基本的金融服务，难以满足农村日渐增长的多样化的金融需求。

第五节　贵州省普惠金融发展对策

1. 大力提高普惠金融法治化水平

目前，贵州省尚无针对普惠金融的专门的法律法规。在农村地区和村镇向农户和小微企业开展业务时只能以己有的《中华人民共和国商业银行法》《中华人民共和国保险法》《贷款通则》等为依据。但是，面向农村地区农户和城镇小微企业的金融服务有其自身特点，这些针对传统金融服务的相关法律法规一定程度限制了普惠金融业务的发展。所以，未来贵州省发展普惠金融必须法制先行，通过制定专门的普惠金融法规合理分配普惠金融资源，提高普惠金融效率。

2. 重点提高普惠金融服务水平

根据普惠金融的理论与实践，政府在普惠金融制度建设中大有作为。比如，我国当前的信用体系下政府对于普惠金融信用建设的作用举足轻重。因为信用具有公共品性质，个人信用建设成本高，信用建设就需要政府的力量。而且，中国

政府机构建立信用体系具有制度优势。普惠金融的发展关键要解决大众的个人信用体系建设问题。在我国，金融体系控制主要靠政府。信用体系建设的解决，应在国家体系和民营机构之间互补交流。只有这样，才可以更好地建立个人征信体系。而个人征信体系的完善和发展，一定会成为普惠金融发展的基石，也只有在这个基础上，中国的普惠金融才可以发展起来。

政府在普惠金融发展中应该在法治框架下进行顶层设计，通过制定并落实有关普惠金融的扶持政策，引导银行、保险、证券和其他金融机构参与开拓普惠金融市场。同时，政府应发挥其资源优势，在普惠金融信用建设方面提供服务。争取地方政府的积极支持是改进经济薄弱环节和民生领域的服务问题的重要条件。政府的支持能够影响中央转移支付的投向、地方财政支持力度，能够促进机构之间（特别是地方主管部门、地方法人金融机构、企业之间）的协调，能够解决办事人员的编制和工作经费等问题。配合落实优惠政策，争取更大支持，推进金融空白点填补乡镇金融网点可持续发展。

3. 大力推动普惠金融产品和服务创新

当前，参与普惠金融的实施主体主要是银行业金融机构。未来，信托、保险、基金、证券公司等金融机构将以各种方式参与普惠金融，丰富普惠金融的主体和内涵。同时，金融机构之间可以通过合资、参股、并购等方式参与普惠金融，使得普惠金融的模式更加多样化。

在普惠金融服务对象方面，未来"三农"仍将是普惠金融的重点。因为普惠金融就是支持弱势的金融，农村相比城市是弱势的，农业跟工业相比是弱势的，农民相比城里的多数人是弱势的。所以，农户、农民乃至于农民工将是普惠金融受众的主力。此外，未来小微企业、毕业大学生将逐渐被纳入普惠金融体系。

引导金融机构在乡镇一级开展形式多样的金融服务创新。在目前增设网点服务、定时定点服务、利用 POS 终端取现服务和安装 ATM 服务等金融便民服务的基础上，鼓励各金融机构开展形式多样的金融服务创新，如在乡镇一级探索发展电话银行业务，方便空白乡镇农民利用电话和移动手机办理查询、转账、汇款、消费、缴费等相关业务，大力推进小额贷款业务等，扩大普惠金融服务领域和服务效率。

4. 推动普惠金融与资本市场协同发展

到目前为止，贵州省普惠金融的主力军是银行业金融机构，以借贷性间接融资为主，对资本市场的利用基本上还是空白。未来，农业现代化、规模化及小微企业开发新技术，都将借助资本市场的力量，和股权融资、集合债融资、中小企业债融资、信托融资等资本市场融资方式结合起来。普惠金融和资本市场的联系将逐渐紧密。

5. 提升普惠金融理念并完善相关机制

普惠金融是一个系统工程。普惠金融实施的成败取决于多种因素，不仅包括金融市场本身的因素，还包括金融市场之外的因素。所以，未来普惠金融的理念将进一步提升，机制将越来越完善。普惠金融将和教育、扶贫、社会责任等机制联合起来，形成更广泛、更包容、更成熟的普惠金融机制。

6. 加快完善普惠金融生态环境

普惠金融的生态环境需要逐步完善。要完善农村基础金融服务薄弱地区的信用环境，加大信贷支持力度。一是继续推进"金惠工程"，增强农民的信用意识；发展支付结算环境，大力提升基础金融服务薄弱乡镇的金融服务环境；二是对在开展空白乡镇金融服务填补工作中的金融机构实行差异化的存款准备金率政策，以保证金融机构提供金融便民服务有充足的资金；三是对于空白乡镇金融机构的支农再贷款需求，优先安排，以解决部分网点由于存款不足难以发展的问题。

围绕普惠金融的教育培训也将是未来普惠金融生态培育的一个重要方面。建立对农村贷款人的综合培训制度，包括法制教育、科技知识教育、信用理念教育。一是推动各家金融机构对从业人员进行资格培训，这是一种资质培训；二是对所有的客户（借款人或消费者）进行培训，这有利于金融资产的安全；三是对国民进行金融知识教育，金融知识应该被纳入国民教育体系。

7. 加快构建普惠金融体系

发展普惠金融，亟须创新普惠金融组织体系，丰富产品体系，强化政策体系，健全市场体系，拓宽渠道体系，优化生态体系。要完善政策扶持体系和工作机制，制定合理的普惠金融发展战略，并出台专门的政策法规，如建立有利于金融服务渠道建设的财税支持政策体系，改进财政补贴方式，优化税收扶持政策，减免涉农贷款、小微企业贷款等贷款所得税，等等，让社会、银行形成发展普惠金融的合力。在此基础上，贵州省未来普惠金融体系将逐步完善，并形成具有贵州特色的，具有中国欠发达地区代表性的普惠制度体系。

第五章　贵州省绿色金融发展研究

2013 年 11 月，中国共产党第十八届中央委员会第三次全体会议通过《中共中央关于全面深化改革若干重大问题的决定》，正式提出"紧紧围绕建设美丽中国深化生态文明体制改革，加快建立生态文明制度，健全国土空间开发、资源节约利用、生态环境保护的体制机制，推动形成人与自然和谐发展现代化建设新格局。"2015 年 11 月，十八届五中全会《中共中央关于制定国民经济和社会发展第十三个五年规划的建议》中明确提出："坚持创新发展、协调发展、绿色发展、开放发展、共享发展"。以上两个文件为我国发展绿色金融指明了方向。

绿色金融是建立在金融部门社会责任理念的高度，通过一系列制度安排引导金融部门把金融资源投向环保、低碳、可持续发展的产业，通过金融业务运作来促进经济发展方式转变和产业结构转型升级，并实现金融可持续发展的一种金融发展战略。继制造业、信息金融产业引领创造财富之后，绿色和生态必将是未来最大的财富来源，将生态资源进行产权界定，并作为资产进行交易投资，绿色金融将真正实现生态资源、绿色资源的财富化。

当前，我国正处在实现经济结构转型和社会和谐发展的关键阶段。发展绿色金融对于完善和发展中国特色社会主义制度，推进国家治理体系和治理能力现代化具有重要的推动作用。发展绿色金融，也是一个金融资源重新配置的过程。通过一系列的制度创新，把金融资源重新配置到节能、环保、可再生资源等绿色经济领域，不仅有利于我国经济结构转型，开辟新的经济增长点，而且对我国在新一轮国际经济和金融竞争中占据有利地位至关重要。

贵州省地处我国西南，是全国贫困面积最大、贫困程度最深的省份，人均 GDP 全国垫底，是全国扶贫攻坚的重点省份，是全国全面小康的难点和瓶颈。而贵州省作为生态资源大省，实施绿色金融将有助于其把其丰富的资源禀赋真正转化为财富。2014 年 3 月，习近平同志在参加全国两会贵州代表团审议时，强调贵州省要确保"发展和生态两个底线"。发展绿色金融，不仅有利于发挥贵州省的生态环境优势，促进贵州省社会经济和谐发展，实现党中央国务院向全国人民做出的 2020 年全民奔小康的承诺，也符合习近平同志对贵州省发展方向的总体要求。

第一节　绿色金融基本理论

一、绿色金融的概念

1. 绿色金融的产生背景

传统的金融理论并不包含绿色金融的概念，因为按照传统的金融理论，金融机构作为金融市场上的融资中介，承担资金传导功能，把资金从资金盈余方传递给资金赤字方。金融机构在传导资金的过程中要承担风险，金融机构因为承担了风险和成本而获得应得的收益。金融机构作为盈利的实体，为股东的利益负责，有义务把资金传导到风险最低、成本最低和收益最高的部门或者实体，而不过问资金需求方的资金用途，除非该用途违法。这样，实施绿色金融并非金融机构的责任和义务。

但是，进入 20 世纪以来，环境污染、资源耗竭、生态失衡等环境问题逐渐上升为全球性经济与政治问题，关乎人类生存与社会发展。加强环境保护，实现经济社会的可持续发展已成国际社会的共识，金融为绿色发展提供服务逐渐被国际社会所接受。在环境保护和可持续发展的背景下，绿色金融概念呼之欲出。1988年，世界上首家以保护生态为目的的银行——德意志联邦共和国金融中心在法兰克福成立。该银行是以促进生物和生态事业发展为目的的银行。由于其主要经营自然和环境保护信贷业务，又被称为绿色银行。

气候变化从 20 世纪 90 年代开始成为全球性的政治问题和经济问题。为缓解环境压力和适应气候的变化，一些国际组织、政府部门和学术机构探索各种路径，以实现人类可持续发展战略。1992 年世界气候大会通过《联合国气候变化框架公约》，要求缔约国为控制气候变化采取国家政策及措施。1997 年通过、2005 年正式生效的《京都议定书》中明确了 2012 年之前各国应履行的义务及具体的减排方案。此后，各国政府或者区域性组织（如欧盟）通过国内法或者区域性国际法的形式落实京都议定书的责任和义务，并在此基础上建立碳减排市场，发展碳金融交易，绿色金融的市场体系、法律体系逐步在国际和国内层面建立起来。

2. 绿色金融的概念

绿色金融的概念必然对应一种类型的经济目标，这种经济目标就是绿色经济。按照联合国环境规划署的定义，"绿色经济"指的是低碳、资源节约型和社会包容型经济。绿色经济是一个崭新的概念，是一种融合了人类现代文明，以高新技术为支撑，使人与自然和谐相处，能够可持续发展的经济，是市场化和生态化有机结合的经济，是一种充分体现自然资源价值和生态价值的经济。它是一种经济再生产和自然再生产有机结合的良性发展模式。

传统的经济发展理论将经济发展与环境保护对立起来，是一种非此即彼的关系。然而，绿色经济对于经济与环境的关系认识扬弃了传统理论。首先，经济的运行需要环境作基础。发展经济需要从自然界获取资源，离开了自然界提供的能源、原材料，发展经济无从谈起。其次，环境也是一种生产力，环境生产力可以分为自然资源力和环境服务力。传统的经济学虽然把环境生产力中极小的一部分，即已经进入市场的自然资源纳入考虑之中，但是它的价值却远远被低估了。再次，在经济活动中处于主体地位的人，其生存发展需要一定的环境，环境质量和景观也影响到人的健康、舒适乃至生产效率。因此，环境是经济发展不可或缺的组成部分，是企业经营的资源要素，如何将环境内化为企业的经济行为即由环境的公共产品属性向私人产品转换，使环境具有交换价值，成为绿色经济发展的核心。

资金和技术是绿色经济发展的两大物质基础，绿色经济要发展，资金是瓶颈。金融在资源配置上的强大功能为绿色经济的发展提供强大的支持。因此，有必要建立和完善绿色金融制度，实现对绿色经济的巨大推动作用。所以，绿色金融的概念及其制度是以服务于绿色经济为基础和目标发展起来的。

关于绿色金融的定义，学术界、金融机构和国际组织有不同的表述，归纳起来，基本上包括如下表述。一种表述认为，绿色金融是指低碳金融、环境金融或可持续金融，是服务于旨在减少温室气体排放的各种金融制度安排和金融交易活动；另一种表述认为，绿色金融是指金融机构将环境评估纳入流程，在投融资行为中注重对生态环境的保护，通过资金流向引导各种社会资源和生产要素向绿色低碳产业集中，从而推动经济的可持续增长和发展方式的转变；还有的表述认为，绿色金融是指在金融部门实施环境保护和节能减排政策，通过金融业务运作来促进经济发展方式转变和产业结构转型升级，并实现金融可持续发展的一种金融发展战略。

本书认为，绿色金融是指在金融部门实施环境保护和节能减排政策，通过金融业务运作来促进经济发展方式转变和产业结构转型升级并实现金融可持续发展的一种金融发展战略。

二、绿色金融研究综述

1. 绿色金融制度构建的理论基础

绿色金融制度构建基本上从两个维度展开，一个是从金融机构的维度，鼓励金融机构为绿色经济发展提供融资；另一个是从绿色金融产品的维度，通过建立绿色金融产品交易市场，给绿色金融产品定价，通过交易为绿色经济和绿色金融活动创造利润。这两个维度都具有相应的理论支撑。

（1）外部效应

在经济学里，外部效应是指生产或消费活动对其他团体强征了无须补偿的成本或者给予了其他团体无须补偿的收益。前者是负外部效应，后者是正外部效应。外部效应表示了一个行动的某些效益或者成本没有被决策者考虑时产生的低效率现象，如环境成本，如果对环境的污染无须付出代价，企业在制定决策时就不会把它考虑其中，但是环境的确是有成本的，这时的低效率现象就是负外部效应。

在生产社会活动中，生产者与消费者会对其他的生产者与消费者带来非市场性影响，有益的是正外部效应，有害的是负外部效应。

当企业和个人在生产活动中不考虑对环境造成的污染，而仅仅从自身的利益出发进行行为决策的时候，就会增加造成环境污染的行为活动，造成环境恶化，但是，环境恶化的责任人把一部分环境恶化带来的成本转嫁给社会。尤其是在以GDP考核经济社会发展成就和官员政绩的情况下，因为GDP的计量标准不考虑环境因素，企业的资产负债表也完全不能反映外部的经济性，导致政府政绩提升和环境恶化同步。

从解决负外部性的角度，经济学方法基本上是施加税收，把环境成本内部化，矫正环境污染施加者的负外部性。当然，从绿色经济和绿色金融的角度，解决负外部效应的机制更加灵活多样。比如，通过严格的环境侵权法，给环境污染项目带来潜在的诉讼和赔偿风险，这种风险再传导给金融机构，相当于把非绿色融资的外部性内部化，从而影响金融机构的融资激励。

（2）科斯定理

科斯定理的基本含义是罗纳斯·哈里·科斯在1960年发表的论文《社会成本问题》中表达的，科斯定理较为通俗的解释是：如果交易费用为零，并且产权得到了充分的界定，则外部性因素会导致资源的不当配置。此时，受到市场驱动，外部性因素的生产者和消费者之间会促进互惠互利的交易和谈判，即外部性因素的内部化。

科斯定理是由三部分构成的，分别为科斯第一定理、科斯第二定理和科斯第三定理。科斯第一定理的内容是：如果交易费用为零，不管产权初始如何安排，当事人之间的谈判都会导致那些财富最大化的安排，即市场机制会自动达到帕累托最优。

科斯第一定理的前提条件是交易费用为零，也就是说，在交易费用为零的情况下，不管原始产权如何安排总是最有效的。任何工作的效率都是最高的，在内在利益的驱动下，市场主体通过交易自动实现经济资源的最优配置。在这种情况下，产权制度没有必要存在，更谈不上产权制度的优劣。当然，这是从社会财富最大化的角度来说的，但是，产权制度会影响个体财富的分配！

但是，交易费用在经济社会领域中总是无处不在的，交易费用为零只能作为一个虚构的存在。因此，在科斯第一定理的基础上放松假设，把交易费用考虑进去，就推导出科斯第二定理。科斯第二定理指出，在现实世界中，交易费用总是大于零的，这时，不同的产权界定，就会有不同的资源配置效率。为了使资源配置最优，产权界定是很有必要的。而交易费用必然就成为了衡量产权制度优劣的重要标准。

在前两个定理的基础上，科斯提出了产权制度的选择方法，即科斯第三定理。他指出，产权如何界定，取决于在一定现实约束条件下各种产权界定方案所产生的交易费用高低的比较。

科斯定理为解决外部性成本问题提供了很好的思路。科斯认为传统经济学在纠正外在性方案时都有缺陷，传统经济学对纠正负外部性方案时不外乎是政府税收、企业合并。但是，政府税收要求税收当局必须明确知道该企业给社会或其他成员施加的外在性成本，这有时是比较困难的。企业合并把外部成本内部化，但是，这种方案具有很大的局限性，因为该方案只适用于外部性影响小的情况下。

针对这种问题，科斯提出了更加完善的方案，该方案中，外部性由产权的界定和市场交易来解决。只要产权初始界定，交易成本可以被克服，当事人通过交易重新配置产权，市场均衡都会出现有效率的结果。所以，科斯定理为绿色金融的基础，为碳排放权交易制度提供了理论支撑。根据科斯定理，在交易费用为零的情况下，不论产权如何界定，都可以达到资源配置最优。因此，从社会成本和社会财富的角度，把产权配置给污染者，即允许污染者排污，被污染者向污染者支付"排污权"；或者把产权配置给被污染者，即不允许污染者排污，污染者必须向被污染者支付"清洁权"，最终达到的社会效率是相同的。

在权利能够自由交换的情况下，从效率的角度来讲，法定权利的最初分配是无关紧要的。当然，对个体的公平效果不一样，把权利配置给谁，因为对方要向自己支付、购买权利，谁获得的财富就多。

科斯定理是碳排放权交易的理论基础，科斯第一定理认为如果交易费用为零，不管产权初始如何安排，当事人之间的谈判都会导致那些财富最大化的安排，即市场机制会自动达到帕累托最优。那么，无论是企业享有碳排放权，还是人们要求清洁空气权，都不会影响市场达到帕累托最优。根据科斯第二定理，在现实世界中，交易费用总是大于零的，这时，不同的产权界定，就会有不同的资源配置效率。因此，可以通过对碳排放权进行界定，来达到市场资源配置最优。

根据科斯定理，首先把核准确认的碳排放量赋予产权，即"碳排放权"。然后，通过碳排放交易市场对这种产权进行交换、转让，或者以具有碳排放权证的项目为载体，将碳排放权资产转让、质押以获取碳排放权转让收益。如果政府对碳排放权实施严厉的碳排放管制，碳排放权就被赋予独特的额定产权，任何想获得超额的碳排放权的企业必须额外支付转让碳排放权的企业相对应的经济报酬或者补偿。通过碳排放权补偿或者质押，大气中碳排放权通过碳市场交易机制促使企业被迫将负外部性成本内部化。政府对碳排放权实施严格的管制，利用碳信用交易机制成功地解决大气中碳排放所造成的社会外部性问题，同时也利用市场机制和经济激励机制激励企业共同实施减少碳排放量的行为。这样，通过政府限制碳排放数量，加上有效的碳金融市场，把政府管制和市场机制有机地结合起来，共同促进以降低温室气体排放为目标的绿色金融活动。

其实科斯定理对绿色金融制度建设更重要的启示是，制定有效率的碳排放交易法律，配置好产权，可以降低交易成本，使得碳排放资源配置最优。也就是说，在绿色金融制度建设中，法律很重要。好的绿色金融法律，可以引导金融资源配置给绿色产业。

2. 绿色金融的基本内容

（1）绿色金融涉及的基本概念

根据以上对绿色金融基本理论的分析，绿色金融首先必须包括一系列可以交易的金融产品，首先就是碳金融。碳金融是指服务于限制温室气体排放等技术和项目的直接投融资、碳排放权交易和绿色贷款等金融活动。被限制排放的温室气体有 6 种，分别是二氧化碳（CO_2）、甲烷（CH_4）、氧化亚氮（N_2O）、氢氟碳化物（HFCs）、全氟化碳（PFCs）和六氟化硫（SF_6），因为在被要求减排的 6 种温室气体中以二氧化碳为最大宗，因此将与之相关的金融活动通称为碳金融。

与碳金融相关的绿色金融概念包括碳资产、碳中和及碳税。碳资产是具有价值属性的对象，可以是一个企业，一个地区，甚至是一个国家所体现的在低碳经济领域的可能适用于储存、流通或者财富转化的有形资产及无形资产。不仅包括清洁发展机制（clean development mechanism，CDM）项目开发产生的减排量，还包括所有由于实施低碳战略而产生的增值。管理得好就是碳资产，否则极容易转变为碳负债。

碳中和也被称为碳补偿，是指个人或机构计算自己日常生产生活中直接或间接产生的二氧化碳排放量，然后支付用以抵消这个碳排放量所需的费用给专门机构，由他们通过植树或者其他环保项目来抵消产生的二氧化碳排放量。

碳税是指以应对气候变化为目的，针对碳排放所征收的税。通过对燃煤及石油下游产品，包括汽油、天然气、航空燃油等燃料产品等，按照含有碳的比例进行征税，以减少对这些产品的消耗及弥补其产生的负外部性。它与碳交易机制是两个最为重要的解决负外部性的方案。

（2）绿色金融的内涵

从内涵及外延的范畴上讲，碳金融是绿色金融的重要组成部分，是指由《京都议定书》而兴起的低碳经济投融资活动，即所有服务于限制温室气体排放的金融活动，包括碳排放交易、直接投融资和银行信贷等方面。因为碳排放导致气候变化，所以，金融市场和金融机制能否及如何为实现气候政策目标作贡献是绿色金融理论与制度建设的一部分。气候金融实质上也是绿色金融的一部分。

随着国际社会应对全球变暖、气候异常的任务越来越紧迫，金融部门的利益关联性越来越大。《京都议定书》吸收了各种经济机制用来实现温室气体排放的成本有效性，从而创造了一种机制，使得银行和基金等金融机构在低碳经济转型中扮演重要角色。比如，金融机构可以扮演碳交易的经纪商，还可以作为清洁发展和适应气候变化投资的融资人。从这个角度，气候金融和低碳金融是一回事，二者都是绿色金融的组成部分。

结合对绿色金融的概念的各种表述，以及绿色金融所涵盖的内容，我们可以把绿色金融的内涵作如下归纳：①在全球环境与社会问题日益突出的情况下，为了转换经济发展方式，实现经济和社会的可持续发展，有必要重新定位金融机构在社会经济发展中的角色，重新定位金融市场上投资者与融资者之间的关系，金融机构应该从单纯的以盈利为治理目标转变成既为股东盈利，又承担环境保护与和谐发展社会责任的新型现代金融机构。助推发展绿色金融是金融机构社会责任的一个重要组成部分。②因为环境与社会问题具有公共资源性质，改善环境与社会问题的经济活动与金融活动具有正外部性。因此，绿色金融制度不仅包括完善的金融市场制度，还包括有效的金融监管制度、金融司法制度和政府的政策支持。也就是说，有效的绿色金融制度需要合理分配市场与政府的力量，推动金融资源朝着环境友好的产业配置，通过金融杠杆的作用，完成绿色经济的转型。③绿色金融制度的建立必须通过适当的立法和严格的司法，解决金融机构参与绿色经济建设中的两个关键问题，即金融机构如何分享其参与绿色金融所带来的边际收益并分担其违背绿色金融要求发放贷款或者提供其他金融服务所带来的环境和社会风险。④绿色金融制度是一个开放与合作的制度。因为环境问题具有高度的外部性特征，所以绿色金融需要区域性及国际性的合作。也就是说，绿色金融既是一个区域及国际竞争机制，也是区域及国际合作机制。在区域及国际竞争中，谁率先实施绿色金融战略，谁就将在竞争与合作的博弈中占优。

第二节　绿色金融的国际实践与启示

发展绿色经济需要资金，即绿色投资。但是，根据以上总结的绿色金融理论，绿色投资首先遇到的一个问题就是谁愿意为绿色发展付费，谁愿意去做这种绿色的投资。从国际法的角度，因为环境问题、气候变暖问题属于国际公共产品，所以，绿色投资需要国际博弈。国际博弈的结果，就是在全球或者区域层面上达成一个协议，明确缔约国在绿色投资上的权利、义务和责任。在此基础上，各个国家和政府通过实施国内法，承担起绿色发展的责任。比如，推进各种形式的绿色融资，包括绿色银行、绿色债券或者各种各样的绿色基金等。最后，从金融机构本身的角度，可以通过行业自律或者立法，把绿色金融作为企业责任，发展绿色金融企业责任协会，让企业主动对绿色发展承担起社会责任。

从国际层面观察，绿色金融的国际实践基本上沿着两个维度展开，首先是以联合国为首的国际组织通过制定条约和规则的形式为各国开展绿色金融提供国际法上的标准和规则；其次，各个国家、政府或者司法行政区在国际法律规则的基础上进行绿色金融实践。

一、国际组织的绿色金融实践

绿色金融的国际实践首推以联合国为首的国际组织。1992 年，联合国环境与发展大会通过的《21 世纪议程》提出发展中国家在实施可持续发展战略过程中，要根据各国情况，实行经济政策改革，必须提高银行信贷、储蓄机构和金融市场领域实现经济可持续发展能力。同时，联合国环境署推出了《银行界关于环境可持续发展的声明》，1995 年又推出了《保险业环境举措》。其他国际金融组织也积极参与绿色金融行动，世界银行开始改变传统的贷款方针，使得贷款项目更加符合环境保护要求；国际金融公司（international finance corporation，IFC）也积极协助那些有意于环境保护的银行建立自己的环境评估标准和技术。亚洲开发银行制定的中期发展战略中提出了加强自然资源和生态环境的管理作为战略目标之一。在联合国环境署的指导下，金融自律组织定期召开会议，从实践和理论方面探讨适应可持续发展的金融业发展战略。

国际组织还以条约的形式为各国开展碳排放权交易、气候产品交易设定规则。这些国际公约对成员国构成国际法层面的约束，对绿色金融的国际协作发挥作用。其中最重要的是《联合国气候变化框架公约》和《京都议定书》。随着国际上对气候变化问题认识的提高，1992 年 6 月联合国环境与发展大会上，由 150 多个国家联合制定了具有法律约束力的国际首个全面控制二氧化碳等温室气体排放的国际公约——《联合国气候变化框架公约》（以下简称《公约》）。目前批准《公约》的国家已达到 194 个。《公约》旨在控制温室气体的排放，以将温室气体的浓度稳定在一定水平，使全球气候系统免遭破坏。《公约》要求发达国家制定具体的限制温室气体排放的措施，并向发展中国家提供资金和技术以获取未完成的减排量，履行公约义务。

《京都议定书》是 1997 年 12 月 11 日在日本京都召开的《联合国气候变化框架公约》第三次缔约方大会上通过的。《京都议定书》在确定所有发达国家 6 种温室气体的减排的基础上，对于在 2012 年之前各会员国的具体削减目标做出了明确规定，即到 2012 年，所有发达国家温室气体的排放量要比 1990 年减少 5.2%。其中，到 2012 年，与 1990 年相比，欧盟要减排 8%，美国减排 7%，日本减排 6%，加拿大减排 6%，东欧各国减排 5%~8%。新西兰、俄罗斯和乌克兰可以将排放量保持在 1990 年水平上。同时允许爱尔兰、澳大利亚和挪威的排放量在 1990 年的基础上分别增加 10%、8% 和 1%。

《京都议定书》除了设定出具体的减排目标之外，针对减少碳排放量，还建立了三个灵活的合作机制。

1. 国际排放贸易机制

国际排放贸易机制（international emissions trading，IET）下的碳金融市场是《京都议定书》（附件一）缔约方之间的基于配额的碳市场。国际排放贸易机制允许温室气体排放量超过其许可排放量的附件一国家从拥有富余排放量的附件一国家那里购买碳排放配额（AAU）。

2. 清洁发展机制

清洁发展机制（clean development machanism，CDM）是附件一缔约方与附件二缔约方之间的合作机制，也就是说它是发达国家与发展中国家进行合作的机制，通过项目合作，发达国家给发展中国家提供资金和技术，以获得温室气体减排量，用来抵消其超出《京都议定书》减排承诺部分。

3. 联合履行机制

联合履行机制（joint implementation，JI）也是基于项目开展的，和清洁发展机制类似，区别在于联合履行机制是《京都议定书》附件一缔约方之间的合作机制，而清洁发展机制是附件一与附件二缔约方之间的。

为了协调金融机构从事绿色金融活动，有必要在行业内制定统一的绿色金融标准。国际上为绿色金融活动设定标准最成功的是赤道原则（the equator principles）。赤道原则是由世界主要金融机构根据国际金融公司和世界银行的政策和指南建立的，旨在决定、评估和管理项目融资中的环境与社会风险而确定的金融行业基准。它广泛运用于国际融资实践，并发展成为行业惯例。2003 年 6 月，包括花旗银行在内的世界上 10 家大银行首先宣布接受赤道原则。赤道原则推出三年后，实行该原则的金融机构已经遍布全球，占全球项目融资市场的 90% 以上。实行赤道原则的银行被称为"赤道银行"。率先实行赤道原则的赤道银行已经成为推动商业银行管理模式和公司治理理念向绿色、可持续发展方向转变的先行者。

二、主要国家和地区的绿色金融实践

国际上，以欧盟及其成员国和美国为首的绿色金融发达国家和政府在国际公约和规则的指引下，主要沿着三个维度实施绿色金融，即绿色金融市场机制、绿色金融法律体制和绿色金融政策体系。

1. 绿色金融市场机制

在绿色金融市场机制上，主要是碳金融市场。碳金融市场的发展主要包括两个方面：碳排放交易和碳金融相关的金融产品开发与交易。

（1）碳排放权交易

英国是最早建立完整的碳排放权交易制度的国家。其碳排放权交易制度采取基线与信用额度模式，就是由管理当局设定最高排放基线，到期末向实际排放量小于最高排放基线的公司发放排放信用额度，并要求超标准排放的公司提交超额部分的信用额度。在基线与信用额度模式下，只有结算出差额后才可以进行额度交易。因此可用于交易的额度小、时间短。

英国碳排放交易制度的基线是企业每年允许排放的额度，如果企业实际排放量大于此额度，则需要从市场买入。如果相反，则可以出售或者存储额度留待日后使用。英国碳排放贸易制度取得了明显的减排效果。自 2002 年 4 月启动至 2004 年，累计减排 1574 万吨二氧化碳。2005 年，欧盟温室气体贸易排放机制正式启动，为了与欧盟的排放贸易政策相协调，2006 年 12 月 31 日，英国碳排放交易制度结束。

欧盟的排放交易体系采用的是总量控制交易机制。在总量控制交易机制下，管理当局设定排放交易机制，调控企业在规定期间允许的碳排放配额，并以无偿或拍卖的方式进行分配。获得排放配额的企业可以选择减少排放，出售多余配额；或增加排放，购买额外配额。到期末，企业须向管理当局上交与该期间实际排放量相当的配额。企业在收到排放配额时即可将其售出，并利用远期合约进行回购。因此可用于交易的额度大、时间长，能达到融资的目的。

从运行效果看，欧盟排放交易体系的运行使得反映排放稀缺性的价格机制初步形成，并为进一步运用总量交易机制解决气候变化问题积累了丰富的经验。目前，欧盟已培育出多层次的碳排放交易市场体系。欧洲碳排放交易最初是柜台交易，随后一批大型碳排放交易中心也应运而生，如欧洲气候交易所、北方电力交易所、未来电力交易所及欧洲能源交易所等。欧洲气候交易所于 2005 年 6 月推出了与欧盟排放权挂钩的期货期权交易，提高了碳排放市场的流动性，促进了碳交易金融衍生品的发展。

美国碳排放交易体系是在区域和各州的基础上建立的。美国在区域和州级层面建立了多样化的碳排放交易体系，有基于配额的碳交易市场，有基于项目的碳交易市场；有自愿减排市场，有强制减排市场。强制减排市场基本上是单强制的，就是排放源企业自愿加入，自愿承担减排义务，并受法律约束。美国多样化的交易体系主要有以下4个：芝加哥气候交易所、区域温室气体行动计划、西部气候倡议、中西部温室气体减排协议。

这些交易体系基本在交易品种、交易规模上取得了成功，并为企业积极参与绿色金融提供了正向激励。以芝加哥气候交易所为例，它成立于2003年，是全球第一家规范的气候交易机构，实行会员制，会员自愿加入，但加入后即承担有法律约束力的减排义务。目前已发展会员近200个，行业涉及交通、电力、航空等几十种。交易的产品涉及全部6种温室气体，是全球唯一开展全部温室气体交易产品的交易所。

芝加哥气候交易所的交易产品不仅包含碳现货产品，还有碳衍生产品，如CERs期货、EUA期货、CERs期权及EUA期权。不仅有碳排放配额的交易，还有项目交易。项目的类型有垃圾填埋甲烷处理减排项目、农业甲烷气排放抵消项目、林业碳排放抵消项目、农田土壤碳排放项目、牧场土壤碳减排管理项目、煤层气排放抵消项目、可再生能源抵消项目和臭软消耗物质排放抵消项目。

这些项目中有很多都是碳汇项目，芝加哥气候交易所目前是全球第二大碳汇交易市场。未完成减排目标的会员可以通过碳汇项目来抵消超出的碳排放量，但购买的碳汇量不得超过目标减排量的一半。农业碳汇尤其成功，2003年由爱荷华州的农业碳汇的成功模式推广到全国。由农业主管部门与有意愿实施5年免耕的农民达成协议，将免耕带来的碳减排量拿到芝加哥气候交易所进行交易，其作用有三：一是可以为会员企业寻找碳汇以帮助其实现碳中和；二是为农民提供了另种新型收入来源；三是保护农业，保护环境，减少了温空气体的排放量。

（2）碳金融相关的金融产品开发与交易

首先，金融机构把传统金融业务延伸到碳减排领域。商业银行或者投资银行可以为碳减排项目的上市提供融资和投行服务。2007年，美国银行支持开发潮汐能源技术的大洋电力科技公司上市；2006年，花旗集团为全球第二大的风电能企业葡萄牙能源公司收购美国地平线风能公司提供金融咨询；2006年，花旗集团为巴西生物柴油公司上市进行承销。

金融机构也可直接为减排项目提供融资。早在1999年，花旗集团和世界资源所就成立了"新风险投资项目"，对拉丁美洲绿色风险投资的兴起和绿色产业的发展起到了相当重要的推动和示范作用。此外，花旗集团通过其私募基金投资于相关领域，其中包括对江苏林洋新能源集团的投资项目。约翰·皮尔庞特·摩根于

2006 年为风力发电市场筹集了 15 亿美元的股权资金。富国银行先后通过环境金融事务组投资于 SunEdison 的第三期太阳能基金、MMA 的第三期可再生能源风投基金。2007 年 8 月，美国银行与加州圣荷西联合学区和雪佛龙能源达成伙伴关系，共同建设 5 兆瓦的太阳能发电机组，预计减少的碳排放达到 3.7 亿吨。

其次，银行等金融机构在赤道原则的基础上实施绿色信贷。赤道原则是目前全球通行的绿色信贷政策。根据赤道原则，如果借款方不愿意或不能够遵守赤道原则文本中所提出的社会和环境政策、程序，银行将拒绝为其项目提供贷款。截至 2013 年 6 月，来自 35 个国家的 79 家金融机构已经正式采纳了赤道原则，融资额占国际新兴市场债务融资额的 70% 以上。

再次，金融机构开发出碳减排相关的投资产品。例如，2007 年，瑞士联合银行（union bank of Switzerland，UBS）推出了 5 种不同的气候产品。一是在芝加哥商业交易所推出首个依托美国 15 个城市天气期货合约的全球变暖指数，令受天气变化不确定性影响的投资者可对冲风险并使其投资组合多元化。二是推出世界排放指数，该指数是以排放许可为基础的衍生工具所参考的世界基准指数。三是推出和谐全球生物燃料指数，该指数是世界上第一个生物燃料指数。四是 UBS 气候变化战略凭证，包含 25 家可再生能源和提高能效技术的公司的股票。五是 UBS 股权基金，这个基金主要投资于可再生能源、水利、营养和健康项目。

最后，金融机构开发出个人绿色消费金融产品。比如，2004 年，花旗集团针对中低收入顾客推出结构化节能抵押产品，将省电等节能指标纳入贷款申请人的信用评分体系。花旗集团还和夏普电器达成联合营销协议，向购置民用太阳能技术的客户提供便捷的融资。巴克莱银行于 2007 年 7 月推出了呼吸卡，这种信用卡将税后利润的 50% 及消费金额的 0.5% 用于应对气候变化的项目。巴克莱银行还推出了英国首个碳中和借记卡，所有用来补偿借记卡生产的碳信用来自于英国本土的环保项目。澳大利亚 MECU 银行的 goGreen 汽车贷款是澳大利亚第一个要求贷款者种树以吸收私家汽车碳排放的贷款。此项贷款产品自推出以来，该银行的车贷增长了 45%。

2. 绿色金融法律体制

从国内法层面，一方面，要通过完整的财产法为碳金融等金融产品确定产权，为碳金融交易提供法律保障，降低交易成本；另一方面，要通过环保法和侵权法等法律追究企业的环境污染责任，让那些为非绿色项目提供融资的金融机构承担环境和侵权融资风险。严格实施的有效率的环保法律相当于通过市场的手段给环境污染企业施加环保税。例如，英国于 2001 年实施气候变化法，对工业和公共部门消耗的不可再生能源征收环保税。英国于 2006 年实施气候变化与可持续能源法案，加拿大于 2007 年实施清洁空气和气候变化法案，新西兰于 2008 年实施气候变化法案，都是旨在给碳排放施加环保税，给清洁能源提供优惠的法案。

环境侵权诉讼是配合绿色金融的有效法律手段。美国早在 1980 年就制定了"超级基金法案"（CERCLA），要求企业必须为其造成的环境污染承担责任，这使信贷银行不得不高度关注和认真防范因放贷可能引起的潜在环境风险。为了要求企业对其污染可能给气候变化造成的损害承担环境责任，可以要求污染企业承担因为气候变化造成的物理影响带来的损害，如洪水、大风暴和干旱带来的损害赔偿责任。2004 年，美国 8 个州和纽约市对美国 5 家最大的能源公司提起诉讼，指控这些公司造成公共损害。环境侵权诉讼给绿色金融带来的影响是，如果公司漠视其投资的项目是否符合环境保护标准，一旦接受投资的项目遭到环境侵权诉讼，将给企业的融资回收带来间接的风险。所以，严格实施的环保法和侵权法可以有效地引导金融机构投资于环境友好的项目。

此外，还可以从加强企业自身环境信息披露的角度立法，进一步约束企业的环境行为。比如，1993 年，美国证券交易监督委员会（U. S. Securities and Exchange Commission，SEC）要求上市公司从环境会计的角度对自身的环境表现进行实质性报告。1997 年，英国特许注册会计师协会（the Association of Chartered Certified Accountants，ACCA）发布了"环境报告和能源报告编制指南"。同年，国际会计师联合会（International Federation of Accountants，IF-AC）颁布了"财务报表审计中的环境事项之考虑"征求意见稿。澳大利亚 2001 年通过了《金融服务改革法案的修正案》，要求所有金融机构向国家披露有关环境保护因素在选择、保留或实现投资中被考虑的程度和范围的汇报。

3. 绿色金融政策机制

因为绿色投资项目往往是新兴的产业，盈利前景往往不明朗，风险较大。所以，金融机构从稳健性角度出发，一般会对绿色投资项目选择保守的态度。加上很多绿色投资项目需要配套的基础设施，具有正外部性，企业个体没有激励独立实施。比如，新能源汽车的开发和推广，必须以充电桩等基础设施的普及为前提；太阳能清洁能源的开发与实施，需要电网基础设施配套跟进。单个企业或者难以承担基础设施成本，或者担心其所投资的基础设施被其他后来跟进的企业搭便车，所以没有独自开发绿色经济项目的积极性。所以，除了市场机制和法律机制，政府支持绿色金融的政策机制也是绿色金融发展的重要机制。

建立绿色金融政策机制，首先要充分发挥政府在低碳经济发展上的导向作用。比如，实施促进低碳技术创新的采购政策。实行政府"低碳采购"，政府购买和使用符合低碳认证标准的产品和服务，弥补市场机制不足，保护、激励技术创新，创造市场空间，实现低碳技术创新的扶持和促进。再比如，政府可以在税收上鼓励绿色经济，降低绿色经济活动的成本，提高其收益，间接鼓励绿色金融。

三、绿色金融国际实践的启示

绿色金融的国际实践对我国发展绿色金融具有重要的启示。概括起来，主要包括以下两方面。

1. 绿色金融促进社会经济发展并提升国际竞争力

在降低温室气体排放和实施可持续发展已经成为人类共识的背景下，绿色金融将在未来世界经济格局中占有重要地位。根据与 G20 相关的"绿色增长行动联盟"的报告，从现在起到 2030 年，全球需要约 100 万亿美元的投资用来建设急需的基础设施，这些基础设施用来满足能源、水、农业和交通的基本需求。根据世界经济论坛 2013 年 1 月发布的《绿色投资报告》和最新评估，要绿化基础设施投资，尤其是缓解并管理气候变化的影响，每年还需要 7000 亿美元，这些新增加的绿色投资仅仅用于降低碳排放，还不包括更广泛的环境保护和可持续发展投资。

此外，碳金融交易、可再生能源投资等绿色金融投资和交易市场规模将越来越大，给绿色金融发展带来巨大的盈利空间。据世界银行碳金融趋势报告统计，2005 年国际碳金融市场交易总额为 100 亿美元左右，到 2008 年已经达到 1260 亿美元，短短 4 年增长超过 10 倍。2009 年，尽管受到国际金融危机持续和后《京都议定书》时期全球应对气候变化不明朗的双重影响，国际碳金融市场仍然表现不俗。在全球 GDP 总值下降 0.6%，工业化经济体 GDP 下降 3.2% 的情形下，全球碳市场交易量较上年增加 80%，市值达 1437 亿美元。

此外，绿色金融还可以带动相关的绿色经济投资机会。根据"彭博新能源财经"的数据，仅在 2011 年，对可再生能源的投资就达到了历史最高水平的 2570 亿美元，是 2004 年的 6 倍。根据"全球可持续金融联盟" 2012 年的数据，可持续金融在 2011 年由专业机构管理的基金高达 13.6 万亿美元。

总之，只有大力发展绿色金融，才能有效地完成经济结构升级转型，提升综合国力，并在未来绿色金融市场博弈中占据主动地位，在新一轮世界经济竞争中立于不败之地。

2. 绿色金融的政策目标与制度构建

在传统的金融理论、公司理论和经济学理论背景下，金融市场和金融机构并没有发展绿色金融的动力。根据传统的金融理论，金融机构在做出投资决策时，要考虑投资成本、投资风险、项目的可预测性和项目的预期收益，以最小化投资成本和风险，最大化投资收益为决策依据。根据传统的公司理论，在正常经营条件下，金融机构的管理层对股东负受托责任，为最大化股东的利益而勤勉尽责，公司治理的目标是公司财产的最大化，并没有把绿色金融单独纳入管理层的受托责任和公司治理的目标选项。根据传统的经济学理论，给定其他约束条件不变，当市场主体的行为产生负外部性时，市场上这种行为倾向于过度供给；当市场主体的行为产生正外部性时，市场上这种行为倾向于供给不足。

尽管绿色金融代表人类金融活动的未来发展方面，具有广阔的发展前景，但是在当下，如果仅仅依靠市场机制，绿色金融的具体项目收益仍然具有很大的不确定性。对于追求个体利益最大化的金融市场主体来说，理性选择是先规避这种不确定性带来的成本和风险，等其他金融机构经过试错之后筛选出可行的绿色投资项目之后，快速跟进，获取绿色投资利润。所以，尽管绿色金融的理念越来越深入人心，很多金融机构加入了各种绿色金融组织或者协议，金融机构向传统化石能源等高碳领域的投资仍然占据主要地位。

鉴于传统金融理论、公司理论和经济学理论并不能给绿色金融提供理论和制度支撑，我们需要在发展绿色金融的背景下重新设定绿色金融的政策目标并在此基础性构建绿色金融制度。简而言之，绿色金融的政策目标就是为金融机构提供适当的激励，使之有充分的动力为绿色项目提供融资，并逐渐远离污染项目，为全球范围内减少温室气体排放，改善自然环境做出贡献。

根据以上论述，我国未来绿色金融的制度构建应该从三个维度展开：①建立有效的绿色金融市场机制，让提供绿色项目融资的金融机构从中受益。比如，建立碳金融交易市场和气候交易所，以便内部化绿色金融的收益，鼓励金融机构提供绿色投资。②建立有效的绿色金融法律机制，为绿色金融交易提供法律保障。比如，通过完善财产法与合同法，明确碳排放的产权界定和交易规则；通过完善侵权法与环境保护法，给污染项目定价，给污染项目融资定价，约束非绿色融资行为，等等。③建立有效的绿色金融政策机制，为绿色金融交易提供政策保障。比如，政府通过补贴、税收等政策手段把融资引导到绿色经济领域；组建政策性金融机构以承担社会责任的形式为绿色经济提供融资，等等。

第三节　中国绿色金融发展的现状、问题与方向

一、中国绿色金融发展历程及成绩

我国绿色金融的发展基本上可以从绿色信贷、绿色证券、绿色保险制度、绿色金融市场 4 个维度阐述，其中包括某些交叉的绿色金融活动或者绿色金融立法。

1. 绿色信贷

我国绿色信贷包含两重含义：一是银行对绿色、低碳企业应给予信贷资金支持；二是银行在发放贷款过程中关注和防范贷款项目出现环境问题。2007 年环保部、人民银行和银监会共同颁布的《关于落实环境保护政策法规防范信贷风险的意见》（以下简称《意见》）是我国第一个绿色信贷政策。从此，绿色信贷正式成为金融机构经营的主要战略内容，也是监管政策的着力点之一。绿色信贷的发展将对企业的经营行为产生重要影响，有力地支持我国经济发展方式转型和可持续发展。《意见》第一次明确强调了将环境资源保护和信贷调控结合起来，建立部门间信息沟通机制。之后环保主管部门和银监会通过分别下发通知和指引，逐步规范绿色信贷的发展环境。

在《意见》的基础上，国务院、环保局、银监会等政府部门和金融监管机构分别出台了一系列行政指导意见，调整绿色信贷活动。2007 年 11 月 23 日，银监会颁布《节能减排授信工作指导意见》，绿色信贷政策作为一项十分活跃的环境经济政策更是引起了整个社会的普遍关注和环保、金融界的高度重视，并成为促进节能减排的重要市场手段。2012 年 2 月 24 日，银监会发布《绿色信贷指引》，对银行业金融机构有效开展绿色信贷、大力促进节能减排和环境保护提出了明确要求。2013 年，银监会推进绿色信贷统计制度。2014 年，银监会发布《绿色信贷实施情况关键评价指标》，超过 100 个指标对组织管理、能力建设、流程管理、内控管理、信息披露等方面进行了规范。2015 年 1 月 19 日，银监会和国家发展和改革委员会（简称发改委）联合发布了《能效信贷指引》，鼓励银行业金融机构积极开展能效信贷业务，支持产业结构调整和企业技术改造升级，强调银行可通过以能效信贷为基础资产的信贷资产证券化试点工作，以及发行绿色金融债等扩大能效信贷融资来源的方式，引领金融机构对绿色信贷倾斜。2016 年 2 月人民银行等八部委联合印发《关于金融支持工业稳增长调结构增效益的若干意见》，提出推动加快工业信贷产品创新，大力发展能效信贷、合同能源管理未来收益权质押贷款、排污权抵押贷款、碳排放权抵押贷款等绿色信贷业务，积极支持节能环保项目和服务。

据《中国银行业社会责任报告》统计，截至 2015 年年底，我国银行业金融机构绿色信贷余额 8.08 万亿元，其中 21 家主要银行业金融机构绿色信贷余额达 7.01 万亿元，较年初增长 16.42%；支持节能环保项目贷款余额 2.32 万亿元，比上年增长 24.06%，支持节能环保项目数量 23100 个，比上年增加 7382 个。"十二五"时期，银行业金融机构支持节能环保项目的数量和贷款余额分别增长了 147.09% 及 57.82%，说明我国对绿色信贷的支持力度越来越大。具体见表 5-1。

表 5-1 2011~2015 年绿色信贷项目数量及贷款金额

年份	2011	2012	2013	2014	2015
项目数量/个	9 349	10 874	14 403	15 718	23 100
贷款金额/万亿元	1.47	3.58	1.60	1.87	2.32

根据各银行的社会责任报告，近几年来部分银行对"两高一剩"行业的贷款占比持续下降，绿色信贷额度逐步增长。以交通银行为例，2011 年，交通银行对两高一剩产业投资占其全部投资比例为 3.21%；2012 年为 2.83%；2013 年为 2.21%；2014 年为 2.15%；2015 年为 1.65%。也就是说，在国务院等政府部门的政策引导下，我国绿色信贷取得了很大的发展，而且发展空间很大。

2. 绿色证券

绿色证券是指以上市公司环保核查制度和环境信息披露制度为核心，通过调控社会募集资金投向，遏制高能耗和高污染行业过度扩张，防范资本风险，并促进上市公司持续改进环境表现。2014 年 5 月 8 日，中广核风电有限公司附加碳收益中期票据发行，这是国内第一单绿色债券。根据兴业银行最新发布的《绿色金融半年报》，2016 年上半年，中国共计发行绿色债券 549 亿元，占到全球规模的29.3%，遥遥领先其他经济体，中国已经成为全球最大的绿色债券市场。

股票市场对首次公开上市企业的环保要求在增加，作为新型支柱产业，绿色上市公司也在快速崛起。2008 年环保总局发布的《关于加强上市公司环保监管工作的指导意见》，标志着我国开始建立绿色证券政策。截至 2015 年年底，全国共有 140 家绿色产业上市公司，其中 79 家在中小企业板和创业板上市。

企业资产证券化自 2005 年启动后，第一单绿色概念资产证券化为 2006 年 6月经证监会批准在深圳证券交易所发行的"南京城建污水处理收费收益权专项资产管理计划"，其后南京城建于 2011 年发行了第二期绿色资产证券化，共募集资金 20.51 亿元，两单产品均以污水处理收费收益权打包证券化的运作模式引入社会资金，支持污水处理行业发展。2015 年以来，证监会积极研究并创新绿色金融的发展机制，引导社会资金投向环境保护、资源节约、生态良好的相关企业和项目，又陆续推出了一批绿色资产证券化产品，在推动绿色金融方面取得了新的突破。

从 2015 年至 2016 年第一季度末，全国共有 6 单绿色资产证券化产品在交易所市场成功发行。其中，"嘉实节能 1 号资产支持专项计划"和"泰达环保垃圾焚烧发电收费收益权资产支持专项计划"分别于 2015 年 10 月和 12 月在上海证券交易所、深圳证券交易所成功发行；"平安凯迪电力上网收费权资产支持专项计划"和"平银凯迪电力上网收费权资产支持专项计划（二期）"分别于 2015 年 6 月和

2015 年 11 月在深圳证券交易所成功发行，共计募集资金 33.22 亿元；"龙桥集团应收账款资产支持专项计划"于 2015 年 8 月在深圳证券交易所成功发行，基础资产为污水处理设施建设回购债权，募集资金 10.5 亿元；2016 年 1 月"深能南京电力上网收益权资产支持专项计划"在深圳证券交易所发行，发行规模 10 亿元。

3. 绿色保险制度

我国绿色保险范围很窄，现阶段只包括"环境污染责任保险"（以下简称环责险）。环责险是以企业发生污染事故对第三者造成的损害依法应承担的赔偿责任为标的的保险。本质上，环责险是一种以金融手段加强环境保护的有益尝试。及时提供的经济赔偿有利于迅速应对环境污染突发事件，稳定社会秩序；保险公司代为偿付确保企业不至于因为承担其造成的环境损害责任而影响持续经营；与环境污染风险挂钩的保险费率及保险公司持续的督导有利于激励企业加强风险管理，帮助其更好地识别、评估和减少风险。

20 世纪 90 年代初，保险公司在大连、沈阳等部分城市推出了环责险产品，但由于政策、法律条件不具备等原因，市场规模很小，到 90 年代中期已经基本处于停滞状态。进入 21 世纪，中国政府的环境保护思路有所转变，开始考虑从主要运用行政手段保护环境转变为综合运用法律、经济、技术等多种手段解决环境问题。此时，保险机制开始受到重视，成为可能的政策选项之一。

2007 年年底环保部与保监会联合发布了《关于环境污染责任保险工作的指导意见》（以下简称《指导意见》），决定选择部分环境危害大、最易发生污染事故和损失容易确定的行业、企业和地区，率先开展环责险的试点工作。2013 年 2 月，在对五年的试点情况进行总结基础上，环保部、保监会进一步发布相关政策文件，提出应针对涉及重金属、石化、化工等高环境风险的企业和行业开展环境污染强制责任保险制度。环责险的试点范围不断扩大，并且在某些高环境风险的行业和企业已经成为强制投保的险种，这显示出政府的推动力度正不断加大。在具体实施方面，地方政府是主要推动力量，从规划投保方案，到选择保险公司，甚至亲自说服企业投保，在环责险的各个环节其身影可谓无处不在。比如，2016 年 6 月，广东省人民政府办公厅发布了《关于加快推进环境污染第三方治理工作的实施意见》，要求创新金融服务模式，继续推进全省环境污染责任强制保险工作。截至 2015 年 10 月底，全省企业投保环境污染责任保险保费总额 1598 万元，责任限额总额约 8.6 亿。

自从《指导意见》于 2008 年开始实施以来，总体上参与试点的范围逐渐扩大，承保企业数量逐渐增加，保险金额逐渐上升。8 年来，投保环责险的企业已经超过 2.5 万家次，保险公司提供的风险保障金累计超过 600 亿元。这意味着，一年时间内，投保环责险的企业已经增加 2 万家次，推进明显加快。2015 年实施环境污染责任险试点的省（自治区、直辖市）达 28 个，试点行业涉及重金属、石化、危险化学品、危险废物处置、电力、医药、印染等，保险产品发展到 20 余个，国内主要保险公司都加入试点。2015 年，保险业为相关企业提供了 1.4 万笔环境污染保障，涉及金额达 245 亿元。2016 年第一季度环责险保费为 7933 万元，承保企业 3778 家，提供风险保障 66.35 亿元。

4. 绿色金融市场

我国绿色金融产品交易市场主要是指排放权交易市场。无论从交易规模、试点项目、基本系统、交易平台还是交易产品的多元化和复杂程度来衡量，我国的排放权交易市场在过去 20 年里都取得了较大发展，其中碳金融交易增长最快。

近年来，我国碳金融产品创新层出不穷。自 2014 年起，我国 7 个碳交易试点地区陆续推出了数十个碳金融产品。2014 年 12 月 30 日，北京环境交易所促成国内首单碳排放配额回购交易，被视为北京碳交易试点建设进程中的里程碑。2016年 7 月 12 日，为进一步深化落实国务院《关于创新重点领域投融资机制鼓励社会投资的指导意见》，在总结北京碳交易试点的市场实践、借鉴国际碳交易体系和国内金融市场的成功经验基础上，北京环境交易所发布了碳排放权回购式融资、场外掉期交易、场外期权交易三款碳金融创新产品合同模板，供全国范围内的重点排放单位、碳市场投资机构在开展相关合作中参考使用，鼓励企业加强碳资产管理，创新碳金融产品，充分利用市场机制推动节能减碳工作。

5. 金融机构发展绿色金融的成绩

我国金融机构越来越多地参与绿色金融实践，实施绿色信贷等绿色金融活动，典型者包括国开行、兴业银行。梳理这些典型金融机构的绿色金融实践，有助于我们发现中国实施绿色金融的成绩和不足，并为未来发展提供借鉴。

（1）国开行的绿色金融实践

作为中国第一个加入联合国全球契约计划的金融机构，国开行一直倡导并坚持"可持续发展""绿色信贷"理念，并主动加入联合国环境规划署可持续金融行动计划。作为全球契约计划的成员，国开行高度关注业务发展中保护环境的基本原则，于 2008 年 2 月成立了"赤道原则"工作小组，逐步在业务发展中导入"赤道原则"的理念，在可持续发展和社会责任方面做出了重要的贡献。作为银行机构的代表，国开行全程参与了中国金融监管部门《绿色信贷指引》的制定。

当前，国开行已经发展成为世界上最大的绿色项目贷款行之一。从 2007 年起，国开行逐年制定环保及节能减排工作方案、系统的风险防范体系和信贷政策，取得了良好成果。数据显示，国开行 2015 年发放节能环保贷款 1919 亿元，截至 2015年年底，国开行绿色信贷项目贷款余额超过 1.57 万亿元。

国开行实施的绿色贷款项目是多元的，不仅覆盖的项目广泛，而且涉及不同国家、不同地域。国开行在国内实施的绿色贷款项目分布在许多城市和许多领域。这些项目涵盖了低碳城市、循环经济、流域管理、污水处理、环保、节能技术升级和可再生资源。在国内，2015 年 5 月，国开行与协鑫集团在苏州签署《规划合作协议》。根据协议，国开行和协鑫集团将分别发挥各自优势，在发展石油天然气、环保电力等清洁能源业务和光伏材料、光伏发电等新能源业务，以及创新促进能源产业发展的投融资模式等方面开展相关合作。国开行苏州分行为保利协鑫国内太阳能电站项目提供总额 50 亿元的银行授信，以进行新能源的开发和推广。

在国际上，在西非加纳电厂两期项目建设中，国开行共提供贷款 5.8 亿美元，其子公司中非基金投资近 9000 万美元，满足了该项目 80% 以上的资金需求，为长期饱受电力不足困扰的西非地区注入了发展动力。电厂使用的燃气发电技术使碳排放量比传统燃煤电厂大幅降低，对于非洲地区实现绿色可持续发展起到了引领作用。正是看中了这个项目带动当地经济发展、促进西非地区环境保护的示范意义，近年来，国开行和中非基金坚定地支持该项目建设。加纳电厂是国开行近年来支持海外项目建设的一个缩影，绿色、可持续、互利共赢，已经成为国开行国际业务的重要标签。在"走出去"的过程中，国开行坚持推行"绿色信贷"，始终把资源和环境的承载力作为重要原则和约束边界，严把授信评审关，严控环境和社会风险，促进多方共赢。

（2）兴业银行的绿色金融实践

兴业银行 2008 年公开承诺采纳"赤道原则"，成为中国首家"赤道银行"。2009 年，兴业银行的首笔赤道原则项目——福建华电永安发电 2×300MW 上大压小扩建项目正式落地。兴业银行为此提供了 7.3 亿元贷款，其中环保投资 3 亿元，占工程总投资的 12%。炉内脱硫的清洁燃烧技术每年将减少烟尘排放 1530 吨，减少二氧化硫排放 12 245 吨。

兴业银行在绿色金融服务方面积累了丰富的经验，总结出很多绿色融资模式，这些融资模式被兴业银行概括为"8+1"绿色融资模式。具体包括：节能减排技改项目融资模式；清洁发展机制（clean development mechanism，CDM）项下融资模式；节能服务商（energy management contract，EMC）融资模式；节能减排设备供应商买方信贷融资模式；节能减排设备制造商增产融资模式；公用事业服务商融资模式；融资租赁模式；排污权抵押融资模式；非信贷融资模式。截至 2015 年年末，兴业银行累计为 6000 多家节能环保企业提供绿色融资 8000 多亿元，绿色金融融资余额 3942 亿元。作为中国首家"赤道银行"，近年来兴业银行还以多种方式参与赤道原则等金融可持续国际标准的制定和完善，参与世界气候大会传递中国金融机构的声音，维护新兴市场国家银行业话语权，并与越南、泰国、蒙古等新兴市场国家银行分享成功经验。

此外，兴业银行还积极开发排放权金融服务。兴业银行与国外碳买家和国内主流环境权益交易所建立广泛的合作关系，为客户参与排放权交易各个环节提供综合服务，产品包括碳金融服务产品和排污权金融服务产品。兴业银行提供的碳金融服务产品包括 CDM 财务顾问、碳资产质押授信、碳资产交付量履约保函和自愿减排交易结算业务。兴业银行还提供排污权金融服务产品，主要指兴业银行为全国性或区域性环境容量使用权交易市场提供的系列金融服务，包含排污权制度设计咨询、排污权有偿使用资金管理及理财、排污权交易清算系统开发等。

从 2006 年率先推出国内首个能效项目融资产品，2008 年成为中国首家正式采纳实施"赤道原则"的银行，2014 年发行国内首单绿色信贷资产支持证券，到 2016 年落地国内首单绿色金融债券，兴业银行已在绿色道路上潜行渐进、精心耕耘 10 年。如今，兴业银行在绿色金融领域的探索实践已开花结果，"赤道银行"、绿色金融已成为该行最亮丽的一张名片，且正从绿色银行向绿色金融集团迈进，提出 5 年后集团层面绿色金融业务实现融资余额突破 1 万亿元的目标。

二、中国绿色金融发展中存在的问题

尽管我国绿色金融的发展取得了一定的成绩，但是，金融机构的绿色金融投资占比仍然相对偏低，绿色金融服务实体经济的效果仍然有待提高。以绿色信贷为例，尽管在"十二五"时期，银行业支持绿色经济的绿色信贷额逐年提高，但是，绿色信贷占比仍然偏低。表 5-2 是"十二五"时期，全国银行业绿色信贷余额和贷款余额之间的比较。

表 5-2　银行业绿色信贷与贷款余额的比较

年份	2011	2012	2013	2014	2015
绿色信贷余额/万亿元	1.468	3.580	5.200	7.590	8.080
贷款金额/万亿元	58.2	67.3	76.6	86.8	99.3

从表 5-2 可以看出我国金融资源在绿色经济领域的分配仍然很低，我国绿色金融的发展仍然处于初级阶段。我国绿色金融发展之所以相对缓慢，发展程度初级，主要原因如下。

1. 社会各界的绿色金融意识不强

绿色金融发展是一项巨大的系统工程。其发展需要社会各方面达成共识，并采取具体措施开展行动。但就目前情况看，社会各界对绿色金融并没有形成共识，更难以谈到高度重视。银行是实施绿色金融的主体，但在银行业也只是监管部门和部分商业银行意识到发展绿色金融是实现管理模式、业务模式转型的良好途径，在绿色金融发展方面进行了一些有益尝试。而有些商业银行对其重要性仍认识不到位和存在一些误区，进而影响其活动的开展。企业也是发展绿色金融的主体之一，但多数企业缺乏对绿色金融的了解，更谈不到积极发展绿色金融。一些地方政府在利益面前，甚至阻碍绿色金融的发展。

2. 金融机构在发展绿色金融过程中存在较多问题

首先，整个金融系统缺乏对发展绿色金融的战略准备。发展绿色金融是一项巨大的系统工程，既需要战略安排，也需要政策配套。而就目前来看，金融主管部门的绿色金融政策目标也还主要停留在限制对"两高一资"和促进节能减排短期目标的实现上，而对绿色金融的战略准备工作还没有全面展开。即使是一些进入实践探索阶段的金融机构，其绿色金融发展实际上也大多还停留在某些具体经营层面，既缺乏专门的绿色金融战略目标和发展规划，也没有有效开展组织保障、企业文化（包括信贷文化）、人才和政策的战略准备工作。其次，金融机构内部在公司治理方面还没有建立起与绿色金融配套的制度，也缺乏符合绿色金融发展需要的约束激励机制。最后，对绿色金融业务缺乏经验和技术，缺乏专业领域的技术识别能力。

3. 绿色金融的市场体系不完善

完善的市场体系是绿色金融发展的基础。完善的市场体系，在融资渠道方面，应由直接市场和间接市场组成；在融资方式方面应由流动资金贷款、项目贷款和其他形式构成；在参与的主体方面，应由银行、保险、证券、投资银行等构成。目前，绿色金融市场体系不完善，主要表现为：在融资渠道方面主要有银行信贷，而银行信贷属于间接市场。因此，可以说只有间接市场，直接市场几乎是空白。在融资方式方面主要有流动资金贷款、项目贷款，其他形式如绿色证券及一些金融衍生品还很少。在参与主体方面，主要有银行，即使是银行，也仅仅是一部分。

4. 绿色金融的相关法律法规不完备

社会主义市场经济是法制经济。金融作为现代市场经济的核心，自然离不开法制建设。完善的法律法规支撑是绿色金融健康发展的制度性保障。目前，我国绿色金融的法制建设也刚刚起步，法律法规保障体系还很不完善，与市场需求相去甚远。

5. 信息沟通机制不健全，导致银行开展绿色信贷业务还存在较高风险

银行开展绿色信贷业务，客观上要求有健全的信息沟通机制，只有这样，才

能使银行降低贷款风险。但就目前情况看，一方面，中国人民银行征信系统《企业基本信用报告》所能提供的"环保信息"涉及的企业范围还很窄。另一方面，金融机构对大多数不属于国家监控范围的企业、项目的环保违规情况，很难获得相应信息。在信息极不对称的情况下，银行开展绿色信贷必然存在较高的风险，这也是一些银行抱怨绿色金融成本高、收益低，进而不愿积极开展绿色金融的客观原因。

三、中国绿色金融发展的方向

为了有效地发展中国的绿色金融，提升绿色金融效率，依据绿色金融的基本原理和中国的国情，中国绿色金融未来发展趋势应该包括以下 4 个方面。

1. 增加政策支持力度，充分挖掘政策性绿色金融的潜力

绿色金融的发展应该以绿色经济为先导，政府通过宏观经济政策的引导发展绿色经济，才能给绿色金融的发展提供空间和动力。当前，中国社会经济的发展正面临资源压力、环境压力和经济结构转型的挑战，政府应该增加对绿色经济的政策支持力度，从财政、税收等方面给绿色经济和绿色金融提供优惠，增加绿色金融投资的盈利可预测性，降低其风险，引导金融机构和投资者把资金投向绿色产业。

具体地，政府可以通过实施绿色金融政策为绿色投资建立激励机制。这就需要建立鼓励绿色投资的政策体系，创新更多的绿色金融产品。比如，成立类似英国绿色银行的机构，以绿色债券作为主要融资来源之一。由于发行者的信用级别较高或享受政府免税等政策，可以以较低的利率来支持绿色项目。还应健全财政贴息机制，鼓励绿色贷款，尤其应在目前的贴息制度基础上，扩展到更多的新兴行业，并且囊括更多的中小企业。

2. 健全绿色金融法律法规体系

尽管我国出台了很多与绿色金融有关的政策法规，这些法规的突出特点是效力层级低、权威性不够。因此造成约束力不强，可指引性低、可执行性差等弊端。比如，尽管我国资本市场针对上市公司 IPO 出台了环境影响评价等批准上市的硬约束条件，但是，很多上市公司仍然是造成环境污染的主要责任者。改善环境、可持续发展和经济结构转型已经成为我国的基本国策，在此背景下，根据《中华人民共和国立法法》规定的基本原则和基本的法理，绿色金融应该以基本法的形式，由全国人大及其常委会出台专门的绿色金融法。绿色金融法应该明确政府部门、企业管理层、股东在绿色金融实施中的权利和责任，对绿色信贷、绿色证券、

绿色保险、绿色金融产品开发与交易及绿色金融侵权等事项做出全面的规定，以便为绿色金融参与者提供明确的预期和指引。

3. 建立和完善绿色金融市场体系

绿色金融市场体系包括绿色信贷市场、绿色股票市场、绿色债券市场、绿色基金市场、绿色中介服务市场等。

绿色金融发展的关键是让参与绿色经济投资的利益相关者能够从中受益，使之有动力参与绿色投资。为此，必须完整准确地界定绿色金融产品的产权，完善绿色金融产品的交易，为绿色金融参与者提供收益。绿色金融市场越完善，绿色金融产品品种越多，绿色金融投资的边际价值越高，边际收益越高。所以，发达的绿色金融市场是绿色金融取得成功的关键。

未来我国发展绿色金融市场主要包括以下方面：发展碳排放权交易市场；丰富绿色金融贷款，开发绿色金融贷款证券化产品；建立有效的绿色证券市场，丰富绿色证券品种，提升资本市场服务绿色金融和绿色经济的能力；进一步拓宽绿色保险市场，为绿色信贷和绿色证券业务提供保障。

4. 政府在绿色金融发展过程中扮演恰当的角色

政府在绿色金融产权界定、强制减排、分配减排配额等方面将找到自己的位置，在绿色金融发展中扮演恰当的角色。比如，政府可以在石油和天然气开采、煤化工、钢铁、水泥等更多领域实行强制性绿色保险，实现环境风险企业全覆盖。通过政府的强制性绿色保险规定，倒逼企业节能减排，参与绿色市场交易。

5. 加快设立环保产业银行

一些发达国家的实践证明，由于绿色金融在技术含量上具有一定的门槛，要求所有银行达到同样的高度是不现实的。只有专业银行才能做到位、做出效果。因此，应加快成立政策性的节能环保产业银行，通过政府的政策扶持以提高杠杆效应。环保产业银行可先做试点，在试点的基础上总结经验，然后再在全国有计划、有步骤地布局。

6. 加强国际交流和合作，借鉴国际先进经验

国外银行已经形成了比较健全的环境保护计划、丰富的绿色金融衍生产品、完善的绿色金融制度及合理的内部环境保护组织机构。通过与国际大型金融结构交流合作，借鉴国际通行的原则和惯例来实现自我约束，并强化绿色概念的实施。同时，学习国际著名银行先进的金融理念和管理经验，争取国际组织的技术援助，进而提升自身各方面的水准，扩大国际上的影响力。例如，兴业银行在同国际金

融公司的合作中不仅获得了诸多技术和经验,还获得了一定的贷款本金损失分担,大大促进了其在绿色金融领域的业务发展。

7. 设立绿色金融综合改革试验区

绿色金融由于产生的时间短,在我国实践的时间更短,因此在发展过程中遇到了很多问题和困难。主要的问题和困难是如何实现建立与绿色金融发展相匹配的利益分配机制和政策支持体系。在我们发展绿色金融缺乏经验的情况下,选择自然环境条件较好的地区设立绿色金融综合改革试验区进行绿色金融的试点,待取得成功经验后再向全国推广则是一种行之有效的途径。

第四节　贵州省绿色金融发展的现状和问题

一、贵州省绿色金融发展的现状

2013 年 1 月,生态文明贵阳国际论坛正式获党中央、国务院批准举办,成为国内唯一以生态文明为主题的国家级国际论坛。2013～2016 年贵阳市连续四年成功举办生态文明国际论坛,深入贯彻了习近平同志“走向生态文明新时代”重要指示精神,响亮地发出生态文明建设的“中国主张”。生态文明贵阳国际论坛立足贵州,扎根中国,面向世界,致力于建立官、产、学、媒、民共建、共享的国际性高端平台,着力普及生态文明理念,展示生态文明建设成果,推动生态文明建设实践,把握绿色发展机遇,共同应对气候变化,维护全球生态安全。生态文明贵阳国际论坛为贵州绿色金融发展提供了宽松的环境、创造了优越条件。

1. 金融办、“一行三局”高度重视绿色金融发展

近年来贵州省金融办、“一行三局”(“一行”指人民银行,“三局”指银监局、证监局、保监局)对绿色金融的发展非常重视。贵州省银监局结合贵州省情因地制宜,对贵州省银行业金融机构进行有力指导,对绿色产业的信贷支持和落后产能的信贷控制进行了许多有益的实践和探索。2014 年 4 月,贵州省银监局发布《贵州银监局关于印发贵州银行业支持绿色经济发展的指导意见的通知》,提出了贵州银行业支持绿色经济发展的指导意见,指出要充分认识银行业支持贵州绿色经济发展的重要性;加强信贷政策与产业政策的配合,助推经济转型升级和结构优化;构建分层次、多样化的绿色金融服务体系;加强流程、产品和服务创新,保航绿色金融,促进绿色信贷工作扎实有效开展;内外联动,建立有效的绿色风险补偿和激励约束机制;多方合作,构建良好的绿色信贷外部环境;强化引领,发挥监管的正向引导作用。2014 年 6 月,兴业银行贵阳分行原观山湖支行更名为观山湖

生态支行，这是兴业银行系统内首家以"生态"命名的分支机构。截至 2016 年 4 月末，兴业银行贵阳分行已对 15 个项目贷款开展了赤道原则适用性判断，涉及金额 63.45 亿元；累计为节能环保领域提供绿色融资 51.27 亿元，余额 36.42 亿元，涉及可再生资源开发、城市供水、污水处理、能源产业节能减排等多个领域。截至 2016 年第一季度末，全省银行业金融机构支持节能环保及服务项目共有 786 个，贷款余额达 1320 亿元，有效缓解了节能环保项目的资金需求。

人民银行贵阳中心支行 2015 年提出要狠抓"三个基点"的探索创新，以"绿色金融、扶贫开发、融资结构优化"支持地方经济发展。在 2016 年年初的贵州省工作会上，该行强调要探索实践具有贵州特色的绿色金融模式：加快信贷、保险等传统金融产品的"绿色化"转型，探索绿色金融债券等新型绿色金融产品的推广和应用，积极向总行争取绿色金融再贷款等新型货币政策工具在贵州先行先试，尝试推动绿色金融产品和服务创新与省内扶贫开发项目、特色产业项目等的结合，主动探索绿色、环保、高效的金融扶贫"贵州模式"。

人民银行贵阳中心支行金融研究处还对绿色金融展开了研究，完成了《对贵州推进绿色金融体系建设的思考与建议》《对贵安新区建设西部绿色金融港的思考与建议》《绿色债券标准的国际比较及对中国的启示》调研报告，并支持和配合贵安新区申建国家绿色金融创新试验区，对《贵安新区绿色金融港开发建设（2015—2017 年）三年行动计划》提出修改和完善建议。2016 年上半年，人民银行贵阳中心支行行长戴季宁赴贵安新区实地调研，就绿色金融创新试验区的申报、发展规划及近期工作进行沟通交流。戴季宁主持召开行长办公会，原则上同意在罗甸县和印江县开展绿色金融与金融扶贫试点工作，对试点地区整体生态环境及发展模式提出明确要求，逐步完善试点地区金融政策体系；继续完善实施方案，使各项措施更加清晰、操作更加可行，同时在实践中积极探索，总结经验，为绿色金融在全省更大领域的推广提供借鉴。

2. 银行业金融机构大力发放绿色贷款

（1）国开行贵州省分行

作为"绿色信贷"的积极倡导者和推动者，国开行贵州省分行提出，既要坚守生态底线，又要助力贵州省经济加快发展，为此，该行在工作中，把资源和环境的承载力作为重要原则和约束边界，从流程管理和环境效益管理等方面不断提高自身要求，将金融资源向环境保护和节能减排领域倾斜，不断加强对绿色经济、节能环保领域项目的支持，引导社会资本流向，助推贵州生态文明建设。

国家实施西部大开发战略，特别是"西电东送"工程，为贵州省经济发展尤其是能源业的发展创造了前所未有的机遇。国开行贵州省分行充分发挥长期、大额资金优势，创新信用结构，服务国家能源战略，率先以多样化金融手段支持贵州省电力产业发展。从 2002 年成立至 2015 年 5 月，国开行贵州省分行电力贷款余额从 52.86 亿元上升至 207.41 亿元，支持了"西电东送"大中型电源点项目的建设，涉及总装机容量 2422.3 万千瓦，占全省总装机容量的 2/3 以上。

国开行贵州省分行作为唯一应邀的金融机构全程参与了由国家发改委牵头的《贵州省水利建设生态建设石漠化治理综合规划》编制工作。在国务院批复贵州"三位一体"规划后，该行积极推动和协助总行，出台了相关工作意见，成为唯一一家对支持"三位一体"规划实施出台专项意见的金融机构。2012 年 4 月，国开行对贵州省"三位一体"规划建设项目完成预授信 240 亿元。截至 2015 年 5 月，发放水利贷款 2.5 亿元。

（2）中国工商银行贵州省分行

作为负责任的大型商业银行，中国工商银行贵州省分行充分发挥自身优势，积极支持贵州省绿色经济发展。该行积极实施绿色信贷政策，大力提供贷款支持地方实体经济的发展。"十二五"以来，该行累计投放贷款 3758 亿元，贷款规模持续居各主要商业银行之首，有力地支持了地方经济的发展。"十二五"以来，在省政府强有力的推动下，贵州省风电新能源项目建设风生水起。作为一种可再生绿色新能源，中国工商银行（简称工行）贵州省分行将风电作为重点支持产业予以支持，助推贵州省能源结构转型升级。截至 2015 年 5 月末，该行累计支持的风电项目已达 27 个，贷款余额达 22 亿元。工行信贷资金的投放，为贵州省风电工程的顺利推进提供了有力的资金支撑。风电项目刮起的绿色旋风，正吹绿贵州高原。

紧跟贵州省特色优势产业发展需求，工行贵州省分行全面支持"5 个 100 工程""五张名片"等发展战略实施，大力扶持电子信息、大健康医药、高效山地农业、文化旅游、新型建筑材料等五大新兴产业，为绿色经济导航加力。"十二五"以来，贵州省大力推动旅游业发展，各景区建设进程加快推进。作为贵州省极具资源优势的绿色产业，工行贵州省分行大力投入贷款予以支持。截至 2015 年 5 月末，旅游业融资余额达 69.74 亿元，累计支持各类景区 30 余个，有力推进了景区建设和相关旅游企业的快速发展。

（3）中国建设银行贵州省分行

"十二五"时期，中国建设银行（以下简称建行）贵州省分行积极响应贵州省"水利三大会战""公路三年大会战""铁路建设大会战"等战略部署，累计向水利、电力、交通、燃气等基础设施建设发放贷款 840 亿元。其中累计向高速公路和铁路项目投放固定资产贷款 278 亿元，支持贵州省 3481 公里高速公路和 1371 公里的铁路建设。

近年来，建行贵州省分行以省水利投资集团为核心，以信贷业务作为重要支撑，大力支持贵州省水利建设，充分体现出一个国有大型商业银行履行社会责任的使命感和责任感。作为贵州省重点民生项目，黔中水利枢纽工程对贵州省经济发展具有重要意义。项目实施之初，建行贵州省分行积极牵头组织，发起并成功组建 7 家金融机构参与银团贷款，完成贵州省第一笔水利建设项目银团贷款项目。2013 年以来，建行贵州省分行通过组建银团、独家承贷等方式积极支持省水投集团 20 个中小型水库建设，成为贵州省承贷金额最大、支持大中小型水库项目最多的商业银行。

煤层气，也称煤矿瓦斯。如果煤矿抽采的瓦斯大量排空，不仅大大增加温室气体的排放，而且白白浪费掉这宝贵的能源。作为贵州省首家大力支持贵州省煤层气发电的银行，建行贵州省分行又一次领跑贵州金融同业，有力推动了贵州省提高资源利用率。为加快盘江矿区抽采瓦斯的利用，改善矿区环境，减轻对大气的污染，盘江煤电（集团）公司专门组建了贵州盘江煤层气开发利用有限责任公司。为了支持该公司煤矿瓦斯综合利用项目，建行贵州省分行作为第一家投放项目贷款的金融机构，审批通过授信 9000 万元，截至 2015 年贷款余额 4000 万元，保证了项目顺利建设。项目全部投产后，预计年瓦斯消耗量达 7000 万立方米，减排和节能效果明显，社会效益和经济效益显著。

（4）中国银行贵州省分行

长期以来，中国银行（简称中行）贵州省分行立志于把绿色金融作为信贷业务发展的重要着力点，不断创新产品、改进服务，引导和推进产业转型和升级，加大对环境友好型企业的金融支持，严格限制对高能耗、高污染行业和企业的信贷投放，加大对战略性新兴产业的信贷支持，支持低碳经济发展。近三年来，中行贵州省分行在交通行业累计融资 231 亿元；在电力基础设施方面，累计为电力行业重点企业融资 130 亿元。

为了积极响应国家"西电东送""上大压小"的等节能减排政策的实施，中行贵州省分行近年来筹集大量资金用于省内华电塘寨电厂、都匀电厂、发耳电厂、桐梓电厂等省内大型骨干火电项目建设，累计投放信贷资金近 50 亿元，促进省内一批高能耗、重污染的小火电发电机组的关停，减少环境污染。据中行贵州省分行了解，仅华电塘寨火电厂项目投产后，一年可节省标准煤 61 万吨，减少二氧化硫 34 460 吨，减少新鲜取水量 5277 吨，对保护红枫湖生态环境具有重要的意义，社会效益较好。

为减少汽车尾气对城市环境造成的空气污染，中行贵州省分行积极参与凯里市城市公交清洁能源项目改造（以清洁能源 LNG 为燃料）、安顺市城市公交新增路线客车购置等城市公交客运项目，累计投入信贷资金 3400 万元；经中行贵州省分行了解，上述城市公交客运项目投入运营后年均可实现二氧化碳量减排 1200 吨，约合标准煤 502 吨。

（5）中国农业银行贵州省分行

近几年来，中国农业银行（以下简称农行）贵州省分行通过"绿色信贷"

发放 30.28 亿元贷款支持贵州安大航空锻造有限责任公司、贵州红星发展股份有限公司、贵州百灵企业集团制药股份有限公司引入节能减排的先进技术，取得良好的经济效益和社会效益。三家企业各项环保指标达到创建国家环保模范城市的标准，并被命名为市级环保诚信企业。贵州毕节地区农行积极履行大型国家控股商业银行的历史使命和社会责任，大力发展"绿色金融"，对农业产业化示范及推广、弃物资源利用、节能减排等项目重点给予信贷支持，截至 2015 年 8 月末，农行在毕节试验区各项贷款余额 131.04 亿元，较年初增长 48.33 亿元，比去年同期增加 34.54 亿元，较年初增长达 58.43%，贷款存量和增量均居当地四大国有商业银行之首，较好地满足了毕节市试验区交通、能源、水利、旅游、生态移民、安置房等重点领域的金融服务需求。其中发放贷款 21.3 亿元支持了毕节市双山新区松林污水处理、织纳公路等重点基础设施建设和威宁物流产业发展，较好地解决了试验区基础设施建设的资金瓶颈；发放 6.6 亿元贷款支持毕节试验区"四在农家·美丽乡村"基础设施建设，助推区内重点民生事业发展；发放 1.5 亿元贷款支持中药材种植等大健康产业发展，促进了片区优势资源向经济资源的加速转化；发放农户贷款 6908 万元支持 1538 户农户发展产业扩大生产，通过政府风险补偿金的增信模式大力推行"美丽乡村惠农贷"，有效推动了地方低碳经济发展和经济结构转型，助力建设"美丽金州"。

（6）交通银行贵州省分行

交通银行（以下简称交行）贵州省分行始终坚持责任立业和可持续发展理念，以绿色信贷为突破口，不断探索开展绿色金融服务创新，有效促进经济社会与资源环境协调、可持续发展。以支持绿色实体经济作为业务发展重点，交行贵州省分行的金融创新手法新颖、有力，差异化、可持续的资金之水如雨露滋养禾苗，浸润着贵州省绿色经济的发展。截至 2015 年 4 月末，该行资金总投放量达 140 多亿元，远超去年同期水平。

严格准入绿色信贷占比高，甄选客户，交行贵州省分行重"绿"。如果客户或项目对环境和社会表现不合规，则"一票否决"，一律不予授信，从源头上严把信贷准入关。作为国家首批循环经济试点企业，开磷控股集团的循环经济建设，探索出了一条具有开磷特色的新型工业化道路。前些年，开磷控股集团实施重大循环经济项目、年产 30 万吨合成氨项目，交行贵州省分行给予了大力支持。项目投产后，园区实现废水 100% 循环利用不外排、废气 100% 达标排放，废水经处理后一部分循环利用，一部分用于景观喷泉、花卉种植、养鱼及绿化。这样的绿色选择，还出现在毕节大方雪榕生物科技有限公司。在交行贵州省分行的大力支持下，毕节大方雪榕生物科技有限公司依托自主创新和科技进步，成功实施食用菌产业化项目，解决了发展食用菌产业与保护生态环境之间相互矛盾的难题，有效推动了我国食用菌产业的现代化、规模化、标准化发展，帮助其走上了一条可持续发展的绿色之路。

（7）邮储银行贵州省分行

邮储银行将化解产能过剩和推行绿色信贷作为当前的重要任务、推动产业升级的重要举措及银行发展的重要机遇，将绿色信贷理念、标准、方法贯穿到化解产能过剩的全过程，确保信贷资金投向符合技术升级要求、碳排放约束和绿色标准的领域，大力支持绿色经济、循环经济、低碳经济发展。

立足贵州山地特色农业特点，邮储银行贵州省分行加大贵州特色生态农业的扶持力度，重点领域包括现代高效农业、绿色经济、"5 个 100 工程""五张名片"、新型城镇化、新型农业经营主体及新农村建设等领域资金需求。重点支持辣椒、茶叶、烤烟、白酒、生猪种植养殖业的快速发展。2015 年，邮储银行贵州省分行积极推广"贵园信贷通"，共发放贷款 3600 万元，支持贵州省产业园区中小企业发展。创建 6 家国家级农业示范区特色支行，贷款主要投向新型农业经营主体，截至 2015 年年末贷款余额为 12.03 亿元。

3. 绿色金融市场基础设施逐步发展

除了以上银行业金融机构提供的绿色贷款之外，贵州省绿色金融市场基础设施建设也取得了一定的成绩。2010 年 7 月，贵阳环境能源交易所经贵阳市人民政府批准成立。贵阳环境能源交易所是集排污权交易、碳排放权交易、节能量交易、水权交易、生态补偿机制研究咨询、环保与节能减排技术咨询、环保与节能减排技术交易、物流交易服务等权益交易服务于一体的专业化交易平台，是环境金融衍生品市场、环境培训研讨、环保课题研究、环保宣传的公益性平台。2012 年 12 月，贵阳环境能源交易所通过国务院清理整顿各类交易场所的验收，成为贵州省保留的六家交易所机构之一，也是贵州省内唯一从事环境权益交易的交易平台。

近年来，贵州省金融机构逐渐形成绿色金融创新助力实体经济发展的共识，践行绿色发展理念，加大对实体经济支持力度，推动贵州省经济社会持续发展。2015 年生态文明贵阳国际论坛年会期间，国内外经济、金融界专家学者对贵州发展绿色金融的探索和实践给予了充分肯定。此后，贵州省依托大数据产业发展，积极探索"互联网+金融"，成立了全国首家大数据交易所和众筹金融交易所，同时申报了以大数据大健康为服务重点的民营银行。目前，贵州省政府正在努力推动建立集绿色金融交易中心、生态支行、绿色债券、绿色基金、绿色小贷、绿色担保为一体的绿色金融支持体系，同时贵阳市正在打造互联网金融产业园，贵安新区正在建设西部金融港，这些探索都将对推动绿色金融发展起到积极的作用，实现贵州弯道取直、后发赶超。

4. 绿色金融产品设计与交易初步试水

贵州金融资产交易中心联合黔东南州合作发行绿色债券，基础资产就是林权收益权。贵州省扎佐林场碳汇造林项目已通过中国绿色碳汇基金会的注册检查。据贵州省金融办测算，黔东南森林覆盖率达到 70% 以上，碳汇林抵押大致可以融资两三百亿元。2016 年 6 月 22 日在贵阳举行的"生态文明贵阳国际论坛 2016 年年会"绿色金融主题论坛媒体吹风会上，贵州银行对外宣布，已申请发行预计 50 亿元绿色金融债券，初步确定的绿色产业项目数量 32 个，预计总融资需求 58.22 亿元，主要包括节能、污染防治、资源节约与循环利用、清洁交通和生态保护及适应气候变化 5 个领域。

二、贵州省绿色金融发展中面临的问题

1. 对绿色金融的标准认知尚不统一

自绿色金融理念提出以来，辖内银行业逐步在有关绿色金融内，按照各自的理解制定绿色金融战略方针、政策制度和产品设计，但缺乏统一的绿色项目认证规则、统计口径和评价体系。

2. 信息沟通和共享渠道不畅

银行与发改委等行业主管部门之间未能有效建立信息反馈和沟通机制，信息零散，时间滞后。

3. 缺乏有效的风险补偿和激励约束机制

一方面受制于绿色金融业务前期投入风险较大、收益见效慢等因素，银行风险评估难度大，管理成本高；另一方面，政府对绿色项目的贴息、补助、税收减免等缺少差别化优惠政策，制约了银行业绿色信贷投放的快速增长和规模效应。

4. 惩罚力度不够，社会责任感弱化

银行业金融机构的绿色信贷压力主要来自于政府的外部压力，在政府没有相关的制度和法律惩罚措施的背景下，受利益最大化影响，商业银行社会责任感弱化，商业银行更关注借款方贷款的偿还能力，对企业的节能减排方面关注得比较少。

第五节　贵州省绿色金融发展对策

降低绿色金融成本，提高绿色金融收益是贵州省发展绿色金融的基本指导原则。绿色金融具有准外部性特征，投资绿色金融产业，尤其是绿色信贷，具有市场风险、政策风险等诸多不确定性风险。所以，降低绿色金融成本，提高绿色金融收益，是贵州省发展绿色金融的基本方向。比如，政府能否为国内外金融机构和企业牵线搭桥，降低信息沟通成本，并以政府信用为绿色金融提供担保？能否以政府信用做平台，发行政府绿色债券或发起政府绿色投资基金，在混合所有制的架构下实质性地推动贵州省"绿色金融"业务开展，是未来贵州省绿色金融的一个重要发展方向。在此基础上，未来贵州省发展绿色金融的具体方向包括以下维度。

1. 政府牵头成立绿色金融发展平台

实现经济社会可持续发展，绿色发展，政府在当中具有极其重要的作用。绿色环保本来就具有极其明显的公共产品性质，而企业是趋利的，仅靠企业履行社会责任来实现绿色发展难度极大。因此，政府应当牵头成立绿色金融发展平台，环保局、金融监管部门、发改委、金融机构等均在当中扮演一定的角色和承担一定的义务，以此推动省内企业秉承绿色环保原则经营，实现经济社会可持续发展。

以山西省为例，2006 年，山西省出台文件，环保局定期向中国人民银行提供环境违法企业名单，中国人民银行再实时转发给银行业金融机构，银行根据此名单进行相应的贷款控制。仅 2006 年，就有 50 家污染企业受到银行信贷封杀，效果十分明显。

未来平台如何在全国其他省市的基础上创新，比如，如何界定平台各主体的角色定位、权利、义务、责任；如何规范平台的绿色原则是值得研究的问题。

2. 金融机构准入加强经营偏好考核

近年来，在"引银入黔"政策推动下，贵州省银行业金融机构数量不断增加。未来几年，银行进入速度将不断提速，而相应的省内分支机构也将不断增多。在金融资源供给小于需求的情况下，银行处于卖方市场，将严格按照绿色信贷政策进行信贷投放，然而，短期内金融资源的供给不断增多，而企业资金需求又不可能短期内猛增，各家银行为抢占市场，很可能出现打"擦边球"，对不太符合相关政策的企业提供信贷资金支持，给环境造成不利影响。因此，不可盲目追求银行数量的增多和分支机构的增加，在已有银行分支机构申请新设时，应加入对银行信贷投放结构的评价，在新银行进入时，则应充分考虑其经营偏好和管理能力，根据经济发展的进度，引入合适的银行。

3. 成立"绿色金融专项补助基金"，引导信贷资金进入创新、环保领域

可由政府出面成立"绿色金融专项补助基金"，对银行信贷投向加以引导，相关职能部门为基金管理者，通过专业评价和考核，筛选出符合国家产业政策、节能环保的企业，定期向各金融机构发放企业名单，一旦银行向名单上的企业进行信贷投放，"绿色金融专项补助基金"将一定的贴息补助、担保补助等。即以财政的手段引导信贷资金投向的调整，并最终促进产业结构的调整。

4. 出台相关法律制度，确保"绿色金融"有法可依

政府相关部门应出台有利于环保、鼓励资源在再生利用等方面的法规政策，让发展"绿色金融"有法可依、有章可循，同时，通过政策引导，限制污染企业，鼓励环保企业，使银行开展"绿色金融"有利可图，支持不符合绿色环保原则的企业则无利可获。

5. 加强部门间的信息交流和共享

加强与人民银行、发改委、经信委、环保部等单位和部门的信息沟通和协调，构建节能减排、淘汰落后产能和环保信息的交流和共享机制；共同增进信息服务的及时性、全面性和有效性；通过召开银政座谈会、经验交流会和银企对接会等多种方式，促使绿色项目落地和银企供需有效对接。

6. 建立有效的风险补偿、奖励和担保机制

建议财政、税务等政府有关部门共同探索综合运用财政贴息、税收优惠、增量奖励、奖补结合等激励政策；建立政、银、企和中介机构多方参与的风险补偿、奖励和担保机制，研究设立绿色信贷风险补偿基金，增强银行业金融机构绿色信贷投入的积极性和主动性。

7. 建立和完善银行、证券、保险等合作机制

在资金来源上积极整合各方资源，努力拓宽绿色信贷融资渠道。加强合作，创新绿色金融产品和工具，探索采取直融，与私募股权基金、风险投资基金合作，节能环保贷款资产证券化等多种形式促进资金来源和融资模式的多元化。

第六章　贵州省科技金融发展研究

传统金融业在过去的 200 多年里随着工业革命的长期发展不断进步，特别是 20 世纪后半期有了很多深化、金融工具有了很多创新，但从目前全球经济发展的态势来看，传统金融产业的模式难以适应当代产业变革的基本要求。进入 21 世纪，全球经济的快速增长和计算机信息技术的迅猛发展，金融业被注入了新的活力，科技与金融之间的相互应用程度不断提高，科技金融应运而生。从西方发达国家的经验来看，科技与金融的结合促使了经济的再次腾飞。美国通过直接融资与间接融资两条途径为硅谷等企业提供了强大的资金支持，并形成了一整套的科技金融政策体系；英国通过商业银行对科技企业进行资金支持，据统计，商业银行贷款占到了科技企业外源性融资总额的一半以上。

改革开放 30 多年来，中国经济发展步伐不断加快，已经成为世界经济的新动力和引擎。尽管产业国际竞争力与成长空间得到了有效提升，但是我国仍处于产业结构经济转型、金融体制改革和创新型国家建设的重大战略机遇期，能否抓住机遇，借力科技金融创新，推动经济的可持续增长仍然是重要的战略问题。2010年国家科技部携一行三会联合发布的《促进科技和金融试点结合实施方案》及其在 2011 年制定的实施意见，旨在加快我国的自主创新战略。在 2014 年 10 月，国务院颁发的《关于加快科技服务业发展的若干意见》中明确提出要促进科技和金融结合，鼓励金融机构在科技金融服务上进行融资模式创新，为科技型中小微企业解决融资难问题。2016 年 7 月国务院印发了《"十三五"国家科技创新规划》，该规划不仅肯定了金融创新对创新创业的助推作用，还提出发展科技金融应当从壮大创业投资规模、支持创新的多层次资本市场和促进科技金融产品和服务创新等多个角度着手。在国家一系列政策的支持下，科技金融在全国各地蓬勃开展，进入了加快发展阶段。

目前，国内已成规模效应的金融聚集区基本位于东部区域。近年来，西部区域经济发展奋起直追，大有取直超车的势头。自 2007 年起，西部地区主要经济指标增速基本已连续超过东部地区和全国平均水平，基本扭转了与其他地区发展差距不断扩大的势头，并成为我国经济增长潜力较大的区域。贵州省地处我国西部地区，虽然经济基础薄弱，但是金融业的发展势头却是西部地区里较为强劲的。统计数据显示 2012～2015 年省内金融业增加值占同期 GDP 的比重均保持在 5% 以上,高于全省 GDP 平均增速。2015 年,贵州省金融业实现增加值 607.11 亿元,"十二五"时期年均增长 16.2%,占地区生产总值的比重由 2010 年的 5.0% 提高到 2015 年的 5.8%。一方面,贵州省移动金融、互联网金融、大数据金融等新兴金融业态快速发展,取得了明显的成绩,金融业的快速发展特别是新兴金融业态的异军突起为战略性新兴产业发展提供了极大的支撑,另一方面,贵州省大数据产业发展极大地推动了科技创新和产业创新,为科技金融发展提供了良好的发展环境。贵州金融城正逐步完善涵盖科技金融和互联网金融等高新金融产业的链条,并以此形成核心竞争力,推动贵州省经济又好又快发展。

第一节　科技金融基本理论

科技金融创新是一个国家科技实力和自主创新能力得以提升的重要途径,它的核心是通过发挥其合理有效地配置科技资源作用,从而充分发挥潜在的科技创新动力,推动该国科技进步快速发展。因此必须充分发挥科技金融对高新技术产业的引导和支持作用。国际金融危机爆发后,以美国为首的发达资本主义国家开始对传统经济模式进行思考。同时开始积极采取措施,将经济增长的关注焦点转向新能源和生物技术等新兴产业,将其作为重点发展对象,并且给予强有力的支持,旨在抢占全球经济新一轮经济增长的制高点,当前世界经济发展已经迈入依靠科技创新驱动的发展阶段。我国在危机爆发后也开始积极加快经济结构调整、促进产业转型、升级的步伐,把新一代信息技术、生物技术、高端制造装备、节能环保、新能源、新材料及新能源汽车等科技含量高的产业作为战略新兴产业,并希望它们成为我国经济增长的新动力。所以,科技金融创新是我国大力发展自主创新时代的必然要求,有助于加快我国科技型中小企业的快速发展。

一、科技金融的概念

科技金融属于产业金融的范畴,主要是指科技产业与金融产业的融合,是一个国家社会经济发展到一定阶段后,科技创新活动与金融资源配置之间形成的相互融合、共同促进的系统性、整体性制度的安排。

科技金融有两层含义:一层是金融业的发展需要依靠科技推动,金融领域的竞争正日益表现为科技的竞争,科技进步可极大地提高金融业运作效率、降低成本,而这些正是提升金融实力的关键;另一层是科技产业的发展和创新需要金融的强力助推,科技创新效率在金融约束下难以提高,而发达的金融业可以为科技产业解决融资的难题，促进科技成果资本化、产业化，具有非常重要的价值。由于高科技企业通常是高风险的产业，同时融资需求比较大，因此，科技产业与金融产业的融合更多的是科技企业寻求融资的过程。

科技金融内涵渗透于"以企业为主体、市场为导向、政产学研用相结合"现代科技创新体系的诸方面，通常以广视角、全方位展现。首先，科技金融运作空间，受限于政策体系架构；其次，科技资源与金融资源的活跃与集聚程度决定其活动能量；再次，科技金融的运作能力及其服务企业与孕育培育产业的能量与成效，决定其生命力的盛衰。

在现代科技创新体系中，科技金融不仅起着维护创新体系运转的润滑剂作用，同时履行保障创新体系正常运转——动力传输职能。科技金融与科技创新创业行动，相依相伴，同进退、共荣衰。随着企业与产业服务需求的扩大和增长，科技金融内涵日益丰富，推动科技体制、制度、机制与管理改革创新；引导激励金融与监管更新理念，丰富并创新产品、工具、手段与服务模式，拓展服务领域；促进市场环境条件日臻成熟完善。与此同时，科技金融服务企业与培育战略性新兴产业、孕育催生"现代科技服务产业"与先导性产业的能力亦相应得到增强与提升。由此，科技金融从依附于科技与金融的机体中，逐渐脱胎嬗变，生长并形成自己独有的禀性特征，不断拓展成长空间，丰富发展其内涵。

二、科技金融的特点

通过对国内外文献的梳理可以发现科技金融主要有以下三个特点。

首先是市场性，通过发展科技金融为科技型企业提供资金融通的方式是市场化融资方式。市场化融资方式，一方面是指通过金融市场筹措资金，另一方面是指以获得一定的投资回报为前提。公共财政资金、公益资金和企业内部资金安排等不属于市场化融资方式，因此不属于科技金融的范畴。

其次是融资性，随着金融改革和金融创新的深化，金融活动功能的内涵和外延日益发展。但金融活动的核心功能是资金融通，其他方面是派生的、辅助的功能。对于科技金融而言，应当突出金融活动的资金融通功能。因为科技型企业最迫切的需求是资金支持，发展科技金融最需要解决的问题是金融资本和社会资本对科技创新活动投入不足的问题。

最后是商业可持续性，通过市场化融资方式筹集并投入到科技型企业的资金，以获得一定的投资回报为前提。只有能够获得一定的预期投资回报，才能有后续资金跟进，在金融市场才能筹集到新的资金投入科技型企业，从而实现商业可持续，真正意义上推动科技金融的持续发展。

三、科技金融的研究综述

1. 科技金融的定义

我国"科技金融"一词最早产生于 1993 年，深圳市科技局提出采取科技金融手段携手积极推进高新技术的发展。尽管采用"科技金融"一词，却并未详尽解析科技金融本质。目前国内学术界也尚未形成关于科技金融的具体定义的一致性观点，不同学者对科技金融活动的主体、客体与内涵等看法和表述不尽一致。赵昌文（2009）认为科技金融是促进科技开发、成果转化和高新技术产业发展的一系列金融工具、金融制度、金融政策与金融服务的系统性、创新性安排，是国家科技创新体系和金融体系的重要组成部分。洪银兴（2011）认为科技金融有特定的领域和功能，是金融资本以科技创新尤其是以创新成果孵化为新技术并创新科技企业和推进高新技术产业化为内容的金融活动。曹颢等（2011）认为从广义上看，科技金融是促进科技开发、成果转化和高新技术产业发展的一系列金融工具、金融制度、金融政策与金融服务的系统性、创新性安排。从狭义上看，科技金融着重突出的是金融机构运用金融手段支持科技型企业的发展。王宏起和徐玉莲（2012）认为科技金融是由政府、金融机构、市场投资者等金融资源主体向从事科技创新研发、成果转化及产业化的企业、高校和科研院所等各创新体，提供各类资本、金融产品、金融政策与金融服务的系统性制度安排。

2. 金融对科技的影响

关于金融对科技的影响，国内外学者大多是从金融业为科技企业提供资金来源及它对企业进行科技创新产生影响进行分析研究的。樊纲（2010）研究发现在较为发达的资本市场的银行体系以众多中小银行为主，融资成本及风险偏好的差异使得中小银行成为企业技术创新资金的主要来源。有研究者通过对关于科技产业进行风险投资的情况研究发现风险投资不仅可以满足企业科技创新的资金需求，还可提升企业的决策能力和管理能力，从而帮助高新技术企业的成长与发展。Berger 等（2004）通过跨国数据比较，认为无论在发达市场抑或欠发达市场，小型私营银行对科技型企业资金支持较多，即小银行更有可能给予规模较小、成立时间较短的高新技术企业贷款。Herrera 及 Minetti（2007）通过对意大利制造业企业的信贷数据进行分析发现，贷款银行的信贷有利于企业的产品创新，而关系银行则仅仅为公司提供引进或购买新技术所需的资金，并未起到促进公司内部技术开发与研究的作用。Jeong 和 Townsend（2007）以影响全要素生产率增长的微观因素为研究对象,通过构建模型将全要素生产率的增长分解成为人力资本的变动、金融深化、异质性资本及部门的索洛剩余,并借助实际数据检验证实人力资本变动及金融深化对科技创新具有重大的贡献作用。田霖(2007)通过对我国 2002～2005 年各省数据检验金融业与高技术产业发展的相关性进行检验,得出了金融对高新技术具有正向作用的研究结论。Benfratello 等(2008)采用 20 世纪 90 年代意大利企业数据进一步对地方银行发展情况对企业创新活动成功率的影响进行实证分析,得出地方银行发展显著影响企业的技术创新,特别有益于小型企业及依靠外源性融资的企业,地方银行的快速发展会激发企业进行技术研发和创新的动力。刘纳新等(2015)通过对新常态环境下金融发展对科技创新的影响进行实证分析得出金融发展在促进科技创新方面所起的支持作用不是很强,具有时滞性,并且金融发展对科技创新的促进作用较低,但其冲击效应较为持久、发展空间巨大的结论。

3. 科技对金融的影响

有研究者在研究美国经济史过程中指出技术的创新和进步对资本需求的增长会产生有利的影响。Lethbridge(2003)认为科技创新与金融创新也具有高度的一致性,金融创新需要科技的应用,科技的发展将反哺金融创新,而金融创新产品及服务也需要科技成果的转化。Chowdhury(2003)通过检验信息技术的发展对新兴国家银行体系的经营效果所产生的影响,发现银行业的发展明显受到了科技信息技术的推进作用。陈金明(2005)通过对科技革命对金融业发展的影响进行分析认为,信息技术的发展使金融业突破了传统金融业在时间和空间上的局限,推动了金融服务的多样化和全方位化。Berger 和 De Young(2006)通过对美国银行系统内各地区商业银行的相关数据检验成本认为,技术进步加强了企业内部的沟通,降低了分支机构与总行间的信息不对称,提高了总行对分行的管理效率。Frame 和 White(2009)认为科技进步对银行业的促进主要为借助科技的扩散作用,表现为通信技术及数据处理促进银行产品及服务的创新,使得银行业的技术及经营管理更加精进获得飞跃式地发展。聂正彦(2012)通过建立世代交叠经济系统模型,分析了金融转型与技术创新之间的互动关系。

第二节　科技金融的国际实践与启示

目前,各国都在积极探索科技和金融的互动、融合模式,政府、商业银行、非银行类金融机构、中介服务机构等在金融支持科技创新的过程中也都发挥着各自的作用。根据各类参与主体在运作过程中所处的不同地位,可以将金融对科技创新的支持模式主要划分为政府主导型、资本主导型和银行主导型三大类,不同的国家和地区依据各自的国情选择适合自身的模式。

一、美国科技金融

作为世界上科技市场和金融市场最为活跃的国家，美国在科技与金融结合上做了大量的工作。首先，完善的政策和法律法规体系为科技企业的发展提供稳定的环境；再者，活跃开放的资本市场也是科技型企业长期生存的关键。美国科技创新金融支持体系是典型的资本主导型，其最大特点在于以资本市场为中心，构建起一整套全国性的、功能完备、各个领域衔接紧密的科技金融体系，搭建了涵盖优惠的财税政策、高效的商业银行信贷体系、完善的信用担保、发达的风险投资、灵活的民间资本及庞大的债券融资规模等多种参与主体的科技金融网络，对科技创新活动提供多元化、多层次的金融支持。其最主要的特点有以下几点。

1. 完善的法律规范体系

在立法方面，从 20 世纪 50 年代开始，美国政府便相继制定了《小企业法》《小企业融资法》《小企业技术创新开发法》《史蒂文森-韦德勒技术创新法》《美国国家科学技术、组织和重点法》等一系列法律法规，为科技型小企业创新创造了良好的法律环境，使得其在科技市场上参与公平竞争、积极科研得到了有效保障，为科技金融模式的构建与推行提供了完善的法律保障。

2. 发达的风险投资市场

风险投资最早出现在 1946 年的美国，美国政府在当时成立了第一家真正意义上的风险投资公司——美国研究发展公司，致力于向创业企业提供股权融资服务，由此拉开了风险投资的序幕。而风险投资市场到 20 世纪 60 年代才开始形成与发展，并逐渐在世界各地推行开来。直至现在，美国的风险投资市场仍然是世界上最成熟的，很多国家和地区的风险投资市场都是借鉴美国模式建立起来的。美国的风险投资市场从形成初期到最终的成熟阶段，其发展轨迹并不是呈直线上升式的，而是随着宏观经济状况的起落经历了一段比较曲折的发展历程。20 世纪 90 年代是美国风险投资发展的黄金时代，得益于当时股票市场的繁荣，美国养老基金规模从 1987 年的 3.01 万亿美元增长到 1997 年的 6.96 万亿美元，共同基金从 1990 年的 0.61 万亿美元增长至 1999 年的 4.54 万亿美元，风险投资的资金来源非常充裕，因而得到迅速发展。2007 年下半年以美国次贷危机为导火索的全球金融危机导致筹资者抽回资金，风险投资市场规模出现两年的连续缩水，但随后通过其高效的自我调节机制，在 2010 年再度复苏，并保持着比较稳定的增长速度。

3. 定位明确的多层次资本市场

美国建立了世界上最发达的股票市场体系，条块结合，功能完备。不仅能够满足各个发展阶段的企业股权融资需求，也为风险资本提供了最佳的退出方式，助推了风险投资市场的繁荣。按照市场定位的不同，美国的股票市场可以划分为三个层级。第一层是主板市场，主要是纽约证券交易所。一直以来，纽约证券交易所都是全球规模最大、流通量最高的证券市场，并在 2006 年与泛欧证券交易所合并组成纽约泛欧证交所。纽约泛欧证交所的上市标准是最高的，采用集中化的拍卖竞价，主要服务于发展成熟、有良好业绩的大型企业，所以该证交所是成熟期科技企业理想的融资场所。第二层是二板市场，主要包括美国证券交易所和全国证券经纪商协会自动报价系统（National Association of Securities Dealers Automated Quotations，NASDAQ）。美国证券交易所采用集中化的拍卖竞价制度，相对于纽约证券交易所，其上市公司标准较低，融资范围更宽。NASDAQ 是美国著名的场外交易市场，以推动高成长性中小企业融资上市为发展目标。该市场的特点是交易灵活，上市标准比较宽松，因此能为达不到正规上市条件的中小企业特别是高科技企业提供优质的股权融资平台，并为风险资本的撤离构建畅通的退出机制，完善股票市场与风险投资市场的对接机制。第三层是向广大中小企业提供股权融资的场外交易市场（Over The Counter，OTC），这是一种分散的、以现代信息技术为依托的无形市场，组织方式是做市商制度。广大的中小企业只需在美国证券交易委员会（U. S. Securities and Exchange Commission，SEC）注册并达到一定的信息披露标准，就可以委托一个或几个做市商在 OTC 市场公开发行。正是这种严格规范、衔接紧密的市场机制，为美国企业的科技创新活动提供了有效的股权融资支持。

二、欧盟科技金融

欧盟中小企业为欧盟成员国提供了将近 70% 的就业机会，所以中小企业在欧盟起的作用至关重要。中小企业不仅为科技创新提供了活力，也降低了当地的失业率，在维持地区稳定和社会和谐中发挥了巨大作用。欧盟中小企业之所以在科技创新和国际化程度中表现得如此优异与它灵活多变的融资政策有着非常紧密的联系。总体而言，欧盟的科技金融体系有着以下几个特点。

1. 完善法律环境

法律环境的不断完善是欧盟各成员国用来为中小科技企业创造宽松环境的重要手段之一。以德国为例，为了保证中小企业参与竞争和科技创新的权利，德国政府专门制定并多次修改了《反限制竞争法》《反垄断法》，并多次修改《公司法》为中小企业特殊需求和利益提供宽松的环境，这些举措及时有效地监管资本市场资本过分集中及垄断的现象，并且德国政府相继制定《中小企业促进法》《中小企业结构政策的专项条例》给予中小企业专业的法律保护。除此之外，欧盟为了使企业技术创新机制进一步完善和发挥作用，于 1995 年发表了《创新绿皮书》，随后实施了《欧洲创新行动计划》。进入 21 世纪后，欧盟在第五个科技框架计划中专门引入《促进创新和鼓励中小企业参与计划》，并在之前成立的中小企业特别行动小组基础上创建了第十三总局，专门负责执行中小企业政策，各成员国在这些政策的导向下完成了各自企业技术创新政策的制定、调整与完善。

2. 财政支持力度不断加大

欧盟国家支持科技创新、帮助科技企业发展最直接的方式和手段便是加大财政支持力度。欧洲投资银行集团和欧洲发展小额信贷基金是向科技企业提供直接投资和融资支持的主要机构。仅 2011 年，欧洲投资银行就为创新型科技企业投资接近 130 亿欧元，支持了十几万家中小科技企业，特别是对新能源、环保等绿色经济产业给予了极大的支持，对欧盟科技创新和发展有着不可替代的支撑作用。除此之外，欧盟国家制定一系列框架计划，来帮助企业获取融资并实现创新，从而加强欧盟国家的国际竞争力。欧盟第七研发框架计划是于 2007 年启动的欧盟投资最多的国际性的科研计划，总投资预算额超过 500 亿欧元，其以国际性尖端科技和具有较大潜力、高竞争力的科技项目为主要投资方向，涉及新能源、航空航天、生物、纳米科学、环境科学等多个领域，参与国家数量和企业数量也非常多，其中有数十亿欧元投资在支持中小科技企业科技创新上，对欧洲中小科技型企业的发展带来了深远的影响。欧盟竞争力与创新框架计划是以中小科技企业为支持对象，以提高欧盟企业的国际竞争力为目标，以风险投资、贷款贴息和提供保障金为主要投资渠道，以为企业建立良好的投资渠道、为国家和地区建立完善的科研创新服务体系作为主要方式的国际性创新框架计划，该计划由各国和各地区政府引导，通过放大器效应吸引到民间金融机构和私人资金将近 300 亿欧元投资到科技企业创新中，超过 30 万家的科技企业参与到该计划中并从中得到了良好的收益。

3. 税收优惠政策

欧盟中小企业的税收成本一般约为企业增加值的三分之一，特别是对科技型、创新型中小企业而言，税收压力一直是背负在企业身上的一座大山。为了帮助企业发展和创新，欧盟的一些主要国家都采取了相应的减免税收政策。首先，减免税收或者返还税收。欧盟国家减免税收的方式主要有三种：全额减免、定额减免和定比减免。政府通过减免创业中或者创新中的企业税收，帮助企业实现资金的快速回转，产品与服务的快速升级及技术到产品的快速转换。意大利政府对于创业前期的科技企业实行免除科研投资免税的政策，德国政府采取免除了落后地区创业企业的前五年营业税等一系列措施。其次，调整现有税率。欧盟一些主要国家同样都采取了调整增值税、营业税、企业所得税等许多税种的税率，以减少企业压力，使企业在资金运转和新产品研发中有更充足的经济能力。英国政府曾多次调整中小企业的税率，并将年产值小于 30 万英镑的企业税率降至历史最低的 20%，其他很多国家都对企业税率进行了 10% 左右的调整，并陆续出台其他税收优惠政策。最后，加快固定资产的折旧和调整盈利的计算方式也是欧盟国家税收优惠政策的普遍做法。企业固定资产折旧的加快，不仅可以提升企业设备的更新速度，帮助企业创新，更能减少企业应交税款，从而减少企业的税收负担。合理地调整企业盈利的计算方式，使得科技型企业在发展过程中的应缴税款更加清晰化和合理化。德国政府采取的特殊折旧法和盈余算法是这两种税收优惠政策最典型的代表。

三、日本科技金融

作为一个创新型国家，日本非常关注科技企业的发展和科技与金融相结合的完善程度，已经把科技作为国家的发展战略。但是日本的证券市场相对美国而言起步较晚，发展程度相对较低，直接融资规模占社会融资总规模的比重较小，银行提供的信贷资金一直是日本当地企业的首选融资形式。银行主导是日本金融支持科技创新的主要模式，主要具备以下几个方面的特征。

1. 完善的法律政策环境

日本构建了完备的中小企业法律法规保障体系，法律形式多样，包括基本法、组织法、促进法、行为法等各种形式，如《投资实业有关责任组合法》《中小企业创造活动促进法》《关于促进中小企业的新事业活动的法律》等。同时有相应的配套法规保证其实施，在保障法律体系的全局性和系统性的同时，增强法律条文的实践性和可行性。在税收优惠和财政补贴方面，日本政府主要采取以下措施：一是降低税率。日本对其国内大型企业的征税标准是以 30% 的税率征收法人所得税，而将税前利润低于 800 万日元的企业划分为中小型企业，对其征收的所得税税率在大型企业应税税率的基础上下浮 8 个百分点，征收 22% 的所得税等。二是采用递进式税率标准。针对注册资本低于 1 亿日元的中小企业，对其不同规模的年收入采取不同的税率标准来征收：低于 800 万日元的部分按 28% 征税，多出 800 万日元的部分按 37.5% 征税。

2. 科技企业融资模式不断创新

得益于日本政府的政策支持，知识产权担保制度在严格的监管环境下逐渐成为金融改革之后解决中小型科技企业融资问题的主要途径之一。由于科技企业在企业初期往往缺乏传统的贷款抵押物，日本政策性银行在相关法律法规的支持下，帮助企业以专利权和著作权等知识产权作为贷款的抵押担保物，为中小型科技企业进行融资、发放贷款。同时，指导民营银行、私人金融机构向创业初期的科技企业提供知识产权抵押融资。金融制度的不断完善不仅有利于企业完善内部管理机制，提高自身的信用评级，从而更好地获得融资支持，也帮助金融机构更好地管理风险，提升企业运营的盈利能力和发展空间。

银行贷款证券化是融资工具创新的一大特点。银行或者其他金融机构按照法律程序将企业贷款的汽车分期付款、住房抵押贷款及其他应收账款进行真实出售，获得流动资金，这样银行和金融机构的流动性和安全性得到了有效提升，还可以从这个金融活动中获得一定的报酬。银行贷款的证券化首先可以帮助科技企业获得的发展资金；其次可以帮助银行避免降低资本充足率，使银行的贷款风险得到合理的分散；最后银行还可以通过办理这种新的资产业务，和外部投资者一起参与科技创新并从科技企业的爆发式增长中获得不错的收益。

3. 健全的信用担保体系

间接融资是日本科技企业外部融资的主要形式，为了确保间接融资体系的有效持续运行，日本政府构建了从中央到地方的两级信用担保补充制度。从结构上看，日本中小企业信用担保体系是一个由信用保证协会和信用保险公库两个相互关联的子系统构成的两级信用保证体系，信用保证协会对中小企业进行担保，而中小企业信用保险公库则对信用保证协会进行保险。

四、以色列科技金融

以色列金融支持科技创新的模式属于政府主导型。以色列地处干燥少雨的中东地区，自然资源贫乏，但该国的高新科技产业却能够突破生态与环境的局限得到蓬勃的发展，使以色列成为创新和创业强国。

政府主导的创业引导基金是以色列政府在 1993 年专门设立的 YOZMA 基金，旨在学习国外成熟的风险投资模式，为发展一个活跃的风险投资产业奠定坚实的基础。YOZMA 基金首期资金投入规模为 1 亿美元，全部由政府出资。到 1996 年初，YOZMA 吸收了 1.5 亿美元的国际资本，成立了 10 个国内外合资的风险投资基金，全国风险资本总量达 5.5 亿美元。目前，YOZMA 基金成功引进的外国资金已超过 50 亿美元，全国风险投资基金总数超过 60 个，风险资本总额超过 100 亿美元。此外，以色列的高新科技企业积极与奔驰汽车公司、德国投资与开发有限公司、新加坡科技工程有限公司等国际一流集团公司合作，很快进入国际市场行列。此后，以色列政府还推出了公募风险投资基金——INBAL 基金，资金投向主要为资质优良的中小型科技企业。

创新人才优势突出以色列是一个十分注重人才培养的国家，政府对教育和科研领域的投入规模大且十分稳定。教育经费占 GDP 的比重基本保持在 8%～12% 的水平，科技研发支出占 GDP 的比重连续多年超出 4%。得益于政府对教育的高度重视，以色列的人口结构呈现出高素质特征：工程师数量达到人口总数的 1.4%，受过大学教育的居民占人口总数的 34%，拥有硕士及以上学历的居民占人口总数的 12%。除了以上两个方面，完善的科技创新法律法规和统一规范的科研体制也是以色列科技创新获得成功不可或缺的条件。

五、科技金融国际实践的启示

从资本市场是否有利于科技企业融资的角度来看，美国科技金融的经验比日本更为有效。美国主要是采用以市场为主导的模式，这样可以推动多层次的资本市场发展，鼓励科技型企业发行股票、债券等，更有效地为科技型企业提供直接的融资渠道。我国应积极学习美国，为有条件的科技型企业上市融资提供良好的环境，并给予相应的政策扶持，尤其要适当降低科技创新型企业债券发行的条件，对申请发债的科技创新企业精挑细选，优中选优，提高债券投资价值。总体而言，我国需要借鉴美国和日本股票市场的经验，完善我国的主板市场，而对于二板市场、三板市场和债券市场，日本方面不如美国，我国可以通过借鉴美国的经验加以完善。此外，在科技创新方面，美国式的模式与日本模式相比更有效，通过对美国科技金融发展的学习，我国应加强建立多元化的科技融资体制，推动我国科技金融快速发展。

从现有金融体系模式来看，我国的金融体系与日本有很多的相似点，主要表现为资本市场发育不健全，银行为主要金融机构，间接融资为主导等。此外，我国与日本采用的都是政府干预的经济模式，因此，在很多地方我们可以借鉴日本在科技金融方面的成功经验来发展我国的科技金融。首先，我们应该积极加强银行与有关科技部门和科技中介机构的联合，加强对科技项目进行审查评估，建立有效的信贷机制，同时引导银行信贷资金流向高新技术企业，鼓励商业银行采取多种方式为科技企业提供融资支持。其次，我国应加强对中小企业的扶持，进一步完善政策支持，解决科技创新企业贷款成本高、风险大等难题，政府可以主动承担一定的社会成本，为给科技创新企业提供贷款的银行建立利益和风险补偿机制，提高银行等金融机构的主动性和积极性，促进中小企业的健康发展。

从政府层面来看，不管是美国还是日本都有很多地方值得我们学习。尽管这两种类型的国家在科技金融的侧重点不同，但是两国政府均制定了健全的法律法规，通过政策扶持等帮助中小企业发展创新，为企业发展营造了良好的竞争与发展环境。因此，我国在科技金融的发展中也有很多路需要走。首先，应积极健全我国有关中小科技企业的法律法规，为科技型企业尤其是中小科技企业提供一个良好的法律环境。其次，可以适当加大我国的科技投入强度，为科技创新提供良好的资金支持，并加强人才培养，为科技创新注入人才力量。最后，加强政府与金融机构及企业之间的合作与联系，使每一份资金都能用到恰当的项目上，充分调动资金的流动性，加强企业与金融机构及政府之间的凝聚力，提高整个经济的科技创新实力。

第三节　中国科技金融发展的现状、问题和方向

我国科技体制改革 30 多年来，积累了大量宝贵的科技资源。科技金融的发展是在学术界、政界与实务界共同协作、长期探索的过程中一步步推动的。早在 20 世纪 80 年代，我国科技体制改革就已经开始探索"科技信贷"的模式，此后培育了一些高新技术企业，但大多数科技成果难以支撑科技创业。一方面由于符合科技创新规律的政策环境与架构尚未建立，创新不活跃，致使产出可财富化效应的科技资源有限；另一方面，科技创新活动形式储规律相悖，创新链条不能接续，以论文、报告形式储藏于图书室与资料馆的科技成果，虽尝试与产业对接，却始终裹足难行。更何况科技投入的资金配置与机制远不能适应创新规律，同时也缺少相应的中介平台服务于科技创新创业，这也是导致科技创新不能有效推动创业的根本原因。

通过总结欧美发达国家发展科技金融的经验可知：从提出一个创意，开始研发形成产品到投产，资金配比是逐步上升的，这都需要活跃的金融中介参与其中。目前，我国全社会科技创新资源主要集聚在创新链条始端，中间环节资源极其匮乏，金融支持力度较小，因此很难达到产品的大规模投产。只有充足的资金投入才可推动科技创新，只有衔接整合资金链条，构建相应服务体系，形成网络化服务架构，才能实现科技资源与金融资源有效对接，将科技创新活动转化成科技创业行动，而且我国科技创新的不同创新要素与系统缺少协同互动，不能形成有效"合力"。

一、中国科技金融的发展历程及特点

1. 中国科技金融的发展历程

科技金融在我国的实践发展是从 1978 年开始的，我国政府首次做出了广开科技金融投资渠道的重要决定，所以说这一年是科技金融的元年。近年来，我国金融创新的步伐加快，三板市场、股权交易市场及企业债等金融创新业务的推出推动了我国科技金融的快速崛起。到目前为止，我们已经建成了一个层次多元、内容丰富、覆盖全国的科技投融资体系。在科学技术对国家经济发展的重要性凸显之后，国家积极促进科技开发及科技在企业中的应用，"科技金融"成为企业转型升级及国家经济持续发展的重要措施，并将科技金融体制建设写入国家规划成为国家持续创新发展的原动力。就科技与金融发展而言先后经历了三个阶段。

第一阶段（1978~2006 年）是市场化资源配置阶段。1978 年《1978—1985 年全国科学技术发展规划纲要（草案）》的颁布及 1982 年《国家科技攻关计划》的实施推动了我国科技金融的早期实践。1985 年中国人民银行、国务院科技领导小组办公室发布《关于积极开展科技信贷的联合通知》，对银行与其他金融机构提出了"密切合作、积极支持科技事业的发展"的要求。同年，中央为改进科技创新体制，做出《关于科学技术体制改革的决定》，强调科学技术对经济建设的重要性，其中改变单一由财政拨付资金发展技术的体制机制，提出凭借"鼓励部门、企业和社会集团向科学技术投资""设立创业投资给以支持""银行经济开展科学技术信贷业务"，为科学技术发展的资金来源开拓渠道，除丰富财政资金拨付种类如采用贷款贴息、投资补助及引导基金等外，还增加了其他市场资源配置的资金，包括科技贷款、风险投资及资本市场建立形成多元化多途径的资金供给，表现为科技股及高新区企业债券的发行。此外，高新技术开发区的建立使得高新技术企业借助产业集聚化的优势加速发展。该阶段表现为金融资金在国家政策指导下积极参与科技创新，而创新主体也逐渐由科技研发专业机构逐渐转变为最具市场活力的企业，为科技研发的市场化及产业化提供了更加便捷的途径。

第二阶段（2006~2010 年）是科技金融协调发展阶段。2006 年我国进入《国家中长期科学和技术发展规划纲要（2006—2020）》的实施阶段，该文件中配套银行、保险、担保、创业投资、资本市场及债券等多种金融保障措施，在国家各部门积极配合下促进金融机构参与科技创新过程，并着力构建科技金融创新体系。此后，金融机构协力科技发展全面铺开，2006 年科技部与保监会选取北京、天津、重庆等 12 个高新区进行科技保险试点，开始着手构建科技金融的创新体系；2007 年财政部会同科技部设立科技中小企业的创业投资引导基金，采用政府资金投入结合现代资金运作管理方式，如阶段参股、风险补贴等对创新型中小企业科技发展提供资金支持；同时，深圳市中小企业集合债券和中关村高新技术中小企业集合债券发行，第一批科技保险试点城市确定；2009 年在《证券公司代办股份转让系统中关村科技园区非上市股份有限公司股价报价转让试点办法》实施后，形成"新三板"市场，为高新技术企业提供来源于多层次资本市场的资金；此外，商业银行也积极推出知识产权抵押贷款及科技银行贷款参与科技金融体系构建，创业板的推出不仅为高新技术企业筹集资金提供了更具效率的方式，而且使得为科技创新提供资金的多层次资本市场基本形成；同年，中国首批科技支行——成都银行科技支行和建行科技支行成立，国内第一家科技小额贷款公司在天津高新区成立。

第三阶段（2010 年至今）是科技金融建设加快阶段。在科技与金融融合发展的过程中，中央政府各部门大力推进，国家科技部、中国人民银行、银监会、证监会及保监会 2010 年联合发布《促进科技和金融结合试点实施方案》，并在 2011 年出台《关于促进科技和金融结合加快实施自主创新战略的若干意见》，以加快实施我国的自主创新战略。此后各地方政府积极参与科技金融建设，形成各有侧重点的科技金融模式。2014 年 10 月，国务院颁布的国发〔2014〕49 号《关于加快科技服务业发展的若干意见》中，强调深化促进科技和金融结合，鼓励金融机构在科技金融服务上进行创新，创新层面包括组织体系、金融产品的融资模式，完善投融资担保机制，以破解科技型中小微企业融资难问题。"科技金融"概念正是在加速科技创新现实条件下提出的，并在我国积极展开创新探索，加速促进了科技成果转化及高新科技产业的培育与发展。2016 年 7 月国务院印发了《"十三五"国家科技创新规划》，该规划的第 17 章肯定了金融创新对创新创业的助推作用。在具体提到如何构建科技创新创业的金融体系方面，该规划提出了以下三点具体建议，一是壮大科技创业投资规模：发展天使投资、创业投资、产业投资，壮大创业投资和政府创业投资引导基金规模，强化对种子期、初创期创业企业的直接融资支持；二是发展支持创新的多层次资本市场：支持创新创业企业进入资本市场融资，完善企业兼并重组机制，鼓励发展多种形式的并购融资；三是促进科技金融产品和服务创新：深化促进科技和金融结合试点，建立从实验研究、中试到生产的全过程、多元化和差异性的科技创新融资模式，鼓励和引导金融机构参与产学研合作创新。

2. 中国科技金融发展的特点

首先，我国政府对科技金融的政策和资金支持力度不断加强。在国内东部沿海经济发达地带，政府对科技金融的重视程度日益提高。以北京市为例，当地政府对中关村的科技企业提供了大量的优惠政策支持，还专门为中关村的科技企业提供股权代办转让平台，试图通过该平台为科技企业获得必要的资金支持。上海、杭州、广州等地的科技金融水平也不断提高，且政府在技术、资金及政策上给予了极大的优惠，促使当地科技金融实力加强。而在西部的贵州省政府的政策文件里也明确提出了努力把贵阳国际金融中心建设成为立足贵阳、带动全省、辐射周边省份，在西部具有较大影响力的区域性金融中心，助力贵阳打造中国西部科技金融创新城市和互联网金融创新城市的目标。

其次，经历了 30 多年的发展，我国的科技金融服务体系正在逐步完善。尽管我国资本市场起步较晚，但对科技企业的金融服务支持体系却日趋健全。从全国各城市的现状而言，科技金融服务体系形成了集银行、证券、保险、信托等为一体的全方位服务体系。与此同时，在该服务体系的支撑下，也初步建立了涵盖财政、贷款、资本市场、保险及风险资本的多层次科技金融服务体系。科技财政是指透过财政拨款而对科技金融进行资金支持；科技贷款是指借助商业银行渠道向科技企业发放贷款；科技资本市场是指利用直接融资渠道为科技企业进行上市筹资；科技保险是指科技开发风险、科技企业风险和科技金融系统风险的风险管理工具；科技风险资本是指由专业机构进行评估进行投资。

最后，科技金融服务平台成为我国科技金融发展的一种普遍模式，并且平台数量逐步增加。目前，成都、杭州、苏州、深圳、武汉及南京等地都纷纷建立了区域性的科技金融服务平台，主要为科技企业实现投融资功能、引导功能及其他综合服务功能。其中，投融资功能是指通过服务平台实现资金供需双方的对接，并利用杠杆效应，发挥金融工具的放大作用，起到事半功倍的效果。同时，区域性的科技金融服务平台还通过自身的聚集效应推动科技产业与金融产业的综合化经营，为科技金融产业的发展提供综合化的金融服务。

二、中国科技金融发展中存在的问题

我国科技金融发展中的主要任务是应当积极在相应的政策支持环境条件下，使得科技创新活动从实验室延伸到市场，将创新成果转化为产品，形成企业的核心竞争力，推动我国科技行业和金融行业的综合能力提升。虽然科技金融展现了无限的发展潜力和巨大的发展前景，但是我国在财政支持科技创新、科技贷款支持力度、资本市场发展及科技和金融融合等诸多方面存在着的一系列问题仍是我国科技金融取得重要突破和快速发展的主要阻力。

1. 科技实力相对落后

财政金融的技术不够发达。由于我国的科技发展与发达国家还有很大的差距，因此我国的财政部门在行政管理和日常服务中所用的科技技术也比较有限，以至于管理和服务的质量受到了限制。而通过总结国外经验，我们发现，国外的 IT 技术和无线技术已经很熟练地运用到了政府部门，提高了各部门相应的管理和服务效率。此外，由于整体技术落后，中国企业的技术创新能力也不足，近年来我国科技成果数量呈上升趋势，然而上升幅度较小，2009 年之前增长速度非常缓慢，近几年增速加快，但相比于国际发达国家我国科技创新能力还远远不足。科技实力的落后在很大程度上影响着科技金融的发展。

2. 金融体系与创新活动不相适应

首先，我国当前的金融体系脱胎于计划经济体制，能够集中力量办大事，对重大科技工程资金筹措具有比较优势，但对具有高度不确定性和分散化的中小型创新活动的需求难以满足。从根本上来说，科技创新活动的不确定性与商业银行信贷原则是相悖的。其次，现阶段我国金融业采用分业经营模式，对维护金融安全和防范金融风险是必要且合理的，但从促进科技创新活动的角度来看，这种分业经营模式却在一定程度上抑制了金融机构参与科技创新的能力和动力。

3. 资本市场的发展不够完善

近几年，我国资本市场规模不断壮大，但和国外发达国家相比，总体规模仍然偏小，有待进一步扩大。目前，我国的股票市场有主板（含中小板）、创业板和三板三个层次。三个层次中主板市场相对发达；而创业板刚开盘不久，尚处于起步阶段；新三板 2013 年年底以来快速发展，但仍面临着规模小、覆盖面窄等问题，目前很难满足中小企业融资的需求。总体来说，我国的股票市场发展尚不平衡。而我国的债券市场特别是企业债券市场长期以来发展缓慢，市场规模很小。之所以出现这种结果，主要原因在于我国同日本一样企业债券发行条件较高，如《中华人民共和国证券法》规定企业要发行债券必须满足净资产最低限额要求，其中股份有限公司为人民币 3000 万元，有限责任公司为人民币 6000 万元。这一规定的存在，使得我国很多中小企业特别是中小科技企业被挤出了发行企业债券的这一门槛，进而得不到资本市场的资金支持。我国的风险投资市场自形成以来取得了很大的发展，在我国科技金融的进程中起到了很大的作用。然而，由于我国风险投资起步较晚，目前发展还不成熟，仍面临着退出机制不健全等诸多问题。

4. 金融机构的结构仍存在问题

目前，我国已经建立了多层次的金融市场体系，货币市场、资本市场、保险市场及外汇市场不断完善，进而带动了我国金融中介机构的快速发展。但在金融中介方面，我国存在着与日本同样的问题，即以间接融资为主的银行类金融机构发展较快，而证券和保险等非银行类金融中介机构发展滞后。目前，银行业金融资产占全部金融机构资产总额的比重较大，而在银行业金融机构中，又存在大型银行占比过高，中小银行发展缓慢的现象。根据银监会发布的 2014 年度监管统计数据显示：截至 2014 年年末，我国银行业金融机构境内外本外币资产总额为 172.3 万亿元，其中，大型商业银行和股份制商业银行资产总额分别为 71 万亿元和 31.4 万亿元，分别占银行业金融机构总资产的 41.21% 和 18.22%，即大型商业银行和股份制商业银行二者共拥有银行业金融机构总资产的近 60%。

5. 科技融资效率不高

与传统产业不同，高新技术产业在发展过程中需要大量的资本投入和积累，对资金的需求量很大。此外，高新技术产业还具有高风险、高收益等自身的一些特点和规律，传统的融资模式很难适应高新技术产业这一特殊的融资群体。以利益最大化为经营目标的商业银行既不可能在科技企业发展的早期阶段为之提供大量资金，也不能比资本市场的投资者更快、更准确地把握企业动态和风险状况，难以适应技术创新过程的多元化和多变的特点。

尽管国家在各时期制定了旨在促进科技创新活动的一系列金融政策和法规，引导金融机构将资金投入到科技领域，但缺乏相应的对商业银行科技贷款的风险补偿机制。显然，以利润最大化为经营目标的商业银行，很难满足高风险、高投入的中小型高科技企业的资金需求。在西方发达国家，与高新技术产业相对应的一般是风险投资类型的金融工具，而在我国，此类金融工具的应用还不广泛。风险投资是技术内在化股权方式的中长期投资，是集融资、管理和营销功能于一体的投资行为。其关心的不是项目的短期盈利性和安全性，而在于项目的发展潜力和远期成长，因此，风险投资能弥补创新企业传统的融资缺口。风险投资以持有股份的形式向企业注入资金，以获得投资收益的最大化，从而要求有一个灵活的退出机制。因此，是否有一个成熟的创业板市场是风险投资成败的关键因素之一。当前我国已经初步形成了多层次的资本市场，随着创业板的推出，风险投资的退出机制更加的灵活，但由于中国尚未形成多层次的资本市场，使得高技术企业融资不能在发展周期的各阶段做到无缝连接。

三、中国科技金融的发展方向

1. 加强政府支持和公共资源有效配置

公共资源向科技金融领域配置和倾斜，必要性在于很多科技创新项目风险过大，超过了金融资本和社会资本的承受能力；可行性在于科技创新活动具有正外部性，对其提供财政补贴等方面的支持，是各国政府的通行做法。把一部分对科技创新项目的直接补贴转变为通过金融手段的间接支持，有利于降低科技型企业信用风险，放大政策杠杆效应。具体措施包括政策鼓励、公共支出、税收调节和提供财政存款支持等。

2. 拓展科技金融融资渠道

完善与科技型企业生命周期相匹配的融资渠道。科技型企业处于孵化期、初创期、成长期和成熟期的生命周期不同阶段，面临的风险类型和大小程度也不一样，需要有相匹配的融资渠道。要通过政府支持和政策引导，积极发展天使基金，重点支持孵化期企业；积极发展创业投资，重点支持初创期企业。大力发展多层次资本市场，通过主板市场和各类债券市场，为成长期、成熟期企业筹措资金；通过创业板、新三板、各地股权交易中心、场外柜台交易等为孵化期、初创期企业筹措资金，并打通天使基金和创业投资的退出渠道。

3. 加快发展科技金融专营机构、开发适应性科技信贷产品

科技金融专营机构是专注于为科技创新服务的金融机构，如科技银行、科技信贷支行、科技保险支公司、科技担保公司、科技小额贷款公司等，一般设在科技园区和高新技术开发区，选配专业技术团队、建立专门考核机制、统筹外部和内部的资源配置，可以贴近企业开展尽职调查，真正了解科技型企业的融资需求和风险类型，开发具有针对性的设计金融产品和开展融资服务，有效管理金融风险，实现科技金融的质量和效率相统一。创新信贷管理机制，要做到这一点，关键是创新信贷管理机制、开发适应性科技信贷产品，如内部收益率计息方式贷款、知识产权质押贷款、可转股贷款、科技立项扶持项目贷款、企业履约保证保险贷款等，以增加科技型企业可选择的贷款品种，提高信贷风险承受能力。

4. 科技金融体系创新

首先，要深化金融改革与创新，建立、健全覆盖技术创新全过程的多功能、多层次科技金融创新体系，实现科技创新链条与金融市场链条的融合创新。该体系既包括直接融资的多层次资本市场及其科技债券市场、科技创业板市场以支持科技企业多元化融资，也包括间接融资的科技信贷支持体系，鼓励银行金融机构推出更多适合高新技术企业特点的信贷产品；该体系既包括覆盖全国的科技担保网络体系，也包括科技保险体系，能够加强高新技术产业风险管理、提供科技保险新险种；其次，创新资本市场。我国资本市场发展滞后，大量创投资金集中于企业成熟期。资本市场上也缺少天使投资和种子资金，解决这一问题必须在大力发展和完善资本市场的同时支持和推动科技型中小企业开展股份制改造，完善非

上市公司股份公开转让的制度设计，支持具备条件的高科技非上市股份公司进行股份公开转让。进一步发挥技术产权交易机构的作用，统一交易标准和程序建立技术产权交易所联盟和报价系统，为科技成果流通和科技型中小企业通过非公开方式进行股权融资提供服务。对接多层次金融市场，实现企业发展周期各阶段融资的衔接；最后，创新金融工具。目前我国金融业经营的绝大部分仍是传统业务，金融工具的创新明显滞后。大部分金融机构对高科技型中小企业的知识产权质押、担保等金融创新手段，表现得非常谨慎，甚至不愿涉足。由于科技型企业的成长是一个漫长且充满风险的过程，处于不同周期下的高新技术产业需要多种不同的金融工具进行融资，这就要求金融机构在不同阶段提供不同的支持和服务，需要金融机构不断创新，提供更多适宜的金融工具。如中关村科技园区推出了天使投资、创业投资、境内外上市、代办股份转让、担保融资、企业债券和信托计划、并购重组、信用贷款、信用保险和贸易融资、小额贷款等创新产品，值得各地借鉴。

5. 科技金融机制创新

加强信贷产品创新。调动银行积极性，优化审批流程，加强信贷产品创新。加强银行、担保机构的合作，创新金融业务和金融产品，为科技型中小企业提供多种金融服务。根据中小高科技企业规模小、资信不足、缺乏抵押物等特点，采取相应的措施，优化审批流程，加强信贷产品创新，提高融资产品和市场需求的契合度。创新风险补偿机制。国家可逐步建立科技型中小企业贷款风险补偿机制，按业务量对银行科技贷款给予贴息补助。在体制和激励模式等创新氛围的合力推动下，促使商业银行业把高科技企业作为信贷支持的重点领域，实现金融和科技的有效融合。建立国家科技计划成果转化引导资金。创新科技保险服务。深化科技保险改革与发展，不断开发科技保险产品，完善保险综合服务，鼓励各地区开展科技保险工作。鼓励保险公司开展科技保险业务，支持保险公司创新科技保险产品，加大对科技人员保险服务力度，完善科技保险财政支持政策，进一步拓宽科技保险服务领域。

6. 科技金融政策创新

创新突出表现为政府部门与监管部门联手推出促进科技金融结合的指导政策。政府部门与监管部门对科技金融发展最大的贡献并不在于直接的资金支持，更重要的作用在于制定相关的政策进行正确引导、制定有利于自主创新的政策。由于科技金融服务领域遍及多个金融市场，与政府多个职能部门和金融监管部门密切相关，只有各个部门通力配合，才能形成政策合力。各有关方面协调配合，及时应对出现的新情况、新问题，从而提高科技金融政策的有效性。构建信息平台。信息不对称是金融机构贷款风险管理中主要症结所在，也大大增加了信贷成本。构建银政企沟通信息平台，建设科技金融合作平台使各方都能及时了解到科技金融政策信息，银行金融服务信息及中介机构信息。同时，加强信用体系建设开展科技企业信用征信和评级，实现高新技术企业与政府部门、金融管理部门、银行机构、融资担保和价值评估等机构的有效对接。

7. 科技金融组织结构创新

建立科技信贷专营机构。鼓励商业银行成立科技信贷专营机构，专门支持高新技术企业发展。各专营机构通过实施单独的考核和奖励政策、提高风险容忍度、建立授信尽职免责制度、优化贷款审批流程、提高审批效率和放款速度等，为高科技企业提供多层次、多领域、全方位的金融服务。还可组建为科技型中小企业提供小额、快速信贷服务的科技小额贷款公司。在有效控制风险的基础上，地方科技部门或国家高新区可与银行金融机构密切合作，建设一批主要为科技型中小企业提供信贷等金融服务的科技金融合作试点银行。培育创新人才队伍。进行科技金融创新，人才特别是创新创业人才是关键。因此，要确立人才优先发展战略布局，加快建立、健全人才引进、培养、任用和评价制度，优化创新、创业人才队伍结构，完善人才发展的支撑平台。总之，要建立、健全人尽其才、才尽其用的体制机制，充分调动人才的创新积极性。

第四节　贵州省科技金融发展的现状及面临的问题

当前，贵州省正处于建设"贵州省科技金融战略框架"的关键期，科技与金融的深度结合，能够形成贵州经济发展新的经济"增长极"，对提高新兴产业，促进科技型企业抢占市场制高点至关重要。科技与金融的深度结合、互相渗透，在"十三五"时期，必将成为促进贵州省科技成果转化的必然要求和"能源动力"。

如何在传统经济发展中，利用好当前中国乃至世界经济新常态下转型带来的机遇，发掘新的经济增长点成为更多地域需要思考的问题。而贵州省在这一问题上大幅抢跑，并呈现领先态势。这种领先的道路并不好走，此前贵州省提出大数据产业概念之时，就经历了从质疑到观望，由观望到尾随的过程。贵州省自2012年便开始规划"引金入黔"，在大数据战略引领下，大数据金融、绿色金融、科技金融、互联网金融、移动金融、众筹金融正在铸就不一样的金融画像。大数据金融作为新金融发展的关键环节，日趋成为推动贵阳市经济发展、完善社会治理、提升政府服务和监管能力的主导力量。为促进区域性大数据基础设施的整合和数据资源的汇聚应用，必须发挥国家大数据（贵州）综合试验区示范带动作用，抢占数据资源和应用市场优势发展先机，运用核心技术手段，推动形成多元化、多层次、多功能金融服务体系。"十三五"时期，预计大数据产业规模总量年均增长20%以上、超过5000亿元，成为新的支柱产业。届时，大数据的商业价值、管理价值和社会价值将会被充分挖掘，推动经济发展加快转型、社会治理能力快速提升和公共服务水平的全面提升。

在银行业领域，各银行业金融机构要抢抓大数据发展机遇，深化科技金融体制改革，推动大数据战略各项政策措施落地。探索贵州银行、贵阳银行设立子公司从事科技创新创业企业股权投资。支持大型银行贵州省分行设立科技支行，对科技信贷实行专业化经营。支持股份制银行贵阳分行建立科技专营事业部，对科技企业金融业务进行专业化经营、单独考核。支持银行业机构与贵州省风险投资公司建立投贷联动合作机制，对其所投股权的科技和创业企业，在开展尽职调查后，可以按照一定比例配套贷款资金。银监局将与省科技厅保持沟通合作，对科技和创业企业实行名单制管理，供全省银行业筛选和参考。

一、贵州省科技金融发展的初步成果

自 2011 年以来，贵州省委、省政府确立了"科技金融"战略，以科技研发为主体，完善整体规划，优化功能布局，提升项目档次，集聚科技要素，产学研结合，政银企联动，省与市联手，打造具备科技研发、人才服务、创业孵化"三位一体"功能的科技创新型城市综合体。实施科技金融街和行动计划，大力推进金融创新，为科技创新和成果转化提供金融支持，促进科技与金融相互结合、互动发展。

近几年，贵州省全省上下着力构建多元化、多层次、多渠道的科技投融资服务体系，有效解决了科技型中小企业的融资难题，形成了银行、创投机构、担保机构、保险机构、企业多方共赢的良好局面。贵阳在全省率先建立了科技金融服务体系，"贵阳科技金融工程"通过构建以 3 个 "5+1" 为特色的多元化、多层次、多渠道科技投融资服务体系，解决高新技术企业和科技型中小企业的融资需求，拓宽了种子期、成长期、成熟期企业支持模式和融资渠道，为科技型中小企业打造出多层次融资平台，对科技型中小企业成长提供全程化支持，并努力营造银行、创投机构、担保机构、保险机构、企业共赢的局面。

随着贵州中小型科技企业数量不断增多，创新资源日渐丰富。贵州省政府采取了一系列措施加强科技与金融结合的管理改革创新，在资金支持力度上有了明显提升，"十二五"时期，全省社会科研投入持续增长，财政科技投入不断增加，贵州省 R&D 活动经费支出保持持续较快增长，年均增长 20.0%。贵州省财政科技拨款金额年均增长超过 35%，全省财政科技拨款占全省财政支出比重基本保持在1% 左右。正是得益于政府政策和资金的支持，贵州省科技金融在创业风险投资、科技银行、科技金融的研究和开发及资本市场创新领域取得了不错的初步成果。

1. 创业风险投资服务能力不断提升

创业风险投资和科技金融的核心范畴，是与科技型企业风险——收益结构最匹配的金融类别。创业风险投资为创新型、高成长性、处于生命周期前期的中小企业提供融资和"融智"支持，在承担风险和提供增值服务的同时，通过作为对价的股权的获取分享企业的成长收益，促进了技术创新并且推动了技术的扩散。

贵州省风投公司（以下简称省风投公司）自成立以来为推动贵州省科技金融的崛起提供了雄厚的资金支持。省风投公司在2008年8月经贵州省委、省政府、贵阳市委、市政府的批准正式成立。公司成立以来，充分发挥地方财政资金的引导作用，积极吸纳省内外资金投入，构建以本地科技金融专营机构为主的核心服务圈。截至2014年年底，仅省风投公司直接或间接参与发起设立的各类科技金融专营机构已达17家（创业投资基金11家、投资管理公司4家、科技担保公司1家、科技小贷公司1家），各机构总体年投融资服务能力为44亿元。已初步在贵州省范围内构建起以贵阳市为龙头、地域辐射遵义、六盘水、铜仁、毕节等地，以创业投资为核心、科技担保为先导、小额贷款及后续增值服务为辅助的科技金融一体化服务体系。2011~2014年，各家机构累计已为全省科技型中小企业提供融资服务累计90.7亿元。业务领域涵盖创业风险投资、投资管理、科技信贷等，地域范围覆盖至贵阳、遵义、六盘水、铜仁等省内主要地区。初步在贵州省范围内形成了服务手段多样化（创业投资＋融资担保＋科技小贷＋融资咨询）、服务阶段全程化（种子期＋成长期＋上市期），参股机构为核心、合作机构为外延的"资金"与"智力"相结合的科技金融服务体系。同时，通过与中国风险投资公司、江苏高投集团、硅谷天堂投资管理公司、复旦大学、中国风险投资研究院、国家开发银行、中国人民银行及本地商业银行等机构建立紧密的战略合作伙伴关系，形成了外延增值服务圈，积极在发起基金、项目推荐、融资担保、企业上市辅导等方面广泛开展战略合作，为企业提供覆盖初创期、成长期、Pre-IPO等各个阶段的全方位、差异化服务。

2008年，贵州省创业投资机构仅分布在贵阳市和遵义市，如今，贵州省的创投机构已经覆盖全省9个地州市中的7个，初步建立起覆盖全省的创业风险投资体系；在贵阳、遵义、六盘水、铜仁等地设立科技担保贷款机构等已达15家，各机构资本总规模13.5亿元。各机构积极出资参与"贵园信贷通"产业园区企业融资试点，通过股权债权投资、天使投资、担保、小额贷款等服务手段，各金融平台已累计为300余家企业提供融资100多亿元，放大省、市两级财政资金36倍。

以省会贵阳市为代表，近几年贵州省正积极实施创新驱动转型升级战略，以科技金融和互联网金融为切入点，积极发展大数据产业，抢占金融发展的制高点。

目前，贵阳市在加快打造新金融生态城市、促进科技与金融的融合方面成效显著。首先，贵阳科技银行、创业风险投资机构、科技担保机构、科技小贷机构等金融机构的成立为贵阳市科技产业的发展提供了良好的生存环境和发展机遇；其次，贵阳中关村科技园的成立，打通了引进先进科技资源的渠道，为推动贵州省科技金融、互联网金融行业的快速发展和及时精准把握行业最新的动态、资讯提供了重要的支撑；再次，贵阳银行与中国银联合作开发移动支付产品"超级转账"，在手机支付、平台交易规模上已位居全国最前列，为科技企业之间的资金流通提供了便利；最后，证券业也加强与科技金融的融合，开通了证券保证金消费支付项目，以及在保险方面政府为科技企业提供的保险支持，等等，这一系列的创新推动贵阳科技金融走在了全国的前列。

2. 科技金融体系初步形成

科技金融的机制体制创新是未来落实创新驱动战略的关键所在。只有建立风险投资、科技信贷、创业并购、资本市场、互联网金融及科技保险、租赁、担保等内容互相配套的科技金融体系，才能破解资金与技术的对接难题，才能真正支持企业创新技术、创新管理、创新业态，加快创新成果转化为现实生产力，用创新的办法挖掘巨大的内需潜力，突破能源资源和环境瓶颈制约，促进服务业、高技术产业和新兴产业发展，推进结构优化升级，实现经济可持续发展。近年来，贵州明显加快了建设科技金融体系的步伐，金融体系初步形成。

在银行业方面，2013 年 10 月 31 日，贵州省首家科技银行——贵阳银行科技支行正式落户中关村贵阳科技园，这是银监会贵州监管局批准设立的全省第一家科技支行，是贵州省实现经济结构调整和经济转型升级迈出的重要一步。在 2015 年，贵州推动银行业改革创新取得新进展，引进和新设银行业机构 306 家，提出探索构建科技金融新体系。贵州银行业将聚力大数据战略，大力发展科技金融。2015 年贵州着力推动银行业改革，引进华夏银行和平安银行来黔设立分行、推动贵阳银行组建金融租赁公司、推动进出口银行入黔设立分行；改制农商行 9 家，组建村镇银行 10 家，年末分别达 37 家、48 家；国有银行、股份制银行、城商行、农村中小金融机构设立分行 6 家，支行 282 家；此外，省科技厅与中国人民银行贵州省分行、国开行贵州分行等金融服务机构签订银政战略合作协议，引导银行业金融机构加大对科技型中小企业的信贷支持，建成了"黔科通宝""四台一会"等融资平台。

在保险业方面，贵州省政府在 2015 年先后出台了《贵州省科技保险保费补助实施方案（暂行）》和《贵州省促进创业投资加快发展的指导意见（试行）》两个政策文件。通过为贵州省满足条件的高新技术企业、科技型中小企业、大学生创业企业、科研院所、其他科研及孵化机构等各类创新、创业及服务主体提供保险保费补助支持，达到化解科技创新创业风险、营造良好的创新创业环境、促进贵州省自主创新战略的顺利实施的目的。通过建立科技保险风险补偿机制，对关键研发设备保险、产品研发保险、科技产品责任保险等 18 个险种给予后补助支持。截至 2015 年 11 月份，已对 11 家企业进行了科技保险保费补助，保费补助金额总计 130 多万元，实现保险服务保额 68.34 亿元，为贵州省科技企业和科研机构的创新、经营和发展风险进行了分担。

在证券业方面，在 2014 年，贵阳工投生物医药产业创业投资有限公司、安顺富海高技术服务业创业投资基金合伙企业（有限合伙）和安顺先进装备制造业创业投资基金合伙企业（有限合伙）分别获得国家新兴产业创投计划参股，国家参股资金合计 1.5 亿元。贵州省从 2010 年开始试点知识产权质押融资，2016 年上半年全省专利权质押贷款总额达到 2.53 亿元，同比增长 58%，质押贷款总额在全国处于第 16 位。全省第一家新三板上市民营药企——贵州威门药业股份有限公司，在 2013 年通过专利权质押贷款融资 1.195 亿元，有效解决了企业药物研发、生产及经营过程中的融资难题。多层次资本机构逐渐完善。截至 2015 年，全省证券机构累计 74 家，其中证券法人机构 1 家，证券分公司 4 家，证券营业部 69 个。2015 年，全省全年证券市场累计筹资 905.6 亿元，比上年增长 61.69%。截至 2015 年 12 月 31 日，全省共有公开上市公司 20 家，市价总值 5214.67 亿元，比上年增长 30.29%。

此外，贵州还着力研究探索资本市场支持科技产业创新，通过借鉴美国、德国、日本等国家银行业支持科技产业的实践，提出了通过单业集团、多业串联、多业并联、多业混联等 4 种"债权＋股权"组合融资模式，构建广覆盖、可持续的科技金融新体系。

二、贵州省科技金融发展中面临的问题

尽管贵州省科技金融工作发展势头良好，但较之国内科技金融工作发展较为完善的江苏、上海等省（直辖市），仍存在不足之处。

1. 科技与金融融合度较低

现有的金融服务模式与广大科技企业的金融需求之间存在差距，科技信贷总量较小，种子期、初创期科技创新活动融资难的矛盾突出，科技金融产品和服务创新力度有待加大。各部门对促进科技金融结合的意义把握不准，不能够进一步解放思想、开拓创新、坚持不懈地把科技和金融结合工作抓紧、抓好、抓实；其次，创业投资优质项目少、风险抵抗能力差。2015 年，被调查创投机构列举的在

贵州开展创业风险投资面临的最大困难仍以创业投资项目方面的占比最高，抽样的11家机构中有8家指出最大困难在于创业投资项目方面，主要包括优秀项目少、缺乏潜在项目资源及项目抗风险能力弱等；最后，政府对资金缺乏正确的引导。一方面，创投失衡，天使投资乏力。全省创业投资项目多扎堆于中后端，阶段失衡，种子期、初创期对创投资金需求量大，而以政府资金为主体的天使投资发展缓慢；另一方面，政府对社会资金缺乏引导力。全省创业风险投资资金主要来源是国有创投机构，社会其他资金参与度较低。作为全国创业风险资本主要来源的上市企业，由于未能得到有效引导，很少通过基金形式参与到贵州省优质项目培育、产业构建等工作中来。

2. 科技型企业融资难的问题依旧存在

科技型中小企业规模小、获得担保能力弱，针对中小企业的信贷业务成本高、风险较大。尽管贵州省引入科技金融专营机构，但专为中小型科技企业服务的中小银行、民营银行严重不足，对企业的服务很难到位。资本市场门槛过高，对于绝大多数早期科技企业来说，不仅主板上市绝无可能，通过中小板、创业板上市也困难重重。虽然科技金融为中小企业直接融资开辟了多条新路，但目前挂牌企业仍然零星可见。债券市场不发达，在交易所上市的公司债规模太小，民营的高科技企业难以发行债券。股权投资发展面临诸多限制，缺乏投资于早期企业的创业投资和长期资金来源。

3. 创业风险投资相对薄弱

目前，贵州省股权投资机构多为投资于拟上市企业的私募股权投资（PE），以早期企业为主要投资对象的创业投资（VC）严重缺乏。创业投资退出机制不完善，投资人很难通过转让股权获得收益。股权投资发展的政策体制环境亟待优化。比如，在个人所得税、人才落户等优惠政策方面贵州省与周边省存在较大差距，使得部分股权投资机构选择外迁，或虽在黔开展业务但却在外地注册。业内人士认为，贵州省创新创业资源丰富的同时，也存在诸多资源分配渠道不畅，进而形成了众多创新创业相关信息的"孤岛"，缺乏有效联通与共享，影响到专注于若干有限创新创业领域的全流程融资服务体系的快速形成，使得现有相关金融政策支持体系难以实现预期目标，集中体现为科技金融的内循环不畅，最终将导致对中小企业服务的高成本、高风险和低效益。省市搭建平台整合资源的力度还不够，平台和机构数量虽多但没有形成整合的合力，处于相对分散的状态。有观察人士分析称，从工作机制看，贵州省金融办和贵阳市科技局作为统筹全市科技金融发展的部门，负责制定相关规划和政策，工作领域重叠，从政策配套看，现有科技金融支持政策已经很多，但缺乏整合，特别是部门与政策之间，相互衔接度不够，存在各自为战的情况，给实际操作带来困难，部分重点领域和环节缺乏政策支持，政策内容不完整。

4. 新兴金融发展的基础还不稳固

贵州省新兴金融发展的底蕴稍显不足，主要表现在以下几个方面。首先，社会的认知度不高。多数企业、机构、个人对科技金融只有一些简单的了解，但对包括科技金融在内的新兴金融的机构体系、市场体系、产品体系及监管体系的认知明显不足；其次，贵州省的金融规模特别是人均金融资源相对于发达省份来说，仍存在很大的差距，根据贵州省金融研究院编撰的《贵州省金融发展报告（2015）》，在其对全国、西部地区和贵州省的金融现状测算指数结果显示，2015年贵州省在证券业和银行业方面的一些指标的标准化得分仅仅达到全国的 60% 左右；最后，包括科技金融、互联网金融在内的新兴金融正处于起步阶段，发展阻力较大，发展模式和发展途径缺乏创新，发展效率不高是当前贵州省新兴金融的现状。这些问题说明贵州省新兴金融发展的基础还不稳固，有待进一步夯实。

第五节 贵州省发展科技金融的对策

一、构建多层次科技金融体系

政府应当着力服务、注重引导，不断完善政策法规，多元化、多层次、多渠道地支持科技金融的发展，充分发挥政府财政性引导基金的杠杆作用。同时，应整合完善相关政策，加强对各部门出台的支持科技企业信贷融资、债券发行、上市、私募股权融资，以及信用体系建设等政策的分类整合，加强民间资本进入金融机构后的循环利用。

进一步完善科技金融中介服务体系，支持担保机构发展，落实相关优惠政策，增强担保承受能力。完善知识产权评估和处置等配套服务，现在以知识产权作抵押而贷款成功的比例较低，归根结底就是知识产权评估标准有待统一，需要探索出一套权威的知识产权评估体系，并建立统一服务平台，完善知识产权质押登记制度。鼓励投资建设知识产权评估机构，形成专业服务和专业机构聚集发展的模式，培育知识产权质押物流转市场体系，丰富知识产权质押贷款质权处置途径。

积极构建全省多层次科技金融服务支持体系，搭建全方位的政策制度框架。研究制定支持贵州省科技创新发展的中长期投融资战略框架，明确支持科技创新的基本融资体制、政府职责和导向措施，形成合理有效的促进科技创新的融资体系。针对高新技术企业，建立完善各种类型的场外交易市场，在集中社会资金为科技企业提供资金来源的同时，向风险投资提供更多的退出渠道。着眼创新驱动发展战略，加快构建科技厅（局）、人民银行、证监会、银监会、保监会等多部门联席会议制度，构建"贵州省科技金融战略框架"。组建省、市（州）科技金融服务机构，设立科技金融专项引导资金，引导银行、证券、信托、保险、担保、小贷、创投等全金融行业领域和手段为科技创新创业服务。搭建科技金融信息化服务平台，大力发展互联网众筹等创新金融工具，在确保风险基础上鼓励创新科技金融服务产品。在既有渠道和工作基础上，配合创新财政资金使用方式改革，将投融资、市场、技术、评估、法律、财务、税收等全方位服务功能统一形成一站式服务平台。

二、拓宽科技金融融资渠道

为了进一步推进贵州省科技金融的快速发展，必须拓宽融资渠道，积极推进"四个区"的建设。第一，建设上市公司聚集区。按照注册制的改革方向和多层次资本市场的发展趋势，建立优质科技创新企业上市资源数据库，做好优质科技型上市后备资源的培育与辅导工作，推动更多符合条件的科技型企业在交易所、"新三板"和区域性股权交易市场上市、挂牌融资，鼓励上市公司建立市值管理制度，并通过增发、配股、发行公司债等方式开展再融资。第二，建设科技资本聚集区。引进和设立公募基金管理公司，大力发展各类私募基金管理公司，引导私募股权投资和各类风险投资基金聚集。鼓励创业投资、风险投资、私募股权投资基金投向优质"新三板"，解决挂牌公司融资需求。鼓励和引导符合条件的科技型企业发行公司债、集合债券、集合票据、区域集优票据、非金融企业短期融资券和私募债。建立健全科技型企业债务融资增信机制，降低科技型企业债务成本和债务融资风险。第三，建设中介机构聚集区。支持外资和民营资本发起设立证券公司，积极引导合格市场主体设立小微证券公司。支持证券公司设立基金公司，支持证券期货公司在贵州设立分支机构，加强综合业务平台和区域管理中心建设。大力发展会计师事务所、律师事务所、信用评级机构、资产评估机构等中介机构。第四，建设高端服务功能聚集区。支持有条件的机构在贵阳设立股权众筹、大数据、云计算等中介服务平台，为科技型企业通过互联网进行公开小额融资提供便利。引导各类创业投资机构和股权投资基金参与平台项目，支持和辅导处于初创期的众筹平台快速发展。在有条件的地区规划建设私募股权基金产业园区和基金小镇，吸引国内外大型股权投资基金及管理企业入驻，逐步形成私募股权投资行业的聚集区。鼓励金融机构设立科技分（支）行，开展天使投资、创业投资、科技保险、科技担保、小额贷款、知识产权质押、动产质押、融资租赁等业务。

三、以大数据金融为引领推动科技金融创新发展

目前，贵州省把发展大数据产业作为实现经济快速发展、弯道超越的重要路径，作为统领全省各领域的主要牵引和重要支撑，可见，贵州省政府已经把大数据产业提升到了一个绝对高度。对贵州省来说，要想准确把握科技金融创新的方向，就应当把发展大数据金融作为发展的重中之重。贵州省应该把大数据的理念、技术和方法贯穿到创新的各方面和全过程，使之成为贵州省创新驱动发展的核心动力，成为科技创新的重要突破点。坚持以应用为导向，凝练科技需求，加强研发攻关，加快突破大数据核心技术，加快发展大数据带动金融服务创新，积极挖掘大数据商业价值，带动科技创新要素加速汇聚、科技创新人才不断涌现。贵州省只有以大数据金融为引领，全面推动科技金融的创新发展，引领实施区域科技创新战略，才能使科技创新能力得到快速提升，为全省经济社会发展提供重要支撑。

四、充分发挥政府企业信息平台效用

通过对科技、经信、工商、税务、安监、海关等部门的科技企业基础信用信息进行归集和整合，建立全省统一的企业信用监管和综合服务平台，完善地方法规制度体系，促进科技企业信用信息的采集、使用和共享。鼓励中小企业通过联保、互保等抱团方式实现增信。根据高科技企业特点优化调整财政资金支持重点。重点扶持初创期、产业化阶段科技企业，依靠政府各部门掌握的企业信息，以及专业团队评审等多种方式，挑选出创新潜力较大、发展前景较好的早期科技企业，通过贴息、股权投资、知识产权共享等方式加大财政资金支持力度。调整或取消对上市、成熟期企业的财政补贴，对信用星评较高、融资相对容易的企业，取消财政奖励，降低贴息比例。大力促进股权投资机构发展，聚集更多专业化的"一般合伙人"（general partner，GP）团队，进一步完善落实有利于股权投资基金在园区注册、发展的便利机制和激励机制，大力吸引行业经验丰富、行业背景深厚的专业投资团队。激活"有限合伙人"（limited partner，LP）庞大资金储备，发挥投资引导基金的引导作用，通过整合现有股权投资引导基金、追加财政资金、国有资本经营预算等渠道做大母基金规模，加快母基金投入步伐的同时大力发掘境内外合格机构投资者，充分利用期限较长的资金，避免闲置资金大量堆积。拓宽股权投资退出渠道，积极建设股权交易市场，提高私募股权资产在各大场外交易市场的交易率，大力发展并购市场，让投资人更加便捷地通过转让股权获得回报。

五、加大科技资本市场专业人才培养

当前，资本市场运行的环境在不断发展和变化过程中，资本市场的运行规则也在不断改革。贵州省科技资本市场上缺乏高层次、国际化的专业复合型人才。因此，贵州省应当加快壮大科技资本人才市场，打造一支属于贵州的高素质、复合型科技资本市场人才队伍。首先，要加大对科技资本市场人才培养的资金投入。一方面，要加大政府财政对高校、科研机构等培养科技资本市场人才单位的资金投入；另一方面，要充分调动广大民营资本和省外资金等社会资源，积极创办人才培育机构，或者通过与高校加强教育组织培训的合作，提升科技资本市场人才的综合实力。其次，完善人才引进机制，营造良好的人才发展环境，大力吸引省外资本市场人才，并努力留住这些人才。最后，建立能够体现科技资本市场上个人收入与贡献、绩效相挂钩的收入分配激励机制。

第七章　贵州省产业投资基金发展研究

第一节　国外产业投资基金发展的现状与经验借鉴

产业投资基金是一种新经济形势下的金融创新。19世纪中后期，英国出现了一些私人以信托的方式将富余的资金投资于石油、铁路等行业的投资行为。这是产业投资基金最早的雏形。第二次世界大战后，美国、日本、德国等国家和地区相继出现了集合投资制度的产业投资基金。其中，以美国最为典型。产业投资基金一出现，便迅速成为推动美国经济发展的"助推器"。大批企业如微软、雅虎等通过产业投资基金的支持和培育迅速成长为国际知名企业。但是，一般认为产业投资基金的起始是以1946年美国研究与发展公司（American Research and Development Corporation，ARD）的成立为标志。从此，产业投资基金在很多国家发展起来，极大的促进了世界经济的发展。

一、美国产业投资基金

1. 美国产业投资基金发展的现状

美国是产业投资基金的发源地，也是目前产业投资基金最发达的国家之一。在美国，产业投资基金主要是以创业资本或创业投资基金（Venture Capital）的形式出现的。美国产业投资基金的活动可以追溯到19世纪末期，当时已有不少富有的私人或银行家，通过律师、会计师的介绍与安排，或者直接将资金投资于比较了解但风险较大的石油、钢铁、铁路等行业中。但这类投资是由投资者自行决策，没有专门的机构进行组织和管理。

美国具有现代意义的创业投资基金始于第二次世界大战以后。1946年，世界上第一个创业投资公司——美国研究与发展公司成立，从此美国的创业投资开始专业化和制度化。美国研究与发展公司是美国的第一个民间产业投资基金，它是美国国会参议员、波士顿联邦储备银行行长拉尔夫·佛兰德斯的智力产物。美国研究与发展公司成立后，由于缺乏有效的制度安排，最初的资金募集和运作很不顺利。在创建的前13年，美国研究与发展公司一共才募集到资金740万美元。在其成立后的30多年中，产业投资基金行业的年资本流入从未超过百万美元。

1958 年，为了克服高技术企业创业资金不足的障碍，美国国会通过了《中小企业投资法案》（*Small Business Investment Act*），该法案规定由小企业管理局审查和核发许可的小企业投资公司可以从联邦政府获得非常优惠的信贷支持，这一规定极大地刺激了美国创业投资基金的发展。

进入 20 世纪 60 年代后，美国相当一批由创业基金投资的公司获得成长并开始上市。到 1968 年，受产业投资基金资助的公司成功上市的数目已超过千家。但到了 1969 年，由于美国国会把长期资本收益的最高税率从 29%增加到 49%，美国的创业投资事业遭受毁灭性的打击。

到了 70 年代，以有限合伙企业形式设立的产业投资基金较好地规避了高税率的限制，使得产业投资基金在美国又得到了迅速发展。至 80 年代，美国的产业投资基金业继续高速成长，产业投资基金机构的投资人，尤其是养老基金取代了个人和家庭投资人，成为美国创业资本的主要来源。1992 年以来，美国经济的复苏再次带来了产业投资基金的繁荣，创业投资的筹资和投资在近年来都达到高峰。

据不完全统计，截至 2013 年年底，美国基金数量达到 25 000 多家，管理的资产总额达到 7 万亿美元，是当今世界创业投资业最为发达的国家。

2. 美国产业投资基金发展的经验借鉴

由以上的分析可以看出，美国产业投资基金的发展与美国的经济的发展、繁荣与兴衰紧密相连的。美国经济在 20 世纪 90 年代持续高速增长的一个重要原因就是因为受到产业投资基金支持的高新技术产业迅速发展。2008 年金融危机后，美国能够在发达经济体中率先实现恢复增长和产业创新，与以创业投资为代表的产业投资基金业作出的巨大贡献密不可分。美国的产业投资基金帮助美国创造出了许多成功的现代企业，并为美国产业的发展提供了新鲜的资金血液。

美国产业投资基金的发展经验有以下几点值得借鉴：首先，注重为中小创业企业提供资本支持和经营管理服务的双重职能定位的理念；其次，政府扶持产业投资基金的方式与创业资本运作的内在需求相适应；再次，产业投资基金的持续发展有赖于开辟多元投资退出通道。没有多层次资本市场的发展及在此基础上发展起来的债券市场的活跃，出售方式所获得的企业收购活动就难以发展，因为收购活动本身有赖于资本市场的支持；最后，在政策取向方面，政府要为创业资本运作创造相对宽松的市场选择空间，以使产业投资基金一方面适应国家重点扶持小企业的政策取向，另一方面也能适应产业升级和企业新老交替的周期性变化。

二、欧洲产业投资基金

1. 欧洲产业投资基金发展的现状

欧洲最早的产业投资基金起源于英国于 1868 年设立的"国外及殖民地信托基金"，但与美国相比，欧洲创业资本市场的发展要滞后很多。创业投资在欧洲的大规模兴起是从 20 世纪 80 年代开始的，在以后的 30 多年时间里取得了较大的发展，成为仅次于北美的世界第二大创业投资发展区，也是产业投资基金发展的第二大区域。20 世纪 90 年代中期，欧洲创业资本的年度投资仅为 50 亿欧洲货币单位，投资的项目为 5000～7000 个，其中 1/3 的项目投入到少于 100 人的小企业中，90%的项目投入到少于 500 人的中小企业中。但到了 2013 年，欧洲产业投资基金业发展的规模已经达到 4 万亿欧元，而且投资领域主要集中在企业扩张期和管理层收购期活动，两项之和占总投资的近 90%，而创建阶段的投资不足 6%。

2. 欧洲产业投资基金发展的经验借鉴

以英国为例，欧洲产业投资基金的经验主要有三点。第一，英国通过改革金融与税制鼓励创业投资主体的多元化发展。英国的产业投资基金在组织形态上之所以比美国更具有灵活多样性，原因在于英国的保守党不仅运用税收优惠政策鼓励创业投资，还通过金融制度改革为创业投资事业发展创造宽松的金融环境；第二，产业投资资金的来源可以是多渠道和跨国界的。由于英国实行了特别的税收优惠政策，国外很多资金都投资于英国境内的创业基金；第三，根据国家的经济发展和投资国际化的需要逐步调整的投资组合。与美国的不同之处在于，英国的经济发展首先面临一个如何调整庞大的存量资产问题。产业投资基金正好配合了英国的经济结构调整，通过 MBO 和 MBI 对英国经济发展作出了很大的贡献。

三、日本产业投资基金

1. 日本产业投资基金发展的现状

日本是亚洲最早发展产业投资的国家，其发展产业投资基金主要是模仿美国，但受国情的影响，产业投资基金对经济的促进作用并不明显。与美国相比，日本产业投资基金业也相对滞后。日本的产业投资基金起步于 20 世纪 50 年代初。1951 年，为了扶持高科技中小企业，日本成立了创业企业开发银行，向高技术创业企业提供低息贷款，从而揭开了日本产业投资基金发展的序幕。

在日本，随着 50 年代末期《中小企业投资法》的制定，各种中小企业投资促进公司相继成立，投资业开始迅速发展。1963 年，日本政府为了协助产业投资基金的发展，在大阪、东京及名古屋成立了三家"财团法人中小企业投资育成会社"，这标志着日本产业投资基金的问世。70 年代以来，日本政府采取了技术立国的方针，用科学技术进步推动经济发展。1972 年，日本成立了首家民间产业投资基金——"京都企业开发社"。1974 年日本通产省设立了官商一体的产业投资企业中心（Venture Enterprise Center），这个中心的设立进一步促进了日本产业投资基金的发展。

从整体上看，日本在六七十年代经济、金融相对宽松的背景下，积极改革股票场外交易系统，建立了纳斯达克系统。1975～1981 年，日本的产业投资基金向 62 个项目提供了 17 亿日元的资金，形成了日本的第一轮产业投资热潮，但此次高潮因为第一次石油危机的冲击而停顿。1986～1993 年，日本掀起了第二轮产业投资基金的发展高潮。由于企业致力于开发节省能源的生产方式，电机、新材料、生物工程等新技术的革新，产业投资基金得到蓬勃的发展，此次高潮因 1986 年起的较大规模产业投资基金相继倒闭而告结束。1993 年以来，日本经济深受泡沫经济崩溃及日元汇价升值的双重冲击，在这样的背景下兴起了新一轮的产业投资基金发展热潮。从产业投资基金参与主体上看，前两次高潮都是以证券公司及银行投资为主的，而新一轮高潮则以人寿保险公司、财产保险公司及一般企业为代表。

2. 日本产业投资基金发展的经验借鉴

日本和美国的产业投资基金有相同之处，即经营目标都是为了获得最大利润，但是与美国产业投资基金相比，日本产业投资基金也有自身的显著特点。一是在投资主体方面，投资基金的主体大都是大银行、大公司。日本的产业投资基金大多为大财团、银行、证券公司或贸易商的附属机构。二是在投资领域方面，日本的产业投资基金对科技的评价能力较弱，多由稳健、谨慎的金融机构设立，因此日本产业投资基金对高科技企业创业阶段的投资比例不高。三是在经营方法方面，日本产业投资基金提供金融和技术支持，不像美国那样还要提供经营管理、财务管理方面的援助。

总的来说，尽管日本的产业投资基金起步较晚，但日本的产业投资资本大多是由银行、证券公司、保险公司等金融机构的投资形成，以产业投资基金方式募集的资金，仅占产业投资资本总额的 1/4，运作近似于金融业。日本产业投资业的模式与美国有很大的差异，且绩效并不理想，这与日本以大财团为主的经济发展模式、以主办银行为主体的资本市场、经济自由化进程滞后和整个社会缺乏企业家精神有直接关系。

四、国外产业投资基金发展的经验借鉴总结

纵观各个国家和地区产业投资基金的发展状况，可以看出国外产业投资基金的发展过程中一些经验对我国产业投资基金的发展有很大益处，我们应该加以借鉴。

首先，政府直接支持产业投资基金的发展。世界上许多发达国家和发展中国家都直接扶持各类基金发展以消除其在运作过程中遇到的各种困难和障碍。

其次，政府为产业基金所投资的企业创造良好的发展环境。这一措施各国用得更多更具体，且力度更大。一是减免企业的税收，二是资金支持。例如，英国政府采取贷款担保的办法支持高科技企业的发展，为那些已经有可行性发展方案却又因缺乏信誉而得不到贷款的企业提供借贷担保约 62 000 项、总值为 30 余亿英镑。目前，英国政府每月仍提供 400 多项这样的贷款担保，还给予拖欠贷款的高科技企业 6 个月的信贷宽限。

最后，国外其他国家除了上述两个途径外，大多数还在技术、市场、人才、信息、法律等诸多方面给产业投资基金投资以支持。

第二节　国内产业投资基金发展的现状及经验借鉴

一、国家出台的有关政策情况

我国出台产业投资基金的政策集中在三个时间段：一是 1999 年前后，这一时期出台的政策主要集中在科技创新风险投资基金领域，代表性的文件有《关于科技型中小企业技术创新基金的暂行规定的通知》（国办发〔1999〕47 号）、《关于建立风险投资机制若干意见的通知》（国办发〔1999〕105 号）。二是 2005～2008 年，这一时期出台的政策主要集中在创业投资和引导基金领域，包括《创业投资企业管理暂行办法》（国家发改委等十部委 2005 年第 39 号令）、《科技型中小企业创业投资引导基金管理暂行办法》（财企〔2007〕128 号）、《关于创业投资引导基金规范设立与运作的指导意见》（国办发〔2008〕116 号）。三是 2013 年至今，这一时期出台的政策开始辐射到产业投资基金的各主要领域，并且日益把产业投资基金作为保增长、调结构的重要金融工具给予更多的支持，同时在管理上也日益规范。出台的政策包括《国务院关于创新重点领域投融资机制鼓励社会投资的指导意见》（国发〔2014〕60 号）、《国家发展改革委办公厅、财政部办公厅关于组织做好 2014 年新兴产业创投计划参股创业投资基金有关工作的通知》《关于进一步做好股权投资企业备案管理工作的通知》（发改办财金

〔2013〕694 号）、《国家科技成果转化引导基金设立创业投资子基金管理暂行办法》（国科发财〔2014〕229 号）、《关于启动实施国家科技成果转化引导基金有关工作的通知》（国科发财〔2014〕311 号）、《中国保监会关于设立保险私募基金有关事项的通知》（保监发〔2015〕89 号）、《政府投资基金暂行管理办法》（财预〔2015〕210 号）、《关于财政资金注资政府投资基金支持产业发展的指导意见》（财建〔2015〕1062 号）。

二、中国产业投资基金发展的现状

作为经济发展的客观需要和改革开放的产物，产业投资基金是伴随知识经济和科技体制改革大潮流引入我国的，在我国兴起的时间还不算长。我国的产业投资基金起步于 20 世纪 80 年代中期，进入正规的运作是在 90 年代以后。产业投资基金从一开始就得到了政府的高度重视和大力支持。从 1985 年国务院批准成立我国第一家从事产业投资的公司——中国新技术创业投资公司（以下简称中创公司）开始，经过 10 多年的发展，我国的产业投资业从无到有，从小到大，发展迅速，初具规模，拥有相当的投融资实力，取得了很大的成绩，为推动我国高科技产业的发展，促进科技成果转化发挥了重要作用。

自 20 世纪 80 年代中期以来，我国陆续出现了一批具有产业投资基金性质的基金，如"中国航空基金""上海太平洋技术创业基金""淄博乡镇企业基金""南山风险投资基金""三峡投资基金"等。我国创业基金基本形成了以北京、上海、深圳为中心的空间分布。

我国的产业投资业在 90 年代末取得了长足的进展，至 2001 年已半且具规模。1992 年，美国太平洋技术产业投资基金在我国成立，这是美国国际数据集团（Internation Data Group，IDG）投资在中国成立的第一个产业投资基金。1996 年接受该基金投资的北京利华有限公司发展得非常成功，以善于经营教育软件而在国内享有盛名。1998 年 3 月"政协-号提案"的提出，使产业投资受到了业界的广泛关注。1998～1999 年，在我国兴起了"产业投资热"。尤其是 1999 年，被誉为"产业投资年"，一批新的产业投资公司机构成立。

2000 年 6 月，科技部产业投资调研小组对 25 个省市的科委和高新区掌握的47 家产业投资机构进行了调查。调查得出了以下结果：一是我国的产业投资呈现良好的发展态势。调查的产业投资机构注册资本总额为 39.1 亿元人民币。在调查的 47 家产业投资机构中，有 40 家是在 1999 年建立的，占所调查产业投资机构的85%。这些机构大多是有政府背景，政府拥有股权的产业投资机构占 90%，民营产业投资机构占 2%，外资占 8%。二是一些企业尤其是实力雄厚的高科技公司如四通、实达、联想、清华同方、海尔、宝钢、希望等公司也加入到产业投资行列，独自或联合其它机构成立产业投资公司，进行战略投资。三是在产业投资的项目方面，所调查的产业投资机构已投项目 398 项，待投项目 123 项，这些项目主要集中于新材料（14%）、电子信息（30%）、环保（8%）、生物医药（25%），新能源（2.8%）、机电一体化（20.2%）等高新技术产业。四是从所投资的企业来看，获得产业投资的企业 28% 是种子期企业，53.6% 是成长期企业，18.4% 是成熟期企业。企业在产业投资推进下迅速发展起来，一些企业已经上市。此外，在所调查的 47 家产业投资机构中，共有专业人员 800 多人，通过不断的学习和实践，这些从业人员的能力和素质得到了很大的锻炼和提高。

根据《中国产业投资基金研究》中的抽样调查数据，我国注册资本在 1 亿元人民币以下的产业投资基金有 19 家，占调研样本总数的 48.72%；注册资本在 1 亿元人民币以上的产业投资基金有 20 家，占调研样本总数的 51.28%；注册资本在 5 亿元人民币以上的有 10 家，占调研样本总数 25.64%。其中外资占了 3 家，为华登国际投资集团、中国创业投资有限公司（chinavest），PTV China，国内著名的大企业集团或金融机构占了 4 家，如国家开发投资公司、神府集团、北京兆维电子（集团）有限公司和山东省信托公司等。

从市场上发生的投资案例分析，我国产业投资基金投资于传统行业的项目还是占多数。2006 年第三季度，国内市场上的私募股权投资基金投资的项目涵盖传统行业、其他高科技、广义 IT、服务业和生物/医药行业等所有一级行业，累计投资 32 例，其中传统行业发生 16 起投资案例，占案例总数的 50%，投资金额 16.25 亿美元，占季度投资总额的 63.9%。无论从投资案例数量还是投资金额来说，传统行业投资都处于统治地位。

近年来，我国产业投资基金的规模越来越大，尤其是 2010 年以来，虽然我国产业投资基金的发展随经济周期有一定的波动，但整体上呈现高速增长态势。据不完全统计，截至 2015 年年底，我国产业投资基金规模已经达到 5 万亿元人民币，比 2014 年底增加 2 万亿元人民币，占 GDP 的比重为 7.39%，所投资项目实现在股票交易所上市的比例大约为 31%，市值高达 4.5 万亿元人民币，投资方向涵盖各主要产业领域。

第三节 代表性相关省（自治区、直辖市）产业投资基金发展现状及经验借鉴

我国出台产业投资基金政策较为完整的省（自治区、直辖市）主要有北京、天津、上海、重庆、浙江、河南、宁夏等。上述地区产业投资基金发展也各具特色，值得贵州省借鉴。

一、出台政策情况

截止 2015 年年底，北京、天津、上海、重庆、浙江、河南、宁夏出台的与产业投资基金密切相关的文件数分别为：北京 8 个，天津 10 个，浙江 11 个，上海 10 个，重庆 6 个，河南 14 个，宁夏 8 个（表 7-1），国家层面出台的政策见表 7-2。

表 7-1　各省（自治区、直辖市）产业投资基金相关政策文件一览表

地区	产业投资基金相关政策文件名
北京	《北京市中小企业创业投资引导基金实施暂行办法》（京发改〔2008〕1167 号）
	《关于促进股权投资基金业发展的意见》（京金融办〔2009〕5 号）
	《关于印发〈北京市文化创意产业创业投资引导基金管理暂行办法〉的通知》（京文创办法〔2009〕7 号）
	《在京设立外商投资股权投资基金管理企业暂行办法》（京金融〔2009〕163 号）
	《关于印发〈北京创造战略性新兴产业创业投资引导基金管理暂行办法〉的通知》（京发改〔2012〕694 号）
	《关于北京市 2015 年度创业（天使）投资机构申报的通知》（2015 年 7 月 16 日发布）
	《北京市财政局政府股权投资资金管理暂行办法》（京财企〔2014〕2047 号）
	《北京市人民政府关于创新重点领域投融资机制鼓励社会投资的实施意见》（京政发〔2015〕14 号）
天津	《天津市促进创业投资业发展暂行规定》（津政发〔2002〕25 号）
	《天津市关于私募股权投资基金、私募股权投资基金管理公司（企业）进行工商登记的意见》（2007 年 11 月 16 日发布）
	《天津股权投资基金和股权投资基金管理公司（企业）登记备案管理试行办法》（津发改财金〔2008〕813 号）
	《天津市促进股权投资基金业发展办法》（津政发〔2009〕45 号）
	《关于私募股权投资基金合法合规募集资金的说明》（2011 年 4 月 2 日发布）
	《天津股权投资企业和股权投资管理机构管理办法》（津发改财金〔2011〕675 号）
	《天津股权投资企业和股权投资管理机构管理办法补充通知》（津发改财金〔2012〕146 号）
	《众创空间种子引导基金管理暂行办法》（津财建〔2015〕12 号）
	《天津市天使投资引导基金管理暂行办法》（津科金〔2015〕87 号）
	《天津国家自主创新示范区创业投资（新兴产业）引导基金设立工作方案》（津发改高技〔2015〕615 号）
浙江	《浙江省人民政府关于印发〈浙江省鼓励发展风险投资的若干意见〉的通知》（浙政〔2000〕8 号）
	《浙江省人民政府办公厅关于印发〈浙江省创业风险投资引导基金管理办法〉的通知》（浙政办发〔2009〕24 号）
	《浙江省人民政府办公厅关于促进股权投资基金发展的若干意见》（浙政办发〔2009〕57 号）
	《关于印发〈浙江省股权投资企业、股权投资管理企业登记办法〉的通知》（浙工商企〔2010〕3 号）
	《浙江省财政厅关于印发〈浙江省海洋产业投资基金管理办法〉的通知》（浙财建〔2012〕325 号）
	《浙江省财政厅关于印发〈浙江省创新强省产业基金管理办法〉的通知》（浙财企〔2013〕272 号）
	《浙江省科学技术厅关于做好 2014 年度科技型中小企业技术创新、科技服务和创业投资引导基金项目申报工作的通知》（浙科发高〔2014〕63 号）

续表

地区	产业投资基金相关政策文件名
浙江	《浙江省人民政府关于创新财政支持经济发展方式加快设立政府产业基金的意见》（浙政发〔2015〕11 号）
	《浙江省财政厅关于规范政府产业基金运作与管理的指导意见》（浙财企〔2015〕70 号）
	《浙江省财政厅关于印发〈浙江省天使梦想基金操作管理办法〉的通知》（浙财企〔2015〕81 号）
	《浙江省财政厅关于印发〈浙江省转型升级产业基金管理办法〉的通知》（浙财企〔2015〕109 号）
上海	《上海市创业投资企业备案管理操作暂行办法》（沪发改调〔2006〕047 号）
	《关于本市股权投资企业工商登记等事项的通知》（沪金融办通〔2008〕3 号）
	《上海市股权投资企业和股权投资管理企业登记办法》（2009 年 10 月 20 日发布）
	《上海市创业投资引导基金管理暂行办法》（沪府发〔2010〕37 号）
	《关于下发〈上海市国有创业投资企业股权转让管理暂行办法〉的通知》（沪发改财金〔2010〕050 号）
	《关于本市开展外商投资股权投资企业试点工作的实施办法》（沪金融办通〔2010〕38 号）
	《关于本市股权投资企业工商登记等事项的通知（修订）》（沪金融办通〔2011〕10 号）
	《上海市人民政府印发〈关于加快上海创业投资发展若干意见〉的通知》（沪府发〔2014〕43 号）
	《关于印发〈上海市天使投资引导基金管理实施细则〉的通知》（沪发改财金〔2014〕49 号）
	《上海股权托管交易中心私募股权投资基金份额报价业务管理办法（试行）》（沪股交〔2014〕267 号）
重庆	《重庆市人民政府关于鼓励股权投资类企业发展的意见》（渝府发〔2008〕110 号）
	《重庆市人民政府办公厅关于印发重庆市科技创业风险投资引导基金管理暂行办法的通知》（渝办发〔2008〕243 号）
	《重庆市科技投融资专项补助资金管理暂行办法》（渝财教〔2010〕119 号）
	《重庆市进一步促进股权投资类企业发展实施办法》（渝办发〔2012〕307 号）
	《重庆市产业引导股权投资基金管理暂行办法》（渝府办发〔2014〕39 号）
	《重庆人民政府关于创新重点领域投融资机制鼓励社会投资的实施意见》（渝府发〔2015〕27 号）
河南	《关于建立我省风险投资机制的若干意见》（豫政办〔2000〕70 号）
	《河南省促进创业投资发展暂行办法》（豫政〔2004〕86 号）
	河南省人民政府关于推进地方政府投融资体系建设的指导意见（豫政〔2009〕63 号）
	《河南省发展和改革委员会关于〈促进我省股权投资基金业发展〉的通知》（豫发改财金〔2011〕1315 号）
	·《河南省股权投资引导基金管理暂行办法》（豫政办〔2012〕156 号）
	《河南省股权投资企业和股权投资管理企业登记备案管理暂行办法》（豫发改财金〔2012〕734 号）
	《河南省股权投资企业和股权投资管理企业登记备案管理暂行办法补充通知》（豫发改财金〔2012〕1671 号）
	《河南省股权投资引导基金管理暂行办法实施细则》（豫财金〔2013〕15 号）
	《河南省人民政府办公厅关于促进创业投资和产业投资基金健康发展的意见》（豫政办〔2014〕56 号）
	《河南省人民政府办公厅关于促进政府投融资公司改革创新转型发展的指导意见》（豫政办〔2015〕9 号）
	《河南省人民政府关于创新重点领域投融资机制鼓励社会投资的实施意见》（豫政办〔2015〕14 号）
	《河南省人民政府关于省级财政性涉企资金基金化改革的实施意见》（豫政〔2015〕17 号）
	《河南省"互联网+"产业发展基金组建方案》（豫财企〔2015〕57 号）
	《河南省"互联网+"产业发展基金管理机构选择办法》（2015 年 8 月 27 日发布）

续表

地区	产业投资基金相关政策文件名
宁夏	《关于创新财政扶持企业发展资金投入方式的意见》（宁政办发〔2009〕210 号）
	《宁夏证监局关于进一步做好辖区私募基金相关工作的通知》（宁证监发〔2014〕139 号）
	《关于运用政府引导基金促进产业加快发展的意见》（宁夏回族自治区第 42 次政府常务会通过）
	《宁夏回族自治区人民政府关于设立政府引导基金促进产业加快发展的意见》（宁政发〔2015〕30 号）
	《自治区财政厅金融办关于印发〈自治区政府产业引导基金管理暂行办法〉的通知》（宁财企发〔2015〕346 号）
	《关于成立宁夏回族自治区政府产业引导基金管理中心的决定》（宁财人发〔2015〕421 号）
	《宁夏政府产业引导基金子基金公开发布征集公告》（2015 年 5 月 26 日发布）
	《科技厅关于建立政府产业引导基金备选项目库（科技领域）的通知》（宁科财字〔2015〕9 号）

表 7-2　国家发布的相关政策文件

国家层面	《电子工业生产发展基金管理办法》（财工字〔1994〕第 477 号）
	《电子信息产业发展基金管理暂行办法》（财建〔2001〕425 号）
	《设立境外中国产业投资基金管理办法》（1995 年 8 月 11 日国务院批准，1995 年 9 月 6 日中国人民银行发布）
	《关于科技型中小企业技术创新基金的暂行规定的通知》（国办发〔1999〕47 号）
	《关于建立风险投资机制若干意见的通知》（国办发〔1999〕105 号）
	《关于企业股权投资业务若干所得税问题的通知》（国税发〔2000〕118 号）
	《创业投资企业管理暂行办法》（国家发改委 2005 年第 39 号令）
	《关于产业技术研究与开发资金试行创业风险投资的若干指导意见》（财建〔2007〕8 号）
	《关于产业技术研发资金试行创业风险投资项目申报和管理相关工作的通知》（发改办高技〔2007〕1955 号）
	《关于促进创业投资企业发展有关税收政策的通知》（财税〔2007〕31 号）
	《电子信息产业发展基金管理办法》（财建〔2007〕866 号）
	《科技型中小企业创业投资引导基金管理暂行办法》（财企〔2007〕128 号）
	《关于创业投资引导基金规范设立与运作的指导意见》（国办发〔2008〕116 号）
	《关于实施创业投资企业所得税优惠问题的通知》（国税发〔2009〕87 号）
	《商务部关于外商投资创业投资企业、创业投资管理企业审批事项的通知》（商资函〔2009〕9 号）
	《商务部关于完善外商投资创业投资企业备案管理的通知》（商资函〔2012〕269 号）
	《保险资金投资股权暂行办法》（保监发〔2010〕79 号）
	《关于进一步规范试点地区股权投资企业发展和备案管理工作的通知》（发改办财金〔2011〕253 号）
	《国家科技成果转化引导基金管理暂行办法》（财教〔2011〕289 号）
	《新兴产业创投计划参股创业投资基金管理暂行办法》（财建〔2011〕668 号）
	《关于促进股权投资企业规范发展的通知》（发改办财金〔2011〕2864 号）
	《关于印发全国股权投资企业备案管理工作会议纪要和股权投资企业备案文件指引/标准文本的通知》（发改办财金〔2012〕1595 号）
	《中国保监会关于规范有限合伙式股权投资企业投资入股保险公司有关问题的通知》（保监发〔2013〕36 号）

续表

国家 层面	《关于进一步做好股权投资企业备案管理工作的通知》（发改办财金〔2013〕694号）
	《国家发展改革委办公厅财政部办公厅关于组织做好2014年新兴产业创投计划参股创业投资基金有关工作的通知》（发改办高技〔2013〕3030号）
	《关于申报2014年度电子信息产业发展基金项目的通知》（2014年3月28日发布）
	《2014年度电子信息产业发展基金项目指南》（2014年4月9日发布）
	《关于印发2014年度科技型中小企业创业投资引导基金项目申报须知的通知》（国科企金〔2014〕4号）
	《中小企业发展专项资金管理暂行办法》（财企〔2014〕38号）
	《国务院关于创新重点领域投融资机制鼓励社会投资的指导意见》（国发〔2014〕60号）
	《私募投资基金监督管理暂行办法》（证监会第105号令）
	《关于保险资金投资创业投资基金有关事项的通知》（保监发〔2014〕101号）
	《国家科技成果转化引导基金设立创业投资子基金管理暂行办法》（国科发财〔2014〕229号）
	《关于启动实施国家科技成果转化引导基金有关工作的通知》（2014年10月24日发布）
	《关于进一步做好支持创业投资企业发展相关工作的通知》（发改办财金〔2014〕1044号）
	《私募投资基金管理人登记和基金备案办法（试行）》（中基协发〔2014〕1号）
	关于发布《私募股权投资基金项目股权转让业务指引（试行）》与《私募投资基金募集与转让业务指引（实行）》的通知（市场监测发〔2014〕17号）
	《国务院关于创新重点领域投融资机制鼓励社会投资的指导意见》（国发〔2014〕60号）
	《关于深化中央财政科技计划（专项、基金等）管理改革的方案》（国发〔2014〕64号）
	《关于规范私募基金管理人登记填报工作的通知》（2015年1月4日发布）
	《关于私募投资基金进入银行间债券市场有关事项的通知》（银市场〔2015〕17号）
	《关于进一步优化私募基金登记备案工作若干举措的通知》（2015年7月3日发布）
	《中国保监会关于设立保险私募基金有关事项的通知》（保监发〔2015〕89号）
	《国务院关于进一步做好新形势下就业创业工作的意见》（国发〔2015〕23号）
	《国务院办公厅关于印发进一步做好新形势下就业创业工作重点任务分工方案的通知》（国办函〔2015〕47号）
	《国务院办公厅关于发展众创空间推进大众创新创业的指导意见》（国办发〔2015〕9号）
	《国务院关于大力推进大众创业万众创新若干政策措施的意见》（国发〔2015〕32号）
	财政部《政府投资基金暂行管理办法》（财预〔2015〕210号）
	财政部《关于财政资金注资政府投资基金支持产业发展的指导意见》（财建〔2015〕1062号）

　　值得注意的是，为了适应经济新常态、应对经济下行压力、调整经济结构、扩大直接融资规模，2013～2015年是各省（自治区、直辖市）出台产业投资基金政策的密集期。但为了更好地推动产业投资基金发展，在2016年，福建省人民政府又出台了《关于进一步扩大直接融资规模的若干意见》《关于2016年度积极扩大有效投资的若干意见》，河北省发改委经省政府同意，出台了《河北省战略性新兴产业创业投资引导基金管理暂行办法》，湖北省人民政府办公厅经省政府同意出台了《湖北省长江经济带产业基金设立方案》（根据该方案，湖北设立的该基金规

模达到 2000 亿元，其中政府出资 400 亿元）。

二、相关省（自治区、直辖市）产业投资基金概况

下面介绍浙江、河南、上海、重庆、湖北等地区产业投资基金的发展概况。

1. 浙江省产业投资基金发展概况

浙江省的产业投资起步于 1993 年，是以浙江省首家创业投资公司——浙江省科技风险投资有限公司的正式成立为标志，是我国最早成立的科技风险投资公司之一。浙江省在创业投资的实践中，逐步建立符合市场经济规律的投融资机制，形成了"政府引导，市场运作"的管理模式。截至 2015 年年底，浙江省产业投资基金总规模已经超过 4500 亿元。

2. 河南省产业投资基金发展概况

河南省产业投资基金业发展是随着经济规模的不断扩大而扩大的，其在 2001 年成立了河南高科技创业投资股份有限公司，其后又成立农业、矿业、文化、交通、水利、空港等领域的产业投资基金。截至 2015 年年底，河南省由政府主导的产业投资基金规模已经达到 1500 亿元，社会资本投资设立的各类产业投资基金规模达到 1200 多亿元，两者合计达到 2700 多亿元。

3. 上海市产业投资基金发展概况

作为国内创业投资起步较早的地区之一，上海一直高度重视创业投资的发展，20 世纪 90 年代初以来，上海先后成立了上海科技投资公司和上海创业投资有限公司两家政府型创业投资基金公司，充分发挥政府资金投入对社会资金的引导带动作用。经过 20 多年的探索和实践，目前上海已经形成了政府主导、民间为主、专业管理、市场化运作的创业发展格局。截至 2015 年年底，上海各类创投机构近 1200 家，管理资本总量超过 5000 亿元，在上海创投企业精心培育下，一大批具有新技术、新模式、新业态的国内外创新企业脱颖而出。

4. 重庆市产业投资基金发展概况

重庆市是西部地区产业投资基金业发展较快的地区之一。重庆市重点发挥财政资金"四两拨千斤"的杠杆作用和放大效应，积极推进"拨改投"模式，取得了积极成效。截至 2015 年年底，重庆市产业投资基金规模已经超过 1800 亿元，主要包括战略性新兴产业基金、产业引导基金、现代物流产业基金、环保产业投

资基金、页岩气产业投资基金等。

5. 湖北省产业投资基金发展概况

湖北本来就是产业投资基金比较发达的地区。进入 2016 年后，湖北产业投资基金进入爆发性增长阶段。仅据媒体公开报道，2016 年制定的湖北省长江经济带产业投资基金方案中，政府投资规模为 400 亿元，基金总规模为 2000 亿元，并争取募集到 4000 亿元。列为国家战略的武汉存储器基地项目于 2016 年 3 月 28 日正式开工，投资规模达 1600 亿元，项目实施主体主要由国家集成电路产业投资基金、湖北省集成电路产业投资基金、国开发展基金、湖北省科技投资集团等以基金投资为主体的单位联合设立。仅该两个项目的基金投资规模就达到 3600 亿元。

三、相关省（自治区、直辖市）产业投资基金发展的经验

第一，政策出台早、出台政策系统配套，具有较强的可操作性。如浙江省到 2015 年年底止共出台了 11 个与产业投资基金密切相关的文件，既有 2000 年以省人民政府名义出台的《浙江省鼓励发展风险投资的若干意见》和 2015 年出台的《关于创新财政支持经济发展方式加快设立政府产业基金的意见》，也有 2009 年以省人民政府办公厅名义出台的《浙江省创业风险投资引导基金管理办法》《关于促进股权投资基金发展的若干意见》，还有财政厅、科技厅、工商局等部门出台的具体文件，构成了一个完整的政策体系。河南省到 2015 年年底为止共出台了 14 个与产业投资基金密切相关的文件，仅 2015 年出台的文件就有 5 个。

第二，领导重视，组织保障。浙江省政府在 2014 年专门成立了产业基金领导小组，由省政府主要领导任组长，省级相关部门主要负责人参加，负责产业基金重大事项的决策与协调。宁夏在 2015 年成立了产业引导基金投资指导委员会，由自治区人民政府分管领导任主任，相关部门负责人为成员，负责确定政府产业引导基金的资金筹集、支持方向、管理制度，审定引导基金投资计划、规模调整、退出方案等，协调解决政府产业引导基金管理中的重大事项。

第三，发挥财政资金杠杆作用，做大产业投资基金规模。作为一种新型的投融资方式，财政资金在产业投资基金发展过程中必须发挥引导作用，在欠发达地区、在产业投资基金的发展初期甚至要发挥主导作用。近几年，重庆产业投资基金业在西部地区异军突起，一个重要的原因就是充分发挥了财政资金的杠杆作用。河南省的航空港基金、文化产业基金、科技风险投资基金、农业开发投资基金等都是以财政资金为主导的。

现今，北京、天津、上海、广东、浙江产业投资基金规模已经超过 3000 亿元，

河南产业投资基金规模超过 2700 亿元，重庆产业投资基金规模超过 1800 亿元，财政资金发挥了较大的引导和杠杆作用。

第四，突出省域特色，设立具有特色的产业投资基金体系。浙江省针对海洋经济发达的特点在 2012 年出台了《浙江省海洋产业投资基金管理办法》并在舟山成立了海洋产业投资基金，还针对民间产业资本规模大、创新创业氛围好的特点，大力发展民营经济为主的创业投资基金。河南省针对国务院批复成立的国内唯一的空港经济区，设立了中原航空港产业投资基金（规模高达 300 亿元），针对农业大省的特殊省情，成立了农业开发投资基金。2014 年年底，重庆市与环境保护部成立了国内首支环保产业投资基金，还成立了战略性新兴产业投资基金、现代物流产业投资基金。宁夏分别在 2014 年、2015 年成立清真产业投资基金和枸杞产业投资基金。2016 年湖北设立的长江经济带产业投资基金、国家存储器项目投资基金。

第五，设计产业投资基金的运作模式和运行机制。在募集方式上，我国目前试点筹建的产业投资基金均采取私募方式，一些具有稳定收益和现金流的产业投资基金，可以采取公募方式。在投资对象上，目前我国的产业投资基金均投资于非上市企业股权，但由于我国的产业机构调整已经从增量调整为主转为存量调整为主，试点发展并购类产业投资基金（包括对上市公司和非上市公司的股权并购）也越来越成为我国产业结构调整的一种需要。在运行机制上，我国设立专业性产业投资基金公司受托管理和运营基金，由于目前的社会信用体系建设还很不完善，为防范产业投资基金管理公司的道德风险，我国一些地区还专门建立了产业投资基金的托管机制。在投资工具上，不限制产业投资基金运用普通股、优先股方式进行投资。

第四节　贵州省产业投资基金发展的现状及面临的问题

一、贵州省出台政策分析

1. 出台文件的基本情况

贵州省与产业投资基金有关的文件主要集中在 2012 年以后，目前共出台密切相关文件 6 个，分别是《贵州省促进创业投资加快发展的指导意见（试行）》（黔府办发〔2012〕17 号）、《贵州省创业投资引导基金管理暂行办法》（黔府办发〔2012〕57 号）、《关于印发＜贵州省股权投资企业备案管理暂行办法＞的通知》（黔发改财金〔2012〕767 号）、《贵州省创业投资引导基金管理办法》（黔府办发〔2014〕49 号）、《贵州省商务发展基金管理暂行办法》（黔商发〔2014〕281 号）、《贵州省人民政府关于贵州省创新重点领域投融资机制鼓励社会投资的实施意见》（黔府发〔2015〕25 号）。

2. 贵州省关于产业投资基金文件的特点

一是出台文件时间晚。6 个文件全部是 2012 年以后出台的，不像浙江、河南在 2000 年就开始出台文件。二是出台文件数量少。贵州省目前为止只有 6 个文件，不仅远低于河南、浙江等东中部地区，甚至低于宁夏。三是 6 个文件没有形成政策体系。贵州省的 6 个文件分为三类：一是省政府及其办公厅出台的意见（《关于贵州省创新重点领域投融资机制鼓励社会投资的实施意见》《贵州省促进创业投资加快发展的指导意见》），二是产业投资引导基金的两个管理办法，三是关于商务发展基金和股权投资企业备案管理的办法，恰恰缺少关于产业投资基金发展的指导意见，而产业投资基金是连接投资创新和引导基金的必要环节。

二、贵州省产业投资基金发展的必要性分析

1. 发展产业投资基金是加快贵州经济发展实现后发赶超的需要

由于地理位置和资源条件等因素的限制，贵州省的经济发展水平与东部发达地区有很大差距。基于贵州省的实际，如何制定贵州省产业投资基金发展战略规划，指导贵州省做大做强优势产业，有序地发展产业投资基金，加快贵州省经济发展，是迫切需要解决的一个问题。

2. 发展产业投资基金是贵州省经济体制改革的需要

产业投资基金作为一个机构投资者和战略投资者，是严格按照现代企业制度的基本特征设立的，有利于促进产权制度改革和现代企业法人治理结构的建立，企业要获得产业投资基金的支持，先决条件是要划清产权边界、资产评估准确、财务制度健全。同时，产业投资基金作为一种集合的投资工具，同样也是以盈利为目的，以资源的实际效益和可预期的社会经济效益为选择投资对象为出发点。所以，企业只有建立了完善的法人治理结构，从制度上保障投资基金安全、高效运作，才有希望得到产业投资基金的支持。

3. 发展产业投资基金是提高贵州省企业竞争力的需要

对国有企业来说，发展产业投资基金是使其摆脱资金不足的困境的需要。发展产业投资基金，将有力地推动国有企业的资金主体多元化、投资形式多样化和

融资手段市场化进程，使国有企业变间接融资为直接融资，重新调整自身的资产结构和负债结构，为国有企业的发展创造一个良好的资本融通渠道。

对中小企业来说，发展产业投资基金是解决中小企业融资难的需要。中小型企业尤其是中小型高科技企业的成长是一个极具风险的过程，期间需要足够资金的投入。但由于中小企业风险相对较大，无法提供充分的担保，因此银行一般不愿向中小企业提供贷款；个人没有能力提供企业发展所需的全部资金；以债权债务形式的间接融资体制又过于强调资金的安全性，也难以对中小企业提供强有力的资金支持；而且，在市场经济下，政府又不可能对中小企业有过多的投资。种种原因致使中小企业融资困难。发展产业投资基金，能有效地解决中小企业特别是中小型高科技成长型企业的融资难的问题，促进中小企业的发展。

4. 发展产业投资基金是促进西部地区金融创新的需要

西部地区金融与沿海地区相比，发展还相对滞后，对经济发展的支持作用亟待提升，加快金融创新势在必行。西部地区，包括贵州在内，不仅自身资金短缺，资本形成困难，还存在一定的资金外流问题，这一点在改革开放以来表现得尤其明显。随着改革开放的深入，东西部地区在经济发展拉开差距的同时，金融深化和金融结构变化也明显形成了一定的区域差异，并且差距越来越大。无论是商业性的金融市场，还是政策性金融业务，目前基本上以东部沿海地区和中部地区为主，西部地区在一定程度上受到无意的歧视或善意的忽略。以市场导向运作的商业银行信贷投放和以准市场方式运作的债券发行、股票上市无一例外地遵循着同一规律。在某种意义上，现行金融体系不是在为西部地区提供支持，而是将西部地区的资金抽出。因此，贵州省发展产业投资基金，能加快西部地区的金融创新，发挥金融对经济发展的促进作用。

5. 发展产业投资基金是改善贵州省投融资结构的需要

如何把储蓄转化为投资是经济发展的关键。发展产业投资基金能为储蓄转化为投资开辟一条新的渠道，解决一部分财政、货币政策达不到的"盲点"，促进直接融资的发展。因为产业投资基金是一种外部条件较好，风险比股市低、收益比利率高，且能充分保护投资者利益的投资方式，容易受到广大投资者的青睐。目前，由于社会资金主要集中在国有银行体系，国有商业银行面临着相当大的压力，金融风险不断加大。发展产业投资基金，能够增加居民的直接投资，促使居民的金融资产的结构优化，并适当从银行分流储蓄，减轻银行的资金压力，提高社会资金的使用效率。

三、贵州省产业投资基金发展的现状

截至 2016 年 3 月底，贵州省具有政府投资背景的产业投资基金规模达到 545 亿元，占 GDP 的比例约为 5.3%，远低于全国 7.4%的水平。贵州省产业投资基金主要分为以下几类。

1. 省政府批复设立的产业投资基金

截止 2015 年年底，贵州省政府已批复设立的产业投资基金有：贵州省创业投资引导基金，从 2012 年开始，每年增加 2 亿元，由省发展和改革委员会牵头组建；贵州省高新技术产业投资发展基金，募集规模 20 亿元（省政府和贵阳市政府各出资 10 亿元），由省财政厅牵头组建；贵州省文化产业发展基金，募集规模 4.5 亿元（省政府出资 2 亿元），由省委宣传部和省财政厅牵头组建；贵州省商务发展基金，募集规模 30 亿（2014～2017 年，财政每年出资 1.5 亿元），首期已到位 7 亿元（财政已到位 4 亿元），由省商务厅和省财政厅牵头组建；贵州省铁路发展基金，总募集规模 600 亿元，首期 90 亿元，由省财政安排一定引导资金，由省铁路投资有限公司牵头组建。

正在筹备组建的产业投资基金有：贵州省 PPP（引导）基金，基金募集规模 50 亿元（申请省政府出资 10 亿元），由省财政厅牵头组建。

2. 社会资本发起设立的产业投资基金

国家发改委批复组建的管理机构和基金有：明石旅游产业基金管理有限公司，武陵山片区旅游产业投资基金，募集规模 300 亿元，首期 60 亿元，已落实承诺出资 45.45 亿元，由明石创新投资集团有限公司和铜仁梵净山旅游开发投资有限公司共同发起设立，这是贵州省第一支获得批准的国家级产业投资基金。国家发改委同意中国贵安新型城镇化发展投资基金开展筹备工作，总募集规模 500 亿元，是贵州省募集规模最大的产业投资基金。

省发改委批复设立的管理机构和产业投资基金有：批复贵州水业产业发展投资基金管理机构和贵州水业产业发展投资基金，基金总规模 30 亿元，首期已认缴 8.8 亿元，基金由贵州水业产业投资基金管理有限公司和贵州水投水务有限责任公司发起设立；批复贵州道投融资管理有限公司和苏交科集团股份有限公司联合发起的贵州 PPP 产业投资基金管理机构设立，这是贵州省首家 PPP 专业产业基金投资管理机构，同时也是贵州省产业投资基金首次引入上市资本发起设立，实现 PPP 产业投资管理机构和引入上市资本设立产业投资基金的"双创新"；贵州产投康健股权投资企业，募集规模 10 亿元。批复设立了贵州省能源产业基金、贵州产投康健投资基金、六盘水市特色农业产业发展投资基金管理机构等。

正在筹备组建的有：贵州省能源产业投资基金，总规模 100 亿元，由于受煤炭行业影响，基金认缴推迟，由西部控股发起设立；贵州产投康健投资基金，基金募集 50 亿元，贵州产投拟联合香港境外资金发起设立；贵州 PPP 产业投资基金管理机构申请发起设立贵州 PPP 产业投资基金，首期募集规模为 20 亿元（已认购 4 亿元，达到批复条件）。据了解，近期省外投资机构咨询或有意向设立的产业投资基金有节能减排投资基金、PPP 资本金公司等。

四、贵州省产业投资基金发展中面临的问题

1. 产业投资基金设立和监管缺乏统一的机构

目前，我国对于产业投资基金和管理机构组建、以及存续期监管缺乏统一的机构，设立主要有几种情况：一是政府性资金设立的产业投资基金，主要由政府常务会议的方式审议，再批复设立；由省级以上发改委批复产业投资基金和管理机构组建方案（审核管理机构股权结构等资格相关条件，审核基金首期到位资金不少于募集规模 20% 等条件），再进行工商登记；由财政厅会同其他行业主管部门或其他行业主管同意设立。二是社会资本发起设立产业投资基金，主要为：第一种是由省级以上发改委批复产业投资基金和基金管理机构组建方案（审核管理机构股权结构等资格相关条件，审核基金首期到位资金不少于募集规模 20% 等条件），第二种是由相关行业主管部门批复设立，第三种是投资机构直接工商注册登记进行设立。对于存续期监管，还没有统一制度和有效监管，发改委等部门主要对已批复组建方案的管理机构和基金进行年检制，有效了解和监督产业投资基金的运行情况。因此，产业投资基金从设立到监管，没有统一的机构管理，导致无法全面了解和掌握本区域内产业投资基金发展的状况和运行情况，缺乏有效沟通和信息共享机制。同时，加大了产业投资基金的运行风险，影响产业投资基金市场的健康发展。

2. 产业投资基金管理制度不完善

目前，国家层面还没有产业投资基金发展的管理制度，曾在 2006 年由国家发改委起草编制了《产业投资基金管理办法》，后来由于种种原因没有出台。贵州省由省发展改革委于 2012 年起草了《贵州省促进股权投资企业加快发展的指导意见》。当时，国家对于股权投资正在进行规范、清理和整顿；同时，经调研其他省区已出台的促进股权投资企业发展的相关税收和财政优惠政策，执行效果并不理

想。因此，贵州省出台《贵州省促进股权投资企业加快发展的指导意见》相关工作暂停。根据国家政策形势发展的变化，起草的《贵州省促进股权投资企业加快发展的指导意见》调整为研究起草《贵州省促进产业投资基金加快发展的意见（试行）》。因此，产业投资基金没有较为完善的管理制度，可能导致设立产业投资基金中存在发起人资格审核、基金组织结构、基金投资方向、基金信息披露、以及运行等方面不规范行为，影响产业投资基金健康发展。

3. 产业投资基金总体规模小

贵州省产业投资基金规模非常小，不足 600 亿元，占 GDP 的比重只有 5.3%，而浙江、河南、重庆的产业投资基金占 GDP 的比重分别为 12.4%、7.7%、12.6%，全国产业投资基金占 GDP 的比重为 7.4%。

4. 政府性资金杠杆作用和放大效应有待进一步提高

目前，发起设立或参与设立产业投资基金的政府性资金规模比较有限，主要是部分财政性资金，行业仅限于创业投资、高新技术等领域，通过政府性资金设立产业投资基金撬动社会资本投资放大效应不明显。需要进一步拓宽设立产业投资基金的政府性资金来源，扩大资金规模，进一步扩大投资领域，使更多的政府性资金基金化，充分发挥"四两拨千斤"的作用。

5. 产业投资基金的退出机制不完善

贵州省目前缺乏产业投资基金的有效的退出渠道。有效的退出机制是产业基金健康发展的关键，是产业投资体系的核心。目前，基金常用的退出渠道主要有企业购并、股权回购、股票上市等形式，而目前贵州省资本市场发育还不成熟，基金的退出渠道还比较狭窄，直接上市受上市发行额度、发行条件等的严格限制，而买壳上市或借壳上市又受到投资银行的种种约束，所以产业投资基金变现通道十分不畅。

6. 产业投资基金的人才缺乏

产业投资是特殊行业，其管理人员需要跨专业的复合型专业人才。从贵州省目前的现状看，产业投资基金人才的缺乏是十分突出的。目前，贵州省产业投资的从业人员多是半路出家，从业人员的使用是非市场化选择，有的只懂专业知识而缺乏投资意识；有的只有一般企业经营管理背景，却缺乏创业投资的实践，严重影响了创业投资的管理水平，在一定程度上加重了贵州省产业投资基金的风险性。

第五节　贵州省发展产业投资基金的对策

一、完善产业投资基金政策体系

为了促进产业投资基金业加快发展，需要在现有相关政策的基础上，加快研究和出台《关于促进产业投资基金加快发展的意见》《贵州省产业投资基金管理暂行办法》。

首先，总体上来说，贵州省出台的有关基金的文件少且不成体系。经过对贵州省产业投资基金现有文件的梳理，贵州省已经有了促进创业投资和引导基金的相关文件，但与沿海发达地区甚至同为西部地区的宁夏、重庆相比，贵州省有关产业投资基金的文件和政策还比较少、还不成体系。从完善产业投资基金政策体系上来说，贵州省有必要加快出台《关于促进产业投资基金加快发展的意见》。

其次，《关于促进产业投资基金加快发展的意见》《贵州省产业投资基金管理暂行办法》在产业基金政策体系中居于关键的连接地位。贵州省已经出台了关于创业投资和引导基金的政策文件，而产业投资基金是比创业投资和引导基金涵盖范围更广、影响更大的一个概念。如果只有创业投资和引导基金的政策文件，而没有产业投资基金的文件，容易导致创业投资和引导基金都难以做大的情况。创业投资和引导基金的指导意见是连接创业投资和引导基金的必不可少的关键环节。因此，贵州省有必要抓紧研究并出台《关于促进产业投资基金加快发展的意见》《贵州省产业投资基金管理暂行办法》。

最后，从贵州省基金业和经济社会发展的战略大局来看，有必要加快出台《关于促进产业投资基金加快发展的意见》《贵州省产业投资基金管理暂行办法》。近年来，贵州省基金业发展虽然取得了较大成绩，人们对基金业发展的重视程度前所未有，但整体上来看，贵州省基金业发展还处于起步阶段，存在规模小、人才少、政策不配套等问题。"十三五"期间，贵州省面临全面脱贫和实现小康的艰巨任务，而基金作为一种推动经济发展和升级的重要金融领域可以发挥更大作用。出台《关于促进产业投资基金加快发展的意见》无疑对于贵州省基金业发展、经济社会发展具有重要意义。

二、向产业投资基金发展较快的相关省（自治区、直辖市）学习

相关省（自治区、直辖市）有成功的经验可以借鉴。目前，浙江、河南、上海、天津、广东、安徽、江苏等已经出台了关于创业投资或产业投资基金的文件。

贵州作为后发赶超地区，有比较成熟的经验可以借鉴参考。而且，作为后来者，还可以吸收发达地区成功的经验，回避它们走过的弯路，帮助制定和出台《关于促进产业投资基金加快发展的意见》并加以完善。

三、营造产业投资基金发展的良好氛围

贵州产业投资基金业发展已经有了比较好的氛围。近年来，省委、省政府领导十分重视基金业发展，多次做出重要批示。省发改委作为行业主管部门，在推动基金业发展方面做出了艰苦努力，取得了明显成效。由政府或国有企业作为发起人，已经设立了一定规模的产业投资基金，社会资本发起设立的产业投资基金也已经起步。下一步要继续加大对产业投资基金的重视力度，各市州、各行业主管部门要根据各自实际制定产业投资基金的政策，加大对产业投资基金产业发展的扶持力度。

四、引进和培育产业投资基金专业人才

目前，贵州省发改委作为产业投资基金行业主管部门，与国家发改委、相关省（自治区、直辖市）发改委建立了密切的沟通合作关系，多次到相关地区考察取经。发改委、财政厅、科技厅、贵阳市等发起设立的政府引导基金经过一段时期的运作，已经积累了相当的经验并集聚了一批高水平的人才。贵州财经大学、贵州大学、贵州师范大学等高校也集聚和培养了一些基金专业人才。这都为贵州省保证出台文件的质量提供了有力支撑。

五、针对区域特色和产业优势发展产业投资基金

要针对贵州扶贫任务重的实际，加快设立产业扶贫投资基金，并争取国家扶贫办、国家民委等部门的支持。要切合贵州大数据战略、大旅游战略、大健康战略等，加快设立大数据产业投资基金、大健康产业投资基金、大旅游产业投资基金。要针对贵州基础设施还不能适应经济社会发展的现状，加快设立高速公路产业投资基金、铁路建设投资基金、水利建设投资基金、城市基础设施产业投资基金等。要针对产业优势和产业转型升级的需要，加快设立战略性新兴产业投资基金、军民融合产业投资、特色农业产业投资基金等。

总之，产业投资基金是一种比较有效的投融资方式，在我国正处于高速发展的时期，对贵州省后发赶超同步小康具有重要的意义。贵州省出台《关于促进产

业投资基金加快发展的意见》、《贵州省产业投资基金管理暂行办法》不仅必要，而且可行。

第六节　关于促进和规范产业投资基金政策的研究

一、政策所规定的产业投资基金的基本内涵

1. 产业投资基金的基本内涵

产业投资基金的基本内涵是指对未上市企业进行股权投资和提供经营管理服务的利益共享、风险共担的集合投资制度，即通过向多数投资者发行基金份额设立基金公司，由基金公司自任基金管理人或另行委托基金管理人管理基金资产，委托基金托管人托管基金资产，从事基础设施投资、战略性新兴产业投资、特色优势产业投资及创业投资、企业重组投资等实业投资。

2. 产业投资基金的组织形式

一般来说，产业投资基金可以依法采取公司型、契约型和有限合伙型等企业组织形式。

公司型基金是按照《中华人民共和国公司法》，以发行股份的方式募集资金而组成的公司形态的基金，认购基金股份的投资者为公司股东，平其持有的股份依法享有投资收益。

契约型基金又称单位信托基金，是指把投资者、管理人、托管人三者作为当事人，通过签订基金契约的形式发行受益凭证而设立的一种基金。

有限合伙基金是指一名以上普通合伙人与一名以上有限合伙人所组成的合伙基金。有限合伙人不参与有限合伙企业的运作，不对外代表组织，只按合伙协议比例享受利润分配，以其出资额为限对合伙的债务承担清偿责任。普通合伙人参与合伙事务的管理，分享合伙收益，每个普通合伙人都对合伙债务负无限责任或者连带责任。

3. 要明确贵州发展产业投资基金的重要意义

在经济新常态的背景下，贵州发展产业投资基金，有利于实现资源的优化配置、集聚社会资本、激发民间投资活力，有利于拓宽企业融资渠道、完善企业治理结构，有利于扩大直接融资规模、优化融资结构，解决融资难、融资贵的问题，有利于完善贵州省金融市场结构、推动创新金融工具和手段，有利于克服经济下行压力、推动经济结构调整和产业升级、促进大众创业万众创新、增强经济发展

动力和活力，促进贵州经济又好又快、更好更快地发展。

4. 贵州发展产业投资基金发展的基本思路

坚持政府引导、产业导向、市场运作，以发展多层次、多类型产业投资基金为重点，着力引导扩大投资，着力规范募集资金，着力培育管理队伍，着力加强政策扶持，扩大创业投资和产业投资基金规模，促进基金业与其他金融业融合互动，进一步增强金融支撑和服务经济社会发展的能力。

二、《关于促进产业投资基金加快发展的意见》主要内容的研究

1. 鼓励设立的产业投资基金类型

（1）鼓励不同投资主体设立各类产业投资基金

充分发挥各级政府资金的杠杆功能和引导作用，由政府出资构建引导作用的产业投资母子基金体系。把由省政府投资设立的产业投资基金逐步打造成为产业投资母基金。再由产业投资母基金发起设立以某一领域或产业为重点投资方向的子基金，以便提高基金管理效率并形成规模效应。

鼓励社会资本发起设立产业投资基金。政府鼓励社会资本发起设立基金和基金管理公司，并享有相应的支持政策。

吸引海内外金融机构、大型企业在我省发起设立产业投资基金。鼓励海内外金融机构、大型企业在我省设立区域性总部、分支机构，同时鼓励其在贵州发起设立产业投资基金，并享受相应的支持政策。

（2）要根据贵州特色大力发展针对重点投资领域的产业投资基金

扶贫基金：要针对贵州扶贫任务最重的现实和同步小康的战略任务，加快成立扶贫投资基金，助推贵州后发赶超、跨越发展。

基础设施投资基金：主要投资省内城市基础设施、铁路、高速公路、水利、能源、新型城镇化等基础设施产业。

战略性新兴产业投资基金：主要投资省内大数据、大健康、新材料、高端装备、山地农业、新型建筑建材、节能环保、新能源、新能源汽车等战略性新兴产业。

特色优势产业投资基金：主要投资省内旅游、养老养生、民族文化、民族医药、茶叶等具有贵州特色的优势产业。

高新技术产业投资基金：主要投资以高新技术为基础，从事高新技术及其产品的研究、开发、生产和技术服务的产业。

（3）要鼓励发展针对产业生命周期不同阶段的产业投资基金

鼓励设立天使投资基金。围绕我省重点投资领域，推动有行业背景和专业特

长的天使投资人、公益团体、法人机构及专业投资管理机构发起设立天使投资基金，主要投资处于种子期、初创期的高新技术企业。

鼓励设立创业创新投资基金。鼓励各类投资主体设立创业创新投资基金，并积极申报国家新兴产业创投计划参股创业创新投资基金，主要投资于处于高风险的创新创业企业，以推动我省"万众创业、大众创新"的发展。

鼓励设立成长型投资基金。推动行业龙头企业、有资金实力的企业发起设立成长型企业股权投资基金，投资处于高速成长期的成长企业。

鼓励设立并购投资基金。支持省内外大型国有企业、上市公司联合社会资本、信托机构、大型股权投资机构等，发起设立并购投资基金，重点投资并重组我省处于成熟期或衰退期的产业和企业。支持华创证券及其他证券公司等发起设立并购投资基金。

2. 关于如何拓展产业投资基金募资渠道

（1）要加大政府资金投入力度，充分发挥政府资金杠杆扩大效应。扩大省级产业投资引导基金规模，鼓励有条件的省辖市、州设立产业投资引导基金。鼓励政府资金认购一定比例的社会资本发起设立的产业投资基金。鼓励各省辖市与金融机构共同发起设立基础设施、重点行业和领域的母基金，用于支持与社会资本共同发起设立的产业投资基金子基金。鼓励设立以产业扶贫为目的的产业投资基金。

（2）支持产业投资基金债务融资。要鼓励产业投资基金与商业银行机构建立战略合作关系。鼓励金融机构在基金托管、融资支持、投行业务、项目交流等多个领域为产业投资基金提供专业服务和配套金融支持。对于产业投资基金投资的企业，银行在企业授信方面将给予企业大力支持，并为其提供优质的信贷服务和融资支持。鼓励商业银行在贵州省开展产业投资并购贷款业务。支持符合条件的产业投资基金及其股东或合伙人发行企业债券，扩大基金规模。建立产业投资基金担保机制，鼓励省级政策性担保公司牵头建立全体系基金担保机制，为产业投资基金投资人及所投资的企业提供各种形式的担保。

（3）引导机构投资者出资参与产业投资基金。要鼓励和引导民间资本和境外资本加大对产业投资基金的投入。鼓励商业银行设立专门部门或机构，加大参与产业投资基金业的力度，发挥投资银行的中介作用。大力引进国内外大型金融机构、中央企业、上市公司、保险资产管理公司、年金公司、信托公司、全国社保基金、有实力的民营企业等投资主体，参与我省产业投资基金。优化合格投资者队伍结构，逐步形成各级政府投融资公司、地方大型国有企业、中央在黔企业、有实力的民营企业和个人共同组成的投资者结构，建立产业投资基金的稳定资金来源渠道。鼓励通过互联网金融等方式拓展资金来源渠道。

3. 关于如何强化产业投资基金投资服务

第一，要放宽投资领域。除国家法律法规明确限制以及涉及国家安全因素外，允许产业投资基金投资包括特许经营的所有领域。支持和鼓励产业投资基金通过 PPP、BOT 等模式参与基础设施和公共服务设施等方面的建设与运营。

第二，要强化投资引导。对鼓励社会资本参与的重点领域，政府投资可根据实际情况给予支持，充分发挥政府投资"四两拨千斤"的引导带动作用。针对投资项目的不同情况，政府通过投资补助、基金注资、担保补贴、贷款贴息等方式，支持产业投资基金参与重点领域建设。加快推进产业投资基金拟投项目信息库建设，围绕重点建设领域和重点产业，定期筛选成长快、具有核心竞争力的企业向产业投资基金推荐。充分利用省融资对接信息系统平台，完善投融资信息采集和发布制度，建立健全公正、透明、及时的投融资信息发布机制，打造良好的投融资信息共享环境。

第三，要吸引境内外投资企业进入省内开展投资业务。鼓励境内外各类企业、社会团体及自然人设立创业投资企业，鼓励境内外创业投资企业来贵州设立分支机构。大力吸引境内外股权投资基金、创业投资基金、社保基金和证券公司、保险公司、信托投资公司等投资机构在贵州依法开展创业投资和产业投资业务。

第四，要完善退出机制。鼓励产业投资基金通过上市、股权回购、收购、并购等多种途径实现有效退出。推动产业投资基金所投企业进入全国中小企业股份转让系统挂牌交易。加快推进我省区域性股权交易市场建设，逐步把贵州股权金融资产交易中心建设成为区域性的股权交易中心，开辟股权投资机构退出新渠道。

第五，要健全中介服务体系。鼓励和支持法律、会计、资产评估、信用评级等各类中介机构参与产业投资相关业务，为产业投资基金及被投企业提供法律咨询、审计、资本验证、资产评估、资信评级等优质服务，建立完善产业投资基金所需的社会化服务体系。

4. 关于如何优化产业投资基金发展环境

（1）首先要加强和规范工商登记服务。省各有关部门对产业投资基金给予工商注册登记的便利。产业投资基金可在企业名称中使用"基金"、"投资基金"或"产业投资基金"。

（2）关于产业投资基金的募集方式：公司型产业投资基金可以采用公募或者私募方式募集资金，契约型和有限合伙型则只能采用私募方式募集资金。

（3）关于产业投资基金的法定场所：承担管理责任的产业投资基金管理公司的法定住所（经营场所），可作为产业投资基金的法定住所（经营场所）办理注册登记。

（4）关于推动产业投资基金集聚发展。要进一步强化政策服务和引导，促进产业投资基金形成产业集聚和规模效应。要推动建立产业投资基金产业园区，吸引国内外大型产业投资基金及管理公司的总部或者区域总部入驻产业园区。产业投资基金产业园区应为落户本省的国内外产业投资基金及管理公司提供"一站式"办公服务和项目对接支持等服务。要支持外资产业投资基金在贵州集聚发展，积极解决外资产业投资基金和基金管理公司的注册登记、外汇管理、产业投资和退出机制等方面的政策问题。要支持有条件的省辖市在商务中心区或城市新区规划建设产业投资基金大厦，对产业投资基金新购或租赁自用办公用房给予大力支持，促进产业投资基金业集聚发展。

5. 关于加强产业投资基金人才培养和引进

（1）要加强人才培育。鼓励基金管理公司坚持"以老带新、新老结合"，在基金募、投、管、控等运营中大胆启用和锻炼新人，通过实践培育专业化基金管理人才；推动基金管理公司之间开展项目合作与人才援助，提高基金管理人才综合素质。

（2）要大力引进优秀基金管理人才。鼓励基金管理公司引进具有国际视野、丰富资本运作经验的领军型人才；支持引进具有较强管理能力、资金募集能力和较好业绩的管理团队；邀请国内外知名基金管理公司来贵州省发起设立专业投资管理机构，以机构引进带动人才引进。产业投资基金及其基金管理公司引进的高级管理人员，经省人力资源和社会保障厅认定符合条件的，按规定可享受我省关于人才引进、人才奖励、配偶就业、子女教育、医疗保障等方面的相关政策。

（3）要加强行业培训。支持贵州省高校开设产业投资基金专业课程。推动贵州省校企合作，建设人才实训基地，培养专业技术和管理人才。支持与国内知名高校联合开展培训，不断提高产业投资基金、托管银行、律师事务所、会计师事务所等从业人员的专业水平和业务能力。

6. 关于如何规范产业投资基金发展

（1）要明确发展改革委的产业投资基金管理职能。发改部门要按照相关规定，认真做好产业投资基金的备案及管理工作，加强对产业投资基金各项政策的落实及风险防范工作。

（2）基金的运用应当依据章程、契约或合伙协议的约定，合理分散投资，降低投资风险。基金投资方向应当符合国家产业政策、投资政策和宏观调控政策。基金及基金管理公司的有关法律文件，应当载明业绩激励机制、风险约束机制，并约定相关投资运作的决策程序。基金及基金管理公司可通过组建风险控制委员会和投资决策委员会，建立严格的投资决策流程和决策机制，保证投资的科学性，严格防范投资风险。基金管理公司不得为被投资企业以外的企业提供担保。对关联方的投资，其投资决策应当实行关联方回避制度，并在公司章程、契约或合伙协议以及委托管理协议、委托托管协议中约定。

（3）要加强行业协会建设。建立贵州省产业投资基金行业协会组织，推进行业自律，充分发挥协会连接企业与政府部门的纽带作用，畅通企业与政府部门的双向沟通渠道，推动产业投资基金规范、健康发展。协会要积极建立信息沟通机制，打造信息平台，组织管理人才的专业培训，开展各类相关业务的合作交流。主管部门要加强对行业协会和综合服务平台工作的指导，各有关部门要积极支持、引导行业协会开展工作，不断加强产业投资基金的自律管理。

三、关于《贵州省产业投资基金管理暂行办法》主要内容的研究

1. 关于产业投资基金的发起设立

（1）产业投资基金的发起方及产业政策：可由政府发起或其他方发起，发起设立产业基金需符合国家及贵州省产业政策。

（2）设立产业投资基金需要备案的文件和资料：产业基金名称预先核准通知书；组建方案和申请报告；发起人名单及发起设立产业基金协议；资本招募说明书、基金章程或合伙协议、委托管理协议；产业基金资本认缴承诺书；发起人公共信用证明；管理机关要求提供的其他文件；产业基金发起人为政府的，还应提供拟投资项目（企业）基本情况、资金募集方案及成立基金的可行性研究分析等。

（3）政府出资发起设立产业投资基金，建议应当具备下列条件：产业基金以公司制组建的注册资本不低于 1 亿，以有限合伙制组建的认缴总额不得低于 2 亿；产业基金公司章程或合伙协议约定的存续期限不得短于 7 年；国有企业不得作为合伙制基金的普通合伙人。

2. 关于产业投资基金管理

合伙制基金必须签订委托管理协议，由基金管理人对基金进行管理。

（1）受托担任产业基金管理人，建议应当具备的条件：是经省发展改革委批复组建方案或证券业协会备案设立的产业基金管理公司或基金管理合伙企业；建立有健全的内部风险控制机制；具有完善的法人治理结构、良好的银行资信、商业信誉；具有完善的内部稽核监控制度和风险控制制度；具有符合要求的营业场所、安全防范设施和与基金投资管理业务有关的其他设施；主要的管理团队具有产业投资基金管理经验；具有整合产业资本和金融资本的经验和能力。

（2）关于担任政府出资发起产业基金管理人的基本条件：基金管理公司的注册资本不少于 1000 万元；具备项目投资、企业管理和资本运营经验的专业人员；其中高级管理人员须具有大学本科以上学历和相关管理经验，未曾担任因经营不善破产清算的公司、企业的董事或厂长、经理，并对该公司、企业的破产负有直接责任；没有失信记录；有明确可行的基金管理计划；主管部门规定的其他条件。

（3）基金管理人需要履行的职责：制定和实施投资方案，并对所投资企业进行投资后管理；积极参与制定所投资企业发展战略，为所投资企业提供增值服务；定期或者不定期向基金股东或合伙人披露基金经营运作等方面的信息，全面告知基金治理、经营、财务等方面的情况；定期编制会计报表，经外部审计机构审核后，向基金股东或合伙人报告；委托管理协议约定的其他职责。

（4）基金管理人资产与基金资产管理：基金管理人须将所管理的基金资产与其自有资产严格分开，并对所管理的不同基金分账管理、分账核算。

（5）基金管理人退任的规定：当出现下列情况之一者，经管理机关核准，基金管理人须退任：基金管理人清算、破产或由接管人接管其资产的；主管部门有充分理由认为基金管理人不能继续履行管理职责的；委托管理协议约定的退任事项发生时。基金管理人退任时，基金发起人应提出新任基金管理人名单。新任基金管理人经主管部门认可后，原任基金管理人方可退任。

3. 关于产业投资基金托管

政府发起的产业基金必须签订托管协议，由基金托管人对基金货币资产进行托管。

（1）受托担任产业基金托管人应当具备的条件：经相关部门核准可以担任产业基金托管人的商业银行或专业性托管机构；经营作风稳健，经营行为规范，在提出申请前三年保持良好财务状况，未受过主管机关或司法机构的重大处罚；设有专门的基金托管部并具有足够的熟悉托管业务的专职人员；具备高效的清算、交割能力；在信用主管机构无失信记录。

（2）基金托管人需履行的职责：安全保管所托管基金的货币资产；执行基金管理人发出的投资指令，负责基金名下的资金往来；监督基金管理人的投资运作，发现基金管理人的投资指令违反国家法律法规或委托管理协议的，不予执行并及时通知基金管理人和向基金股东会或合伙人大会报告；对已经造成违反国家法律法规的投资行为，应及时向主管部门报告；托管协议规定的其他职责。

（3）基金托管人资产与所托管的基金资产与其自有资产严格分开，对不同基金分别设置账户，实行分账管理。

4. 关于产业投资基金的投资运作与监督管理

产业投资基金的投资方向应当符合国家和贵州省产业政策、投资政策和宏观调控政策。外资产业投资基金进行投资，应当依照国家有关规定办理投资项目核准手续。为了支持贵州经济社会发展，政府出资发起设立的产业基金投资范围应主要为贵州省境内。

为了降低产业投资基金的风险，加强对产业投资基金的管理，建议对产业投资基金的投资必须规范，建议：不得投资于承担无限责任的企业，不得投资于股票二级市场，不得从事贷款业务、资金拆借业务、期货交易，原则上不得从事抵押和担保业务。产业基金对关联人进行投资，其投资决策应实行关联方回避制度。

5. 关于产业投资基金退出方式等方面的信息披露

（1）基金的退出方式、收益构成、分配方式，以及基金管理费、托管费和对管理人的业绩奖励等其他需要由基金承担的有关费用标准须在招募说明书、基金公司章程或基金合伙协议、委托管理协议和托管协议中订明。

（2）基金重大事件的披露和报备：基金管理人应及时向基金股东或合伙人报告基金运行过程中出现的重大事件。建议在每个会计年度结束后，产业投资基金管理公司应在每年的 4 月 30 日之前向其投资者（股东或合伙人）披露年度报告，全面告知公司治理、经营、财务等方面的情况。同时要按照《贵州省股权投资企业备案管理暂行办法》（黔发改财金〔2012〕767 号）文件规定，向省发展改革委提交年度报告，由省发展改革委会同省工商局等部门进行年检和企业信用信息公示。产业投资基金出现如下重大事件时，建议要向发改部门报告：修改产业投资基金章程或合伙协议、委托管理协议等文件；产业基金增减资本；基金管理人分立与合并；基金管理人或者托管人变更；基金管理人高级董事、监事、高级管理人员发生重大变更；基金解散、破产或者由接管人接管其资产。

6. 关于产业投资基金的风险控制

产业投资基金的风险控制事关产业投资基金业的长期健康发展，因此必须对产业投资基金的风险控制进行科学的规定。

首先，产业投资基金必须成立风险控制机构。一般来说，产业投资基金的风险控制决策机构是风险控制委员会，执行机构是风险控制部。

其次，必须对产业基金的投资进行限制。一般来说，产业投资基金不得向他人提供贷款或担保、不得投资股票二级市场、不得从事承担无限责任的投资。

最后，产业投资基金在投资前，必须经过详细的尽职调查并出具尽职调查报告。还要遵循私募股权投资基金的相关程序及流程，保证投资的科学性和风险控制。基金所有对外投资项目均须由风险控制委员会评审通过并出具风险评估报告，方能提交投资决策委员会进行决策。

7. 关于产业投资基金的终止与清算

产业投资基金的终止和清算是保障基金投资者权益的重要方面。当出现下种情况之一时，产业基金须终止并清算：基金存续期限满；基金发生重大亏损，无力继续经营；因出现重大违法违规行为，基金被主管部门责令终止；原任基金管理人须退任而无新任基金管理人接任或原任基金托管人须退任而无新任基金托管人接任。

基金终止时，须组织清算小组。清算小组要在管理部门的监督下，对基金资产进行清算。清算结果经注册会计师、律师鉴证。

8. 政府支持产业投资基金的具体政策

贵州在发展产业投资基金时离不开政府具体的政策支持。政府要加强公共服务，做好产业基金政策咨询、落户办公、政策落实等综合服务工作，为产业投资基金营造一个良好的外部环境。

行业自律管理是产业投资基金健康发展的重要力量，因此要加强行业自律管理，主管部门要建立健全产业基金自律管理组织。

政府要鼓励行业主管部门发起成立本行业相关产业基金。鼓励各级政府设立或参股产业投资基金，放大政府资金杠杆。为此要成立省级产业投资引导基金，充分发挥政府资金"四两拨千斤"撬动作用。政府引导基金的大部分要用于投资子基金，小部分资金投资产业项目。一般来说，引导基金投资于单个子基金或项目，不得超过引导基金总额的 10%。政府性资金还可通过认购基金份额等方式支持非政府方发起设立的重点领域的产业投资基金。为了更广泛地筹集基金份额，政府要鼓励金融机构特别是银行、保险资金和社保资金等进入产业基金。鼓励政府采取 PPP 模式设立产业投资基金，政府承担合理风险，增强产业基金对社会资本的吸引力。

为了扩大基金投资能力，要支持符合条件的产业投资基金发行企业债券，支持符合条件的产业基金的股东或合伙人发行企业债券，扩大基金规模。鼓励商业银行开展产业基金信贷业务。要鼓励各级政府出台基金管理公司及基金各项优惠政策，包括但不限于经营场所补贴、落实好国家相关税收优惠等。

"好雨知时节，当春乃发生"。贵州省产业投资基金已经迎来了高速发展的历史时期。"十三五"期间，贵州产业投资基金将迎来更为宝贵的发展机遇。而促进产业投资基金加快发展的政策及规范产业投资基金发展的管理办法将会对产业投资基金业健康发展起到保驾护航的重要作用。

参 考 文 献

巴曙松，严敏，吴大义，2010. 后金融危机时代中国绿色金融体系的发展趋势[J]. 金融管理与研究，（2）：9-11.

白钦先，谭庆华，2006. 论金融功能演进与金融发展[J]. 金融研究，（7），41-52.

蔡林海，2009. 低碳经济大格局[M]. 北京：经济科学出版社.

曹颢，尤建新，卢锐，等. 2011. 我国科技金融发展指数实证研究[J]. 中国管理科学，19（3）：134-140.

陈金明，2005. 科技革命对金融业发展的影响——兼论我国利用科技创新推动金融创新问题[J]. 自然辩证法通讯，27（6），99-100.

陈莎，周立，2012. 中国农村金融地理排斥的空间差异——基于"金融密度"衡量指标体系的研究[J]. 银行家，（7）：106-109.

陈艳莹，高东，2007. 企业生命周期理论研究进展综述[J]. 经济研究导刊，（5）：28-31.

陈志武，2009. 金融的逻辑[M]. 北京：国际文化出版公司.

成思危，1999. 对进一步推动我国风险投资事业发展的几点意见[J]. 经济界，（4）：4-10.

崔德强，谢欣，2008. 有特色的 BRI 模式——印尼人民银行小额信贷模式剖析[J]. 中国农村信用合作，（7）：77-78.

邓平，戴胜利，邓明然，等，2010. 促进节能减排的金融支持体系研究[J]. 武汉理工大学学报，（4）：59-62.

董晓林，徐虹，2012. 我国农村金融排斥影响因素的实证分析——基于县域金融机构网点分布的视角[J]. 金融研究，（9）：115-126.

杜晓山，2006. 小额信贷的发展与普惠性金融体系框架[J]. 中国农村经济，（8）：70-73.

杜晓山，2007. 以普惠金融体系理念促进农村金融改革发展——对中西部农村地区金融改革的思考[J]. 农业发展与金融，（1）：45-47.

樊纲，2010. 走向低碳发展：中国与世界——中国经济学家的建议[M]. 北京：中国经济出版社.

费腾，2012. 中、美、日科技型中小企业融资结构比较研究[D]. 长春：东北师范大学博士论文.

费孝通，1998. 乡土中国·生育制度[M]. 北京：北京大学出版社.

冯兴元，2012. 中国民营企业的生存环境[EB/OL]. http://www.ftchinese.com/story/001047949 [2016-11-08].

戈德·史密斯，1990. 金融结构与金融发展[M]. 周朔，译. 上海：上海三联书店：48.

贵州省发展改革委，2016. 贵州省国民经济和社会发展第十三个五年规划纲要[EB/OL]. http://

gz.workercn.cn/23369/201602/17/160217090529107_6.shtml [2016-03-18].

郭玲，2010. 绿色金融对企业经营影响的研究[J]. 今日财富，（1）：114-115.

郭沛源，2006. 金融投资促进可持续发展的理论与实践研究[D]. 北京：清华大学.

哈特，2008. 企业、合同和财务结构[M]. 上海：上海人民出版社.

何建奎，江通，王稳利，2006. "绿色金融"与经济的可持续发展[J]. 生态经济，（7）：70-81.

洪银兴，2011. 科技金融及其培育[J]. 经济学家，（6）：22-27.

胡兴建，赵阳，1989. 弗莱的金融中介理论及其对我国经济发展的启示[J]. 经济理论与经济管理，（5）：58-64.

黄德发，2003. 关于经济发展及其衡量标准[J]. 新经济，（9）：102-104.

黄永明，2006. 金融支持与中小企业发展[M]. 武汉：华中科技大学出版社.

焦瑾璞，2010. 构建普惠金融体系的重要性[J]. 中国金融，（10）：12-13.

焦瑾璞，2014. 普惠金融惠民生我国普惠金融现状及未来发展[J]. 金融电子化，（11）：14-17.

焦瑾璞，陈瑾，2009. 建设中国普惠金融体系——提供全民享受现代金融服务的机会和途径[M]，北京. 中国金融出版社.

李海申，苗绘，2013. 发挥财税金融支持作用促进科技创新[J]. 中国财政，（6）：69-70.

李岚，2010. 借鉴国际经验加快我国碳金融发展的政策建议[J]. 金融经济，（7B）：124-125.

李仁杰，2011. 绿色金融的创新与实践[J]. 中国金融，（10）：61-63.

李晓西，夏光，2014. 中国绿色金融报告2014[M]. 北京：中国金融出版社.

李学文，李明贤，2007. 中国地区金融发展水平的评价与实证分析[A]. 云南财经大学学报，23（5）：62-67.

李燕燕，2013. 中原经济区金融发展指数报告（2013）[R]. 北京：社会科学文献出版社.

李钟文，威廉·米勒，玛格丽特·韩柯克，等，2002. 硅谷优势——创新与创新精神的栖息地[M]. 北京：人民出版社.

李竹君，2013. 中国银行业推行绿色金融政策的研究[D]. 上海：上海交通大学硕士学位论文.

廖景琦，2011. 政府对"绿色金融"不能缺位[EB/OL]. http：//www.ceh.com.cn/llpd/2010/11/71015.shtml[2016-11-08].

林海波，2011. 中国财政科技投入效率研究[D]. 沈阳：辽宁大学博士学位论文.

林南，2005. 社会资本——关于社会结构与行动的理论[M]. 上海：上海人民出版社.

林伟光，2014. 我国科技金融发展研究—理论基点及体系构建[D]. 广州：暨南大学博士论文.

林啸，2011. 低碳经济背景下我国绿色金融发展研究[D]. 广州：暨南大学硕士学位论文.

林毅夫，姜烨，2006. 经济结构、银行业结构与经济发展——基于分省面板数据的实证分析[J]. 金融研究，（1）：7-22.

刘鸿儒，1995. 新金融辞海[M]. 北京：改革出版社.

刘纳新，伍中信，林剑锋. 2015，科技型小微企业融资风险传导过程研究——基于小世界网络视角[J]，（1）：56-60.

卢东斌，李文彬，2005. 基于网络关系的公司治理[J]. 中国工业经济，（11）：95-102.

吕晶晶，2014. 普惠金融在中国[J]. 金融博览（财富），（3）：42-44.

马九杰，刘海英，温铁军，2010. 农村信贷约束与农村金融体系创新[J]. 中国农村金融，（2）：41-42.

倪学志，2007. 准一体化的成本与收益：对呼和浩特地区农业产业化的考察[J]. 内蒙古大学学报，39（3）：104-109.

聂正彦，2012. 金融转型、技术创新与中国经济发展方式的转变[J]，经济理论与经济管理，（5）：72-79.

任辉，2009. 环境保护：可持续发展与绿色金融体系构建[J]. 财政金融，（10）：85-88.

施东晖，2001. 证券市场层次化：国际经验和我国的选择[J]. 经济研究导刊，（5）：87-91.

孙志刚，2016. 政府工作报告[N]. 贵州日报[2016-11-08].

汤小明，2009. 发达国家碳金融发展现状[J]. 企业导报，（11）：173-174.

唐斌，赵洁，薛成容，2009. 国内金融机构接受赤道原则的问题与实施建议[J]. 新金融，240（2）：33-36.

田霖，2007. 金融业的产业结构优化效应[J]. 金融理论与实践，（1）：21-23.

田霖，2012. 河南省绿色金融发展问题探讨[J]. 财会月刊，（24）：36-38.

汪三贵，李莹星，2006. 印尼小额信贷的商业运作[J]. 银行家，（3）：110-113.

王宏起，徐玉莲，2012. 科技创新与科技金融协同度模型及其应用研究[J]. 中国软科学，（6）：129-138.

王卉彤，陈保启，2006. 环境金融：金融创新和循环经济的双赢路径[J]. 上海金融，（6）：19-31.

王婧，胡国晖，2013. 中国普惠金融的发展评价及影响因素分析[J]. 金融论坛，（6）：31-36.

王留之，宋阳，2009. 略论我国碳交易的金融创新及其风险防范[J]. 现代财经，（6）：30-34.

王曙光，2007. 小额信贷-来自孟加拉国乡村银行的启示[J]. 中国金融，（4）：28-29.

王曙光，王东宾，2011. 双重二元金融结构、农户信贷需求与农村金融改革——基于11省14县市的田野调查[J]. 财贸经济，5（5）：38-44.

王伟，田杰，李鹏，2011. 我国金融排除度的空间差异及影响因素分析[J]. 西南金融，（3）：13-17.

王伟中，2011. 促进科技和金融结合政策文件汇编[M]. 北京：科技文献出版社.

王元，2013. 中国创业风险投资发展报告（2013）[M]. 北京：经济管理出版社.

王作功，李守伟，2015. 贵州省金融发展报告（2015）[R]. 北京：中国金融出版社.

王作功，张洵君，2014. 贵州省金融蓝皮书—贵州省金融发展报告（2014）[R]. 北京：中国金融出版社.

威廉姆森，2001. 资本主义的经济制度[M]. 北京：商务印书馆.

韦影，2005. 企业社会资本对技术创新绩效的影响：基于吸收能力的视角[D]. 杭州：浙江大学博士学位论文.

夏太寿，储保金，2011. 科技创新与发展[M]. 南京：东南大学出版社.

肖翔，张韶华，赵大伟，2013. 金融包容指标体系的国际经验与启示[J]. 上海金融，（8）：28-31.

许圣道，田霖，2008. 我国农村地区金融排斥研究[J]. 金融研究，337（7）：195-206.

杨瑞龙，聂辉华，2006. 不完全契约理论：一个综述[J]. 经济研究，（2）：104-115.

杨小凯，1998. 经济学原理[M]. 北京：中国社会科学出版社.

殷克东，孙文娟，2010. 区域金融发展水平动态综合评价研究[B]. 商业研究，（12）：127-132.

印捷，2010. 论赤道原则之中国借鉴[J]. 法制与经济，（5）：101-103.

于永达，郭沛源，2003. 金融业促进可持续发展的研究与实践[J]. 环境保护，（12）：46-50.

张红，2010. 论绿色金融政策及其立法路径——兼论作为法理基础的"两型社会"先行先试权[J]. 财经理论与实践，31（13）：120-126.

张锐，2006. 尤努斯：穷人的银行家[J]. 资本故事，（12）：98-103.

张伟，2011. 微型金融理论研究[M]. 北京：中国金融出版社.

张新，2003. 中国金融学面临的挑战和发展前景[J]. 金融研究，（8）：36-44.

张雪兰，何德旭，2010. 国外环境金融的困境与应对举措[J]. 经济学动态，（11）：25-36.

张兆曦，赵新娥，2013. 绿色金融存在的问题及解决途径[J]. 武汉金融，（5）：53-54.

章金萍，2006. 基于经济可持续发展的绿色保险[J]. 浙江金融，（3）：45-47.

赵昌文，陈春发，唐英凯，2009. 科技金融[M]. 北京：科学出版社.

郑乔，2010. 印尼人民银行小额信贷的做法与启示[J]. 农村金融研究，（5）：76-78.

中华人民共和国国务院，2007. 国家中长期科学和技术发展规划纲要（2006—2020 年）[EB/OL]. http:// www.most.gov.cn/mostinfo/xinxifenlei/gjkjgh/200811/t20081129_65774.htm[2016-11-25].

中华人民共和国国务院，2015. 2015 年中国政府工作报告[EB/OL]. http://www.scio.gov.cn/zhzc/3/2/Document/1396584/1396584.htm[2016-03-17].

周小川，2013. 践行党的群众路线推进包容性金融发展[J]. 求是，（18）：11-14.

朱喜，马晓青，史清华，2009. 信誉、财富与农村信贷配给——欠发达地区不同农村金融机构的供给行为研究[J]. 财经研究，（8）：4-14.

庄贵阳，2007. 低碳经济：气候变化背景下中国的发展之路[M]. 北京：气象出版社.

综合开发研究院（中国·深圳）课题组，2009. 中国金融中心指数（CDI CFCI）报告（第一期）[R]. 北京：中国经济出版社.

Aghion P，Howitt P，Mayerfoulkes D，2005 The effect of financial development on convergence: Theory and evidence[J]. Quarterly Journal of Economics，（120）：173-222.

Atanassov J，Nanda V K，Seru A，2007. Finance and innovation: The case of publicly traded firms [J]. Social Science Electronic Publishing.

Bah R，Dumontier P，2001. R&D intensity and corporate financial policy: Some international evidence[J]. Journal of Business Finance & Accounting，28（5-6）：671-692.

Bandiera O，Caprio Jr G，HONONHAN P，et. al，1998. Does Financial Reform Raise or Reduce Savings? [R]. World Bank Working Papers，Wps 2062.

Bencivenga V, Smith B, Starr R, 1955. Transactions costs, technological choice and endogenous growth[J]. Journal of Economic Theory, 67 (1): 153-177.

Benfratello L, Schiantarelli F, Sembenelli A. 2008, Banks and innovation: Microeconometric evidence on Italian firms[J]. Journal of Financial Economics, 90 (2), 197-217.

Berger A N, De Young R. 2006. Technological Progress and the Geographic Expansion of the Banking Industry[J]. Journal of Money, Credit and Banking, 38 (6): 1483-1513.

Berger A N, Udell G F, 1998. The economics of small business finance: The roles of private equity and debt markets in the financial growth cycle[J]. Journal of Banking and Finance, (22): 123-173.

Berger A N, Demirguckunt A, Levine R, et al., 2004. Bank concentration and competition: An evolution in the making[J]. Journal of Money Credit & Banking, 36 (3b): 433-451.

Bert S, 2006. Finance as a driver of corporate social responsibility[J]. Journal of Business Ethics, 68 (1): 19-33.

Besley T, Coate S, 1995. The design of income maintenance Programmes[J]. Review of Economic Studies, 64 (2): 187-221.

Canepa A, Stoneman P, 2008. Financial constraints to innovation in the UK: Evidence from CIS2 and CIS3[J]. Oxford Economic Papers, 60 (4): 711-730.

Chowdhury A, 2003. Information technology and productivity and productivity pay off in the banking industry: Evidence from emerging markets[J]. Journal of International Development, 15 (6): 693-708.

Cogan D G, 2008. Climate Change and Corporate Governance[C]. The Banking Sector Ceres report.

Cowan E, 1999. Topical Issues in Environmental Finance[R]. Asia Branch of the Canadian International Development Agency.

Frame W S, White I J, 2009. Technological Change, Financial Innovation, and Diffusion in Banking[R]. Federal Reserve Bank of Atlanta Working Paper Series NO. 2009-10, march.

Gallagher K S, 2004. Greening chinese business: Barriers, trends and opportunities for environmental management[J]. Ecological Economics, 49 (3): 412-413.

Hellmann T, Puri M, 2002. Venture capital and professionalization of start-up firms empirical ebidence[J]. Journal of Finance, 57 (1): 169-197.

Herrera A M, Minetti R, 2004. Informed finance and technological change: Evidence from credit relationships[J]. Ssrn Electronic Journal, 32 (1): 179-221.

Hess U, Bryla E, Nash J, 2005. Rural Finance Innovations: Topics and Case Studies[R]. World Bank, Washington D C., April.

Jeong H, Townsend R M, 2007. Sources of tfp growth: Occupational choice and financial deepening [J]. Economic Theory, 32 (1): 179-221.

Kempson E, Whyley C, 1999. Kept out or Opted out? Un-derstanding and Combating Financial

Exclusion[M]. The Polity Press.

Keuschnigg C, 2004. Venture capital backed growth[J]. Journal of Economic Growth, 9（2）: 239-261.

Labatt S, White R R, 1998. Carbon Finance: The Financial Implications of Climate Change[M]. New York: John Wiley&Sons Inc.

Laeven L, 2000. Financial Liberalization and Financing Constraints: Evidence from Panel Data on Emerging Economies[R]. World Bank, Financial Sector Strategy and Policy Department.

Lerner J, 2012. The Architecture of Innovation: The Economics of Creative Organizations[M]. Cambridge: Harvard Business Review Press.

Lethbridge D, 2003. Innovation in technology versus innovation in financing: Two case studies[J]. Technovation, 23（11）: 869-878.

Mckinnon R I, 1973. Money and Capital in Economic Development[M]. Washington: The Brookings Institution.

Mckinnon R I, 1988. 经济发展中的货币与资本[M]. 卢骢，译. 上海：三联书店上海分店：78.

Nelson R R, 2009. National Innovation Systems: A Comparative Analysis[Z]. SSRN Working Paper.

Pistor K, Raiser M, Gelfer S, 2000. Law and finance in transition economies[J]. Economics of Transition, 8（2）: 325-368.

Quinn D P, 1997. The correlates of change in international financial regulation [J]. American Political Science Review, 91（3）: 531-551.

Rajan R G, 1992. Insiders and outsiders: The choice between informed and arm's-length debt[J]. Journal of Finance, 47（4）: 1367-1440.

Robinson D J S. 2001. A Course in the Theory of Groups[M]. Beijing: World Publishing Cor.

Rogers E M, 1995. Diffusion of innovations [M]. New York: Free Press.

Ryle G, 1949. The concept of mind [M]. New York: Barnes&Noble.

Salazar J, 1998. Environmental Finance: Linking Two World[R]. Financial Innovations for Biodiversity Bratislava.

Schreiner M, 1997. How to Measure the Subsidy Received Bya Development Finance Institution. Economics and Sociololgy Occasional Paper No 2361.

Schumpeter J A, 1912. The Theory of Economy Development[M]. Cambridge: Harvard University Press.

Shaw E S, 1973. Financial deepening in Economic development[M]. New York: Oxford University Press.

Staniškis J K, Stasiškiené Ž, 2002. Environmental performance evaluation—tool for CP investment development and monitoring[J]. Environmental Research, Engineering and Management, 4（22）: 3-10.

Stephan S, Federico J L, 1996. Financing Change: The Financial Community, Eco-efficiency, and Sustainable Development[M]. Cambridge: MIT Press.

Thompson P，Cowton C J，2004. Bringing the environment into bank lending：Implications for environmental reporting[J]. The British Accounting Review，36（2）：197-218.

United Nations Environment Programme Finance Initiative. Green Financial Product and Services：current trends and future opportunities[EB/OL]. http://www.unepfi.org/events/regions-events/north-america-events/green-financial-products-and-services-current-trends-and-future-opportunities/[2016-11-08].

附　表

附　表　1

年份			三级指标权重	2010 年原始数据			2011 年原始数据		
区域				全国	西部地区	贵州	全国	西部地区	贵州
一级指标	二级指标	三级指标							
一、金融外部环境（30%）	宏观经济环境（23%）	人均 GDP/ 万元	6.00%	2.994 3	2.208 4	1.322 9	3.499 9	2.576 8	1.643 8
		人均公共财政收入 / 万元	3.00%	0.619 7	0.218 3	0.153 4	0.770 0	0.298 7	0.222 9
		人均公共财政支出 / 万元	3.00%	0.670 2	0.593 4	0.469 0	0.810 8	0.756 4	0.648 5
		人均固定资产投资总额 / 万元	3.00%	2.074 1	1.715 9	0.915 9	2.308 4	1.983 6	1.470 7
		人均社会消费品零售总额 / 万元	3.00%	0.989 5	0.634 4	0.426 2	1.165 2	0.750 6	0.505 0
		人均进出口总额 / 万美元	1.00%	0.221 8	0.035 4	0.009 0	0.270 3	0.050 4	0.014 1
		城镇居民人均可支配收入 / 元	2.00%	19 109	15 526	14 143	21 810	17 723	16 495
		农村居民人均纯收入 / 元	2.00%	5 919	4 490	3 472	6 977	5 351	4 145
	宏观经济结构（7%）	第二、第三产业 GDP 占比 /%	3.00%	89.80	86.90	86.40	89.90	87.20	87.30
		城镇化率 /%	2.00%	46.60	41.00	29.90	51.27	43.00	34.96
		城乡居民收入比	2.00%	3.23	3.46	4.07	3.13	3.31	3.98
二、金融市场规模（55%）	金融业概况（10%）	人均金融业增加值 / 万元	6.00%	0.156 5	0.093 7	0.066 5	0.185 2	0.119 1	0.085 7
		金融业人均工资 / 元	2.00%	70 146	53 049	61 474	81 109	62 135	75 169
	金融信用环境	不良贷款率 /%	4.00%	2.40	2.66	2.80	1.77	1.89	1.99
		人均小微企业贷款余额 / 万元	0.75%	0.723 7	0.826 2	0.321 7	0.906 2	1.049 1	0.392 0
		人均小微企业贷款新增量 / 万元	0.25%	0.170 6	0.232 9	0.105 2	0.186 0	0.226 4	0.069 4
		人均涉农贷款余额 / 万元	0.75%	0.877 8	0.643 2	0.642 4	1.083 6	0.789 6	0.761 1
		人均涉农贷款新增量 / 万元	0.25%	0.199 1	0.144 2	0.186 8	0.210 0	0.149 1	0.116 9

2012 年原始数据			2013 年原始数据			2014 年原始数据			2015 年原始数据		
全国	西部地区	贵州	全国	西部地区	贵州	全国	西部地区	贵州	全国	西部地区	贵州
3.835 4	3.126 9	1.966 7	4.186 9	3.365 8	2.286 3	4.653 1	3.676 5	2.636 8	4.922 9	3.919 1	2.975 7
0.866 0	0.348 0	0.291 1	0.950 5	0.388 3	0.344 5	1.026 1	0.423 0	0.389 5	1.107 3	0.472 3	0.425 9
0.930 2	0.885 8	0.790 9	1.028 6	0.956 0	0.880 3	1.108 8	1.033 1	1.009 6	1.278 7	1.182 3	1.113 5
2.767 2	2.443 4	2.241 4	3.290 6	2.777 6	2.956 8	3.748 7	3.354 4	2.502 1	4.088 4	3.795 6	3.025 0
1.358 3	0.881 9	0.595 8	1.750 4	1.026 1	0.675 7	1.918 3	1.256 8	0.735 2	2.189 2	1.484 6	0.930 2
0.285 6	0.064 0	0.019 0	0.306 2	0.074 8	0.023 7	0.315 8	0.087 7	0.030 8	0.275 4	0.077 0	0.033 2
24 565	20 082	18 701	26 959	22 144	20 667	28 844	24 046	22 548	31 195	26 415	24 580
7 919	6 152	4 753	8 896	6 972	5 434	9 892	8 042	6 671	10 772	9 064	7 387
89.90	87.40	87.10	89.99	87.46	87.15	90.83	88.85	86.21	91.00	88.00	84.40
52.57	44.90	36.40	53.73	45.98	37.84	54.77	46.61	40.01	56.10	48.74	42.01
3.10	3.26	3.93	3.03	3.18	3.80	2.92	2.91	3.38	2.90	2.93	3.33
0.212 1	0.153 4	0.105 0	0.246 8	0.166 7	0.121 7	0.331 9	0.230 1	0.140 1	0.414 7	0.249 6	0.172 0
89 743	70 693	81 630	99 659	76 596	88 300	108 273	84 127	101 702	114 777	86 300	123 592
1.56	1.46	1.66	1.49	1.26	1.33	1.25	1.40	1.31	1.67	2.06	1.66
1.090 8	1.276 5	0.480 7	1.307 2	1.578 0	0.637 1	1.513 4	1.855 7	0.794 4	1.715 2	1.065 2	0.969 8
0.189 1	0.232 5	0.159 7	0.220 1	0.328 0	0.158 9	0.214 9	0.292 9	0.158 5	0.209 3	0.159 5	0.180 2
1.299 8	0.952 8	0.858 9	1.531 0	1.155 9	1.093 1	1.725 4	1.357 8	1.381 8	1.920 5	1.662 1	1.700 7
0.274 7	0.168 2	0.101 1	0.235 5	0.220 6	0.238 6	0.204 7	0.213 0	0.278 8	0.203 7	0.288 6	0.327 1

年份			三级指标权重	2010 年原始数据			2011 年原始数据		
区域				全国	西部地区	贵州	全国	西部地区	贵州
一级指标	二级指标	三级指标							
二、金融市场规模（55%）	银行业指标（24%）	人均人民币存款余额/万元	6.00%	5.356 1	3.472 3	2.116 7	6.007 3	4.029 9	2.520 5
		人均人民币贷款余额/万元	6.00%	3.573 7	2.400 7	1.652 1	4.066 5	2.840 8	1.972 5
		人均外币存款余额/万元	0.50%	0.113 4	0.021 0	0.006 9	0.128 4	0.028 4	0.008 2
	银行业指标（24%）	人均外币贷款余额/万元	0.50%	0.223 7	0.039 0	0.007 0	0.253 1	0.058 0	0.009 7
		人均银行业资产总额/万元	5.00%	6.622 4	4.308 4	2.545 0	7.852 5	5.228 4	3.131 4
		人均法人银行数/（个/亿人）	2.00%	0.028 1	0.037 5	0.028 7	0.028 2	0.037 7	0.029 7
		人均银行业机构个数/（个/亿人）	2.00%	1.454 2	1.456 6	1.153 5	1.491 1	1.507 4	1.236 5
		贷款加权平均利率/%	2.00%	6.19	6.60	6.97	8.01	8.15	8.72
	证券业指标（10%）	人均股票融资额/万元	1.25%	0.069 4	0.032 2	0.015 6	0.043 0	0.027 0	0.001 3
		人均债券融资额/万元	1.25%	0.117 3	0.043 8	0.025 0	0.167 5	0.060 5	0.020 2
		人均证券交易额/万元	1.50%	4.069 1	2.750 5	0.972 4	3.129 5	2.247 3	0.752 7
		人均证券公司营业收入/万元	1.00%	0.016 4	0.006 5	0.001 7	0.012 1	0.005 2	0.001 3
		人均期货成交额/万元	0.50%	0.001 2	0.000 6	0.000 1	0.001 0	0.000 6	0.000 1
		人均法人证券公司数/（个/亿人）	1.00%	0.000 8	0.000 5	0.000 3	0.000 8	0.000 5	0.000 3
		人均证券公司及分支机构数/（个/亿人）	1.00%	0.034 5	0.021 4	0.009 2	0.037 3	0.023 3	0.012 7
		人均上市公司数/（个/亿人）	1.50%	0.015 4	0.009 4	0.005 7	0.018 5	0.010 1	0.005 8
		人均法人期货公司数/（个/亿人）	0.50%	0.001 2	0.000 5	0.000 0	0.001 2	0.000 5	0.000 0
		人均期货公司及分支机构数/（个/亿人）	0.50%	0.007 7	0.001 9	0.002 0	0.008 9	0.002 5	0.002 0
	保险业指标	人均财产险保费收入/万元	1.00%	0.029 1	0.022 6	0.013 5	0.034 3	0.026 6	0.017 0
		人均人身险保费收入/万元	1.00%	0.079 3	0.052 5	0.021 8	0.072 1	0.047 8	0.021 0
		人均保险公司赔款给付/万元	1.00%	0.023 9	0.016 3	0.009 1	0.029 2	0.020 0	0.011 4

2012 年原始数据			2013 年原始数据			2014 年原始数据			2015 年原始数据		
全国	西部地区	贵州	全国	西部地区	贵州	全国	西部地区	贵州	全国	西部地区	贵州
6.775 3	4.733 6	3.025 2	7.682 7	5.354 6	3.787 8	8.139 1	5.872 1	4.350 5	9.871 8	6.782 1	5.507 5
4.652 0	3.342 3	2.375 0	5.292 1	3.826 6	2.885 3	5.758 6	4.429 3	3.525 3	6.838 3	4.511 2	4.264 6
0.188 3	0.043 0	0.008 0	0.197 3	0.048 6	0.009 3	0.217 3	0.060 0	0.012 7	0.296 5	0.090 4	0.027 9
0.318 3	0.089 2	0.021 6	0.348 1	0.098 1	0.015 0	0.309 5	0.107 4	0.020 1	0.388 9	0.103 1	0.019 6
9.194 7	6.322 8	3.892 9	10.319 2	7.198 4	4.936 6	11.310 0	7.970 8	5.753 7	12.672 6	9.108 8	7.083 2
0.027 7	0.034 6	0.031 3	0.029 1	0.034 1	0.035 1	0.029 4	0.033 8	0.037 3	0.030 6	0.035 2	0.039 4
1.491 8	1.537 9	1.262 9	1.548 5	1.527 2	1.327 5	1.593 8	1.550 4	1.383 0	1.607 7	1.591 1	1.434 2
6.78	7.86	8.20	7.20	7.70	8.12	6.78	7.33	7.88	5.27	5.62	6.91
0.030 5	0.024 2	0.006 0	0.028 5	0.031 5	0.001 3	0.035 5	0.035 1	0.018 4	0.062 0	0.052 3	0.008 5
0.256 8	0.118 4	0.020 2	0.271 7	0.127 0	0.059 4	0.407 4	0.215 1	0.141 3	0.409 9	0.256 5	0.24 81
2.323 9	1.954 2	0.682 0	3.450 0	2.935 6	0.985 9	5.438 7	4.351 0	1.344 5	18.594 2	12.014 1	3.326 3
0.009 6	0.006 0	0.000 9	0.011 7	0.006 6	0.001 3	0.019 0	0.009 9	0.001 7	0.041 8	0.027 2	0.004 0
0.001 3	0.000 7	0.000 1	0.002 0	0.001 1	0.000 2	0.002 1	0.001 6	0.000 1	0.004 0	0.002 7	0.000 3
0.000 8	0.000 5	0.000 3	0.000 8	0.000 5	0.000 3	0.000 9	0.000 5	0.000 3	0.000 9	0.000 5	0.000 3
0.036 8	0.023 9	0.013 5	0.043 2	0.029 1	0.016 6	0.047 7	0.032 6	0.021 1	0.059 4	0.037 9	0.024 4
0.018 4	0.010 0	0.006 0	0.018 3	0.009 8	0.006 0	0.019 1	0.010 1	0.006 0	0.020 6	0.010 9	0.005 7
0.001 2	0.000 4	0.000 0	0.001 2	0.000 4	0.000 0	0.001 1	0.000 4	0.000 0	0.001 1	0.000 4	0.000 0
0.009 9	0.004 6	0.002 3	0.010 8	0.005 2	0.002 6	0.009 6	0.005 8	0.002 9	0.011 6	0.005 8	0.002 8
0.039 4	0.029 8	0.020 2	0.045 7	0.034 6	0.025 4	0.052 7	0.041 1	0.032 0	0.058 2	0.045 9	0.038 0
0.075 0	0.050 4	0.022 9	0.081 0	0.054 7	0.026 4	0.095 3	0.060 9	0.028 7	0.118 5	0.077 1	0.035 1
0.034 8	0.022 9	0.015 9	0.045 7	0.032 4	0.020 7	0.052 8	0.037 9	0.025 6	0.063 1	0.045 7	0.030 3

年份			三级指标权重	2010 年原始数据			2011 年原始数据		
区域				全国	西部地区	贵州	全国	西部地区	贵州
一级指标	二级指标	三级指标							
二、金融市场规模（55%）	保险业指标	人均保险公司法人机构数／（个／亿人）	1.00%	0.001 1	0.000 2	0.000 0	0.001 0	0.000 2	0.000 0
		人均保险公司及分支机构数／（个／亿人）	1.00%	0.009 7	0.008 9	0.005 7	0.010 9	0.009 5	0.006 3
三、金融竞争效率（15%）	宏观金融效率指标	经济储蓄动员力／%	2.00%	88.16	70.81	70.51	85.67	71.25	69.00
		储蓄投资转化系数	2.00%	1.25	0.91	1.02	1.30	0.93	0.77
		金融业增加值GDP 占比 /%	1.50%	5.23	4.24	5.03	5.29	4.62	5.21
		金融业增加值第三产业占比 /%	1.50%	12.09	10.64	10.63	12.16	11.39	10.69
	微观金融效率指标（10%）	存贷比	2.00%	69.44	69.80	78.12	70.37	71.40	78.39
		存款余额 GDP占比	1.50%	1.83	1.58	1.61	1.75	1.57	1.54
		贷款余额 GDP占比	1.50%	1.27	1.10	1.25	1.23	1.12	1.21
		上市公司总市值GDP 占比 /%	1.00%	66.11	35.78	66.56	45.54	23.61	51.05
		资本市场融资总额 GDP 占比 /%	1.00%	6.24	3.44	3.07	6.02	3.39	1.31
		保险深度 /%	1.00%	3.62	3.20	2.70	3.03	2.68	2.30

续表

2012 年原始数据			2013 年原始数据			2014 年原始数据			2015 年原始数据		
全国	西部地区	贵州	全国	西部地区	贵州	全国	西部地区	贵州	全国	西部地区	贵州
0.001 1	0.000 2	0.000 0	0.001 2	0.000 3	0.000 0	0.001 3	0.000 3	0.000 0	0.001 3	0.000 2	0.000 0
0.011 3	0.010 0	0.006 6	0.012 8	0.010 0	0.006 6	0.011 6	0.010 3	0.007 1	0.012 5	0.011 0	0.007 6
87.55	69.83	70.14	81.58	73.79	73.93	76.24	73.37	71.69	81.56	78.75	70.56
1.21	0.89	0.62	1.04	0.89	0.57	0.95	0.80	0.51	0.98	0.81	0.69
5.53	4.91	5.34	5.90	4.95	5.32	7.13	6.26	5.31	8.42	6.37	5.78
12.38	12.71	11.15	12.79	12.41	11.41	14.80	15.65	11.91	16.69	14.98	12.88
71.37	71.80	79.02	71.52	72.71	76.38	72.62	75.43	81.03	71.08	67.27	77.75
1.82	1.53	1.54	1.88	1.61	1.66	1.80	1.20	1.65	2.07	1.73	1.85
1.30	1.10	1.22	1.35	1.17	1.27	1.30	1.20	1.34	1.47	1.19	1.44
44.36	22.61	48.75	40.60	20.79	29.81	58.53	28.54	43.26	78.26	40.13	49.65
7.49	4.56	1.33	7.17	4.71	2.66	9.52	6.81	6.05	9.59	7.88	8.62
2.98	2.57	2.20	3.00	2.50	2.30	3.18	2.75	2.30	3.59	3.14	2.46

附 表 2

年份			三级指标权重	2010 年原始数据				2011 年原始数据				2012 年原始数据	
区域				贵阳	昆明	南宁	乌鲁木齐	贵阳	昆明	南宁	乌鲁木齐	贵阳	昆明
一级指标	二级指标	三级指标											
一、金融外部环境（30%）	宏观经济环境（23%）	GDP/亿元	6.00%	1 121.82	2 120.30	1 800.26	1 311.00	1 383.07	2 509.58	2 211.51	1 700.00	1 710.30	3 011.14
		公共财政收入/亿元	3.00%	136.30	253.83	156.10	197.57	187.09	317.69	168.29	264.20	241.19	378.40
		公共财政支出/亿元	3.00%	204.38	346.29	261.28	208.23	277.31	441.73	302.31	299.71	351.44	525.50
		固定资产投资总额/亿元	3.00%	1 019.10	2 160.88	1 483.02	500.11	1 600.59	2 701.11	2 003.68	635.00	1 553.05	2 345.91
		社会消费品零售总额/亿元	3.00%	484.78	1 060.19	905.93	563.67	584.33	1 271.73	1 073.15	690.00	683.19	1 493.80
		进出口总额/亿美元	1.00%	22.75	101.09	22.13	59.85	37.69	112.00	25.10	90.00	50.51	144.10
		城镇居民人均可支配收入/元	2.00%	16 597	18 876	18 032	14 382	19 420	21 966	20 005	16 144	21 796	25 240
		农村居民人均纯收入/元	2.00%	5 976	5 810	5 005	7 466	7 381	6 985	5 848	8 436	8 488	8 040
	宏观经济结构（7%）	第二、第三产业 GDP 占比/%	3.00%	94.90	93.30	86.52	98.55	95.40	94.70	86.15%	98.76	95.80	94.70
		城镇化率/%	2.00%	68.13	63.00	52.64	98.34	69.20	66.00	54.55%	97.14	70.53	67.20
		城乡居民收入比	2.00%	2.78	3.25	3.60	1.93	2.63	3.14	3.42	1.91	2.57	3.14
二、金融市场规模（55%）	金融业概况（10%）	金融业增加值	6.00%	96.07	102.40	132.93	225.20	110.43	119.68	212.47	288.77	140.07	145.19
		金融业人均工资/元	2.00%	86 460	92 169	101 106	84 541	88 036	122 562	105 479	94 116	95 383	124 463
	银行业指标（30%）	人民币存款余额/亿元	6.00%	3 035.31	6 639.51	3 892.26	3 596.43	3 603.65	7 554.89	4 728.14	4 080.50	4 394.37	8 839.46
		人民币贷款余额/亿元	6.00%	2 588.73	6 498.57	3 909.92	2 074.74	3 012.86	7 288.05	4 845.07	2 553.98	3 479.47	8 165.49
		代表性法人银行不良贷款率/%	4.00%	1.13	1.28	0.98	1.41	0.73	1.08	0.52	1.16	0.61	0.96
		代表性法人银行核心资本充足率/%	2.00%	11.78	9.78	16.29	9.51	11.00	12.16	10.92	9.69	12.35	11.13

2012 年原始数据		2013 年原始数据				2014 年原始数据				2015 年原始数据			
南宁	乌鲁木齐	贵阳	昆明	南宁	乌鲁木齐	贵阳	昆明	南宁	乌鲁木齐	贵阳	昆明	南宁	乌鲁木齐
2 503.55	2 060.00	2 085.42	3 415.31	2 803.54	2 400.00	2 497.27	3 712.99	3 148.30	2 510.00	2 891.16	3 970.00	3 420.90	2 680.00
229.73	317.74	277.21	450.75	256.25	400.71	2 497.27	477.94	274.85	340.62	374.15	502.22	297.05	465.09
364.02	363.89	393.60	585.75	414.24	450.10	448.65	594.05	465.77	404.80	503.52	615.51	527.69	544.25
2 585.18	1 010.29	1 958.14	2 931.50	2 475.01	1 271.59	2 336.06	3 138.17	2 933.84	1 526.00	2 804.45	3 497.88	3 418.43	1 708.39
1 255.59	834.35	785.66	1 702.30	1 450.84	970.05	888.58	1 905.86	1 616.90	1 070.00	1 060.17	2 061.66	1 786.68	1 152.00
41.47	103.97	63.18	174.22	44.21	120.00	78.42	177.87	48.14	82.85	91.22	123.64	56.16	58.43
22 561	18 385	23 376	28 354	24 817	20 780	24 961	31 295	27 075	23 755	27 241	33 955	29 106	31 604
6 777	10 356	9 592	9 273	7 685	12 065	10 826	10 366	8 576	13 335	11 918	11 444	9 048	15 007
87.05	98.80	96.10	94.90	87.52	98.90	95.67	94.94	88.72	98.80	95.50	95.30	89.14	98.80
56.28	97.09	72.50	68.05	57.74	98.00	73.20	69.04	58.00	98.10	73.25	70.05	59.31	98.10
3.33	1.78	2.44	3.06	3.23	1.72	2.31	3.02	3.16	1.78	2.29	2.97	3.22	2.11
214.72	364.40	184.05	164.07	241.11	450.00	238.25	219.06	308.53	638.91	310.07	350.60	360.90	207.52
109 525	112 848	100 800	138 600	116 600	120 000	110 000	157 000	131 000	140 000	123 592	114 777	137 600	155 100
5 627.18	4 819.11	5 742.09	10 085.36	6 483.53	5 611.86	6 992.20	10 582.22	7 064.19	6 233.97	8 772	11 851	8 258	6 985
5 501.28	3 245.33	4 177.93	9 148.63	6 115.88	3 938.42	6 560.91	102 101.32	7 091.46	4 502.33	7 875.58	11 940.24	8 228.66	4 957.43
0.52%	1.02	0.60	0.87	3.08	0.83	0.83	0.94	4.00	0.89	1.48	1.90	3.50	1.24
10.71%	11.18	10.81	9.30	12.76	12.00	13.67	15.88	15.18	11.00	10.68	14.14	12.80	11.08

年份				2010 年原始数据				2011 年原始数据				2012 年原始数据	
区域			三级指标权重	贵阳	昆明	南宁	乌鲁木齐	贵阳	昆明	南宁	乌鲁木齐	贵阳	昆明
一级指标	二级指标	三级指标											
二、金融市场规模（55%）	银行业指标（30%）	代表性法人银行平均资产收益率/%	2.00%	30.27	15.06	11.92	16.81	25.24	16.17	17.68	19.90	27.23	16.45
		代表性法人银行流动性比率/%	2.00%	49.79	34.83	48.26	31.49	48.48	38.26	51.33	37.22	51.80	32.04
		代表性法人银行资产总额/亿元（5%）	4.00%	634.40	712.80	590.35	415.57	820.50	825.60	1 107.06	506.19	1 049.10	1 047.87
		法人银行数（1%）	2.00%	4	4	2	1	4	5	4	1	7	7
		银行业分支机构数（1%）	2.00%	734	1202	996	649	778	1220	1013	668	795	1260
	证券业指标（10%）	上市公司募集资金/亿元	2.50%	7.16	50.81	12.19	260.70	23.71	76.14	36.76	459.70	30.80	162.00
		证券交易额/亿元（0.3%）	1.50%	2 464	6 535	5 563	2 897	1 877	5 261	4 606	1 986	2 389	3 316
		法人证券公司营业收入/亿元（0.3%）	1.00%	5.51	17.90	18.95	33.05	4.63	12.20	12.71	23.54	4.68	9.81
		期货成交额/亿元（0.4%）	0.50%	2 954	16 300	38 495	3 400	2 402	14 700	24 433	2 800	3 603	32 200
		证券公司法人机构数（0.4%）	1.00%	1	2	1	1	1	2	1	1	1	2
		证券公司分支机构数	1.00%	21	40	37	26	27	40	39	28	32	40
		上市公司数（0.4%）	1.50%	12	21	8	22	13	21	9	23	14	21
		期货公司法人机构数	0.50%	0	2	0	2	0	2	0	2	0	2
		期货公司分支机构数（0.2%）	0.50%	7	8	18	5	7	8	21	5	8	11
	保险业指标（5%）	财产险保费收入/亿元（0.5%）	1.00%	18.40	35.99	21.56	15.77	22.80	44.09	29.54	21.72	26.24	50.57
		人身险保费收入/亿元（0.5%）	1.00%	31.73	61.62	35.74	40.71	24.10	51.43	37.85	44.94	30.67	56.93

续表

2012 年原始数据		2013 年原始数据				2014 年原始数据				2015 年原始数据			
南宁	乌鲁木齐	贵阳	昆明	南宁	乌鲁木齐	贵阳	昆明	南宁	乌鲁木齐	贵阳	昆明	南宁	乌鲁木齐
18.42	16.52	24.66	18.48	3.26	17.00	26.27	18.56	1.25	15.00	26.37	11.44	3.27	16.19
45.97	41.33	50.44	34.72	46.56	47.00	59.55	34.59	60.36	43.00	76.05	51.92	43.75	52.79
1 211.31	588.93	1 205.50	1 210.10	902.92	650.00	1 529.42	1 190.67	840.99	810.00	2 381.97	1 523.00	1 115.30	1 034.39
5	1	7	7	5	1	7	7	5	1	7	7	5	1
1 034	813	844	1251	1 060	824	874	1267	1 117	882	905	1 290	1 136	910
5.26	601.59	0.00	116.00	37.06	23.10	20.85	9.03	6.88	46.00	223.10	106.01	236.58	459.74
3 617	1 789	2 890	5 459	4 261	2 236	3 922	8 200	6 300	3 300	11 182	14 900	12 300	11 600
14.60	32.96	7.10	12.51	18.20	41.19	11.98	25.74	25.44	86.56	23.75	46.73	49.59	304.63
21 360	5 400	7 177	48 287	20 754	8 107	7 254	72 000	29 776	8 984	9 636	78 557	44 000	11 913
1	1	1	2	1	1	1	2	1	1	1	2	1	1
40	28	29	45	41	30	37	55	68	31	52	58	69	33
10	23	14	21	11	23	14	21	11	23	13	22	12	23
0	2	0	2	0	2	0	2	0	2	0	2	0	2
22	5	9	11	24	5	10	14	22	5	11	24	22	3
35.53	24.50	33.13	60.04	55.21	27.29	42.82	72.20	56.53	33.04	51	80	54	36
41.77	52.78	36.02	67.78	45.64	61.48	37.18	82.26	51.02	71.40	45.01	91.44	68.55	86.40

一级指标	二级指标	三级指标	三级指标权重	2010 年原始数据				2011 年原始数据				2012 年原始数据	
				贵阳	昆明	南宁	乌鲁木齐	贵阳	昆明	南宁	乌鲁木齐	贵阳	昆明
二、金融市场规模（55%）	保险业指标（5%）	保险公司赔款给付/亿元（0.5%）	1.00%	11.08	25.75	12.06	12.35	13.77	31.99	17.38	16.52	20.22	39.26
		保险法人机构数	1.00%	0	1	0	1	0	1	0	1	0	1
		保险公司分支机构数（0.5%）	1.00%	20	28	27	22	22	30	31	27	23	31
三、金融竞争效率（15%）	宏观金融效率指标（6%）	经济储蓄动员力（2.5%）	1.50%	0.97	1.10	1.03	0.95	0.90	1.04	1.02	0.86	0.88	0.90
		储蓄投资转化系数（2.5%）	1.50%	1.07	1.10	2.16	2.49	0.78	0.97	2.14	2.32	0.96	1.15
		金融业增加值 GDP 占比/%	1.50%	8.56	4.83	7.38	19.00	7.98	4.77	9.61	16.99	8.19	4.82
		金融业增加值第三产业占比/%	1.50%	15.81	9.85	14.71	31.00	15.05	9.85	19.74	32.20	15.38	9.85
	微观金融效率指标（9%）	存贷比/%（2%）	2.00%	85.29	97.88	100.45	57.69	83.61	96.47	102.47	62.59	79.18	92.38
		存款余额 GDP 占比（2%）	1.50%	2.71	3.13	2.16	2.74	2.61	3.01	2.14	2.40	2.57	2.94
		贷款余额 GDP 占比（2%）	1.50%	2.31	3.06	2.17	1.58	2.18	2.90	2.19	1.50	2.03	2.71
		上市公司总市值 GDP 占比/%（1%）	1.00%	65.34	111.27	24.52	125.55	34.51	64.74	12.35	68.42	32.82	58.64
		上市公司募集资金 GDP 占比/%	1.00%	0.64	2.40	0.68	19.89	1.71	3.03	1.66	27.04	1.80	5.38
		保险密度/（元/人）（1%）	1.00%	1 083.11	1 534.75	810.04	1 814.45	1 140.83	1 472.62	947.17	2 075.28	1 278.84	1 645.49
		保险深度/%（1%）	1.00%	3.59	4.60	3.18	4.31	2.91	3.81	3.05	3.92	2.35	3.57

2012 年原始数据		2013 年原始数据				2014 年原始数据				2015 年原始数据			
南宁	乌鲁木齐	贵阳	昆明	南宁	乌鲁木齐	贵阳	昆明	南宁	乌鲁木齐	贵阳	昆明	南宁	乌鲁木齐
22.78	23.08	26.43	42.20	32.67	29.67	45.40	57.34	37.02	34.51	52.40	68.66	42.95	40.02
0	1	0	1	1	1	0	1	1	1	0	1	1	1
33	28	24	32	33	29	24	32	34	29	27	35	37	30
0.98	0.83	0.88	0.92	0.94	0.79	0.81	0.99	0.79	0.79	0.78	0.97	0.79	0.80
2.25	1.70	0.94	1.07	2.31	1.49	0.86	1.17	1.29	1.29	0.81	1.10	0.79	1.26
8.58	17.69	8.83	4.80	8.60	18.75	9.54	5.90	9.80	25.00	10.72	8.83	10.55	7.10
17.61	31.48	15.93	9.63	17.96	31.20	16.86	11.63	20.01	42.00	18.76	16.00	21.30	14.19
97.76	67.34	72.76	90.71	94.33	70.18	93.83	96.40	100.39	72.22	89.78	101.00	100.00	63.00
2.25	2.34	2.75	2.95	2.31	2.34	2.79	2.85	2.24	2.48	3.06	2.99	2.41	2.61
2.20	1.58	2.00	2.68	2.18	1.64	2.62	2.74	2.25	1.79	2.75	3.01	2.41	1.85
12.81	68.25	31.67	53.07	19.72	71.07	49.27	67.64	19.10	95.10	57.90	82.49	47.12	94.57
0.21	29.20	0.00	3.40	1.32	0.96	0.83	0.24	0.21	1.80	7.72	2.67	6.92	17.15
1 083.39	2 306.87	1 538.07	1 943.00	1 392.13	2 565.61	1 755.92	2 331.12	1 475.34	2 958.64	2 068.67	2 568.67	1 660.43	3439.44
3.09	3.75	1.93	3.74	3.60	3.70	3.20	4.15	3.40	4.16	3.31	4.32	3.59	4.56

附　表　3

年份			三级指标权重	2009 年原始数据				
区域				六盘水	遵义	安顺	毕节	铜仁
一级指标	二级指标	三级指标						
一、金融外部环境（35%）	宏观经济环境（28%）	GDP/ 亿元	3.50%	430.16	777.64	180.41	500.01	251.74
		人均 GDP/ 亿元	3.50%	1.493 8	1.239 5	0.767 2	0.752 9	0.782 9
		公共财政收入 / 亿元	1.50%	37.12	46.28	32.87	50.50	13.75
		人均公共财政收入 / 亿元	1.50%	0.128 9	0.073 8	0.139 8	0.076 0	0.042 8
		公共财政支出 / 亿元	1.50%	82.15	154.17	64.68	144.19	92.93
		人均公共财政支出 / 亿元	1.50%	0.285 3	0.245 7	0.275 1	0.217 1	0.289 0
		固定资产投资总额 / 亿元	1.50%	244.78	376.07	84.24	256.78	165.92
		人均固定资产投资总额 / 亿元	1.50%	0.850 0	0.599 4	0.358 3	0.386 7	0.516 0
		社会消费品零售总额 / 亿元	1.50%	110.88	244.24	59.09	94.90	63.03
		人均社会消费品零售总额 / 亿元	1.50%	0.385 1	0.389 3	0.251 3	0.142 9	0.196 0
		进出口总额 / 亿美元	1.50%	3.75	1.90	1.18	0.60	0.01
		人均进出口总额 / 亿美元	1.50%	0.013 0	0.003 0	0.005 0	0.000 9	0.000 0
		城镇居民人均可支配收入 / 元	3.00%	13 116	13 806	13 327	12 498	9 647
		农村居民人均纯收入 / 元	3.00%	3 083	3 661	3 110	3 109	2 742
	经济结构（7%）	第二、第三产业 GDP 占比 /%	3.00%	93.85	84.20	80.10	77.97	67.20
		城镇化率 /%	2.00%	28.00	33.11	28.00	24.91	28.20
		城乡居民收入比 /%	2.00%	425.38	377.11	428.52	401.99	351.82
二、金融市场规模（50%）	银行业指标（32%）	人民币存款余额 / 亿元	4.00%	423.90	920.59	227.89	424.13	275.60
		人均人民币存款余额 / 亿元	4.00%	1.472 1	1.467 4	0.969 2	0.638 7	0.857 1
		人民币贷款余额 / 亿元	4.00%	308.25	485.61	204.63	220.38	193.41

			2010 年原始数据							
黔西南	黔东南	黔南	六盘水	遵义	安顺	毕节	铜仁	黔西南	黔东南	黔南
232.00	269.73	302.63	500.64	908.76	232.92	600.85	293.62	324.52	312.57	356.68
0.812 0	0.751 8	0.908 0	1.754 0	1.481 8	1.012 5	0.917 9	0.948 3	1.154 8	0.896 8	1.102 5
21.91	17.43	20.85	49.31	57.59	48.60	77.96	18.29	28.78	26.18	27.15
0.076 7	0.048 6	0.062 6	0.172 8	0.093 9	0.211 3	0.119 1	0.059 1	0.102 4	0.075 1	0.083 9
77.53	106.97	97.41	111.12	194.20	93.70	221.06	125.87	103.83	144.47	129.36
0.271 4	0.298 2	0.292 3	0.389 3	0.316 6	0.407 3	0.337 7	0.406 5	0.369 5	0.414 5	0.399 9
150.12	210.05	236.00	335.51	551.84	111.34	451.90	227.25	204.21	271.80	323.86
0.525 4	0.585 5	0.708 1	1.175 5	0.899 8	0.484 0	0.690 4	0.733 9	0.726 7	0.779 9	1.001 1
74.79	103.22	82.87	131.34	290.25	70.08	126.10	75.31	88.28	120.89	97.19
0.261 8	0.287 7	0.248 6	0.460 1	0.473 3	0.304 6	0.192 6	0.243 2	0.314 1	0.346 9	0.300 4
0.06	0.05	0.50	3.17	2.01	1.30	1.00	1.55	0.03	0.09	0.44
0.000 2	0.000 1	0.001 5	0.011 1	0.003 3	0.005 7	0.001 5	0.005 0	0.000 1	0.000 2	0.001 4
14 118	12 465	13 219	13 919	15 279	14 504	13 783	10 836	15 001	14 059	14 762
2 758	2 716	3 190	3 601	4 207	3 526	3 354	3 222	3 246	3 164	3 760
78.70	74.98	76.40	93.96	84.60	82.60	79.30	67.50	82.50	75.40	80.30
27.10	25.60	27.10	28.65	35.02	30.04	26.18	30.10	28.15	26.02	29.50
511.89	458.95	414.39	386.58	363.20	411.34	410.94	336.31	462.14	444.34	392.61
314.41	367.37	355.89	499.05	1157.00	362.19	550.92	359.73	397.72	469.50	431.88
1.100 5	1.024 0	1.067 8	1.748 4	1.886 5	1.574 5	0.841 7	1.161 8	1.415 3	1.347 1	1.335 0
182.39	232.95	182.88	360.90	598.16	229.65	282.52	242.12	219.68	290.95	235.58

年份			三级指标权重	2009 年原始数据				
区域				六盘水	遵义	安顺	毕节	铜仁
一级指标	二级指标	三级指标						
二、金融市场规模（50%）	银行业指标（32%）	人均人民币贷款余额/亿元	4.00%	1.070 5	0.774 0	0.870 2	0.331 9	0.601 5
		不良贷款率/%	6.00%	6.95	7.26	5.68	8.50	9.55
		银行业资产总额/亿元	4.00%	460.99	969.03	289.00	270.85	317.22
		人均银行业资产总额/亿元	4.00%	1.600 9	1.544 6	1.229 1	0.407 9	0.986 5
		法人银行数	1.00%	1	1	1	1	1
		人均法人银行数	1.00%	0.003 5	0.001 6	0.004 3	0.001 5	0.003 1
	证券业指标（10%）	证券公司分支机构数	1.00%	1	2	1	1	1
		人均证券公司分支机构数	1.00%	0.003 5	0.003 2	0.004 3	0.001 5	0.003 1
		证券交易额/亿元	1.00%	77.00	200.99	17.04	10.80	13.28
		人均证券交易额/亿元	1.00%	0.267 4	0.320 4	0.072 5	0.016 3	0.041 3
		上市公司数	1.00%	1	4	1	0	0
		人均上市公司数	1.00%	0.003 5	0.006 4	0.004 3	0.000 0	0.000 0
		上市公司总市值/亿元	1.00%	324.83	1 729.92	28.28	0.00	0.00
		人均上市公司总市值/亿元	1.00%	1.128 0	2.757 4	0.120 3	0.000 0	0.000 0
		上市公司募集资金/亿元	1.00%	11.033 7	0.000 0	0.000 0	0.000 0	0.000 0
		人均上市公司募集资金/亿元	1.00%	0.038 3	0.000 0	0.000 0	0.000 0	0.000 0
	保险业指标（8%）	财产险保费收入/亿元	1.00%	3.15	6.19	1.30	2.50	1.82
		人均财产险保费收入/亿元	1.00%	0.010 9	0.009 9	0.005 5	0.003 8	0.005 7
		人身险保费收入/亿元	1.00%	3.82	10.14	2.07	3.25	3.16
		人均人身险保费收入/亿元	1.00%	0.013 3	0.016 2	0.008 8	0.004 9	0.009 8
		保险公司赔款给付/亿元	2.00%	2.31	5.18	1.17	1.37	1.00
		人均保险公司赔款给付/亿元	2.00%	0.008 0	0.008 3	0.005 0	0.002 1	0.003 1
三、金融竞争效率（15%）	宏观金融效率指标（5%）	经济储蓄动员力/%	2.50%	43.00	62.00	77.00	41.00	64.10
		储蓄投资转化系数/%	2.50%	0.76	1.29	0.72	0.81	0.97
	微观金融效率指标（10%）	存贷比/%	3.00%	72.72	52.75	89.79	51.96	70.18

续表

			2010 年原始数据							
黔西南	黔东南	黔南	六盘水	遵义	安顺	毕节	铜仁	黔西南	黔东南	黔南
0.638 4	0.649 3	0.548 7	1.264 4	0.975 3	0.998 3	0.431 6	0.782 0	0.781 7	0.834 8	0.728 2
8.21	8.47	8.27	4.65	5.42	2.89	4.62	5.88	5.06	5.05	4.77
340.00	393.04	350.00	541.63	1260.81	368.00	340.54	418.00	417.00	505.04	436.00
1.190 1	1.095 6	1.050 1	1.897 6	2.055 8	1.599 7	0.520 2	1.350 0	1.483 9	1.449 1	1.347 7
0	0	1	1	1	1	2	1	0	0	1
0.000 0	0.000 0	0.003 0	0.003 5	0.001 6	0.004 3	0.003 1	0.003 2	0.000 0	0.000 0	0.003 1
1	1	1	1	2	1	1	1	1	1	1
0.003 5	0.002 8	0.003 0	0.003 5	0.003 3	0.004 3	0.001 5	0.003 2	0.003 6	0.002 9	0.003 1
18.17	20.02	25.08	75.00	163.60	34.79	22.21	52.56	34.66	41.66	34.66
0.063 6	0.055 8	0.075 2	0.262 8	0.266 8	0.151 2	0.033 9	0.169 8	0.123 3	0.119 5	0.107 1
0	0	0	1	4	2	0	0	0	0	1
0.000 0	0.000 0	0.000 0	0.003 5	0.006 5	0.008 7	0.000 0	0.000 0	0.000 0	0.000 0	0.003 1
0.00	0.00	0.00	359.15	1 856.00	102.18	0.00	0.00	0.00	0.00	9.10
0.000 0	0.000 0	0.000 0	1.258 3	3.026 3	0.444 2	0.000 0	0.000 0	0.000 0	0.000 0	0.028 1
0.000 0	0.000 0	0.000 0	0.000 0	0.000 0	0.000 0	0.000 0	0.000 0	0.000 0	0.000 0	6.610 0
0.000 0	0.000 0	0.000 0	0.000 0	0.000 0	0.000 0	0.000 0	0.000 0	0.000 0	0.000 0	0.020 4
2.34	2.33	2.81	4.54	7.44	2.17	3.12	2.10	2.88	2.78	2.95
0.008 2	0.006 5	0.008 4	0.015 9	0.012 1	0.009 4	0.004 8	0.006 8	0.010 2	0.008 0	0.009 1
2.12	3.70	4.12	5.55	13.51	2.97	4.02	3.56	2.62	5.07	4.81
0.007 4	0.010 3	0.012 4	0.019 4	0.022 0	0.012 9	0.006 1	0.011 5	0.009 3	0.014 5	0.014 9
1.87	1.65	2.46	2.75	5.36	1.63	1.44	1.08	1.78	2.10	2.75
0.006 5	0.004 6	0.007 4	0.009 6	0.008 7	0.007 1	0.002 2	0.003 5	0.006 3	0.006 0	0.008 5
66.01	82.48	65.72	46.00	66.00	71.00	43.00	71.45	56.71	88.19	66.05
1.02	1.06	0.84	0.68	1.09	1.49	0.57	0.92	0.90	1.01	0.73
58.01%	63.41	51.39	72.32	51.70	63.41	51.28	67.31	55.23	61.97	54.55

年份			三级指标权重	2009 年原始数据				
区域				六盘水	遵义	安顺	毕节	铜仁
一级指标	二级指标	三级指标						
三、金融竞争效率（15%）	微观金融效率指标（10%）	存款余额 GDP 占比	2.00%	0.99	1.18	1.26	0.85	1.09
		贷款余额 GDP 占比 /%	2.00%	72.00	62.00	113.00	44.08	76.83
		上市公司总市值 GDP 占比 /%	0.50%	76.00	222.00	16.00	0.00	0.00
		上市公司募集资金 GDP 占比 /%	0.50%	2.57	0.00	0.00	0.00	0.00
		保险密度 /（元 / 人）	1.00%	236.35	242.85	167.05	81.76	154.87
		保险深度 /%	1.00%	1.64	2.15	2.19	1.15	1.98

			2010 年原始数据							
黔西南	黔东南	黔南	六盘水	遵义	安顺	毕节	铜仁	黔西南	黔东南	黔南
1.36	1.36	1.18	1.00	1.27	1.55	0.92	1.23	1.23	1.50	1.21
78.62	86.36	60.43	161.43	66.00	72.00	47.02	82.46	67.69	93.08	66.05
0.00	0.00	0.00	72.00	204.00	44.00	0.00	0.00	0.00	0.00	2.54
0.00	0.00	0.00	0.00	0.00	0.00	0.00	0.00	0.00	0.00	9.72
156.11	168.08	207.92	336.50	363.15	210.57	109.19	182.80	195.72	225.24	239.87
1.92	2.24	2.29	1.92	2.45	2.08	1.19	1.93	1.69	2.51%	2.18

年份			三级指标权重	2011 年原始数据				
区域				六盘水	遵义	安顺	毕节	铜仁
一级指标	二级指标	三级指标						
一、金融外部环境（35%）	宏观经济环境（28%）	GDP/ 亿元	3.50%	613.39	1 121.46	285.55	737.41	357.72
		人均 GDP/ 亿元	3.50%	2.152 2	1.838 5	1.252 4	1.131 0	1.161 4
		公共财政收入 / 亿元	1.50%	70.84	84.62	44.39	80.76	28.41
		人均公共财政收入 / 亿元	1.50%	0.248 6	0.138 7	0.194 7	0.123 9	0.092 2
		公共财政支出 / 亿元	1.50%	146.71	256.36	124.45	283.80	164.39
		人均公共财政支出 / 亿元	1.50%	0.514 8	0.420 3	0.545 8	0.435 3	0.533 7
		固定资产投资总额 / 亿元	1.50%	550.63	813.62	243.35	830.90	424.00
		人均固定资产投资总额 / 亿元	1.50%	1.932 0	1.333 8	1.067 3	1.274 4	1.376 6
		社会消费品零售总额 / 亿元	1.50%	157.61	350.62	83.93	150.40	89.88
		人均社会消费品零售总额 / 亿元	1.50%	0.553 0	0.574 8	0.368 1	0.230 7	0.291 8
		进出口总额 / 亿美元	1.50%	7.76	2.53	1.50	1.80	2.17
		人均进出口总额 / 亿美元	1.50%	0.027 2	0.004 1	0.006 6	0.002 8	0.007 0
		城镇居民人均可支配收入 / 元	3.00%	16 371	17 426	16 300	16 132	13 642
		农村居民人均纯收入 / 元	3.00%	4 437	5 216	4 367	4 210	4 002
	经济结构（7%）	第二、第三产业 GDP 占比 /%	3.00%	94.85	86.50	84.50	81.80	71.07
		城镇化率 /%	2.00%	35.00	37.16	35.50	27.99	32.10
		城乡居民收入比	2.00%	3.689 314	3.340 874	3.732 540	3.831 829	3.408 796
二、金融市场规模（50%）	银行业指标（32%）	人民币存款余额 / 亿元	4.00%	577.02	1402.98	427.97	624.34	448.98
		人均人民币存款余额 / 亿元	4.00%	2.024 6	2.300 0	1.877 1	0.957 6	1.457 7
		人民币贷款余额 / 亿元	4.00%	416.97	711.74	268.63	350.01	300.52
		人均人民币贷款余额 / 亿元	4.00%	1.463 1	1.166 8	1.178 2	0.536 8	0.975 7
		不良贷款率 /%	6.00%	2.63	3.54	2.72	3.26	3.92
		银行业资产总额 / 亿元	4.00%	649.55	1 546.00	303.00	380.00	517.00

				2012 年原始数据						
黔西南	黔东南	黔南	六盘水	遵义	安顺	毕节	铜仁	黔西南	黔东南	黔南
375.32	383.63	443.60	738.65	1 361.93	352.62	877.96	465.00	462.30	477.75	533.34
1.340 4	1.108 8	1.381 9	2.583 6	2.226 5	1.544 3	1.345 7	1.502 7	1.644 0	1.375 7	1.653 0
45.74	45.27	39.20	103.49	113.00	59.17	110.43	33.57	64.42	70.08	57.87
0.163 4	0.130 8	0.122 1	0.362 0	0.184 7	0.259 1	0.169 3	0.108 5	0.229 1	0.201 8	0.179 4
137.57	194.66	162.39	188.08	320.20	163.48	315.59	206.91	181.20	248.53	199.80
0.491 3	0.562 6	0.505 9	0.657 9	0.523 5	0.715 9	0.483 7	0.668 7	0.644 4	0.715 7	0.619 3
301.20	471.14	458.81	1 088.90	817.36	400.06	1 300.50	702.74	445.14	780.65	702.40
1.075 7	1.361 7	1.429 3	3.808 7	1.336 2	1.752 0	1.993 4	2.271 0	1.583 0	2.248 0	2.177 0
105.30	144.83	117.12	182.82	409.87	97.53	174.40	103.90	121.79	168.87	136.09
0.376 1	0.418 6	0.364 9	0.639 5	0.670 1	0.427 1	0.267 3	0.335 8	0.433 1	0.486 3	0.421 8
0.04	0.40	0.72	10.77	3.08	1.74	1.10	3.15	0.15	2.18	0.81
0.000 1	0.001 2	0.002 2	0.037 7	0.005 0	0.007 6	0.001 7	0.010 2	0.000 5	0.006 3	0.002 5
17 004	16 410	16 983	18 764	19 748	18 617	19 243	15 911	19 471	18 831	19 338
3 900	3 949	4 633	5 182	6 061	5 088	4 926	4 673	4 625	4 625	5 445
84.70	78.90	83.33	94.14	86.70	84.90	81.77	72.90	83.70	79.70	83.87
30.20	27.50	36.50	40.00	39.86	37.00	29.99	35.00	32.00	31.00	38.70
4.360 000	4.155 482	3.665 659	3.620 996	3.258 208	3.659 002	3.906 415	3.404 879	4.209 946	4.071 568	3.551 515
471.60	562.64	525.04	676.21	1 712.20	483.14	736.03	527.64	557.03	682.45	627.10
1.684 3	1.626 1	1.635 6	2.365 2	2.799 1	2.115 9	1.128 2	1.705 1	1.980 9	1.965 2	1.943 7
273.15	353.43	296.57	508.38	927.63	350.23	433.45	381.38	336.46	427.47	380.30
0.975 5	1.021 5	0.923 9	1.778 2	1.516 5	1.533 8	0.664 4	1.232 5	1.196 5	1.230 9	1.178 7
2.62	3.40	3.44	3.38	2.74	1.76	4.01	2.80	3.56	2.51	2.89
500.00	608.22	545.00	467.22	1 931.00	528.00	435.00	625.50	600.00	763.28	682.40

年份			三级指标权重	2011 年原始数据				
区域				六盘水	遵义	安顺	毕节	铜仁
一级指标	二级指标	三级指标						
二、金融市场规模（50%）	银行业指标（32%）	人均银行业资产总额 / 亿元	4.00%	2.279 1	2.534 4	1.328 9	0.582 8	1.678 6
		法人银行数	1.00%	1	1	1	3	2
		人均法人银行数	1.00%	0.003 5	0.001 6	0.004 4	0.004 6	0.006 5
	证券业指标（10%）	证券公司分支机构数	1.00%	3	5	1	2	1
		人均证券公司分支机构数	1.00%	0.010 5	0.008 2	0.004 4	0.003 1	0.003 2
		证券交易额 / 亿元	1.00%	57.76	132.30	25.02	15.77	36.81
		人均证券交易额 / 亿元	1.00%	0.202 7	0.216 9	0.109 7	0.024 2	0.119 5
		上市公司数	1.00%	1	4	2	0	0
		人均上市公司数	1.00%	0.003 5	0.006 6	0.008 8	0.000 0	0.000 0
		上市公司总市值 / 亿元	1.00%	227.85	2 090.80	70.60	0.00	0.00
		人均上市公司总市值 / 亿元	1.00%	0.799 5	3.427 5	0.309 6	0.000 0	0.000 0
		上市公司募集资金 / 亿元	1.00%	7.200 0	49.160 0	14.800 0	0.000 0	0.000 0
		人均上市公司募集资金 / 亿元	1.00%	0.025 3	0.080 6	0.064 9	0.000 0	0.000 0
	保险业指标（8%）	财产险保费收入 / 亿元	1.00%	5.38	11.16	2.76	4.10	2.71
		人均财产险保费收入 / 亿元	1.00%	0.018 9	0.018 3	0.012 1	0.006 3	0.008 8
		人身险保费收入 / 亿元	1.00%	5.84	15.15	2.82	4.09	3.86
		人均人身险保费收入 / 亿元	1.00%	0.020 5	0.024 8	0.012 4	0.006 3	0.012 5
		保险公司赔款给付 / 亿元	2.00%	3.44	7.83	2.17	1.85	1.42
		人均保险公司赔款给付 / 亿元	2.00%	0.012 1	0.012 8	0.009 5	0.002 8	0.004 6
三、金融竞争效率（15%）	宏观金融效率指标（5%）	经济储蓄动员力 /%	2.50%	43.00	66.00	72.00	45.00	74.46
		储蓄投资转化系数	2.50%	0.48	0.92	0.85	0.40	0.63
	微观金融效率指标（10%）	存贷比 /%	3.00%	72.26	50.73	62.77	56.06	66.93
		存款余额 GDP 占比	2.00%	0.94	1.25	1.50	0.85	1.26
		贷款余额 GDP 占比 /%	2.00%	67.98	63.47	94.07	47.46	84.01
		上市公司总市值 GDP 占比 /%	0.50%	37.00	186.00	25.00	0.00	0.00
		上市公司募集资金 GDP 占比 /%	0.50%	1.17	4.38	5.18	0.00	0.00

			2012 年原始数据							
黔西南	黔东南	黔南	六盘水	遵义	安顺	毕节	铜仁	黔西南	黔东南	黔南
1.785 7	1.757 9	1.697 8	1.634 2	3.156 8	2.312 3	0.666 8	2.021 4	2.133 7	2.197 9	2.115 1
1	1	2	3	1	1	3	2	1	2	2
0.003 6	0.002 9	0.006 2	0.010 5	0.001 6	0.004 4	0.004 6	0.006 5	0.003 6	0.005 8	0.006 2
1	2	2	3	5	1	2	1	1	3	3
0.003 6	0.005 8	0.006 2	0.010 5	0.008 2	0.004 4	0.003 1	0.003 2	0.003 6	0.008 6	0.009 3
27.41	28.05	27.41	33.50	238.11	17.44	11.44	21.10	20.10	17.97	20.09
0.097 9	0.081 1	0.085 4	0.117 2	0.389 3	0.076 4	0.017 5	0.068 2	0.071 5	0.051 7	0.062 3
0	0	1	1	4	2	0	0	0	0	1
0.000 0	0.000 0	0.003 1	0.003 5	0.006 5	0.008 8	0.000 0	0.000 0	0.000 0	0.000 0	0.003 1
0.00	0.00	8.90	187.79	2 269.39	104.27	0.00	0.00	0.00	0.00	13.44
0.000 0	0.000 0	0.027 7	0.656 9	3.710 0	0.456 6	0.000 0	0.000 0	0.000 0	0.000 0	0.041 7
0.000 0	0.000 0	0.000 0	0.000 0	16.540 0	0.000 0	0.000 0	0.000 0	0.000 0	0.000 0	0.000 0
0.000 0	0.000 0	0.000 0	0.000 0	0.027 0	0.000 0	0.000 0	0.000 0	0.000 0	0.000 0	0.000 0
3.54	3.52	3.62	5.73	12.89	3.25	5.27	3.47	4.13	4.47	4.46
0.012 6	0.010 2	0.011 3	0.020 0	0.021 1	0.014 2	0.008 1	0.011 2	0.014 7	0.012 9	0.013 8
2.93	4.99	5.21	6.40	15.83	2.79	4.37	4.25	3.18	4.75	6.03
0.010 5	0.014 4	0.016 2	0.022 4	0.025 9	0.012 2	0.006 7	0.013 7	0.011 3	0.013 7	0.018 7
2.30	2.71	3.13	4.20	9.16	2.61	2.68	2.35	3.02	3.69	3.72
0.008 2	0.007 8	0.009 8	0.014 7	0.015 0	0.011 4	0.004 1	0.007 6	0.010 7	0.010 6	0.011 5
60.08	91.96	66.07	44.00	69.00	70.00	47.00	71.52	57.55	90.58	67.61
0.75	0.75	0.64	0.30	1.15	0.62	0.32	0.47	0.60	0.55	0.51
57.92	62.82	56.49	75.18	54.18	72.49	58.89	72.28	60.40	62.64	60.64
1.26	1.47	1.18	0.92	1.26	1.37	0.84	1.13	1.20	1.43	1.18
72.78	92.13	66.86	42.91	68.00	69.00	49.37	82.02	72.78	89.48	71.31
0.00	0.00	2.00	25.00	167.00	30.00	0.00	0.00	0.00	0.00	2.52
0.00	0.00	0.00	0.00	1.21	0.00	0.00	0.00	0.00	0.00	0.00

年份			三级指标权重	2011 年原始数据				
区域				六盘水	遵义	安顺	毕节	铜仁
一级指标	二级指标	三级指标						
三、金融竞争效率（15%）	微观金融效率指标（10%）	保险密度/（元/人）	1.00%	393.83	433.42	244.73	125.58	213.31
		保险深度/%	1.00%	1.83	2.36	1.95	1.11	1.84

			2012 年原始数据							
黔西南	黔东南	黔南	六盘水	遵义	安顺	毕节	铜仁	黔西南	黔东南	黔南
231.07	245.95	275.08	440.30	512.02	264.23	147.85	249.48	260.05	265.50	325.13
1.72	2.22	1.99	1.70	2.33	1.71	1.10	1.66	1.66	1.93	1.97

年份			三级指标权重	2013 年原始数据				
区域				六盘水	遵义	安顺	毕节	铜仁
一级指标	二级指标	三级指标						
一、金融外部环境（35%）	宏观经济环境（28%）	GDP/ 亿元	3.50%	882.11	1 584.67	429.16	1 041.93	535.22
		人均 GDP / 亿元	3.50%	3.068 7	2.579 8	1.865 5	1.593 6	1.724 3
		公共财政收入 / 亿元	1.50%	123.60	136.77	70.25	125.62	44.80
		人均公共财政收入 / 亿元	1.50%	0.430 0	0.222 7	0.305 4	0.192 1	0.144 3
		公共财政支出 / 亿元	1.50%	219.17	366.76	241.38	353.75	235.97
		人均公共财政支出 / 亿元	1.50%	0.762 5	0.597 1	1.049 3	0.541 1	0.760 2
		固定资产投资总额 / 亿元	1.50%	1 480.00	1 068.28	604.08	1 701.19	1 002.10
		人均固定资产投资总额 / 亿元	1.50%	5.148 7	1.739 2	2.625 9	2.601 9	3.228 4
		社会消费品零售总额 / 亿元	1.50%	209.27	470.37	111.52	198.50	118.82
		人均社会消费品零售总额 / 亿元	1.50%	0.728 0	0.765 8	0.484 8	0.303 6	0.382 8
		进出口总额 / 亿美元	1.50%	4.98	3.77	0.31	1.40	4.29
		人均进出口总额 / 亿美元	1.50%	0.017 3	0.006 1	0.001 3	0.002 1	0.013 8
		城镇居民人均可支配收入 / 元	3.00%	19 625	20 504	19 394	19 851	18 366
		农村居民人均纯收入 / 元	3.00%	5 934	6 849	5 801	5 645	5 397
	经济结构（7%）	第二、第三产业 GDP 占比 /%	3.00%	93.42	87.10	85.80	81.20	74.60
		城镇化率 /%	2.00%	42.00	41.00	38.00	31.67	38.00
		城乡居民收入比	2.00%	3.307 213	2.993 722	3.343 217	3.516 563	3.403 002
二、金融市场规模（50%）	银行业指标（32%）	人民币存款余额 / 亿元	4.00%	754.42	2 222.59	609.77	838.77	653.77
		人均人民币存款余额 / 亿元	4.00%	2.624 5	3.618 4	2.650 6	1.282 9	2.106 2
		人民币贷款余额 / 亿元	4.00%	599.88	1 203.62	431.19	547.81	472.99
		人均人民币贷款余额 / 亿元	4.00%	2.086 9	1.959 5	1.874 3	0.837 9	1.523 8
		不良贷款率 /%	6.00%	2.97	1.82	1.43	2.37	2.03
		银行业资产总额 / 亿元	4.00%	862.94	2 461.00	673.00	490.00	756.75

			2014 年原始数据							
黔西南	黔东南	黔南	六盘水	遵义	安顺	毕节	铜仁	黔西南	黔东南	黔南
558.91	585.64	645.40	1 042.73	1 874.36	520.06	1 266.70	647.73	670.96	701.71	801.75
1.980 4	1.681 2	1.995 1	3.618 1	3.045 3	2.253 2	1.936 5	2.078 4	2.386 7	2.017 9	2.477 1
81.38	85.99	73.22	128.74	159.65	84.46	116.10	50.13	94.50	92.63	84.47
0.288 4	0.246 9	0.226 3	0.447 9	0.259 4	0.365 9	0.177 5	0.160 9	0.336 2	0.266 4	0.261 0
209.63	278.94	229.38	224.79	396.35	172.82	360.80	256.29	236.90	308.38	264.62
0.742 8	0.800 8	0.709 1	0.780 0	0.644 0	0.748 8	0.551 6	0.822 4	0.842 7	0.886 8	0.817 6
600.01	1 050.00	1 025.00	1 336.27	2 552.73	1 000.09	1 128.80	1 153.38	786.31	1 302.57	1 342.45
2.126 0	3.014 3	3.168 5	4.636 6	4.147 5	4.333 0	1.725 7	3.700 9	2.797 1	3.745 7	4.147 7
139.08	193.85	155.26	261.38	553.40	125.79	236.30	134.26	171.85	218.28	175.30
0.492 8	0.556 5	0.479 9	0.906 9	0.899 1	0.545 0	0.361 2	0.430 8	0.611 3	0.627 7	0.541 6
0.21	6.38	1.35	8.30	4.60	1.48	6.10	1.43	1.63	4.00	3.00
0.000 7	0.018 3	0.004 2	0.028 8	0.007 5	0.006 4	0.009 3	0.004 6	0.005 8	0.011 5	0.009 3
19 842	19 640	19 942	21 168	22 728	21 042	21 230	20 224	21 300	21 990	21 698
5 360	5 345	6 208	6 791	8 365	6 671	6 223	6 233	6 345	6 139	7 265
84.20	80.88	84.19	93.00	86.00	85.00	79.00	77.00	83.00	82.00	81.00
34.00	35.00	39.90	43.00	43.00	42.00	33.00	42.00	36.00	38.00	41.00
3.701 866	3.674 462	3.212 307	3.117 1	2.717 0	3.154 2	3.411 5	3.244 7	3.357 0	3.582 0	2.986 6
650.18	821.06	769.93	817.09	2 567.60	660.28	916.79	754.14	759.35	925.79	867.43
2.303 8	2.357 1	2.380 0	2.835 1	4.171 6	2.860 7	1.401 6	2.419 8	2.701 2	2.662 2	2.680 1
425.30	519.59	485.30	701.20	1 527.74	518.95	689.48	601.65	539.97	613.65	604.52
1.507 0	1.491 6	1.500 2	2.433 0	2.482 2	2.248 4	1.054 1	1.930 5	1.920 8	1.764 6	1.867 8
2.51	2.31	2.28	2.64	1.78	1.35	2.12	1.96	1.56	2.37	2.06
720.84	932.78	853.70	934.60	2 687.55	742.41	1 051.06	880.77	852.89	1 049.67	957.33

年份			三级指标权重	2013 年原始数据				
区域				六盘水	遵义	安顺	毕节	铜仁
一级指标	二级指标	三级指标						
二、金融市场规模（50%）	银行业指标（32%）	人均银行业资产总额 / 亿元	4.00%	3.002 1	4.006 5	2.925 5	0.749 4	2.438 0
		法人银行数	1.00%	3	1	1	3	2
		人均法人银行数	1.00%	0.010 4	0.001 6	0.004 3	0.004 6	0.006 4
	证券业指标（10%）	证券公司分支机构数	1.00%	5	5	1	3	1
		人均证券公司分支机构数	1.00%	0.017 4	0.008 1	0.004 3	0.004 6	0.003 2
		证券交易额 / 亿元	1.00%	49.00	346.00	25.00	17.00	31.00
		人均证券交易额 / 亿元	1.00%	0.170 5	0.563 3	0.108 7	0.026 0	0.099 9
		上市公司数	1.00%	1	4	2	0	0
		人均上市公司数	1.00%	0.003 5	0.006 5	0.008 7	0.000 0	0.000 0
		上市公司总市值 / 亿元	1.00%	120.16	1 440.80	143.85	0.00	0.00
		人均上市公司总市值 / 亿元	1.00%	0.418 0	2.345 6	0.625 3	0.000 0	0.000 0
		上市公司募集资金 / 亿元	1.00%	0.000 0	4.600 0	0.000 0	0.000 0	0.000 0
		人均上市公司募集资金 / 亿元	1.00%	0.000 0	0.007 5	0.000 0	0.000 0	0.000 0
	保险业指标（8%）	财产险保费收入 / 亿元	1.00%	6.52	18.02	3.92	6.40	4.56
		人均财产险保费收入 / 亿元	1.00%	0.022 7	0.029 3	0.017 0	0.009 8	0.014 7
		人身险保费收入 / 亿元	1.00%	8.02	15.22	3.37	5.30	5.32
		人均人身险保费收入 / 亿元	1.00%	0.027 9	0.024 8	0.014 6	0.008 1	0.017 1
		保险公司赔款给付 / 亿元	2.00%	5.21	14.38	3.30	3.20	4.06
		人均保险公司赔款给付 / 亿元	2.00%	0.018 1	0.023 4	0.014 3	0.004 9	0.013 1
三、金融竞争效率（15%）	宏观金融效率指标（5%）	经济储蓄动员力 /%	2.50%	43.00	73.00	68.00	49.00	78.79
		储蓄投资转化系数	2.50%	0.25	1.08	0.52	0.30	0.42
	微观金融效率指标（10%）	存贷比 /%	3.00%	79.52	54.15	70.71	65.31	72.35
		存款余额 GDP 占比	2.00%	0.86	1.40	1.42	0.81	1.22
		贷款余额 GDP 占比 /%	2.00%	58.31	76.00	68.00	52.58	88.37

	2014 年原始数据									
黔西南	黔东南	黔南	六盘水	遵义	安顺	毕节	铜仁	黔西南	黔东南	黔南
2.554 2	2.677 8	2.638 9	3.242 9	4.366 5	3.216 5	1.606 8	2.826 2	3.033 9	3.018 5	2.957 8
1	2	2	3	1	1	3	2	1	2	2
0.003 5	0.005 7	0.006 2	0.010 4	0.001 6	0.004 3	0.004 6	0.006 4	0.003 6	0.005 8	0.006 2
2	3	4	5	6	2	3	1	3	3	4
0.007 1	0.008 6	0.012 4	0.017 3	0.009 7	0.008 7	0.004 6	0.003 2	0.010 7	0.008 6	0.012 4
29.00	11.00	29.00	101.50	318.20	53.90	34.20	35.50	72.10	72.10	107.40
0.102 8	0.031 6	0.089 6	0.352 0	0.517 0	0.233 4	0.052 2	0.114 0	0.256 4	0.207 2	0.331 7
0	0	1	1	3	2	0	0	0	0	1
0.000 0	0.000 0	0.003 1	0.003 5	0.004 9	0.008 7	0.000 0	0.000 0	0.000 0	0.000 0	0.003 1
0.00	0.00	23.88	228.92	2 004.45	192.23	0.00	0.00	0.00	0.00	101.18
0.000 0	0.000 0	0.073 8	0.794 3	3.256 7	0.832 8	0.000 0	0.000 0	0.000 0	0.000 0	0.312 6
0.000 0	0.000 0	0.000 0	0.000 0	0.000 0	0.000 0	0.000 0	0.000 0	0.000 0	0.000 0	3.100 0
0.000 0	0.000 0	0.000 0	0.000 0	0.000 0	0.000 0	0.000 0	0.000 0	0.000 0	0.000 0	0.003 9
5.36	5.66	5.70	7.59	22.09	5.07	8.50	6.89	6.78	6.45	7.67
0.019 0	0.016 2	0.017 6	0.026 3	0.035 9	0.022 0	0.013 0	0.022 1	0.024 1	0.018 5	0.023 7
3.65	5.17	6.52	7.99	21.62	3.42	5.82	6.51	4.47	5.69	7.05
0.012 9	0.014 8	0.020 2	0.027 7	0.035 1	0.014 8	0.008 9	0.020 9	0.015 9	0.016 4	0.021 8
3.86	4.33	4.34	6.72	11.40	4.30	3.73	3.21	4.99	4.00	4.80
0.013 7	0.012 4	0.013 4	0.023 3	0.018 5	0.018 6	0.005 7	0.010 3	0.017 8	0.011 5	0.014 8
58.33	91.36	73.07	39.98	69.80	68.35	37.62	87.80	54.50	86.08	65.60
0.54	0.57	0.46	0.31	0.51	0.36	0.42	0.49	0.47	0.46	0.39
65.41	63.28	63.03	85.82	59.50	78.60	75.21	79.78	71.11	66.28	69.69
1.16	1.40	1.19	0.78	1.37	1.27	0.72	1.16	1.13	1.32	1.08
76.09	88.72	75.19	67.25	81.51	99.79	54.43	92.89	80.48	87.45	75.40

年份			三级指标权重	2013 年原始数据				
区域				六盘水	遵义	安顺	毕节	铜仁
一级指标	二级指标	三级指标						
三、金融竞争效率（15%）	微观金融效率指标（10%）	上市公司总市值 GDP 占比 /%	0.50%	14.00	91.00	34.00	0.00	0.00
		上市公司募集资金 GDP 占比 /%	0.50%	0.00	0.29	0.00	0.00	0.00
		保险密度 /（元 / 人）	1.00%	480.40	544.90	320.00	179.00	318.30
		保险深度 /%	1.00%	3.24	2.70	2.10	1.30	1.85

续表

			2014 年原始数据							
黔西南	黔东南	黔南	六盘水	遵义	安顺	毕节	铜仁	黔西南	黔东南	黔南
0.00	0.00	3.70	79.43	106.94	83.28	0.00	0.00	0.00	0.00	12.61
0.00	0.00	0.00	0.00	0.00	0.00	0.00	0.00	0.00	0.00	0.39
319.25	310.90	377.74	540.60	710.20	367.84	218.92	429.97	400.18	349.10	454.80
1.61	1.85	1.89	1.49	2.31	1.63	1.13	2.07	1.68	1.73	1.84

年份			三级指标权重	2015 年原始数据							
区域				六盘水	遵义	安顺	毕节	铜仁	黔西南	黔东南	黔南
一级指标	二级指标	三级指标									
一、金融外部环境（35%）	宏观经济环境（28%）	GDP /亿元	3.50%	1 201.08	2 168.34	625.41	1 461.35	770.89	801.65	811.55	902.91
		人均 GDP /亿元	3.50%	4.161 8	3.512 3	2.706 5	2.223 0	2.471 2	2.846 4	2.331 1	2.788 8
		公共财政收入 /亿元	1.50%	130.26	177.61	69.86	107.62	56.61	108.23	103.96	100.45
		人均公共财政收入 /亿元	1.50%	0.450 7	0.286 8	0.302 0	0.162 9	0.181 3	0.383 6	0.298 3	0.309 8
		公共财政支出 /亿元	1.50%	257.27	473.41	196.99	409.75	301.30	271.39	354.98	308.99
		人均公共财政支出 /亿元	1.50%	0.890 2	0.764 5	0.851 5	0.620 3	0.965 0	0.961 8	1.018 5	0.953 0
		固定资产投资总额 /亿元	1.50%	1 112.48	3 236.91	535.43	1 344.93	717.19	654.00	814.84	863.25
		人均固定资产投资总额 /亿元	1.50%	3.849 5	5.227 5	2.314 4	2.035 9	2.296 9	2.317 8	2.337 9	2.662 5
		社会消费品零售总额 /亿元	1.50%	292.72	639.93	155.82	301.95	165.64	192.13	255.76	218.90
		人均社会消费品零售总额 /亿元	1.50%	1.012 9	1.033 5	0.673 5	0.457 1	0.530 5	0.680 9	0.733 8	0.675 2
		进出口总额 /亿美元	1.50%	3.84	14.85	1.35	3.03	1.56	1.96	0.61	2.79
		人均进出口总额 /亿美元	1.50%	0.013 3	0.024 0	0.005 8	0.004 6	0.005 0	0.006 9	0.001 8	0.008 6
		城镇居民人均可支配收入 /元	3.00%	23 327	24 997	22 936	23 121	22 471	23 342	23 173	23 911
		农村居民人均纯收入 /元	3.00%	7 522	9 249	7 402	6 945	6 931	7 059	6 863	8 047

续表

年份			三级指标权重	2015 年原始数据							
区域				六盘水	遵义	安顺	毕节	铜仁	黔西南	黔东南	黔南
一级指标	二级指标	三级指标									
一、金融外部环境（35%）	经济结构（7%）	第二、三产业 GDP 占比 /%	3.00%	90.00	84.00	82.00	78.00	75.00	79.00	80.00	82.00
		城镇化率 /%	2.00%	38.05	46.46	37.50	30.90	35.04	36.00	35.52	36.55
		城乡居民收入比	2.00%	3.101 2	2.702 7	3.098 6	3.329 2	3.242 1	3.306 7	3.376 5	2.971 4
二、金融市场规模（50%）	银行业指标（32%）	人民币存款余额 / 亿元	4.00%	976.80	3 306.46	852.79	1 254.60	980.31	962.79	1 157.99	1 171.33
		人均人民币存款余额 / 亿元	4.00%	3.380 0	5.339 8	3.686 1	1.899 2	3.139 6	3.412 2	3.322 4	3.612 8
		人民币贷款余额 / 亿元	4.00%	779.74	1 925.48	610.27	884.50	716.77	654.57	759.71	802.68
		人均人民币贷款余额 / 亿元	4.00%	2.698 2	3.109 6	2.637 9	1.338 9	2.295 6	2.319 9	2.179 7	2.475 7
		不良贷款率 /%	6.00%	2.86	1.85	1.39	2.23	1.99	1.75	2.39	2.19
		银行业资产总额 / 亿元	4.00%	1 115.74	2 964.64	953.76	1 243.58	1 102.34	1 024.21	1 217.88	1 132.53
		人均银行业资产总额 / 亿元	4.00%	3.860 8	4.787 8	4.122 6	1.882 5	3.530 4	3.629 9	3.494 2	3.493 1
		法人银行数	1.00%	3	3	2	3	3	2	3	3
		人均法人银行数	1.00%	0.010 4	0.004 8	0.008 6	0.004 5	0.009 6	0.007 1	0.008 6	0.009 3
	证券业指标（10%）	证券公司分支机构数	1.00%	5	7	2	3	1	2	3	4
		人均证券公司分支机构数	1.00%	0.017 3	0.009 7	0.008 7	0.004 6	0.003 2	0.010 7	0.008 6	0.012 4
		证券交易额 / 亿元	1.00%	70.00	240.00	38.00	24.00	51.00	34.00	36.00	72.00
		人均证券交易额 / 亿元	1.00%	0.242 2	0.387 6	0.164 3	0.036 3	0.163 3	0.120 5	0.103 3	0.222 1

续表

年份			三级指标权重	2015 年原始数据							
区域				六盘水	遵义	安顺	毕节	铜仁	黔西南	黔东南	黔南
一级指标	二级指标	三级指标									
二、金融市场规模（50%）	证券业指标（10%）	上市公司数	1.00%	1	3	2	0	0	0	0	1
		人均上市公司数	1.00%	0.003 5	0.004 8	0.008 6	0.000 0	0.000 0	0.000 0	0.000 0	0.003 1
		上市公司总市值/亿元	1.00%	135.88	2 865.72	399.01	0.00	0.00	0.00	0.00	179.54
		人均上市公司总市值/亿元	1.00%	0.470 2	4.628 0	1.724 7	0.000 0	0.000 0	0.000 0	0.000 0	0.553 8
		上市公司募集资金/亿元	1.00%	0.000 0	0.000 0	0.000 0	0.000 0	0.000 0	0.000 0	0.000 0	36.150 0
		人均上市公司募集资金/亿元	1.00%	0.000 0	0.000 0	0.000 0	0.000 0	0.000 0	0.000 0	0.000 0	0.111 5
	保险业指标（8%）	财产险保费收入/亿元	1.00%	8.24	26.94	6.36	10.39	8.19	8.29	9.10	9.09
		人均财产险保费收入/亿元	1.00%	0.028 5	0.043 5	0.027 5	0.015 7	0.026 2	0.029 4	0.026 1	0.028 0
		人身险保费收入/亿元	1.00%	9.56	25.12	4.50	7.14	8.87	5.38	7.85	8.11
		人均人身险保费收入/亿元	1.00%	0.033 1	0.040 6	0.019 5	0.010 8	0.028 4	0.019 1	0.022 5	0.025 0
		保险公司赔款给付/亿元	2.00%	7.02	12.92	4.28	9.06	5.35	5.84	4.19	6.59
		人均保险公司赔款给付/亿元	2.00%	0.024 3	0.020 9	0.018 5	0.013 7	0.017 1	0.020 7	0.012 0	0.020 3
三、金融竞争效率（15%）	宏观金融效率指标（5%）	经济储蓄动员力	2.50%	38.23	68.16	61.23	45.33	67.59	51.72	81.34	62.59
		储蓄投资转化系数	2.50%	0.41	0.46	0.72	0.49	0.73	0.63	0.81	0.65
	微观金融效率指标（10%）	存贷比/%	3.00%	79.83	58.23	71.56	70.50	73.12	67.99	65.61	68.53

年份			三级指标权重	2015 年原始数据							
区域				六盘水	遵义	安顺	毕节	铜仁	黔西南	黔东南	黔南
一级指标	二级指标	三级指标									
三、金融竞争效率（15%）	微观金融效率指标（10%）	存款余额GDP占比 /%	2.00%	0.81	1.52	1.36	0.86	1.27	1.20	1.43	1.30
		贷款余额GDP占比 /%	2.00%	64.92	88.80	97.58	60.53	92.98	81.65	93.61	88.90
		上市公司总市值GDP 占比/%	0.50%	11.31	132.16	63.80	0.00	0.00	0.00	0.00	19.88
		上市公司募集资金GDP 占比/%	0.50%	0.00	0.00	0.00	0.00	0.00	0.00%	0.00	4.00
		保险密度/（元／人）	1.00%	615.94	840.75	469.42	265.36	546.37	484.48	486.31	530.50
		保险深度/%	1.00%	1.48	2.40	1.74	1.20	2.21	1.71	2.09	1.90

后　记

　　由于受地理位置、自然资源和发展阶段等因素的影响，贵州金融业发展在"十二五"之前不仅长期落后于中东部地区，而且在西部地区各省（自治区、直辖市）中也处于落后位置。"十二五"期间，在省委、省政府的高度重视和正确领导下，贵州省金融业发展进入了后发赶超、弯道取直的新阶段，不仅在发展思路、发展模式、发展路径上形成了自身特色，而且在普惠金融、绿色金融、科技金融等特色金融领域走在了全国前列。贵州金融特别是特色金融的发展模式和发展路径的研究不仅对贵州金融业"十三五"的发展具有重要价值，而且对其他欠发达地区的金融业发展也具有借鉴作用。

　　本书是在商务部联合研究基金项目"新兴金融业态绿色发展模式研究（2015SWBZD02）"、贵州省科技厅软科学联合基金项目"贵州申请设立普惠金融和绿色金融国家改革试验区研究（黔科合字[20147267 号]"等课题研究基础上，吸收了《2013 贵州省金融发展报告》《2014 贵州省金融发展报告》《2015 贵州省金融发展报告》的部分研究成果，经过研究范围的扩展和研究内涵的深入而完成的。

　　在项目研究和成果形成过程中，王作功教授负责主持研究和总体设计，以及全书提纲的拟定和书稿的统筹工作。孙竟赛、古跃、陈思月、樊常昊、刘恩瑞等在项目的设计研究、资料收集、数据分析、模型处理、综合协调、成果整理、报告撰写，以及全书的整理出版等做了大量的工作。此外，游宗君、李守伟、王军辉、张洵君、王佐发等在研究资料收集和课题研究方面也做出了大量成绩。贵州省发展和改革委员会、贵州省人民政府金融工作办公室、中国人民银行贵阳中心支行、中国银行业监督管理委员会贵州监管局、贵州证监局、中国保险监督管理委员会贵州监管局、贵州省统计局、贵阳市人民政府等单位也为本书提供了大量资料和素材。在此，对上述单位给予的宝贵支持和同事们、同学们付出的辛勤劳动表示衷心感谢！在本书撰写过程中，参考了大量文献资料和统计数据，在此一并表示感谢！

　　由于作者认识水平和掌握资料的限制，该书难免有不少疏漏和不妥之处，敬请同行专家和读者给予批评指正。

作　者

2016 年 11 月